Stuiber · Kommunikationsräume

Die Nürnberger Forschungsberichte werden von der Nürnberger Forschungsvereinigung e.V., einem Zusammenschluß Nürnberger Sozial- und Wirtschaftswissenschaftler, herausgegeben. Forschungs- und Publikationsschwerpunkte sind Kommunikations- und Verwaltungswissenschaft, also zwei Fächer, die noch nicht voll in den Lehr- und Forschungsbetrieb der deutschen Universitäten integriert sind. Sie orientieren sich vielfach multidisziplinär.

Die Schriftenreihe mußte nicht zuletzt deshalb ins Leben gerufen werden, weil sich die steigenden Kosten der großen wissenschaftlichen Buchverlage immer mehr zum Nachteil des wissenschaftlichen Nachwuchses auswirken und weil davon insbesondere jene Fachvertreter betroffen sind, deren Publikationen nicht von vornherein in die „klassischen" Schriftenreihen passen. Andererseits besteht gerade in diesen wissenschaftlichen Entwicklungsgebieten ein besonders starkes Interesse am Austausch der Forschungsergebnisse.

Die Publikationsform der Nürnberger Forschungsberichte ist bewußt auf geringstmöglichen verlegerischen Aufwand, einfache Vervielfältigungstechnik und schlichte Ausstattung abgestellt. Gewinn wird damit nicht gemacht. Der Träger des Verlags, die Nürnberger Forschungsvereinigung e.V., ist als gemeinnützig anerkannt.

n2
ISBN 3 921453 00 3
Nürnberger Forschungsberichte –
Verlag der Nürnberger Forschungsvereinigung e.V.
85 Nürnberg, Schußleitenweg 150
Redaktionsausschuß:
Thomas Gruber, Barbara Koller, Franz Ronneberger, Manfred Rühl, Heinz-Werner Stuiber, Jürgen Walchshöfer
Druck: Schnell-Druck Diana, Nürnberg, 1979
Design: Hartmuth Hofmann

NÜRNBERGER
FORSCHUNGSBERICHTE
BAND 1

Heinz-Werner Stuiber

Kommunikations räume der lokal informierenden Tagespresse

Pressestatistische Typenbildung und
raumstruktuelle Analyse

Vorwort

Gewiß ist es unbequem, wenn wir uns eingestehen müssen, daß
die Beschwörung von Informationsdefiziten und mangelnder Meinungsvielfalt durch Konzentration in der Tagespresse nicht verhindert hat und nicht verhindern kann, daß weiterhin Zeitungen
fusionieren und verschwinden. Die ökonomischen Zwänge sind
stärker. Die einzige praktische Konsequenz, die von der mehr-
jährigen wissenschaftlichen Konzentrationsdiskussion der Presse
ausgegangen sein könnte, wäre möglicherweise das Bestreben, in
den Redaktionen der übriggebliebenen größeren Regionalzeitungen noch mehr als bisher ein breites Nachrichtenangebot zu liefern und mit Meinungsaussagen zurückzuhalten oder unterschiedlichen Meinungsäußerungen Raum zu geben, also Vielfalt i n
der Zeitung zu verwirklichen. Empirische Untersuchungen hier-
über sind wegen der schwierigen Vergleichsproblematik vorerst
nur in Einzelfallstudien zu erwarten, so etwa in der Arbeit von
Wolfgang Stofer über die Alleinstellung der WILHELMSHAVENER
ZEITUNG (die als Band 2 der NÜRNBERGER FORSCHUNGSBE-
RICHTE erscheinen wird). Immerhin darf man auf längere Sicht
unterstellen, daß es gerade die Verleger der größeren Regionalzeitungen sein werden, die auf diese Entwicklung drängen, denn
nur für partei- und weltanschauungsgebundene Publikationen lassen sich die großen Leserzahlen erreichen und erhalten, die zur
Kostendeckung erforderlich sind.

Doch gleichviel, wessen Interesse bei Entstehung und Verfolgung solcher Tendenzen angesprochen wird: Die kommunikationswissenschaftliche Forschung steht vor der Frage, wie sie diese Vorgänge analytisch verdeutlichen und möglicherweise beeinflussen kann, wie sie wieder eine wegweisende und führende Rolle zurückgewinnen kann. Schließlich wird dies in der wissenschaftlichtechnischen Zivilisation von ihr erwartet.

Ein Weg hierzu bietet sich mit der Blickrichtung auf die sozioökonomischen und soziopolitischen Umwelten der lokal informierenden Tageszeitung an. Wenn wir schon damit rechnen müssen, daß in einer größeren Anzahl von Gemeinden künftig nur noch die Lokalausgabe einer Regionalzeitung erscheint, so müssen wir wissen, welche lokalspezifischen Erwartungen sich an den Inhalt dieser Ausgaben und an den gemeinsamen "Mantel" dieser Zeitung richten. Wir gehen dabei von der Annahme aus, daß diese Erwartungen nach stammlicher Herkunft, konfessioneller Zusammensetzung, kultureller und politischer Tradition, sozioökonomischer Struktur, insbesondere beruflicher Zusammensetzung jeweils unterschiedlich sind.

Das bedeutet: Wir müssen tiefer in die Beziehung von Zeitung und Verbreitungsraum eindringen. Wir müssen prüfen, ob zwischen Zeitung und Verbreitungsraum nicht Beziehungen solcherart bestehen, daß bestimmte Merkmale einander ausschließen. Es geht mit anderen Worten um die Grenzen von Kommunikationsräumen, wobei Grenzen selbstverständlich nicht als Linien, sondern wieder selbst als Grenzräume zu denken sind.

Nun werden sicherlich Kommunikationsräume noch durch andere Kommunikationsformen und -medien konstituiert als durch die lokal informierende Tageszeitung allein. Hierzu haben sich Stuiber und Ronneberger in einer gesonderten Publikation geäußert (Ronneberger, Franz und Stuiber, Heinz-Werner: LOKALE KOMMUNIKATION UND PRESSEMONOPOL, in: Streitpunkt lokales Pressemonopol, von Elisabeth Noelle-Neumann/Franz Ronneberger/Heinz-Werner Stuiber, Journalismus, Neue Folge Band 8, Düsseldorf 1975). Es sind insbesondere Ausmaß und Dichte der öffentlichen Kommunikation in Clubs, Vereinen, Stammtischen, Parteien, Verbänden, aber auch formale Kommunikationsformen zu berücksichtigen, die sich aus den Zuständigkeitsgebieten von Verwaltungsorganisationen ergeben. Kommunikation muß gerade aus dieser Perspektive als ein Geflecht unterschiedlicher Kommunikationsbeziehungen gesehen werden, die von der persönlichen und direkten bis zur allgemeinen, unpersönlichen und indirekten Kommunikation reichen.

Dies alles einschließlich der kommunikationstheoretischen Aufarbeitung dieser Phänomene muß als Hintergrund für die Untersuchungen Stuibers gesehen und bedacht werden. Diese verstehen sich als der Versuch, aufgrund pressestatistischer und geomorphologischer Daten für die gesamte Bundesrepublik Deutschland identifizierbare Kommunikationsräume zu ermitteln und gegeneinander abzugrenzen. Auf die methodischen Schwierigkeiten, die sich diesem Vorhaben entgegenstellen, sei hier nur verwiesen; Stuiber setzt sich eingehend damit auseinander. Vor allem macht er klar, daß es eben d i e Gemeinde nicht gibt und daß daher auch alle

Aussagen über die Erwartungen d e s politisch-sozialen Systems d e r Gemeinde an d i e Leistungen der Lokalpresse nicht weiterhelfen. "Das Dilemma besteht also darin, daß bei der Beurteilung entweder von Kriterien ausgegangen wird, die der Realität des Untersuchungsobjektes nicht gerecht werden, daß also eine Leistung gemessen werden soll, welche die Tagespresse gar nicht zu leisten beabsichtigt, weil sie sich diesen Erwartungen nicht gegenübergestellt sieht, oder die Kriterien sind so allgemein gehalten, daß sie letztlich als Gradmesser für die Leistungsfähigkeit der lokalen Berichterstattung keine zureichenden Ergebnisse liefern".

Andererseits ist es nun aber wiederum nicht so, daß jeder einzelne Kommunikationsraum unverwechselbare Identität und Individualität aufweist, so daß der Forscher gezwungen wäre, der Reihe nach sämtliche Kommunikationsräume einzeln zu beschreiben. Es zeigt sich vielmehr, daß sich durchaus eine begrenzte Zahl von Typen unterscheiden läßt, der die einzelnen Räume zugeordnet werden können. Stuiber gewinnt diese Typen durch Konfrontation der zeitungswissenschaftlichen, insbesondere pressestatistischen, mit der sozialwissenschaftlichen, insbesondere gemeindesoziologischen und sozialgeographischen Literatur. Selbstverständlich sprangen diese Typen nicht einfach aus der Literatur hervor: Es bedurfte einer langwierigen und umsichtigen Evaluationsanstrengung bis das Tableau in seiner jetzigen Gestalt feststand. Die Ausführungen Stuibers geben von dieser Phase der Untersuchung nur unvollkommen Aufschluß. In Wahrheit verbirgt sich dahinter ein immenser Arbeitsaufwand des Sammelns, Sortierens, Differenzierens, Gewichtens, Prüfens, Verwerfens und erneuten Prüfens.

Das weitere Vorgehen war dann mehr oder weniger festgelegt:
Aufgrund der Systematik mußte nach der Verteilung "realer" Typen der Lokalpresse in der Bundesrepublik Deutschland gesucht
werden. Stuiber grenzt dieses Vorhaben von ähnlichen Versuchen
der Pressestatistik ab und gibt zunächst eine grobe Übersicht,
vor allem in bezug auf die Unterschiede in den einzelnen Bundesländern. Wichtig ist die Erkenntnis, daß bei der Erarbeitung
konkreter Presseräume von der starren administrativen Begrenzung abgesehen werden muß, weil die unterschiedlichen Pressesituationen unter sozioökonomischen raumstrukturellen Gesichtspunkten anderen "Grenzen" folgen.

Bei der Suche nach realen Raumstrukturen in der Bundesrepublik
mußte der Verfasser auf die Ergebnisse raumordnungspolitischer
Konzeptionen stoßen, und es war durchaus sinnvoll, auf diesen
vorgebahnten Pfaden weiterzugehen. Seine Leistung besteht nicht
darin, diese Begriffe für die Zwecke seiner Untersuchung adap-
tiert zu haben, sondern sie mit den entwickelten Zeitungstypen
richtig zu konfrontieren.

Den Hauptteil der umfangreichen Untersuchung nimmt die Darstellung der einzelnen Kommunikationsräume ein. Sie ist entstanden aufgrund allgemein verfügbarer und selbsterhobener Daten.
Da die Pressestatistik nach wie vor unter der Mannigfaltigkeit
der Formen leidet, die sich schwer kategorisieren lassen, kommt
einer solchen einmaligen Erhebung besondere Bedeutung zu.
Stuiber hat bis in die kleinsten Details die Binnenstrukturen der
regionalen und lokalen Zeitungen erforscht. Für jeden einzelnen

Kommunikationsraum sind sämtliche Zeitungsausgaben angeführt und bewertet. Der Leser erfährt nicht nur den gegenwärtigen Stand, sondern soweit dies bei einer solchen Gesamtübersicht überhaupt vertretbar ist, auch kurz pressegeschichtliche Hinweise. Besonders nützlich sind die Angaben über Kapitalverflechtung. Die Kommunikationsräume werden sowohl aus der Perspektive der Zeitungen wie aus der Perspektive des Raumes dargestellt, so daß diese beiden Blickrichtungen miteinander konvergieren können.

Stuiber ist somit in doppelter Hinsicht ein Durchbruch geglückt: Er hat gezeigt, daß sich sämtliche in der Bundesrepublik erscheinenden lokal informierenden Tageszeitungen in einer realen Typik unterbringen und daß sich diese Typen bestimmten sozialen Räumen zuordnen lassen. So entstand eine Pressekartei, in der alle wesentlichen Strukturdaten, insbesondere in bezug auf die Lokalausgaben, enthalten sind. Diese liegt im Institut für Politik- und Kommunikationswissenschaft, Nürnberg, Königstraße 2 und soll demnächst in dieser Reihe als eigenständige Publikation mit dem Titel DIE LOKAL INFORMIERENDE TAGESPRESSE DER BUNDESREPUBLIK DEUTSCHLAND erscheinen.

Die Ergebnisse der Untersuchung legen den Schluß nahe, daß sich lokale bzw. regionale Kommunikationsräume nicht beliebig entwickeln und halten, sondern durch bestimmte sozioökonomische und soziokulturelle Vorgegebenheiten determiniert sind, ebenso wie auch umgekehrt Einflüsse von der Kommunikationsstruktur auf die sozialen Beziehungen ausgehen. Zu diesen Fragen hat Stuiber in der Zusammenfassung seiner Ergebnisse in aller gebotenen Vorsicht, aber auch Bestimmtheit hingewiesen. Für die aktuelle kommunikationspolitische Diskussion noch wichtiger sind die Bemerkungen über die relative Unabhängigkeit des Entstehens und Durchsetzens der Kommunikationsräume von den Eigentumsverhältnissen der jeweiligen Verlagsstrukturen.

Die Bedeutung dieser Untersuchung für die gesamte Kommunikationswissenschaft und Media-Forschung kann gar nicht überschätzt werden. Wer immer Fragen in bezug auf die Presse der Bundesrepublik Deutschland stellt, seien es Probleme der Kommunikator- wie der Wirkungsforschung, seien es Probleme der Inhaltsanalyse, aber auch der Kommunikationspolitik: er wird sich der Stuiber'schen Typen und seiner systematischen Aufbereitung der pressestatistischen Daten bedienen müssen. Wir hoffen, durch die Drucklegung dieser Arbeit nicht nur der Wissenschaft, sondern auch der praktischen Kommunikationspolitik einen Dienst zu erweisen.

F. Ronneberger

Inhaltsverzeichnis

- VI -

Vorbemerkung

Stellungnahmen in kommunikationspolitischen Diskussionen erhalten
häufig dann besondere Brisanz, wenn sie sich auf lokale Kommunikationsräume beziehen, in welchen das Problem der lokalen Alleinanbieterstellung einer Tageszeitung zur Debatte steht. Die in diesen Auseinandersetzungen bemühten Argumente stützen sich oftmals
auf unbewiesene Behauptungen, unzureichend beschriebene Sach-
verhalte, oder sie gehen von Annahmen bezüglich der Struktur von
Kommunikationsräumen aus, die häufig einer empirischen Prüfung
nicht standhalten würden. Diese Arbeit möchte dazu beitragen,
einen Teil dieses Defizits auszugleichen. Das soll auf zweierlei
Weise geschehen.

Zum einen werden verschiedene Ansätze zur Erklärung von Struktur
und Funktionen der Presse im lokalen Raum vorgestellt, auf ihre
Prämissen zurückgeführt und danach befragt, ob sie den möglicherweise unterschiedlichen strukturellen Voraussetzungen lokaler Pressesituationen Rechnung tragen können. Dabei sei deutlich gemacht,
daß die Leistungen der lokal informierenden Tageszeitungen nur aus
ihrem jeweiligen sozialen Umfeld heraus zu erklären sind, in welches die lokale Berichterstattung eingebunden bleibt. Dies ist die
Grundhypothese, aus der alle weiteren Überlegungen dieser Arbeit
abgeleitet sind. Im so definierten Interaktionsfeld "politisch-soziales
System Gemeinde - lokal informierende Tageszeitung" könnte das
kommunikative Beziehungsgeflecht immer nur im Wege von Einzelanalysen und nur für eindeutig bestimmte lokale Kommunikationsräume
aufgeschlüsselt werden. Wir müssen uns deshalb damit begnügen, einen
Wirkungsfaktor dieses Interaktionsfeldes, hier die Zeitungsstruktur, den
anderen gegenüber hervorzuheben, um ihn durch pressestatistische

Typenbildung auf der Basis von Gemeindegrößenklassen für die unterschiedlichen lokalen Kommunikationsräume zu präzisieren. Wir
gewinnen so Einblick in die relative Vielfalt der Zeitungsstruktur
in der Bundesrepublik Deutschland.

Zum anderen werden die so entwickelten Strukturtypen lokal informierender Tageszeitungen zu sozioökonomischen Raumgliederungen
ins Verhältnis gesetzt. Es wird dargestellt, wie sich der Verbreitungsraum der verschiedenen lokal informierenden Tageszeitungen
in der Bundesrepublik Deutschland den strukturellen Bedingungen
der Muster funktionaler Raumgliederungen anpaßt. Dadurch soll
deutlich werden, aufgrund welcher struktureller Voraussetzungen
verschiedene, unterscheidbare Kommunikationsräume sich abgrenzen,
wobei gleichzeitig erkennbar werden soll, welche Voraussetzungen
die Entwicklung bestimmter Typen lokal informierender Tageszeitungen begünstigen. Diese Abgrenzungen von Kommunikationsräumen
können dann wiederum auf Kreise und Gemeinden bezogen werden,
woraus sich erkennen ließe, mit welchen Kommunikationsstrukturen
auf den verschiedenen kommunalen Betrachtungsebenen in der Bundesrepublik Deutschland zu rechnen ist.

A. Analyse von lokalen Kommunikationsräumen als Basis einer
pressestatistischen Typenbildung

I. Ansätze zur Erklärung von Struktur und Funktionen der Presse
im lokalen Raum

1. Erklärungsgesichtspunkte der Publizistik- und Zeitungswissenschaft

Wenn sich die Publizistik- und Zeitungswissenschaft mit der Presse
und deren gesellschaftlicher wie politischer Bedeutung befaßte,
hat sie, wie andere Disziplinen auch (etwa Politikwissenschaft
oder Soziologie), diese fast immer auf das politische System insgesamt oder auf die gesamte Gesellschaft bezogen analysiert. Die
in dem so gestellten Zusammenhang postulierten Normen, Ansprüche,
Leistungen und vermuteten Funktionen seien vorerst hier nicht dargestellt. Wir wollen fragen: Was wird an Erkenntnis angeboten, die
sich explizit auf den lokalen Kommunikationsraum bezieht, derart,
daß spezifische Strukturen offenbar und Bedürfnisstrukturen erwarte-
ter Leistungen transparent würden. Gehen etwa die Autoren von
gleichartig oder typisch strukturierten Räumen, von der Erwartung
homogener oder heterogener Leserschaften oder von typischen Leistungen der lokal informierenden Tagespresse aus? Antworten auf
diese oder ähnliche Fragestellungen könnten Ausgangspunkt sein für
grundsätzliche Überlegungen im Hinblick auf Struktur und Funktionen
der Presse im lokalen Raum oder besser, in lokalen Räumen, die ja
unterschiedlich sein dürften.

Derartige Ansätze aus dem Schrifttum abzuleiten fällt schwer. Denn
wohlmeinende Ratschläge zur Gestaltung der Lokalteile ersetzen die

Analyse nicht, die erst die Daten liefern kann, aus welchen dann
generalisierende Aussagen ableitbar wären. Solcherlei Ratschläge
aber erteilen die Publizistik- und Zeitungswissenschaftler dem Lokalredakteur zuhauf. Und auch der Leser wird zugleich beraten.
Dabei gehen die Autoren - so scheint es zumindest - immer davon aus, als sei kommunale Berichterstattung jeweils Information
über ein überschaubares kleinstädtisches Verbreitungsgebiet. Im Hintergrund der Überlegungen dürfte - quasi als Prototyp - das Bild
vom "Heimatblatt" stehen, von dem jeweils die Erkenntnisse abgeleitet scheinen. Ein Bild, das von einem in der Gemeinde ansäs-
sigen, mit dieser Gemeinde verwachsenen Redakteur hoher Verant-
wortlichkeit ausgeht, das einen Leser unterstellt, dessen soziales
Umfeld, dessen Erfahrungs- und Erlebnisbereich mit dem Gebiet des
Verbreitungsraumes identisch ist, und das strukturelle und personale
Bedingungen voraussetzt, die es dem einzelnen Leser ermöglichen,
zur Ereignisvielfalt immer auch unmittelbar Zugang zu finden.

Welcher Art derlei Aussagen sind, mögen die nachfolgenden Beispiele verdeutlichen: Dovifat [1] spricht vom Orts- oder Heimatteil,
der die engste Fühlung zum Leser hält, in dem jedes Wort unmittelbar zu überprüfen und dessen Stoff vor dem Hintergrund heimatlicher
Bindung an Herkunft, Geschichte, an Art, Natur und Landschaft
unerschöpflich sei. Vom Redakteur fordert er Ruhe, Geduld, Klug-
heit und Standfestigkeit, eine starke Verantwortungsfreudigkeit, si-
cheres Urteil und genaue Kenntnis aller kommunalen Dinge. Er sieht
die lokale Berichterstattung als Bindeglied in der ortspolitischen
Willensbildung, da sie engste Fühlung mit den leitenden Stellen der
Gemeindeämter hält. Auch Groth [2] sieht das "Lokale" durch die

---

1) Vgl. Dovifat, Emil: Zeitungslehre, Band II, Berlin 1967, S. 51 f.

2) Vgl. Groth, Otto: Die unerkannte Kulturmacht, Grundlegung der
   Zeitungswissenschaft (Periodik), Band 2, Berlin 1969, S. 83 ff.

- 5 -

räumliche Nähe, den unmittelbaren Kontakt, die primäre Erlebbar-
keit gekennzeichnet. Auch er betont die besondere Qualifikation
und die charakterliche Festigkeit des Lokalredakteurs. Auch er ordnet der Kommunalpolitik einen Platz in der lokalen Berichterstattung
ein, den er aber nicht näher bestimmt. Voss-Dietrich [1] bleibt, wie
die anderen Autoren, einer Beschreibung des lokalen Tätigkeitsfel-
des von Redakteuren verhaftet. Wiederum werden Ansprüche dem
Lokalredakteur gegenüber formuliert, wird die Unmittelbarkeit, die je-
derzeitige Überprüfbarkeit der Berichterstattung postuliert und die
Nähe zum Leser beschworen. Dies gipfelt schließlich in der Aussage:
"Der lokale Teil wird von der Wiedergabe eines lebhaften Gespräches
im umfassendsten Sinne bestimmt, das eine ständige Fortsetzung er-
zwingt". [2] Band 5 der Schriftenreihe "Journalismus" [3] stellt, wie
Kieslich im Vorwort darlegt, Beiträge unter dem "Zentralmotiv Lokales" vor. Doch die darin vorgestellten Beiträge erweisen sich
größtenteils als Erfahrungsberichte von Praktikern, die konkrete An-
leitungen zur Erstellung eines Lokalteils geben wollen. Allein der
grundlegende Beitrag Kieslichs [4] versucht die Position der Lokalberichterstattung näher zu bestimmen. Dies soll dadurch gelingen, daß
er das auch schon von allen vorgenannten Autoren immer wieder
strapazierte Stereotyp vom Lokalteil als "Zeitung in der Zeitung" [5]
nach "strukturellen", "thematischen", "journalistischen" und "leser-

---

1) Vgl. Voss-Dietrich, Valeska: Das Lokale, in: Handbuch der
   Publizistik, hrsg. von Emil Dovifat, Band 3, Praktische Publizistik, Teil 2, Berlin 1969, S. 192 ff.

2) Vgl. ebenda, S. 196

3) Vgl. Journalismus, Band 5, hrsg. von Emil Dovifat und Karl
   Bringmann, Düsseldorf 1969

4) Vgl. Kieslich, Günter: Die publizistische und gesellschaftliche
   Bedeutung des "Lokalen" in den Massenmedien, in: Journalismus a.a.O., S. 9 ff.

5) So auch Fischer, Heinz-Dietrich: Publizistik in Suburbia, Strukturen und Funktionen der amerikanischen Vorortzeitungen,
   Dortmund 1971, S. 87

- 6 -

psychologischen" Dimensionen aufschlüsselt. Doch fragt man, was
dabei herauskommt, so sind dies wiederum die Vorstellungen über
die Nähe des Kommunikators zum Leser, die Nähe des Lesers zum
Ereignis, die Überschaubarkeit des lokalen Bereichs, die besonderen Anforderungen, die an die Qualifikation des Lokalredakteurs
zu stellen wären u.ä. Die zum Schluß des Beitrags dargestellten
"Funktionen der Zeitung", die wohl die "gesellschaftliche Bedeutung" des "Lokalen" verdeutlichen sollen, sind - angeblich abgeleitet aus den Forschungen Berelsons und Kimballs - in keiner
Weise von besonderer Bedeutung für die lokale Kommunikation.
Sie können generell für alle Formen der Massenkommunikation
Gültigkeit beanspruchen. Und was die immer wieder von den Autoren bemühte Unmittelbarkeit lokaler Kommunikation betrifft, braucht
nicht erst auf die nach Sülzer [1] notwendig aus kapitalistisch or-
ganisierter Gesellschaft erwachsenden städtebaulichen Formen verwiesen zu werden, die die Unmittelbarkeit der Kommunikation in
den modernen Städten verunmöglichen. Es genügt, zu konstatieren,
daß der Mensch in der Großstadt die Komplexität der lokalen Ereignisvielfalt nicht unmittelbar zu erfassen vermag. Aber für Großstädte gilt dies nicht allein und veränderte Formen des Städtebaus
würden die Situation grundsätzlich auch nicht ändern. Neu ist dies
alles nicht. In der Großstadtsoziologie kann das bei Hellpach [2]
schon lange nachgelesen werden.

Damit bleiben wir auf die Ausgangsfragestellung zurückverwiesen:
Sind unterscheidbare strukturelle Voraussetzungen in Gemeinden allgemein zu definieren und sind aus den daraus ableitbaren Bedürf-

1) Vgl. Sülzer, Rolf: Architektonische Barrieren öffentlicher Kommunikation, Thesen zur städtischen Verkehrsform, in: Aufermann, Jörg /
Bohrmann, Hans / Sülzer, Rolf (Hrsg.): Gesellschaftliche Kommunikation und Information, Forschungsrichtungen und Problemstellungen,
Ein Arbeitsbuch zur Massenkommunikation, Frankfurt 1973, S. 602 -
630

2) Vgl. Hellpach, Willy: Mensch und Volk der Großstadt, Stuttgart
1952 (Erstauflage : 1939)

nissen, die als Erwartungen an die Tageszeitung in der Gemeinde
gestellt werden, spezifische Funktionen der Presse im lokalen Raum
ableitbar? Für diese Fragestellung sind die hier referierten Wer-
tungen, die die "rechte und nützliche" Gestaltung lokaler Berichterstattung beurteilen, nicht verwertbar. Denn diese nehmen im Urteil vorweg, was im Sinne unserer Fragestellung, vielleicht auf
eine konkrete lokale Situation bezogen, empirische Forschung erst
erbringen mag.

2. Die Problematik normativer Ansprüche und bisheriger Forschungs-
   ansätze bei der Analyse lokaler Pressesituationen

Wir wollen nicht darauf verzichten, aus den verschiedenen empirischen Forschungsansätzen zur Analyse insbesondere lokaler Pressesituationen die dahinterliegenden Erklärungsgesichtspunkte aufzudecken.
Zuvor aber - und damit sei noch einmal das Gesichtsfeld verbreitert -
wollen wir den Versuch wagen, die in der kommunikationspolitischen
Diskussion häufig postulierten globalen Normen samt ihren Verästelungen in Einzelkriterien zur Beurteilung von Tagespresse zumindest
andeutungsweise aufzuschlüsseln, denn sie werden für die Beurteilung
lokaler Pressesituationen gleichwohl immer wieder aktiviert, und sie
sind es, die für die Formulierung von Einzelforschungsschritten in diesem Zusammenhang immer auch herangezogen werden.

Als Grundlage solcher Normvorstellungen wird vielfach von der sog.
"öffentlichen Aufgabe der Presse" ausgegangen; sie liefere verbindliche
Gesichtspunkte für die Beurteilung der Pressetätigkeit (also auch für
den Presseinhalt) und ihrer Struktur [1]. Die "öffentliche Aufgabe" ist
allerdings im Grundgesetz als solche nicht verankert. In den meisten

---

1) Vgl. Ronneberger, Franz: Öffentliche Aufgabe der Presse schafft
   keine Rechtspflicht, in: ZV + ZV 1971, S. 2678 ff.

Landespressegesetzen wird sie zwar erwähnt und in Beziehung
zu einigen allgemeinen Erwartungen an die Pressearbeit (Wahrheit, Vielfalt, Sorgfalt, Verantwortung) gebracht; will man sie
jedoch präzisieren, so muß dies aus dem Geiste der Verfassung
und der höchstrichterlichen Rechtssprechung geschehen. Politisch
bedeutet "öffentliche Aufgabe" die Mitsprache der Presse an
der Erörterung der öffentlichen Angelegenheiten, Einbeziehung
in den Kreis qualifizierter Äußerungen zu Fragen von öffentlichem
Interesse, Herstellung eines imaginären Raumes zur öffentlichen
Aussprache, Kritik und Kontrolle der öffentlichen Gewalten, Mitwirkung an der demokratischen Willensbildung [1]. Die Frage ist,
welche Verbindlichkeit diesen Feststellungen im Sinne von Normen zukommt.

Im allgemeinen haben wir es mit einem Gemenge von Tatbestands-
beschreibungen und Forderungen zu tun, die im Grundsatz auch
für lokale Pressesituationen gelten wollen. Es fragt sich aber, ob
man daran die Pressetätigkeit im einzelnen messen und beurteilen
kann. Welches Demokratiemodell verbirgt sich hinter diesen Ansprüchen und inwieweit stimmt es mit der Struktur unseres politischen Systems überein? Das Mißliche an der Benützung der "öffentlichen Aufgabe" für die Entwicklung von Normen in unserem Zusammenhang ist der Umstand, daß die beiden Unbekannten: "öffentliche Aufgabe" und "öffentliche Meinung" sich gewissermaßen
gegenseitig stützen [2]. Freilich ist die Diskussion über das Ver-
ständnis von "öffentlicher Meinung" keineswegs abgeschlossen, und

---

1) Vgl. Ronneberger, Franz: Öffentliche Aufgabe..... a.a.O.

2) Vgl. Klein, Horstpeter: Die öffentliche Aufgabe der Presse,
    Eine verfassungsrechtliche und rechtspolitische Untersuchung
    der Presse in der Demokratie, Schriftenreihe der Sifterver-
    einigung der Presse, Journalismus, Band 6 (neue Folge),
    Düsseldorf 1973, S. 22 ff.

es wird sich erweisen, daß zahlreiche weitere Ansprüche, die
der Presse gegenüber formuliert werden, sich auf diese Normen
stützen bzw. zusätzliche Kriterien aus ihnen ableiten [1].

Jedenfalls lassen sich aus den je spezifischen Demokratieverständnissen der Autoren (implizit oder explizit) wiederum spezifische Aufgaben der Presse ableiten. Neigt man mehr zu einem
pluralistischen Demokratiemodell, so wäre die Presse Schauplatz
der Auseinandersetzung der sozialen Gruppen, Verbände, Kör-
perschaften und Institutionen des öffentlichen Lebens im staat-
lichen, kommunalen und gesellschaftlichen Bereich. Ist man der
kritischen Theorie verpflichtet, so muß "kritische Öffentlichkeit"
gefordert werden, die die Massenmedien zu konstituieren hätten,
auf daß sich die öffentliche Auseinandersetzung nicht auf den
Kampf um den Anteil am Sozialprodukt und um Wählerstimmen
reduziert, sondern der Bürger die wirtschaftlichen, politischen
und sozialen Bedingungen seiner Gemeinde erfährt, um selbst
verändernd, beeinflussend und entscheidend daran teilhaben zu
können [2]. Vom marxistischen Standpunkt aus muß gefordert werden, daß die Presse durch Information und Bildung der Erziehung
und Bewußtseinsentwicklung dient, so daß die Realität von Ar-

---

1) Vgl. Ronneberger, Franz: Öffentliche Aufgabe ..... a.a.O.

2) Vgl. Zoll, Ralf / Hennig, Eike: Massenmedien und Meinungsbildung, Angebot, Reichweite, Nutzung und Inhalt der Medien in der Bundesrepublik, München 1970, S. 191

beit und Ausbeutung zur Sprache käme [1]. Schließlich hat die
Vorstellung von einer – woraus immer auch abgeleiteten –
"idealen Zeitung" ebenso Kriterien formulieren helfen, etwa
derart: Die Presse hätte "objektiv", ausgewogen, sachlich, gut
vorbereitet, vielfältig und vollständig sowie sorgfältig zu be-
richten, überparteilich und qualitativ leistungsstark zu sein, eine
gewissen Kontinuität zu wahren, originell zu redigieren usw. [2].
Selbst die Zahl der Glossen, Kommentare und Leitartikel wurde
zum Maßstab, das Maß der offenen oder verdeckten Kritik zum
Kriterium. Hinzu kommen aber auch Auffassungen und Stellungnahmen von seiten der Zeitungsverleger [3], die "ihre" Aufgabe
als Dienst an der Gesellschaft interpretieren, indem sie dem
einzelnen Sicherheit und Geborgenheit durch "positive Informationen" geben wollen und dies ausschmückend darzulegen wissen.

Entscheidend ist aber, daß es jedenfalls bisher noch nicht ge-
lungen ist, die entwickelten Normen, wieviele Einzelkriterien
letztlich auch herangezogen werden, auf spezifische lokale Pressesituationen hin zu operationalisieren, auf daß ihre Gültigkeit nachgewiesen würde.

---

1) Vgl. Burghardt, Richard: Konzentrationsvorgänge in der Presse,
   in: Imperium Springer, Macht und Manipulation, hrsg. von
   Bernd Jansen und Arno Klönne, Köln 1968, S. 27 ff.
   Vgl. ferner Huffschmid, Jörg: Politische Ökonomie des Springer-
   Konzerns, Wirtschaftliche Dynamik und gesellschaftliche Bedingungen privater Pressemacht in der Bundesrepublik, in: Imperium Springer ..... a.a.O., S. 52 ff.

2) Die publizistik- und zeitungswissenschaftliche Literatur bietet
   hierfür Beispiele genug.

3) Vgl. Binkowski, Johannes: Im Dienste der Öffentlichkeit, in:
   ZV + ZV 1970, S. 1328 – 1330

Nun könnte man vermuten, daß im Input-Output-Vergleich ein
Instrument zur Verfügung stünde, welches die Leistungen der
Presse "objektiv" zu messen erlaubt. Aber einer solchen Analyse käme nur Aussagekraft bezüglich der eigentlich interessie-
renden lokalbezogenen Informationsgestaltung zu, wenn unter-
stellt werden könnte, daß die aus dem Vergleich von Agentur-
meldungen und Zeitungsinhalt gewonnenen Selektionskriterien
ebenso für die Lokalberichterstattung wie für die allgemein-politische Berichterstattung der Zeitungen gelten und die Bewer-
tungsmaßstäbe, an dem diese zu messen sind, die gleichen wären.
Dies ist bereits generell zu bezweifeln und scheitert mit Sicherheit für alle jene Pressesituationen, in welchen der lokalen Tageszeitung die publizistische Selbständigkeit nur noch für den
Bereich der Lokalberichterstattung erhalten blieb. Wollte man
aber die lokalbedingten Informationen selbst einer Input-Output-
Analyse unterwerfen, so gelingt dies nicht. Es fehlt der Diminuend
zur Bestimmung der Differenz zwischen Nachrichtenangebot und
Zeitungsinhalt. Anstatt auf Nachrichten über Ereignisse müßte in
diesem Fall auf die Ereignisse selbst zurückgegriffen werden. Der
Forscher hätte also für den jeweils zu untersuchenden Zeitraum
die tatsächlichen, von ihm selbst als publikumsrelevant festzulegen-
den Ereignisse im lokalen Bereich zu erfassen und daran die tatsächlich veröffentlichten Nachrichten zu messen. Da dies praktisch
so gut wie undurchführbar ist, kann der Input-Output-Vergleich,
der sich der Hilfe der Inhaltsanalyse zu bedienen hätte, für die
Analyse der lokalen Presseberichterstattung nicht herangezogen werden.

Alle Ansätze aber, die nicht wie die Input-Output-Analyse davon
ausgehen können, daß sich die Leistung der Tageszeitung am Maß
der unterschiedlichen Auswahl, Anreicherung oder inhaltlichen Ver-

änderung der im Input gegebenen Informationen erweist, müssen
mehr oder weniger willkürlich Vergleichsebenen festlegen, die
als Basis für die Beurteilung publizistischer Leistung in den verschiedenen Kommunikationsräumen dienen können.

Beispiele hierfür bieten alle bislang vorgelegten Untersuchungen.
So wurde das Ausmaß der Berichterstattung über politische The-
men-Bereiche gemessen, z.B. an der Berichterstattung über bestimmte politische Institutionen und an der Darstellung von Kon-
flikten im lokalen Bereich, insbesondere in den lokalen Organisationen (vgl. Blankenburg [1]); es wurde das Maß der kritischen
Auseinandersetzung mit öffentlichen Angelegenheiten, bestimmt
durch Häufigkeit, Gegenstand und Tendenz von Kommentaren zugrunde gelegt (vgl. Knoche / Schulz [2]); es wurde die Infor-
miertheit der Bürger als Maß für integrative Leistungen herangezogen (vgl. Rink [3], Kunz [4], Oswald [5]); Eigenverantwortlich-

1) Vgl. Blankenburg, Erhard / Kneer, Ursula / Theis, Regina:
Auswirkungen lokaler Pressekonzentration, Nr. 1 der soziologischen Studien, Freiburg, Juli 1970

2) Vgl. Knoche, Manfred / Schulz, Winfried: Folgen des Lokalmonopols von Tageszeitungen, Eine vergleichende Inhaltsanalyse des Lokalteils von Monopol- und Wettbewerbszeitungen,
in: Publizistik 1969, S. 298 ff.

3) Vgl. Rink, Jürgen: Zeitung und Gemeinde, Diss. Köln 1963

4) Vgl. Kunz, Gerhard: Untersuchungen über Funktionen und
Wirkungen von Zeitungen in ihrem Leserkreis, Forschungsbe-
richt des Landes Nordrhein-Westfalen, Nr. 1840, Köln und
Opladen 1967

5) Vgl. Oswald, Hans: Die überschätzte Stadt, Ein Beitrag der
Gemeindesoziologie im Städtebau, in: Texte und Dokumente
zur Soziologie, Studien des Instituts für Soziologie der Universität Freiburg, hrsg. von Heinrich Popitz, Olten und Frei-
burg/Brsg. 1966

keit der geleisteten Kritik, schönfärberische Darstellungsweise,
sie galten u.a. als Indizien für die Abhängigkeit von lokalen
Herrschaftsgruppen (vgl. Zoll / Hennig [1], Schröter/Haenisch [2]).
All dies sind relativ beliebige Kriterien, die mit den jeweiligen
wissenschaftstheoretischen, interessenbedingten, mit mehr oder
weniger auf Pragmatik ausgerichteten Standpunkten wechseln.
Denn wer könnte festlegen, welcher der vorstehend dargelegten
Maßstäbe (oder auch ein anderer) zum alleinigen und einzigen
Kriterium erhoben werden darf!

Selbst wenn man sich nun aber darauf einigen könnte, daß als
Maßstab, der die gängigen Kriterien in sich einschließt, Funktionen der Lokalpresse, abgeleitet aus den allgemeinen Funktionen des Systems der Massenkommunikation [3], zu gelten hätten,
könnte der Umfang der Leistungen der Lokalpresse für das ihr jeweils zugeordnete politisch-soziale System der Gemeinde nur dann
als Beurteilungskriterium für die verschiedenen Pressesituationen
gelten, wenn wir unterstellen könnten, daß die verschiedenen
sozialen Systeme, also die verschiedenen Gemeinden, der Leistungen der Massenmedien im gleichen Maße bedürfen. Tatsächlich sind aber die Gemeinden nicht nur nach Größe, sondern nach
ihrer gesamten Struktur außerordentlich verschieden. Für unser For-
schungsbedürfnis nützt uns weder die Bildung eines Idealtyps noch

1) Vgl. Zoll, Ralf/Hennig, Eike: a.a.O.

2) Vgl. Haenisch, Horst/Schröter, Klaus: Zum politischen Poten-
tial der Lokalpresse, in: Manipulation der Meinungsbildung,
Zum Problem hergestellter Öffentlichkeit, hrsg. von Ralf Zoll,
Opladen 1971, S. 242 ff.

3) Vgl. Ronneberger, Franz: Die politischen Funktionen der Massen-
kommunikationsmittel, in: Publizistik 1964, S. 291 ff.; derselbe:
Sozialisation durch Massenkommunikation, in: Sozialisation durch
Massenkommunikation, Der Mensch als soziales und personales
Wesen, Band IV, hrsg. von Franz Ronneberger, Stuttgart 1971,
S. 32 ff.

eines Normaltyps von Gemeinde; wir brauchen Kriterien für
die Kommunikationsbedürfnisse je konkreter Gemeinden.

Denn gegen jedes einzelne Kriterium können Einwände erhoben werden, z.B. daß sich anstelle der Unterschiedlichkeit
des Wertangebotes in den Aussagen der Lokalzeitung lediglich
die Homogenität der Wertstruktur der Gemeinde widerspiegelt,
daß die Nichtberücksichtigung der Aussagen von Organisationen in der Bedeutungslosigkeit eben dieser Organisationen
in eben dieser Gemeinde begründet liegt und nicht in der ein-
seitigen Selektivität des Redaktionsprogramms, oder daß die
Kritikbereitschaft entscheidend durch die Existenz kritikwürdi-
ger Zustände bedingt ist (zumindest muß im Bewußtsein der
Bürger etwas als kritikwürdig gelten). Gleichzeitig muß man
aber auch in bezug auf das Kriterium der Funktionserfüllung,
nehmen wir als Beispiel die Integrationsfunktion, geltend machen, daß eben nicht von vornherein zu unterstellen ist, alle
Gemeinden seien im gleichen Maße integrationsbedürftig oder
Integration lasse sich besser mit Hilfe von Meinungsvielfalt in
Konkurrenzzeitungen erreichen. Es könnte sogar einiges für die
Vermutung sprechen, daß Gemeinden mit einer Tageszeitung
in höherem Maße integriert sind als jene, in welchen publizistische Konkurrenz herrscht.

Somit stellt sich letztlich für uns die Frage, ob es sinnvoll erscheinen mag, für alle lokalen Verbreitungsräume geltende Aussagen über die Leistungen der lokal informierenden Tagespresse
anzustreben, wenn einerseits selbst die funktionalen Vergleichs-
kriterien problematisch sind - wer könnte soziale Integration oder
Herstellung von Öffentlichkeit durch die Lokalpresse als Leistung

- 15 -

für die Gemeinde operationalisieren? - und wenn andererseits
zumindest nicht auszuschließen ist, daß das einer repräsenta-
tiven Untersuchung zugrunde liegende Modell lokaler Pressesituation die Differenziertheit der sozialen Wirklichkeit nicht
treffen könnte.

3. Die Problematik der Herstellung lokaler Öffentlichkeit

Die vorangegangenen Überlegungen, die vornehmlich Einzelkriterien zur Beurteilung von Pressesituationen auf ihren Erklä-
rungswert hin befragten, haben die Frage bereits mehrfach angedeutet: Bietet nicht das "Konzept Öffentlichkeit" eine hinreichende Grundlage für die Analyse lokaler Kommunikationsräume? Geht doch die allgemeine Vorstellung dahin, daß es
Aufgabe der Presse sei, Öffentlichkeit herzustellen. Und dies
muß wohl für das kommunale politische System der Gemeinde
ebenso gelten wie für das allgemein-politische System unserer
Gesellschaft generell.

Nun wäre es zu weit gezielt, in diesem Zusammenhang den
äußerst kontroversen und verschiedenartigen Vorstellungen von
Öffentlichkeit und öffentlicher Meinung in zumeist unterschiedlich definierten politisch-sozialen Systemen nachzugehen,
ihre Prämissen aufzudecken und die jeweils gezogenen Konse-
quenzen im Hinblick auf Strukturen und Prozesse politischer
Willensbildung darzulegen, innerhalb deren dann wiederum den
kommunikativen Prozessen, insbesondere der Massenkommunikation, spezifische Funktionen zugedacht sein mögen. Deshalb sei
hier lediglich der grundsätzliche Charakter von Öffentlichkeit

skizziert, dem sich, wie uns scheint, alle gängigen Öffentlich-
keitsverständnisse verpflichtet wissen. Denn dann sind wir in der
Lage zu fragen, ob derartige Konzeptionen überhaupt Relevanz
für unsere Fragestellungen gewinnen können.

Man kann wie Adorno [1] der Meinung sein, daß die Vagheit des
Begriffs der Öffentlichkeit nicht durch eine exakte Verbaldefini-
tion zu berichtigen sei. Denn für ihn ist Öffentlichkeit nichts
fest Umrissenes, sondern polemischen Wesens: Was nicht öffentlich
ist, soll es werden. Diese Überlegung weist darauf zurück, daß
Öffentlichkeit, als eine Kategorie des politisch-philosophischen
Denkens, aus seiner staatstheoretischen, geschichtlichen Begründung
heraus zu begreifen ist, die sich als normativer Anspruch erweist.
Es ist hier nicht unsere Aufgabe, den Ausformungsprozeß dieser
Denkkategorie nachzuzeichnen, das hat Habermas [2] trefflich be-
sorgt. Wir wollen die immer wieder reaktivierten Elemente von
Öffentlichkeit hervorheben, die - letztlich vom Idealtypus einer
"bürgerlichen Öffentlichkeit" geprägt - vor allem die normativen
Aspekte unseres politisch-demokratischen Denkens und damit die Vorstellungen von Öffentlichkeit bis heute zumindest mitbestimmen:
Öffentlichkeit konstituiert öffentliche Meinung, die als entscheidende politische Kraft ein Korrelat zur Herrschaft bildet und damit zugleich Gemeinwohl definiert. Dieser öffentlichen Meinung ist kraft
Rationalität eine hohe Qualität eigen. Da sie durch Diskussion zu
ermitteln ist, muß Zugang zu Information (Transparenz) und Diskussion für jedermann gesichert sein.

---

1) Vgl. Adorno, Theodor W.: Meinungsforschung und Öffentlichkeit, in der Reihe: Der befragte Mensch, 3/1964, Internationale Rundfunk- und Fernseh-Universität (Vortragsmanuskript)

2) Vgl. Habermas, Jürgen: Strukturwandel der Öffentlichkeit,
   2. Auflage, Neuwied-Berlin 1969

Welche der hier genannten Ansprüche sich in welcher Ausprägung
in den je verschiedenen Konzeptionen von Öffentlichkeit wider-
spiegeln, muß hier insgesamt nicht dargestellt werden. Es soll ge-
nügen, wenn dies an drei Beispielen gerade für jene Konzeptionen
von Öffentlichkeit geschieht, die in kritischer Distanz zur "bürgerlichen Öffentlichkeit" entwickelt wurden, und die zugleich
für grundsätzlich unterschiedliche wissenschaftliche Sichtweisen ge-
sellschaftlich-politischer Probleme stehen können.

Ein Beispiel hierfür wäre die Konzeption Habermas'[1), die man
als "Konzeption der demokratischen Teilöffentlichkeiten organi-
sierter Privatheit" bezeichnen könnte. Er, der die veränderten politisch-sozialen Strukturen unserer Gesellschaft, insbesondere die
wechselseitige Verschränkung staatlicher und gesellschaftlicher Bereiche, zurecht zur Grundlage seiner Analyse des Strukturwandels
der Öffentlichkeit erhebt, kommt nicht umhin, dennoch die Grund-
prinzipien "bürgerlicher Öffentlichkeit" auf die komplexe, indu-
strialisierte und organisierte Gesellschaft des 20. Jahrhunderts zu
übertragen. Da in dieser Gesellschaft aber die Grundlage gemeinsamen, gleichartigen wirtschaftlichen Interesses als Basis rationaler
Diskussion zum Zwecke der Willensbildung nicht mehr für die
"Gesamtheit" der "Bürger" existiert, stehen sich doch jetzt anta-
gonistische Interessen gegenüber, soll sich nun die Teilhabe des
einzelnen an der politischen Entscheidungsfindung durch aktive
Mitwirkung am Willensbildungsprozeß in den verschiedenen gesellschaftlichen Gruppen vollziehen, sollen sich also Teilöffentlichkeiten bilden. Im Grunde werden damit die Voraussetzungen un-

---

1) Vgl. Habermas, Jürgen: a.a.O.

mittelbarer Demokratie für die Willensbildung in der Gruppe re-
klamiert [1]. Am Ende aber bleibt Habermas die Erklärung schul-
dig, nach welchem Muster sich denn nun allgemeine Öffentlichkeit aus Teilöffentlichkeiten bildet.

Weiteres Beispiel sei Dahrendorfs [2] Konzept der "aktiven und
passiven Öffentlichkeit". Dahrendorfs Analyse erscheint treffend,
wonach der Anteil jener, die aktiv am Prozeß politischer Willensbildung teilhaben (sie bilden die "aktive Öffentlichkeit") gering
sei. Und man kann mit ihm der Ansicht sein, daß die "passive
Öffentlichkeit" nur sporadisch als Publikum und Wähler im politischen Entscheidungsprozeß in Erscheinung tritt. Wenn er aber
postuliert, die "passive Öffentlichkeit" würde die "aktive Öffentlichkeit" - die Elite also - auf die Legitimität ihrer Ansprüche
hin überprüfen, d.h. ihre Funktion als Schiedsrichterin über die
Debatten der Eliten erfüllen, und sie würde dann noch im Be-
darfsfalle selbst aktiv werden, so unterstellt er unausgesprochen
die grundsätzliche Bereitschaft und Fähigkeit jedes einzelnen, als
Aktivbürger in die öffentliche Diskussion und über diese in den
politischen Entscheidungsprozeß einzugreifen, auf daß dem allgemeinen Willen zum Durchbruch verholfen würde.

---

1) Es sei darauf verwiesen, daß im Gefolge Habermas'scher
   Überlegungen Vorstellungen entwickelt wurden, welchen -
   wie Popper formulieren würde - im Gefolge der Aufklärung
   jener rationalistische Optimismus zugrunde liegt, wonach
   sich in der Einheit und Autorität des Volks- und Gruppen-
   willens die Wahrheit offenbart. Vgl. Popper, Karl R.: Die
   öffentliche Meinung im Lichte der Grundsätze des Liberalismus, in: Ordo, Jahrbuch für die Ordnung von Wirtschaft
   und Gesellschaft, 1956, S. 7 - 17, S. 8 f.

2) Vgl. Dahrendorf, Ralf: Aktive und passive Öffentlichkeit,
   in: Merkur, Heft 12, 1967, S. 1109 - 1122; ders.: Für
   die Erneuerung der Demokratie in der Bundesrepublik,
   München 1968, S. 31 ff.

Selbst Luhmanns [1]) Konzept von Öffentlichkeit "als ein Problem
der Institutionalisierung von Themen politischer Kommunikation" [2])
kann der Geschichtlichkeit und damit dem grundsätzlichen Charakter des Begriffs nicht entrinnen. Es ist Luhmanns Problem nicht,
nachzuzeichnen, wie der Staatsbürger via Öffentlichkeit öffentliche Meinung als politisch relevantes Ergebnis mitgestaltet. Er
stellt auf deren Leistung ab, die im Sinne einer Selektionshilfe
der Reduktion der Beliebigkeit des rechtlich und politisch Möglichen dient. Damit wird die Anpassung der Themenstruktur des
politischen Kommunikationsprozesses an den jeweiligen Entschei-
dungsbedarf der Gesellschaft und ihres politischen Systems zum
Problem der Öffentlichkeit. Öffentlichkeit bleibt so auf den Prozeß politischer Willensbildung bezogen, jedoch im Gegensatz zu
den vorgenannten Konzepten nicht im Sinne einer Rückbindung
der politischen Entscheidung an die Bedürfnisse und Erwartungen
der einzelnen Staatsbürger (sie interessieren hier nicht), sondern
als labile Führungsgröße, die "von der Integrationsfunktion und
der Aufgabe der Kontrolle der gesellschaftlichen Kommunikation
her definierbar [3]) bleibt. Auf diese Weise wird auch hierin der
grundsätzliche Charakter von Öffentlichkeit als Faktor politischer Willensbildung und Entscheidungsfindung gewahrt.

Wollte man nun aber tatsächlich prüfen, ob und auf welche Weise sich Öffentlichkeit in einer Gemeinde ereignet, so würde dies,
bezogen auf die lokale Pressesituation, bedeuten: Die Analyse von

---

1) Vgl. Luhmann, Niklas: Öffentliche Meinung, in: Politische
    Planung, Aufsätze zur Soziologie von Politik und Verwal-
    tung, Opladen 1971, S. 9 - 34

2) Ebenda, S. 22

3) Rust, Holger: Kommunikationssoziologische Dimensionen des
    Öffentlichkeitsbegriffs, in: Rundfunk und Fernsehen, 20. Jg.,
    1972, Heft 4, S. 440 - 454

Struktur und Funktionen der Presse im lokalen Raum wäre ein-
geengt auf Fragestellungen, die die Presse nur in ihrer Bedeutung für den Prozeß politischer Willensbildung erfassen wollten.
Ein solches Verfahren würde aber gleichzeitig voraussetzen, daß
die politisch-sozialen Strukturen der Gemeinden den in den verschiedenen Konzepten von Öffentlichkeit vorausgesetzten Strukturen grundsätzlich entsprechen. Es müßten dann - auf unsere
Beispiele bezogen - jeweils nach Interessen differenzierte und
organisierte Gruppen in den Gemeinden bestehen, Funktionseli-
ten sich ausgebildet haben, und die Bearbeitung komplexer
Kommunikationsprozesse müßte durch entsprechend komplexe gesellschaftliche Verhältnisse bedingt sein. Ob diese jeweils für
die Gesamtgesellschaft postulierten Bedingungen grundsätzlich
auch auf die kommunale Ebene übertragbar sind, und ob sie
dort allen Gemeinden adäquat definiert sein können, dies ist
zumindest zu bezweifeln. Da es uns aber darauf ankommt, erst
die strukturellen Voraussetzungen kommunikativer Beziehungen in
Gemeinden zu verdeutlichen, verbietet sich vorerst eine solche
Annahme.

Insgesamt gesehen, sprechen also mehrere Gründe gegen eine Beurteilung der lokalen Presse nach den vorgestellten Mustern. Einmal werden normative Ansprüche von unterschiedlichen Positionen
aus an die Presse gestellt, die vor allem zu global formuliert,
nicht auf spezifische lokale Pressesituationen hin bezogen sind,
und die eben immer nur eine Beurteilung des lokalen Kommunikationsraumes unter den jeweils gewählten, auf normativen Setzungen beruhenden Bezugsgesichtspunkten ermöglichen. Häufig genug
wird sogar auf eine weitergehende Begründung dieses Zusammenhangs
verzichtet. Zum zweiten: Die Konzeptionen von Öffentlichkeit gehen

nicht nur meist gleichfalls von normativ gesetzten Bedingungen
aus, sie engen zudem den Blickwinkel der Betrachtung auf die
Rolle der Presse im Prozeß politischer Willensbildung ein. Und
schließlich setzen alle genannten Betrachtungsweisen die prin-
zipielle Gleichartigkeit der zu untersuchenden kommunikativen
Beziehungszusammenhänge in Gemeinden voraus.

4. Die lokal informierende Tageszeitung im politisch-sozialen
   Interaktionsfeld der Gemeinde

Wenn wir uns noch einmal vergegenwärtigen, daß alle ange-
sprochenen Kriterien für die Beurteilung der Leistungen lokal
informierender Tageszeitungen von ideologischen Positionen,
spezifischen Demokratieverständnissen, vom "Ideal einer Zeitung" oder von gedachten politisch-sozialen Strukturen der
Gesellschaft abgeleitet sind, also auf Normen beruhen, die
in den Kriterien implizit enthalten sind oder explizit gesetzt
werden, oder wenn wir eine andere Position einnehmen und
von den Erwartungen des "Publikums" ausgehen, so besteht -
verkürzt betrachtet - die Problematik der Tagespresse in der
möglicherweise sich aufreißenden Kluft zwischen den Ansprüchen,
die die Norm als Leistung von der Tagespresse fordert, und dem,
was das "Publikum" in bezug auf die Lokalberichterstattung in
Abhängigkeit von der Norm jeweils zum Anspruch zu erheben
vermag, also tatsächlich (aus welchen Gründen auch immer) erhebt. Beide Gesichtspunkte für sich und auch in dieser Ge-
genüberstellung werden der Problematik lokaler Presse nicht gerecht. Denn wenn sich der Prozeß der Massenkommunikation in
der Gesellschaft in einem Geflecht sozialer Beziehungen voll-

zieht, dann ist auch die lokale Presse in das gesellschaftliche
Beziehungsfeld eingespannt. Folglich ist die Zeitungsredaktion
in ihrer Existenz vor allem von den Erwartungen des politisch-
sozialen Systems bestimmt, für das es und in dem es Leistungen
zu erbringen hat, und das eben ist die Gemeinde. Deshalb
werden die Funktionen, also die Leistungen, die diese Zeitung
zu erbringen hat, von all jenen Ansprüchen bestimmt sein, die
die verschiedenen Subsysteme des jeweiligen politisch-sozialen
Systems der Gemeinde einerseits und des politisch-sozialen
Systems der Gesamtgesellschaft andererseits an die Zeitungsredaktion als soziales System zu stellen und durchzusetzen in
der Lage sind. In der Regel werden, abgesehen von den ge-
setzlich fixierten Normen des Rechtssystems, vornehmlich jene
Erwartungen für die Zeitungsredaktion in der Gemeinde aufgrund der geringeren sozialen Distanz von besonderer Relevanz
sein, die die sozialen Gruppen der Gemeinde formulieren (das
ist nicht nur die Leserschaft als globale Einheit), denn diese
sind es auch, die bei Nichtentsprechung zu Sanktionen in der
Lage sind. Damit ist die Analyse und Bewertung der Leistungen
von Tageszeitungen anhand ihrer lokalen Berichterstattung eben
deshalb so problematisch, weil die dem Beurteilungsgesichts-
punkt zugrunde liegenden politisch-sozialen Strukturen von Gemeinde im allgemeinen den realen politisch-sozialen Strukturen
der jeweils zu untersuchenden Gemeinde nicht entsprechen
müssen, so daß die Leistungen der Tageszeitungen notwendig
unterschiedlich sein dürften. Das Dilemma besteht also darin,
daß bei der Beurteilung entweder von Kriterien ausgegangen wird,
die der Realität des Untersuchungsobjektes nicht gerecht werden,
daß also eine Leistung gemessen werden soll, welche die Tagespresse gar nicht zu leisten beabsichtigt, weil sie sich diesen Er-

wartungen nicht gegenübergestellt sieht, oder die Kriterien sind
so allgemein gehalten, daß sie letztlich als Gradmesser für die
Leistungsfähigkeit der lokalen Berichterstattung keine zureichenden Ergenisse liefern.

Damit ist eine Betrachtungsweise angedeutet, welche die Frage
nach der Leistung der Tagespresse im lokalen Raum von den
strukturellen Voraussetzungen dieses Raumes her problematisiert.
Das heißt, die Position der lokal informierenden Tageszeitung
ist aus dem politisch-sozialen Interaktionsfeld der Gemeinde zu
bestimmen.

Welches der Ursprung erwartbarer Leistungen der lokalen Presse
ist und woraus diese auf Bedürfnisse zurückführbaren Leistungen
erwachsen, diese Zusammenhänge sowie eine detaillierte Darstellung der Variablen, die als objektive Wirkungsfaktoren das
Interaktionsfeld: Politisch-soziales System Gemeinde - lokal informierende Tageszeitung, bestimmen, sind im einzelnen in einem
Gutachten für das Bundespresseamt [1] ausführlich dargestellt. Hier
bleibt festzuhalten, daß zum einen die erwartbaren Leistungen
drei Kategorien von Subjekten haben können, denn sie sind:

(1) Antworten auf Bedürfnisse und Erwartungen der Leserschaft
im engeren Sinne

(2) Antworten auf Bedürfnisse und Erwartungen der gemeindlichen
sozialen und politischen Organisationen, Institutionen und Behörden, einschließlich der führenden Unternehmen und Kul-
tureliten

---

1) Vgl. Ronneberger, Franz/Stuiber, Heinz-Werner: Lokale
Kommunikation und Pressemonopol, in: Noelle-Neumann,
Elisabeth/Ronneberger, Franz/Stuiber, Heinz-Werner:
Streitpunkt lokales Pressemonopol, Journalismus, Neue
Folge, Band 8, Düsseldorf (in Vorbereitung), S. 82 ff.

(3) Antworten auf normative Forderungen der demokratischen
Herrschafts- und Regierungsformen, insbesondere der Selbst-
verwaltungsnormen der Gemeinde.

Zum anderen sei deutlich gemacht: Das gemeindliche Interaktionsfeld wird durch die S o z i a l s t r u k t u r, die
K o m m u n i k a t i o n s s t r u k t u r, die o r g a -
n i s i e r t e I n t e r e s s e n s t r u k t u r, die
d e m o k r a t i s c h e n N o r m e n und die Z e i -
t u n g s s t r u k t u r bestimmt. Sie sind die entscheiden-
den Wirkfaktoren des Interaktionsfeldes. Diese Hauptvariablen
lassen sich dann wiederum auf die verschiedenen Erwartungen
zurückführen, bzw. sie können aus diesen abgeleitet werden.

Im Wege der Analyse wären diese Wirkfaktoren jeweils aus
Einzeldaten und Merkmalgruppen zu ermitteln, auf daß Einblick in die Gesamtstruktur je konkreter Gemeinden gewonnen
werden könnte. Aus den Strukturdaten dieser Gemeinden - aufgeschlüsselt nach den genannten Gesichtspunkten - sollten dann
die Leistungen der lokal informierenden Tageszeitungen be-
stimmbar werden.

Es liegt auf der Hand: Unterschiedlich strukturierte Interaktionsfelder werden unterschiedliche Leistungen der Tagespresse bedingen. Deshalb würde eine solche Analyse, wenn man sie an
einer konkreten Gemeinde durchführte, Ergebnisse liefern, die
eben nur für diese oder vergleichbare Gemeinden Geltung haben können. Uns scheint es deshalb sinnvoll, zuerst einen dieser Wirkfaktoren, die Zeitungsstruktur, hervorzuheben und in
Abhängigkeit von den übrigen Variablen, bezogen auf die Bun-

desrepublik Deutschland insgesamt, näher zu bestimmen, um von daher Kriterien zu gewinnen, die eine Differenzierung lokaler Pressesituationen ermöglichen. Dies soll durch die Bildung von Strukturtypen lokal informierender Tageszeitungen geschehen. Durch eine auf funktionale Raumgliederungen abgestellte Verbreitungsanalyse dieser Typen sollen dann aber Kommunikationsräume sichtbar und in ihren strukturellen Abhängigkeiten deutlich werden. Von daher mögen sich schon manche Axiome kommunikationspolitischer Thesen zumindest relativieren, und es werden sich Ansatzpunkte aufzeigen, aus welchen sich vielleicht typische Interaktionsfelder ermitteln lassen, so daß es sinnvoll erscheinen könnte, bestimmte Gemeinden einer eingehenden, beispielhaften Analyse nach dem hier vorgestellten Muster zu unterziehen.

II. Pressestatistische Typenbildung lokal informierender Tageszeitungen

1. Vorbemerkung

Wir gehen davon aus, daß eine entsprechende pressestatistische
Aufbereitung bereits zur Verfügung stehender Daten es ermög-
licht, einen Schritt in jene Richtung zu tun, die die lokal informierende Tageszeitung aus ihrem sozialen und politischen
Umfeld heraus analysieren und erklären will. Die so zu gewin-
nenden ersten und grundlegenden Hinweise auf vielleicht unterschiedliche Kommunikationsstrukturen im lokalen und regionalen Bereich können mit Sicherheit wiederum weiterführende
Fragestellungen provozieren, die uns einer Erklärung des Interaktionsfeldes: Politisch-soziales System Gemeinde - lokal informierende Tageszeitung, näher bringen. In diesem Abschnitt
sollen deshalb auf der Basis der vorgefundenen Daten deutlich
voneinander unterscheidbare Typen lokal informierender Tageszeitungen entwickelt und vorgestellt werden, die unterschiedliche Kommunikationsräume zu konstituieren vermögen. Zugleich
sollen diese Strukturtypen in ihrer räumlichen Verteilung in den
Bundesländern, vorerst entsprechend der kommunalen Gliederung,
vorgestellt werden.

2. Die Problematik pressestatistischer Typenbildung

Nun kann man fragen, warum wir nicht auf eine der von der
Publizistik - und Zeitungswissenschaft entwickelten Typologien
zurückgegriffen haben und statt dessen eine neue Typologie entwickelten. Und weiter muß dann gefragt werden, warum diese

Typologie für die in diesem Zusammenhang zur Diskussion stehende Frage von zentraler Bedeutung ist.

Zur Beantwortung dieser Fragen muß auf die Entstehung von Typologien und deren Aussagewert in angemessener Kürze eingegangen
werden: Nicht erst die etablierte Publizistik- und Zeitungswissenschaft hat sich um Typologien der Zeitung bemüht. Schon die
Zeitungskunde, so auch Joachim von Schwarzkopf [1] im 18. Jahrhundert, entwickelte Zeitungstypologien. Dabei zeigte sich, daß
von mehreren Blickwinkeln aus die verschiedensten Merkmale der
Zeitung zu Kriterien der Typenbildung erhoben werden können, wobei allerdings das jeweils zugrunde liegende erkenntnisleitende Interesse nicht immer explizit formuliert ist. Merkmale wie Erscheinungsweise, Erscheinungshäufigkeit, technisch-wirtschaftliche Bedingungen, inhaltliche Gestaltung, postulierte Wirkungen, vermu-
tete publizistische Zielsetzungen der Kommunikatoren oder Erwartungen des Publikums u.a.m. gelangten in den Typenkatalog:
Kriterien, die - wie Frankenfeld [2] meint - immer auf journalistische Leistung hin bezogen scheinen. Sollte dem so sein, so würde
die Vielzahl jeweils unterschiedlicher Zeitungstypen die Vielschich-
tigkeit dessen verdeutlichen, was im Einzelfall als journalistische
Leistung identifiziert werden will. Dies kann als weiterer Hinweis
darauf gewertet werden, was zum Problem der Operationalisierbar-
keit von "publizistischer Leistung" in Punkt I unserer Arbeit be-

1) Vgl. Schwarzkopf, Joachim von: Über Zeitungen; Ein Beitrag zur Staatswissenschaft, Frankfurt 1785

2) Vgl. Frankenfeld, Alfred: Typologie der Zeitung, in: Handbuch der Publizistik, Band 3, Praktische Publizistik 2. Teil,
   hrsg. von Emil Dovifat, Berlin 1969, S. 153

reits ausgeführt ist, und das nun erneut deutlich macht, wie problematisch es ist, generelle Aussagen über die Leistung von Tageszeitungen machen zu wollen.

Diese Überlegung aber brauchen wir hier nicht weiter zu verfolgen, denn es bleibt zu fragen, warum die verschiedenen Typologien der Publizistik- und Zeitungswissenschaft für unsere Fragestellung nicht verwertbar sind.

Allein Groth hat eine ganze Palette möglicher Typenreihen aufgelistet [1], die eine Klassifikation der Zeitungen nach unterschiedlichsten Merkmalen erlauben. Unter anderen skizziert er eine Typologie nach Standorten der Zeitungen, was unserem Ansatz nahe kommt. Doch auch diese gründet - wie alle anderen dort genannten Typenreihen - nicht auf einem spezifisch empirischen Forschungsinteresse, auf das hin dann Einzelhypothesen formuliert würden. Groth hat letztlich ein anderes Ziel. Er will Idealtypen von Zeitungen entwickeln, die es ihm erlauben, das "Entscheidende", das "Wesentliche" hervorzuheben" [2], so daß eine "reine Theorie daraus ihre Folgerungen zieht" [3]. Derlei Idealtypen entwickelt er aus den drei Grundfunktionen des Geistes [4], aus den Zwecken der Vermittler und aus den Zwecken des Publikums, oder er legt solche als sog. periodikalische Inhaltstypen fest [5]. Es kann dahingestellt bleiben, ob die hier als

---

1) Vgl. Groth, Otto: Die unerkannte Kulturmacht, a.a.O., Band 1, S. 377 ff.

2) Ebenda, S. 78

3) Ebenda, S. 78

4) Vgl. derselbe, a.a.O., Band 2, S. 187 f.

5) Vgl. ebenda, S. 186

Idealtypen entwickelten reinen Denkmodelle repräsentativ und der
Realität adäquat sein können, denn unser Ziel ist es ja nicht,
eine "ideelle Realität" [1] Zeitung zu konstituieren, die sich -
wie Rühl dargelegt hat [2] - nicht falsifizieren läßt, da sie durch
Wesensschau erkannt werden muß.

Aber auch andere von der Publizistik- und Zeitungswissenschaft
vorgestellte Typologien sind für unsere Fragestellung kaum bedeutsam. So werden bei Hagemann [3] aus den angenommenen publizistischen Hauptzielen: Unterrichtung, Beeinflussung, Belehrung und
Unterhaltung die Typen: Nachrichtenzeitung, Richtungszeitung,
"Bildungs"-Zeitung und Boulevardzeitung abgeleitet. Bei Dovifat [4]
erwächst Zeitung aus dem Verhältnis dreier Kräfte zueinander. Es
sind dies Kräfte geistiger, wirtschaftlicher und technischer Art. Entsprechend unterscheidet er kämpfende Gesinnungspresse, Nachrich-
tenblatt und Geschäftszeitung als reine Typen. Derlei Beispiele
könnten noch erweitert werden, denn Münster [5] z.B. bietet gleich
fünf Klassifikationsmöglichkeiten an und unterscheidet Zeitungen
nach deren Charakter, nach der Verbreitung, nach ihrer technischen
Herstellung, nach Erscheinungsweise und Erscheinungshäufigkeit.

---

1) Vgl. derselbe, a.a.O., Band 1, S. 59 ff.

2) Vgl. Rühl, Manfred: Die Zeitungsredaktion als organisiertes soziales System, Bielefeld 1969, S. 33

3) Vgl. Hagemann, Walter: Grundzüge der Publizistik, 2. Auflage,
Münster 1966, S. 290

4) Vgl. Dovifat, Emil: Zeitungslehre, Band 1, Berlin 1967, S. 19 f.

5) Vgl. Münster, Hans A.: Die moderne Presse, 1. Band, Bad Kreuznach 1955, S. 93 ff.

Schließlich hat Frankenfeld [1] neuerdings im "Handbuch der Publizistik" Elitepresse und Volkspresse als generelle Typen herausgestellt, die er aus dem "Verbreitungszweck" der Zeitung ableiten will, und zudem eine Klassifikation angeboten, die überregionale Blätter, regionale Blätter, Boulevardzeitungen, politische Wochenpresse und örtliche Anzeiger unterscheidet.

Im Gegensatz zu Groth verzichten aber die genannten Autoren auf eine erkenntnistheoretische Begründung ihrer Typologien, so daß deren Zielsetzung nur vermutet werden kann. Bei Dovifat und Hagemann zum Beispiel scheint eine idealtypische Betrachtung beabsichtigt zu sein, was auch für Frankenfelds Unterscheidung von Elitepresse und Volkspresse gelten könnte.

Idealtypen aber, so Hempel [2], wollen konkrete soziale oder historische Phänomene erklären und müßten deshalb als theoretische Systeme konstruiert sein, die überprüfbare generelle Hypothesen enthalten. Sie sind also den Theorien zuzuordnen. Gleichviel, ob die Konstruktion von Idealtypen den Ansprüchen einer Theorie genügt - dies ist zumindest umstritten [3] -, unser Ziel

---

1) Vgl. Frankenfeld, Alfred: Typologie der Zeitung, a.a.O., S. 158 ff.

2) Vgl. Hempel, Carl G.: Typological Methods in the Social Sciences, in: Theorie und Realität, hrsg. von Hans Albert, Tübingen 1964, S. 202

3) Zur Problematik des Idealtypus, vgl. ebenda, S. 196 ff.; vgl. ferner Kempski, Jürgen von: Zur Logik der Ordnungsbegriffe, besonders in den Sozialwissenschaften, in: Theorie und Realität, a.a.O., S. 209 - 232; Watkins, J.W.N.: Methodological Individualism and Nonhemplian Idealtypes, in: The Nature and Scope of Social Science, A Critical Anthology, hrsg. von Leonhard J. Kimerman, New York 1969, S. 457 ff.; McKinney, John C.: Typification, Typologies and Sociological Theory, in: Social forces 1969, vol. 48, S. 1 - 11

ist die Theorienbildung nicht. Wollten wir jedoch diese Typen
als klassifikatorische Typen behandeln - wiewohl ihr Anspruch
weit höher gesteckt ist -, gelingt auch dies nicht. Idealtypen
eignen sich nicht zum Schema, in das die Wirklichkeit einge-
ordnet werden kann, denn es gibt in dieser "Wirklichkeit keine
Erscheinung, die einem Idealtypus auch nur strukturell entspricht"[1].

Somit bleiben die von der Publizistik- und Zeitungswissenschaft
vorgestellten Typenreihen zu überprüfen. Diese sind, obwohl
dies von den Autoren nicht expliziert wird, den klassifikatori-
schen Typen zuzuordnen und dienen demnach, vom methodolo-
gischen Standpunkt aus betrachtet, der Systematisierung. Häufig
hat man jedoch den Eindruck, es handle sich dabei um sog."ad-
hoc Typologien", die die zugrundeliegende klassifikatorische
Hypothese, die als diagnostische oder als Verteilungshypothese
zu formulieren wäre, kaum erkennen lassen. Die von Frankenfeld
entwickelte Klassifikation der Tageszeitungen der Bundesrepublik
läßt zum Beispiel das der Klassifikation zugrundeliegende durch-
gängige Klassifikationsmerkmal nicht einmal vermuten. Die Dimension, nach welcher die einzelnen Typen differenziert werden, ist
weder genannt noch zu erkennen. Doch gleichgültig, ob die jeweils angestrebten Systematisierungen jeweils sinnvoll erscheinen
mögen, d.h. zu belangvollen Kategorisierungen führen oder nicht,
sie wären nur dann verwertbar, wenn sie im Hinblick auf unsere
Fragestellung belangvoll wären. Dies sind sie jedoch nicht.

---

1) Burghardt, Anton: Einführung in die Soziologie, München
1972, S. 26

3. Typenbildung unter raumstrukturellen Gesichtspunkten

Unser Ansatz zielt auf eine Ordnung der lokal informierenden Tagespresse der Bundesrepublik Deutschland, die zumindest auf die
Abhängigkeit dieser Zeitungen von den je spezifischen, unterscheidbaren sozial-strukturellen Determinanten des Verbreitungsgebietes verweist.

Dem liegen als Hypothesen zugrunde:

(1) daß sich Struktur und Funktionen (Leistungen) der Tagespresse
wesentlich aus den sozial-strukturellen Determinanten ihrer Umwelt bestimmen,

(2) daß vor allem bezüglich der Lokalberichterstattung die sozioökonomischen Strukturen des jeweiligen lokalen Verbreitungsraumes
besondere Relevanz besitzen,

(3) daß die Differenzierung nach Gemeindegrößenklassen (bezogen
auf den Verlagsort als Hauptverbreitungsgebiet) einer Differenzierung nach spezifischen lokalen Umwelten entspricht.

Die Aussagen zu (1) und (2) brauchen nicht weiter erläutert zu
werden, dies geschah unter Punkt I/4 dieser Arbeit. These (3)
aber ist zu begründen: Wenn das Grundproblem, auf das hin unsere Betrachtung der Lokalpresse abgestellt ist, darin besteht,
Kommunikationsräume aus deren politisch-sozialen und wirtschaftlichen Strukturen zu erklären, wenn wir also die lokal informierende Tagespresse in Abhängigkeit von diesen Strukturen betrachten,
muß eine Typologie dieser Tagespresse - die zuerst einmal eine
sinnvolle Ordnung der sozialen Wirklichkeit anstrebt, derart, daß

- 33 -

daraus empirisch gehaltvolle Hypothesen ableitbar werden - in Abhängigkeit von unterscheidbaren sozial-strukturellen Determinanten
von Gemeinden entwickelt werden. Dabei gehen wir von der
Hypothese aus, daß diese Kommunikationsräume in ihrer Unterschiedlichkeit wesentlich vom Merkmal der Ortsgröße (hier des Verlagsortes) bestimmt sind; wir unterstellen also bei Großstädten, Mittelstädten und Kleinstädten charakteristische Unterschiede in den So-
zialstrukturen, wobei diese jeweils das Interaktionsfeld "politisch-
soziales System Gemeinde - lokal informierende Tageszeitung" prägen, so daß die Leistungen der Tagespresse, auf die es ja letztlich
ankommt, unterschiedlich sein dürften.

Das einheitliche Klassifikationsmerkmal und damit die Dimension
der Klassifikation ist also durch die Ortsgröße bestimmt. Sie deckt
zwar die jeweiligen strukturellen Voraussetzungen in den einzelnen
kommunalen Kommunikationssituationen nicht auf, gibt uns jedoch
ein klares, wenn auch zugegebenermaßen vorerst grobes Unterscheidungskriterium an die Hand, nach welchem die lokal informierenden Tageszeitungen der Bundesrepublik aufgeschlüsselt werden können.

Man könnte nun meinen, ein mehr qualitativ bestimmtes Kriterium,
das aufgrund von Merkmalkombinationen Schwellwerte für die zu
unterscheidenden Gemeinden festlegt, wäre aussagekräftiger. In der
Tat sind derartige Gemeindetypen unterschiedlichster Art und ver-
schiedenster Schwerpunktbildungen vornehmlich für den Bereich der
Raumordnung und Landesplanung konzipiert worden. Es sei hier nur
auf die Arbeiten von Hüfner, Lehmann, Linde und anderer ver-

wiesen [1]. Leider helfen uns aber solche Typisierungen wenig,
denn eine Ordnung der einzelnen Gemeinden der Bundesrepublik nach den Mustern dieser Autoren ist nicht verfügbar [2].

Und ein weiterer Gesichtspunkt sei beachtet: Eine Klassifikation der lokal informierenden Tagespresse, deren Zweck vor
allem darauf gerichtet ist, die in Frage stehende soziale Wirklichkeit im Hinblick auf unsere Fragestellung derart zu ordnen,
daß diese Ordnung als Basis dienen kann für weiterführende detaillierte Einzelanalysen der vorab grob umrissenen Kommunikationsräume, darf nicht aufgrund einer möglicherweise voreiligen
Gewichtung sozial-struktureller Determinanten die im Interaktionsfeld "politisch-soziales System Gemeinde - lokal informierende Tageszeitung" eigentlich relevanten Strukturen des
Kommunikationsraumes verschütten. Denn Typisierungen der Gemeinden etwa nach dem Vergewerblichungsgrad, nach agrarwissen-
schaftlichen Gesichtspunkten, nach übergemeindlichen Funktionen,
nach der wirtschaftlichen Struktur ihrer Arbeitsbevölkerung, nach
der Wirtschafts- oder Berufsstruktur u.a. werden unter weit spezielleren wissenschaftlichen und praktischen Interessen entwickelt.

---

1) Vgl. Hüfner, Wilhelm: Wirtschaftliche Gemeindetypen, in:
    Raum und Wirtschaft, Forschungs- und Sitzungsberichte der
    Akademie für Raumforschung und Landesplanung, Band III,
    Bremen-Horn 1953; Lehmann, Helmut: Zur Entwicklung der
    Gemeindetypisierung, in: Raum und Wirtschaft, a.a.O.;
    Linde, Hans: Grundfragen der Gemeindetypisierung, in:
    Raum und Wirtschaft, a.a.O.; vgl. ferner die bei Schneppe,
    Friedrich: Gemeindetypisierung, in: Handwörterbuch der
    Raumforschung und Raumordnung, 1. Band, 2. Auflage,
    Hannover 1970, Sp. 947 - 958 aufgeführte Literatur.

2) Nur für einzelne Bundesländer liegen - allerdings unterschied-
    liche - Klassifizierungen vor, die jedoch zwischenzeitlich
    überholt sein dürften, vgl. Schneppe, Friedrich: a.a.O., Sp.
    952 f.

Vor die Wahl gestellt, Ortsgrößenklassen oder spezielle Ge-
meindeklassen zum grundlegenden Klassifikationsmerkmal unserer Typologie zu erheben, haben wir uns also nicht nur aus
forschungsökonomischen und forschungspragmatischen Überlegungen (Verfügbarkeit der Daten) für das erstgenannte Muster
entschieden. Die Ortsgröße gilt nämlich in der Gemeindesoziologie durchaus als ein grundlegendes Unterscheidungsmerkmal
von Gemeinden, aus welchem sich dann clusters anderer Charakteristika ableiten. Dies haben Ogburn und Duncan anhand
umfangreicher Erhebungen für die USA nachgewiesen [1], denn
sie fanden, daß bestimmte Strukturmerkmale mit der Ortsgröße
variieren. Und diese Überlegung begründet letztlich auch das
spezielle Forschungsgebiet der Großstadtsoziologie, denn "mit
der Größe ändert sich die Struktur, sie hat nicht nur einen
relativen, sondern einen absoluten Wert" [2]. Folglich gibt es
nach Pfeil "auch in den menschlichen Ballungen Stellen, wo
Quantität umschlägt in Qualität " [3]. Ein solcher Schwellwert
liegt bei einer Ortsgröße von 100 000 Einwohnern [4]. Ein
weiterer Schwellwert wird bei Siedlungen der Größenordnung

---

1) Vgl. Ogburn, William F. and Duncan, Otis D.: City
Size as a Sociological Variable, in: Contributions to
Urban Sociology, hrsg. von Ernest W. Burgess and
Donald J. Bogue, Chicago/London 1964, S. 129 ff.;
vgl. ferner Hadden, Jeffrey K. and Burgatta, Edgar F.:
American Cities, Their Social Characteristics, Chicago/
Illinois 1965

2) Pfeil, Elisabeth: Großstadtforschung, Entwicklung und
gegenwärtiger Stand, 2. neubearbeitete Auflage, Hannover
1972, S. 5 f.; vgl. auch Gleichmann, Peter: Soziologie
und Raumordnung, Soziologie der Stadt, in: Handwörterbuch der Raumforschung und Raumordnung, Band III, a.a.O.,
Sp. 3030

3) Pfeil, Elisabeth: Großstadtforschung ..... a.a.O., S. 6

4) Vgl. ebenda

von 20 000 Einwohnern angenommen, denn hier verläuft die
Grenze zwischen "ländlichen und nicht mehr ländlichen
Räumen" [1]. Folgen wir Duncan und Reiss, so erklärt sich
das soziale Interesse an der Größe einer Stadt aus der allgemeinen Beobachtung, daß sich gewisse soziale Fakten der
Stadt systematisch mit der Größe ändern, so daß angenommen
werden kann, daß sich mittelgroße Städte sowohl von der
großen als auch von der kleinen Stadt unterscheiden [2]. Demnach erscheint die seit der Festlegung des Stadtbegriffes [3]
in der deutschen Statistik übliche Unterscheidung von Großstädten (über 100 000 Einwohner), Mittelstädten (20 000 -
100 000 Einwohner) und Kleinstädten (5 000 - 20 000 Einwohner) auch im Hinblick auf unsere Fragestellung sinnvoll [4].

Natürlich können mit solcher Grenzziehung keine absoluten
Grenzwerte gesetzt sein. Die Struktur einer Gemeinde ändert
sich nicht schlagartig, wenn einer dieser Schwellwerte überschritten wird. Eine solche Differenzierung markiert vielmehr

---

1) Isbary, Gerhard: Raum und Gesellschaft, Hannover 1971,
   S. 120

2) Vgl. Duncan, Otis D. and Reiss, Albert J.: Characteristics of Urban and Rural Communities, New York 1956

3) Stadt wird hier nicht im historischen Sinne verstanden, als
   Ort, welchem das Stadtrecht verliehen ist.

4) Die dort noch weiter differenzierten sog. Landstädte
   (2 000 bis 5 000 Einwohner) werden in unserem Falle den
   Kleinstädten zugeordnet. Ohnehin weisen Orte dieser
   Größenordnung nur noch in den Fällen der sog. "Acker-
   bürgerstädte" Züge eigenstädtischen Charakters auf.

Schwerpunktbereiche entlang eines Stadt-Land-Kontinuums.

Die Problematik des sog. "rural-urban-continuum-approach",

entwickelt aus einer Stadt-Land-Dichotomie, braucht aller-

dings hier nicht aufbereitet zu werden, denn unser Hinweis

gilt in diesem Zusammenhang dem heuristischen Wert dieses

Ansatzes [1].

Festzuhalten bleibt:

(1) Großstädtische Siedlungsräume scheinen aufgrund ihrer wirt-

schaftlichen, sozialen, politischen, administrativen, kulturellen

und nicht zuletzt auch räumlich-strukturellen Eigenarten [2] das

Interaktionsfeld "politisch-soziales System Gemeinde - lokal

---

1) Zur Problematik des Stadt-Land-Kontinuums vgl. Bell,
   Colin and Newby, Howard: Community Studies, An In-
   troduction to the Sociology of the Local Community,
   London 1971, S. 42 ff.; Benet, F.: Sociology Uncertain:
   The Ideology of the Rural-Urban-Continuum, in: Com-
   parative Studies in Society and History, vol. 6 (1963),
   S. 1 ff.; Dewey, Richard: The Rural-Urban-Continuum:
   Real But Relatively Unimportant, in: American Journal
   of Sociology 1960, S. 60 ff.; Hauser, Philip M.:
   Observations on the Urban-Folk and Urban-Rural Dicho-
   tomies as forms of Western Ethnocentrism, in: The Study
   of Urbanization, hrsg. von Philip M. Hauser and Leo F.
   Schnore, London 1965, S. 503 ff.; Pahl, R.E.: The
   Rural-Urban-Continuum, in: Readings in Urban Sociology,
   hrsg. von R.E. Pahl, Oxford 1968, S. 262 ff.

2) In der Gemeindesoziologie, insbesondere in der Großstadt-
   soziologie, werden derlei Eigenarten kaum bestritten. Vgl.
   unter anderen Hellpach, Willy: a.a.O.; Pfeil, Elisabeth:
   Großstadtforschung ... a.a.O.; Haseloff, Otto Walter:
   Großstadt als Umwelt, in: Die Stadt als Lebensform, hrsg.
   von demselben, Berlin 1970, S. 173 ff.; Bahrdt, Hans
   Paul: Die moderne Großstadt, Hamburg 1969; Merveldt,
   Dieter Graf von: Großstädtische Kommunikationsmuster,
   Köln 1971; Aschenbrenner, Katrin / Kappe, Dieter: Groß-
   stadt und Dorf als Typen der Gemeinde, Opladen 1965;
   Mackensen, Rainer et al.: Daseinsformen der Großstadt,
   Tübingen 1959

informierende Tageszeitung" in spezifischer Weise zu determinieren.

(2) Ein von diesem abgrenzbares Interaktionsfeld stellen mittelstädtische Siedlungsräume dar, die aber nicht nur gegenüber der Großstadt, sondern auch gegenüber kleinstädtischen Strukturen unterscheidbare Merkmale aufweisen, so daß sich auch hieraus spezifische Kommunikationsstrukturen ergeben können. Im Bereich dieser Größenordnung von Gemeinden scheint jene Schwelle zu liegen, von der ab
der einzelne die mangelnde primäre Erfahrung durch sekundäre Erfahrung zu kompensieren gezwungen ist, wenn er sich in seiner lokalen Umwelt zeit- und raumgerecht verhalten will; das heißt aufgrund
der Differenziertheit des "sozialen Systems Gemeinde" können personale Kontakte und individual kommunikative Beziehungen hinreichende politische und soziale Orientierung nicht mehr gewährleisten [1].

1) Die Gemeindesoziologie hat sich zwar mit dieser Problematik
nicht gesondert befaßt, allerdings geben Gemeindeuntersuchungen
Hinweise, die diese Annahme stützen, etwa wenn man Verkehrskreise, Organisationsstrukturen und Vereinsleben in Großstädten,
Mittelstädten und Kleinstädten vergleicht. Vgl. hierzu die Arbeiten von Mayntz, Renate: Soziale Schichten und sozialer Wandel in einer Industriegemeinde, Stuttgart 1958; Oppen, Dieter von:
Familien in ihrer Umwelt, Beiträge zur Soziologie der Gemeinde
im Ruhrgebiet II, Köln und Opladen 1958; Treinen, Heiner: Symbolische Ortsbezogenheit, Eine soziologische Untersuchung zum
Heimatproblem, in: Kölner Zeitschrift für Soziologie und Sozialpsychologie, Jahrgang 17 (1965), S. 73 ff. und S. 254 ff.;
Pfeil, Elisabeth: Die Familie im Gefüge der Großstadt, Hamburg
1965; dieselbe: Nachbarkreis und Verkehrskreis, in: Daseinsformen
der Großstadt, a.a.O., S. 158 ff.; Schwonke, Martin: Wofsburg,
Soziologische Analyse einer jungen Industriestadt, Stuttgart 1967;
Croon, Helmut/Utermann, Kurt: Zeche und Gemeinde, Tübingen
1958; Bergsträsser, Arnold et al.: Soziale Verflechtung und Gliederung im Raum Karlsruhe, Grundlagen zur Neuordnung eines
Großstadtbereiches, in: Schriftenreihe der Industrie und Handels-
kammer Karlsruhe, Band 2, Karlsruhe 1965; Klages, Helmut: Der
Nachbarschaftsgedanke und die nachbarliche Wirklichkeit in der
Großstadt, Köln und Opladen 1958

(3) Kleinstädte, insbesondere den ländlichen Bereichen zugeordnet, für die die vorgenannten Charakteristika eben nicht
gelten, wären dann in viel stärkerem Maße für den einzelnen
unmittelbar erleb- und durchschaubar [1], so daß die lokale
Tagespresse in diesen Kommunikationsräumen eine andersartige
Rolle spielen könnte [2].

Mithin ist die Ortsgröße als Dimension der Klassifikation hinreichend begründet, und es sind Ortsgrößenklassen als Teilklassen dieser Ordnung im Hinblick auf daraus ableitbare weiterführende und empirisch gehaltvolle Hypothesenbildungen
sinnvoll konzipiert.

Für eine weitere Differenzierung der Teilklassen wurden dann
zusätzliche Merkmale zur Typisierung herangezogen. Dabei
hatten wir von jenen Merkmalen auszugehen, die für alle lokal informierenden Tageszeitungen der Bundesrepublik verfügbar sind. Diese Daten entnahmen wir einer Umfrage des BDZV
aus dem Jahre 1970, der IVW-Auflagenliste (Stand: III/1974),
der IVW-Regionalanalyse, Tageszeitungen 1973 und dem Stamm-
Leitfaden für Presse und Werbung 1974. Ferner wurden die sich

---

1) Unterscheidbare Charakteristika der Kleinstadt könnten sein:
Honoratioren statt heterogene Prominenz; geringere Ausprägung der Stratifikation in verschiedenen Assoziationen, Vereinen, Kindergärten und Schulen; relative "Umfassendheit"
der jeweiligen Verkehrskreise (sie können tendenziell die
Gesamtheit der örtlichen Erlebnisbereiche erschließen) u.a.
vgl. hierzu die unter 1), S. 38 genannte Literatur.

2) Vgl. Haenisch, Horst / Schröter, Klaus: a.a.O., die im
Falle Wertheim die sog. Hofberichterstattung der lokalen
Tagespresse beklagen.

seit dem Stichtag der BDZV-Untersuchung ergebenden Veränderungen anhand der Hinweise in der Rubrik "aus Zeitungs-
und Zeitschriftenverlagen" der Zeitschrift "ZV + ZV" sowie
der Meldungen anderer Publikationen (etwa "Die Feder") fort-
geschrieben. Zweifelsfälle wurden durch Rücksprache mit den
Verlagen geklärt.

Für unsere Fragestellung wurden folgende der dort erhobenen
Merkmale von Tageszeitungen verwertet:

(1) Die lokale, regionale und überregionale Verbreitung als
Kriterium einer raumspezifischen Orientierung der Tagespresse,

(2) die Zahl der Nebenausgaben als Chrakteristikum der Größe
und Differenziertheit der durch diese Tageszeitungen konstituierten regionalen Kommunikationsräume,

(3) die Erscheinungshäufigkeit der Nebenausgaben und deren
lokaler bzw. regionaler Bezug als Indiz eingeschränkter lokaler und teilregionaler Orientierung der Nebenausgaben und
der damit möglicherweise verbundenen mangelnden Intensität
kommunaler Berichterstattung,

(4) der Grad der Selbständigkeit im Anzeigen- und redaktionellen Bereich als mögliches Indiz eingeschränkter Unabhängigkeit
der Zeitung.

Für die Differenzierung der Teilklasse "großstädtische Tageszei-
tungen" schien uns das Merkmal "Grad der Selbständigkeit im
Anzeigen- und redaktionellen Bereich" von geringer Relevanz.
Es wurde für diese Teilklasse nicht zum Unterscheidungskriterium

erhoben [1]. Denn in der Regel ist zu unterstellen, daß ein
großstädtisches Verbreitungsgebiet ein Leser- und Anzeigen-
potential bietet, welches den Erhalt der Unabhängigkeit in
diesen Bereichen für die Tageszeitungen zumindest begünstigt.
Derartige empirisch feststellbare Abhängigkeiten scheinen
nicht aus der Struktur dieser Verbreitungsräume zu erwachsen.
Wichtiger war es uns herauszuarbeiten, ob und wie sich in
diesen Räumen die lokale, regionale und überregionale Orientierung von Tageszeitungen ausprägt.

In den Teilklassen der mittelstädtischen und kleinstädtischen
Tageszeitungen dagegen schien uns das Merkmal "Grad der
Selbständigkeit im Anzeigen- und redaktionellen Bereich" von
entscheidender struktureller Bedeutung zu sein, wenn wir die
mittelstädtischen Tageszeitungen regionaler Orientierung aus-
sonderten, also im Bereich dieser Teilklasse quasi vor die
Klammer setzten. Denn die Existenzfähigkeit von Tageszeitungen lokaler Verbreitung scheint in diesen Räumen nur bei eingeschränkter Selbständigkeit gesichert.

Aus den vorstehend skizzierten Überlegungen sollte deutlich
geworden sein, daß die von uns angestrebte Typologie den Bedingungen wissenschaftlichen Vorgehens zu entsprechen vermag [2],
denn jedes Element der Gesamtheit darf nur einem der Haupt-
typen zuordenbar sein, die Dimension, nach welcher differen-

---

1) Gleichwohl sind in der von uns erarbeiteten Aufstellung
(vgl. den dieser Arbeit zugehörig erstellten Tabellenband),
die die Tageszeitungen der Bundesrepublik Deutschland in
den Typenkatalog einordnet, derartige Kooperationsbeziehungen jeweils ausgewiesen.

2) Vgl. Tiryakian, Edward A.: Typologies, in: International
Enziklopedia of the Social Sciences, hrsg. von David L. Sills,
vol. 16, S. 178

ziert werden soll, muß explizit genannt, und - wir haben es
dargelegt - diese Dimension sollte von zentraler Bedeutung
für die von uns gestellte Frage sein.

Dennoch sei angemerkt: Wir sind uns bewußt, daß eine solche
Typologie nicht starr zu handhaben ist, denn dies könnte zur
Sterilität der Betrachtung führen. Es gibt eben keine schlecht-
hin "natürliche" Typologie. Eine solche ist immer nur mehr
oder weniger sinnvoll im Hinblick auf die gestellte Frage.

Und ein weiteres sei deutlich gemacht: Eine Typologie der
deutschen Tagespresse, wie sie nachfolgend dargestellt wird,
will nicht den Anspruch erheben, Idealtypen im Sinne Max
Webers zu entwickeln: Idealtypen, die die dem jeweiligen
Typus zugeschriebenen Merkmale und Eigenschaften als reine
Ausprägung eines empirisch gegebenen Sachverhaltes erkennbar machen, derart, daß der Sachverhalt durch Überzeichnung
in seinem Wesensgehalt erkennbar würde. Ein reiner Typus
"lokal informierende Tageszeitung" wird also nicht gebildet.
Auch ist es nicht unser Ziel, einen Sachverhalt (hier lokal
informierende Tageszeitungen) anhand von Merkmalen und Ver-
haltensweisen als regelmäßige Erscheinungsform zu erfassen, also
Realtypen zu entwickeln, die aufgrund einer gewissen Häufung
bzw. eines regelmäßigen Zusammenfallens oder Fehlens bestimmter Merkmale und Eigenschaften den Sachverhalt durch sta-
tistisch ermittelte Durchschnittswerte kennzeichnen.

Hier geht es vorerst nur darum, die Tageszeitungen der Bundesrepublik Deutschland nach Vergleichsgesichtspunkten zu ordnen,
zu systematisieren. Diese als klassifikatorisch zu kennzeichnende

Typenbildung hat demnach zuerst beschreibende Funktion, denn
es werden die Tageszeitungen nach beobachteten Merkmalen
klassifiziert. Sollte dann eine Häufung von Merkmalkombinationen
erkennbar sein, könnten daraus - etwa für Partialbereiche -
Realtypen (= Durchschnittstypen) abgeleitet werden.

In jedem Falle aber bildet eine solche Ordnung die Basis für
die Formulierung weiterführender Hypothesen und Prognosen. Soweit die Entfaltung der Tagespresse bestimmten sozio-ökonomischen und sozio-kulturellen Vorgegebenheiten und "Gesetzen"
folgt, müßten sich beim Vorliegen genügend vieler Daten künf-
tige Entwicklungen vorhersagen lassen.

Im einzelnen wollen wir die lokal informierenden Tageszeitungen
der Bundesrepublik wie folgt klassifizieren:

I   Großstädtische Tageszeitungen ohne Nebenausgaben (mit Lo-
     kalberichterstattung vornehmlich am Verlagsort)

a)   mit überregionaler Bedeutung
b)   ohne überregionale Bedeutung

II   Großstädtische Tageszeitungen (mit Lokalberichterstattung am
     Verlagsort)

a)   mit überwiegend regionalen Nebenausgaben im Umland, die
     jeweils kreis- und ortsbezogene Informationen für mehrere
     Kreisgebiete anbieten

b)   mit weniger als drei kreis- und/oder ortsbezogenen Neben-
     ausgaben

c)   mit kreis- und/oder ortsbezogenen Nebenausgaben, die nur
     maximal dreimal wöchentlich erscheinen.

III Großstädtisch-regionale Tageszeitungen mit Lokalberichter-
     stattung am Verlagsort und je eigener kreis- und/oder orts-
     bezogener Berichterstattung in verschiedenen (mindestens
     drei) Nebenausgaben.
     Abdeckung eines regionalen Kommunikationsraumes durch
     ein System von Bezirksausgaben!

IV   Mittelstädtisch-regionale Tageszeitungen mit Lokalberichter-
     stattung am Verlagsort und je eigener kreis- und/oder orts-
     bezogener Berichterstattung in verschiedenen (mindestens
     drei) Nebenausgaben.
     Abdeckung eines regionalen Kommunikationsraumes durch
     ein System von Bezirksausgaben!

V   Mittelstädtische Tageszeitungen mit Lokalberichterstattung
     vornehmlich am Verlagsort (höchstens zwei Nebenausgaben)

a)   die den allgemein-politischen Teil der Zeitung (Zeitungs-
     mantel) selbst erstellen und das gesamte Anzeigengeschäft
     selbst verwalten

b)   die zwar den Zeitungsmantel selbst erstellen, aber das
     überlokale Anzeigengeschäft nicht selbst verwalten

c)   die den Zeitungsmantel nicht selbst erstellen und meist
     auch das überlokale Anzeigengeschäft nicht selbst ver-
     walten.

VI   Kleinstädtische Tageszeitungen mit Lokalberichterstattung
     vornehmlich am Verlagsort (höchstens zwei Nebenausgaben)

a)   die den allgemein-politischen Teil der Zeitung (Zeitungs-

mantel) selbst erstellen und das gesamte Anzeigengeschäft
selbst verwalten

b) die zwar den Zeitungsmantel selbst erstellen, aber das
überlokale Anzeigengeschäft nicht selbst verwalten

c) die den Zeitungsmantel nicht selbst erstellen und meist
auch das überlokale Anzeigengeschäft nicht selbst verwalten.

VII Stadtteilzeitungen, deren Lokalberichterstattung sich auf
einzelne Stadtbezirke oder Vororte in Großstädten konzentriert.

VIII Mittel- und kleinstädtische Heimatzeitungen, die nur lo-
kalpolitisch relevante, nicht jedoch allgemein-politische
Informationen anbieten.

4. Die Verteilung "realer" Typen lokal informierender Tageszeitungen in der Bundesrepublik Deutschland nach Bundesländern, Kreisen und Gemeinden

Schütz [1] hat in seinen Stichtaguntersuchungen kontinuierlich
Zahlenmaterial zur Entwicklung der sog. "Publizistischen Einheiten" und der sog. "Ein-Zeitungs-Kreise" vorgelegt. Und er
hat nachgewiesen, daß sich die ersteren ständig vermindern,

---

1) Vgl. Schütz, Walter J. und dessen pressestatistischen
Untersuchungen, in: Publizistik 1965, 1966, 1967 und
1969; vgl. ferner Bericht der Bundesregierung zur Lage
von Presse und Rundfunk in der Bundesrepublik Deutschland (1974), Deutscher Bundestag, Drucksache 7/2104,
Bonn 1974

während sich die zweiten als so definierte "lokale Monopole"
immer weiter ausbreiten. Wir wollen hier die Diskussion darüber, ob es sinnvoll erscheinen mag, das Problem der lokalen
Alleinanbieterstellung von Tageszeitungen auf der Kreisebene
zu analysieren, ebenso dahingestellt sein lassen, wie die Frage, ob die Anzahl verschiedener allgemein-politischer Teile,
die in einem Kreis erscheinen, als alleiniges Kriterium zur Beurteilung lokaler Pressesituationen hinreichen. Diese Fragen
werden bei der raumstrukturellen Analyse von Kommunikationsräumen neu zu stellen und zu beantworten sein.

Hier geht es uns darum, einen Überblick über die Verteilung
der einzelnen Typen lokal informierender Tageszeitungen zu
geben, darzulegen, wieviele Ausgaben, wieviele selbständige
Tageszeitungen (Stammzeitungen) und wieviele unterschiedliche
allgemein-politische Informationen zusammen mit lokalen Informationen in den Kreisen und Gemeinden der Bundesländer
insgesamt zur Verfügung stehen. Darüber hinaus soll ein Eindruck vermittelt werden, in welchem Maße Ausgaben regionaler Tageszeitungen, also Ausgaben der Zeitungstypen III und
IV, in den Kreisen und Gemeinden zum kommunalen Infor-
mationsträger geworden sind und welche Bedeutung im Vergleich dazu den Ausgaben der vornehmlich ortsbezogen konzipierten Tageszeitungen zukommt. Die verschiedenen Typen lokal informierender Tageszeitungen und die hier angedeuteten
Verhältnisse sind im einzelnen für alle Kreise und für alle Gemeinden mit über 20 000 Einwohner im Tabellenband, der dieser Ausarbeitung zugehörig erstellt worden ist, bis ins Detail
aufgeschlüsselt. Demnach wird hier nur ein allgemeiner, insbesondere tabellarisch kurzer Überblick gegeben.

Wie den Daten der Tabelle 1, S. 52 und der Tabelle 2, S. 53
entnommen werden kann, wird die Struktur der lokal informierenden Tagespresse ganz deutlich von regionalen Tageszeitungen
der Typen III und IV einerseits und von mittel- und kleinstädtischen Tageszeitungen der Typen Vc und VIc andererseits (sie
bewahrten sich die redaktionelle Unabhängigkeit nur noch für
den lokalen Bereich) bestimmt. Von den 415 selbständigen lokal
informierenden Tageszeitungen der Bundesrepublik Deutschland
(diese erscheinen mindestens zweimal wöchentlich) gehören der
ersten Gruppe 79 (19,1%), der zweiten Gruppe 249 (60,1%)
Zeitungen an. Die Bedeutung der regionalen Tageszeitungen
wird aber dadurch unterstrichen, daß in 35,3% aller Kreise und
in 49,9% aller Groß- und Mittelstädte ausschließlich deren Ausgaben erscheinen. (Vgl. Tabelle 7, S. 58 und Tabelle 9, S. 60)
Die übrigen Typen lokal informierender Tageszeitungen sind,
aufs Ganze gesehen, kaum von Bedeutung. Bemerkenswert ist
aber, daß nur noch drei Tageszeitungen, die in Kleinstädten verlegt werden, den Zeitungsmantel eigenverantwortlich erstellen.
Sie aber kooperieren im Anzeigenbereich (Typ VIb). Eine kleinstädtische Tageszeitung, die zugleich auch im Anzeigenbereich
unabhängig wäre, gibt es nicht mehr (Typ VIa). Dies ist immerhin in einigen Mittelstädten der Fall (vgl. Typ Va), doch deren
"Mäntel" werden, wie die der Tageszeitungen des Typs Vb (sie
kooperieren nur im Anzeigenbereich), nicht selten wiederum von
Tageszeitungen der Typen Vc und VIc übernommen.

Als Verteilungsschwerpunkte der verschiedenen Typen lokal informierender Tageszeitungen, bezogen auf die Bundesländer (vgl.
Tabelle 3, S. 54), sind für den Typ III (die großstädtische Re-

gionalzeitung) Nordrhein-Westfalen, wo 17 von 47 (36,2%)
der Zeitungen dieses Typs verlegt werden und für den Typ IV
(die mittelstädtische Regionalzeitung) Bayern, wo 40,6% und
Baden-Württemberg, wo 28,1% verlegt werden, erkennbar.
Gleichzeitig ist Bayern jenes Land, in welchem der größte
Teil (38,2%) der kleinstädtischen Tageszeitungen des Typs VIc
erscheint, während in Baden-Württemberg (24,6%) und Niedersachsen (30,9%) die meisten mittelstädtischen Tageszeitungen
des Typs Vc im Markt sind. Für die übrigen Typen lokal informierender Tageszeitungen Verteilungsschwerpunkte heraus-
zustellen, wäre wegen der geringen Gesamtzahlen wenig sinnvoll, wiewohl es nur "natürlich" erscheint, daß es die meisten Tageszeitungen des Typs Ib in Berlin gibt. Auffällig ist
aber dennoch: Über die Hälfte (56,4%) aller Heimatzeitungen
(Typ VIII), das sind 9 von 16, erscheinen in Hessen.

Fragt man, welches Gewicht die einzelnen Typen lokal informierender Tageszeitungen jeweils in den verschiedenen Bundesländern gewinnen, so zeigt sich: In Schleswig-Holstein wird
die Struktur der Kommunikationsräume ganz eindeutig, in Niedersachsen, Baden-Württemberg und Bayern immerhin recht
nachhaltig von mittel- und kleinstädtischen Tageszeitungen bestimmt. Zu dieser Gruppe gehören in Schleswig-Holstein 86,9%,
in Niedersachsen 85,9%, in Baden-Württemberg 68,9% und in
Bayern 72,2% aller Tageszeitungen. Strukturbestimmend ist jedoch, daß in Schleswig-Holstein in 60,0% aller Kreise und in
82,3% aller Groß- und Mittelstädte regionale Tageszeitungen
der Typen III und IV keine Rolle spielen. Für Niedersachsen
liegen die entsprechenden Werte bei 32,7% und 39,7%, in Baden-Württemberg bei 15,9% und 29,0%, in Bayern aber nur bei

5,2% und 5,4% (vgl. Tabelle 7, S.58 und Tabelle 9, S.60).
Auf der anderen Seite prägen die Kommunikationsstruktur im
Saarland, in Rheinland-Pfalz und in Nordrhein-Westfalen eindeutig regionale Tageszeitungen, insbesondere solche des Typs
III. Zwar liegt deren Anteil jeweils nicht wesentlich über dem
anderer Typen, doch aus der Tabelle 7, S. 58 und aus der Tabelle 9, S. 60 wird ihre zentrale Stellung in diesen Bundesländern deutlich, da im Saarland in 66,7% aller Kreise und in
70% aller Groß- und Mittelstädte, in Rheinland-Pfalz in 58,8%
aller Kreise und in 80% aller Groß- und Mittelstädte sowie in
Nordrhein-Westfalen in 46,3% aller Kreise und in 66% aller
Groß- und Mittelstädte nur Ausgaben dieser regionalen Tageszeitungen erscheinen. Beachtenswert bleibt allerdings, daß diese Tageszeitungen auch in Bayern (hier insbesondere der Typ IV)
eine große Rolle spielen, obwohl doch dort eine Vielzahl klein-
und mittelstädtischer Tageszeitungen zugleich erscheint. Dennoch
sind in 40,6% aller Kreise und in 62,2% aller Groß- und
Mittelstädte ausschließlich lokal informierende Tageszeitungen der
Typen III und IV im Markt. Deren Bedeutung wird hier in Bayern
geradezu überdeutlich, denn eine große Zahl der mittel- und
kleinstädtischen Tageszeitungen erscheint mit diesen regionalen
Tageszeitungen in Verlagsgemeinschaft.

Hinweise auf die Struktur der Kommunikationsräume auf der Kreisebene geben die Tabellen 4 (S.55), 5 (S.56) und 6 (S.57).
Geht man von der Zahl der Ausgaben in den Kreisen aus, so wären doch relativ wenig Kreise (nämlich 56 von 340, das sind 16,5%)
als Monopolgebiete zu erkennen. Die Zahl dieser Monopolgebiete
erhöht sich jedoch beträchtlich, wenn man die Kreise danach befragt, ob verschiedene selbständige Tageszeitungen oder unterschied-

- 50 -

liche allgemein-politische Teile in Verbindung mit Lokalinformationen zu lesen sind. Im ersten Falle bestünden in 23,2% aller Kreise kommunale Monopole, im letzten Falle wären es 28,5%. Dies ist aber in den verschiedenen Bundesländern dennoch unterschiedlich: In zwei Ländern bleiben die Zahlen konstant, in Nordrhein-Westfalen erweist sich unter keinem dieser Aspekte ein Kreis als Monopolgebiet. In Schleswig-Holstein ist dies immer nur in einem Kreis der Fall. Im Vergleich zu diesen Bundesländern sind große Teile des Saarlandes, von Rheinland-Pfalz, Niedersachsen und Bayern als Monopolgebiete ausgewiesen. Ganz deutlich wird in Bayern und Niedersachsen, daß nach veränderter Bezugsebene die Anteile der Monopolgebiete jeweils variieren. Geht man von der Zahl der Ausgaben aus, sind die Monopolgebiete noch relativ gering. Legt man der Betrachtung aber die Unterschiedlichkeit der allgemein-politischen Berichterstattung zugrunde, so erhöht sich die Zahl der Kreise mit Monopolsituation beträchtlich. Dieser Grundsatz, daß sich mit veränderter Bezugsebene auch die Ergebnisse verändern, gilt, wie die Tabellen 4, 5 und 6 zeigen, auch für die dort zusätzlich gestellten Fragen nach zwei, drei oder mehr selbständigen Tageszeitungen und nach zwei, drei oder mehr allgemeinpolitischen Teilen in den Kreisen. Und dies gilt generell, also für alle Bundesländer.

Den Grund hierfür finden wir in der Tatsache, daß viele Ausgaben und auch selbständige Tageszeitungen nur für Teilkreisgebiete konzipiert sind. Wenn dem aber so ist, könnte es durchaus sein, daß in manchen Kreisen oder in Teilgebieten von Kreisen Monopolsituationen gegeben sind, obwohl diese Kreise auf der Basis der hier vorgestellten Bezugsebenen als Monopolgebiete nicht zu er-

fassen sind. Indiz für die Existenz derartig differenzierter Kommunikationsstrukturen könnten die in Tabelle 8, S. 59 ausgewie-
senen Daten sein. Sie verdeutlichen beispielsweise, daß für
21,7% der Groß- und Mittelstädte Nordrhein-Westfalens keine
lokalen Ausgaben konzipiert sind, d.h. spezielle Lokalteile werden für diese Orte nicht erstellt, und daß in 14,4% der Groß-
und Mittelstädte nur eine lokale Ausgabe existiert, obwohl doch
auf Kreisebene für Nordrhein-Westfalen Monopolsituationen nicht
ausgewiesen wurden. Vergleicht man die entsprechenden Werte
der Tabelle 4, S. 55 mit den Werten der Tabelle 8, S. 59 , so
ergeben sich dann doch, deutlich sichtbar, erhebliche Differenzen.

Dies macht die Forderung um so dringlicher, die Betrachtung lokaler Pressesituationen von starren administrativen Begrenzungen
abzulösen, um die unterschiedlichen Pressesituationen unter sozioökonomischen raumstrukturellen Gesichtspunkten neu zu befragen.
Die Ergebnisse derartiger Analysen können dann durchaus wieder
auf administrative Ebenen zurückgeführt werden. Vielleicht können
dann aber über diese administrativen Räume differenziertere Aussagen gemacht werden.

Die lokal informierenden Tageszeitungen in den Bundesländern nach Typen geordnet (in absoluten Zahlen)

Bundesländer	Ia	Ib	IIa	IIb	IIc	III	IV	Va	Vb	Vc	VIa	VIb	VIc	VII	VIII	insgesamt
Baden-Württemberg	–	1	1	–	–	5	9	3	1	27	–	–	20	4	3	74
Bayern	–	1	–	1	1	7	13	–	–	10	–	2	53	1	1	90
Berlin	1	4	–	–	–	–	–	–	–	–	–	–	–	1	–	6
Bremen	–	–	–	2	1	1	–	–	–	–	–	–	–	–	–	3
Hamburg	1	–	–	2	–	–	–	–	–	–	–	–	–	3	–	7
Hessen	1	1	–	–	2	6	2	4	1	10	–	–	13	2	9	51
Niedersachsen	–	1	–	1	–	5	3	1	3	34	–	1	22	–	–	71
Nordrhein-Westfalen	–	3	–	4	–	17	4	1	3	20	–	–	4	4	2	62
Rheinland-Pfalz	–	–	–	–	–	4	–	–	–	4	–	–	11	–	–	19
Saarland	–	–	–	–	–	1	–	–	–	1	–	–	–	–	–	2
Schleswig-Holstein	–	–	1	–	–	1	1	2	4	4	–	–	16	–	1	30
BRD insgesamt	3	11	2	10	4	47	32	11	12	110	–	3	139	15	16	415

Tabelle 2

Die lokal informierenden Tageszeitungen der BRD in den Bundesländern nach Typen geordnet (in relativen Zahlen)

Bundesländer	Ia	Ib	IIa	IIb	IIc	III	IV	Va	Vb	Vc	VIa	VIb	VIc	VII	VIII	insgesamt
Baden-Württemberg	-	1,3	1,3	-	-	6,7	12,1	4,1	1,3	36,5	-	-	27,0	5,4	4,1	17,8
Bayern	-	1,1	-	1,1	1,1	7,8	14,5	-	-	11,1	-	2,2	58,9	1,1	1,1	21,8
Berlin	16,6	66,8	-	-	-	-	-	-	-	-	-	-	-	16,6	-	1,4
Bremen	-	-	-	66,7	33,3	-	-	-	-	-	-	-	-	-	-	0,7
Hamburg	14,3	-	-	28,5	14,3	-	-	-	-	-	-	-	-	42,9	-	1,7
Hessen	2,0	2,0	-	-	3,9	11,7	3,9	7,8	2,0	19,6	-	-	25,5	3,9	17,6	12,3
Niedersachsen	-	1,4	-	1,4	-	7,0	4,2	1,4	4,2	47,9	-	1,4	31,0	-	-	17,1
Nordrhein-Westfalen	-	4,8	-	6,5	-	27,4	6,5	1,6	4,8	32,2	-	-	6,5	6,5	3,2	14,9
Rheinland-Pfalz	-	-	-	-	-	21,0	-	-	-	21,0	-	-	58,0	-	-	4,6
Saarland	-	-	-	-	-	50,0	-	-	-	50,0	-	-	-	-	-	0,5
Schleswig-Holstein	-	-	3,3	-	-	3,3	3,3	6,7	13,4	13,4	-	-	53,4	-	3,3	7,2
BRD insgesamt	0,7	2,6	0,5	2,4	0,9	11,4	7,7	2,7	2,9	26,6	-	0,7	33,5	3,6	3,8	100,0

Anteilige Aufgliederung der Typen lokal informierender Tageszeitungen nach Bundesländern (in relativen Zahlen)

Typen	Baden-Württemberg	Bayern	Berlin	Bremen	Hamburg	Hessen	Nieder-sachsen	Nordrhein-Westfalen	Rheinland-Pfalz	Saarland	Schleswig-Holstein	
Ia	–	–	33,3	–	33,3	33,3	–	–	–	–	–	99,9
Ib	9,1	9,1	36,4	–	–	9,1	9,1	27,2	–	–	–	100,0
IIa	50,0	–	–	–	–	–	–	–	–	–	50,0	100,0
IIb	–	10,0	–	20,0	20,0	–	10,0	40,0	–	–	–	100,0
IIc	–	25,0	–	–	25,0	50,0	–	–	–	–	–	100,0
III	10,7	14,9	–	2,1	–	12,7	10,7	36,2	8,5	2,1	2,1	100,0
IV	28,1	40,6	–	–	–	6,3	9,4	12,5	–	–	3,1	100,0
Va	27,3	–	–	–	–	36,4	9,1	9,1	–	–	18,1	100,0
Vb	8,3	–	–	–	–	8,3	25,0	25,0	–	–	33,3	99,9
Vc	24,6	9,1	–	–	–	9,1	30,9	18,2	3,6	0,9	3,6	100,0
VIa	–	–	–	–	–	–	–	–	–	–	–	100,0
VIb	–	66,7	–	–	–	–	33,3	–	–	–	–	100,0
VIc	14,4	38,2	–	–	–	9,3	15,8	2,9	7,9	–	11,5	100,0
VII	26,7	6,7	6,7	–	20,0	13,2	–	26,7	–	–	–	100,0
VIII	18,7	6,2	–	–	–	56,4	–	12,5	–	–	6,2	100,0

Bundesländer

Tabelle 4

Ausgaben in den Kreisen der Bundesländer

Bundesländer	Zahl der Kreise ...							
	...mit einer Ausgabe		...mit zwei Ausgaben		...mit drei und mehr Ausg.		insgesamt	
	fi	%	fi	%	fi	%	fi	%
Baden-Württemberg	3	6,8	4	9,1	37	84,1	44	100,0
Bayern	16	16,7	27 [1]	28,1	53	55,2	96	100,0
Hessen	2	6,7	6	20,0	22	73,3	30	100,0
Niedersachsen	15	25,9	19	32,7	24	41,4	58	100,0
Nordrhein-Westfalen	-	-	5	9,3	49	90,7	54	100,0
Rheinland-Pfalz	17	46,0	10	27,0	10	27,0	37	100,0
Saarland	2	33,3	1	16,7	3	50,0	6	100,0
Schleswig-Holstein	1	6,6	3	20,0	11	73,4	15	100,0
BRD insgesamt	56	16,5	75	22,0	209	61,5	340	100,0

1) In vier dieser Kreise erscheinen zwar zwei Ausgaben, diese haben jedoch identische Lokalteile.

Tabelle 5

Selbständige Tageszeitungen (Stammzeitungen) in den Kreisen der Bundesländer

Bundesländer	Zahl der Kreise ...							
	...mit einer Stammzeitung		...mit zwei Stammzeitungen		...mit drei und mehr Stammzeit.		insgesamt	
	fi	%	fi	%	fi	%	fi	%
Baden-Württemberg	6	13,6	14	31,8	24	54,6	44	100,0
Bayern	26	17,1	36	37,5	34	35,4	96	100,0
Hessen	3	10,0	10	33,3	17	56,7	30	100,0
Niedersachsen	20	34,5	21	36,2	17	29,3	58	100,0
Nordrhein-Westfalen	-	-	16	29,6	38	70,4	54	100,0
Rheinland-Pfalz	20	54,0	10	27,0	7	19,0	37	100,0
Saarland	3	50,0	3	50,0	-	-	6	100,0
Schleswig-Holstein	1	6,6	4	26,7	10	66,7	15	100,0
BRD insgesamt	79	23,2	114	33,5	147	43,3	340	100,0

Tabelle 6

Unterschiedliche allgemein-politische Teile (Zeitungsmäntel) in den Kreisen der Bundesländer

Bundesländer	...mit einem "Mantel"		...mit zwei "Mänteln"		...mit drei und mehr "Mänteln"		insgesamt	
	fi	%	fi	%	fi	%	fi	%
Baden-Württemberg	7	15,9	19	43,1	18	40,9	44	100,0
Bayern	35	36,5	35	36,5	26	27,0	96	100,0
Hessen	4	13,3	11	36,7	15	50,0	30	100,0
Niedersachsen	25	43,1	25	43,8	8	13,8	58	100,0
Nordrhein-Westfalen	-	-	20	37,0	34	63,0	54	100,0
Rheinland-Pfalz	21	56,7	12	32,5	4	10,8	37	100,0
Saarland	4	66,7	2	33,3	-	-	6	100,0
Schleswig-Holstein	1	6,7	6	40,0	8	53,3	15	100,0
BRD insgesamt	97	28,5		38,2	113	33,3	340	100,0

Zahl der Kreise ...

Tabelle 7

Ausgaben regional- oder ortsbezogen konzipierter Tageszeitungen in den Kreisen der Bundesländer

Bundesländer	Zahl der Kreise ...							
	...in welchen nur Ausgaben regionaler Tageszeitungen (Typ III und IV) erscheinen		...in welchen nur Ausgaben ortsbezogen konzipierter Tageszeitungen erscheinen		...in welchen unterschiedliche Typen lokal informierender Tageszeitungen zugleich erscheinen		insgesamt	
	fi	%	fi	%	fi	%	fi	%
Baden-Württemberg	14	31,8	7	15,9	23	52,3	44	100,0
Bayern	39	40,6	5[1]	5,2	52	54,2	96	100,0
Hessen	6	20,0	-	-	24	80,0	30	100,0
Niedersachsen	10	17,3	19	32,7	29	50,0	58	100,0
Nordrhein-Westfalen	25	46,3	-	-	29	53,7	54	100,0
Rheinland-Pfalz	21	56,8	-	-	16	43,2	37	100,0
Saarland	4	66,7	-	-	2	33,3	6	100,0
Schleswig-Holstein	1	6,7	9	60,0	5	33,3	15	100,0
BRD insgesamt	120	35,3	40	11,7	180	53,0	340	100,0

[1] In drei dieser Kreise sind dies Ausgaben von Tageszeitungen, die in Verlagsgemeinschaft mit einer regionalen Tageszeitung erscheinen.

Tabelle 8

Ausgaben lokal informierender Tageszeitungen in den Groß- und Mittelstädten [1]

Bundesländer	Zahl der Orte ...							
	... ohne ortsbezogene Ausgabe		... mit einer ortsbezogenen Ausgabe		... mit zwei und mehr ortsbezogenen Ausgaben		insgesamt	
	fi	%	fi	%	fi	%	fi	%
Baden-Württemberg	1	1,4	38	54,3	31	44,3	70	100,0
Bayern	-	-	20[2]	54,0	17	46,0	37	100,0
Hessen	1	3,0	12	36,4	20	60,6	33	100,0
Niedersachsen	12	16,0	35	46,7	28	37,3	75	100,0
Nordrhein-Westfalen	39	21,7	26	14,4	115	63,9	180	100,0
Rheinland-Pfalz	-	-	15	75,0	5	25,0	20	100,0
Saarland	5	33,3	6	40,0	4	26,7	15	100,0
Schleswig-Holstein	-	-	9	53,0	8	47,0	17	100,0
BRD insgesamt	58	13,0	161	36,0	228	51,0	447	100,0

1) Es sind jeweils alle Orte mit über 20 000 Einwohnern berücksichtigt.
2) Hierin sind drei Orte mit enthalten, in welchen wohl zwei Ausgaben, aber nur ein Lokalteil erscheint.

Ausgaben regional- oder ortsbezogen konzipierter Tageszeitungen in den Groß- und Mittelstädten

Bundesländer	Zahl der Orte ...							
	...in welchen nur Ausgaben regionaler Tageszeitungen (Typ III und IV) erscheinen		...in welchen nur Ausgaben ortsbezogen konzipierter Tageszeitungen erscheinen		...in welchen unterschiedliche Typen lokal informierender Tageszeitungen zugleich erscheinen		insgesamt	
	fi	%	fi	%	fi	%	fi	%
Baden-Württemberg	32	46,4	20	29,0	17	24,6	69	100,0
Bayern	23	62,2	2	5,4	12	32,4	37	100,0
Hessen	5	15,6	9	28,1	18	56,3	32	100,0
Niedersachsen	17	27,0	25	39,7	21	33,3	63	100,0
Nordrhein-Westfalen	93	66,0	12	8,5	36	25,5	141	100,0
Rheinland-Pfalz	16	80,0	-	-	4	20,0	20	100,0
Saarland	7	70,0	-	-	3	30,0	10	100,0
Schleswig-Holstein	1	5,9	14	82,3	2	11,8	17	100,0
BRD insgesamt	194	49,9	82	21,1	113	29,0	389	100,0

1) Die relativen Zahlen sind auf die Gesamtheit jener Orte bezogen, in welchen überhaupt Ausgaben im Markt sind.

B. Aspekte einer raumstrukturellen Zuordnung der verschiedenen
Typen lokal informierender Tageszeitungen

I. Sozioökonomische Raumeinheiten als Orientierungsgrößen zur
Abgrenzung von Kommunikationsräumen

1. Vorbemerkung

Die von uns entwickelten Typen lokal informierender Tageszeitungen sind nicht nur danach zu befragen, ob und wie häufig
einzelne Typen in den Ländern, Kreisen und Gemeinden der
Bundesrepublik Deutschland anzutreffen sind, sondern es bleibt
zu fragen, ob bestimmte raumstrukturelle Voraussetzungen und
damit verbunden, spezifische sozioökonomische Bedingungen in
verschiedenen Räumen die Entwicklung bestimmter Typen lokal
informierender Tageszeitungen begünstigen.

Dieser Frage auf die Spur zu kommen, heißt, das Wechselver-
hältnis von Tagespresse und Umwelt weiter aufzuschlüsseln. Es
bleibt dann nicht mehr nur das lokale Interaktionsfeld der Gemeinde zur Tagespresse (eigentlich zur lokalen Ausgabe!) ins
Verhältnis zu setzen, es muß vielmehr ein weiterer Interaktionszusammenhang ins Blickfeld gerückt werden, der sich aus dem
Verhältnis der Gemeinde zu ihrem Umland ergibt, wobei die
Markierungen zur Ausgrenzung eines solchen Beziehungsfeldes
nach den jeweils zugrunde gelegten Mustern einer funktionalen
Raumgliederung festzulegen wären.

Dies tun wir deshalb, weil wir nicht in der Lage sind, Raumgliederungen auf der Basis des Bedarfs an kommunikativen Be-

ziehungen abzugrenzen. Etwa derart, daß wir Schwellwerte festlegen könnten, bis zu welchen Teilräume noch in den Kommunikationsraum einer Tageszeitung einzubeziehen wären. Denn dann
hätten wir im einzelnen zu untersuchen, wie weit Kommunikationsbeziehungen reichen, wie intensiv, wie regelmäßig sie ausgestaltet sind und auf welche Weise sie befriedigt werden müssen,
um daraus die Reichweite einer Tageszeitung zu bestimmen.

Die generelle Frage kann demnach hier nur lauten: Sind Abgrenzungen der Verbreitungsräume von Tageszeitungen erkennbar, die
den Abgrenzungen funktionaler Raumgliederungen entsprechen, so
daß man sagen kann, das kommunikative Beziehungsgeflecht, das
durch die lokal informierende Tageszeitung wesentlich getragen
wird, entspricht der Intensität und Reichweite der sozialen Beziehungen eines Raumes oder es entspricht ihr nicht.

Erschwert wird eine derart konzipierte Betrachtung durch den Umstand, daß Literatur und Praxis der Raumordnung und Raumforschung, ebenso wie die raumbezogene Soziologie, Konzepte zur
funktionalen Gliederung des Raumes entwickelten, deren raum-
kategorialen Begriffe weder aufeinander bezogen noch ausgrenzend
definiert wurden. Es sei hier nur auf die Begriffe: Ballung, Agglomeration, Verdichtung, Verflechtung, Region, zentralörtliche
Gliederung, megalopolis, metropolitan area oder metropolitan region
verwiesen.

Somit können wir den Anspruch unserer Betrachtung nur daran aus-
richten, inwieweit von verschiedenen Aspekten raumstruktureller
Gliederungen aus vorab grob differenzierte Problemstellungen der
Tageszeitungen in unterscheidbaren Kommunikationsräumen zu hypo-
stasieren sind.

Als raumstrukturelle Gliederungen, die uns den Weg zu den verschiedenen Blickwinkeln der Analyse eröffnen, können, schon aus
Gründen der Vergleichbarkeit, nur jene herangezogen werden, die
auf das gesamte Bundesgebiet bezogen, unter einheitlichen Gesichtspunkten angewandt, im Ergebnis vorliegen. Es sind dies: Die Unterscheidung von Verdichtungsräumen und sog. "ländlichen Räumen",
die Ausgrenzung von Stadtregionen sowie die Gliederung der zentralen Orte und der diesen zugeordneten zentralörtlichen Bereiche.

2. Verdichtungsräume und "ländliche Räume"

Eine allgemeine und grundlegende raumstrukturelle Gliederung erstellt die Raumordnung durch die Unterscheidung von Verdichtungsräumen und sog. "ländlichen Räumen". Dadurch werden jedoch
zwei Raumeinheiten abgegrenzt, von welchen nur der Verdichtungsraum eindeutig bestimmt und in Abhängigkeit von spezifischen raumstrukturellen Merkmalen definiert ist. Dies geschah verbindlich durch
die "Ministerkonferenz für Raumordnung" auf der Grundlage eines
Gutachtens von Boustedt, Müller und Schwarz [1]. Danach handelt
es sich bei Verdichtungsräumen um Gebiete urbanen und suburbanen
Wachstums mit einer Mindestfläche von 100 Quadratkilometern und
150 000 Einwohnern sowie einer Bevölkerungsdichte des Gesamt-
raumes von über 1 000 Einwohner je Quadratkilometer. Mindestens
die Hälfte der Fläche und mehr als 70% der Bevölkerung dieses
Raumes müssen auf Gemeinden entfallen, von denen jede eine Ein-

---

[1]   Boustedt, Olaf/Müller, Georg/Schwarz, Karl: Zum Problem
       der Abgrenzung von Verdichtungsräumen, Institut für Raumord-
       nung in der Bundesforschungsanstalt für Landeskunde und Raum-
       ordnung, Bad Godesberg 1968

wohner-Arbeitsplatzdichte von mehr als 1 250 je Quadratkilometer aufweist [1]. Wir haben es also mit Räumen zu tun, die
sich durch eine Massierung von Menschen, Gebäuden, Arbeitsstätten, Wirtschaftsleistungen etc. von anderen abheben. Nach
dieser Festlegung [2] lassen sich für die Bundesrepublik Deutschland 24 Verdichtungsräume abgrenzen, deren Bedeutung sich
schon daraus erschließt, daß 45% der Gesamtbevölkerung der
Bundesrepublik Deutschland (ohne West-Berlin) in diesen Räumen
leben [3].

"Ländliche Räume ergeben sich infolge dieser Abgrenzung quasi
als Restkategorie des nicht verdichteten Raumes". Dadurch sind
aber sehr heterogene Gebiete ausgegrenzt, denn dieser "ländliche Raum" umfaßt zugleich städtische Siedlungsgebiete, ja zum
Teil Gebiete relativ hoher Verdichtung, etwa Stadtregionen, und
das sind Räume, die sich nicht mit "ländlich" im Sinne von
"landwirtschaftlich geprägt" beschreiben lassen. Neuere Versuche,

---

1) Vgl. Meyer, Konrad: Grundbegriffe der Raumordnung und
   Landesplanung, in: Informationsbriefe für Raumordnung (R.
   1.3.1), Hrsg.: Der Bundesminister des Innern, Mainz 1970,
   S. 7

2) Festlegungen, die nach den von Isenberg oder Weinheimer
   entwickelten Abgrenzungsmethoden erfolgen würden, kämen,
   da andere Merkmalkombinationen zugrunde liegen, zu zum
   Teil erheblich abweichenden Ergebnissen. Vgl. Isenberg,
   Gerhard: Ballungsgebiete in der Bundesrepublik, Bad Godesberg 1957; Weinheimer, Johannes: Ballungen - Versuch zur
   Bestimmung ihrer Grenzen und Intensität, in: Raumforschung
   und Raumordnung, 15. Jg., 1957, H. 3/4, S. 146 ff.

3) Vgl. Müller, Georg: Verdichtungsraum, in: Handwörterbuch
   der Raumforschung und Raumordnung, Band III, a.a.O.,
   Sp. 3541

den "ländlichen Raum" zu erfassen [1], werden denn gar nicht
erst auf den ehedem postulierten Gegensatz von Stadt und Land
zurückgeführt. Obwohl "städtische Räume" optisch oder dem
faktischen Stand der Entwicklung nach von "ländlichen Räumen"
unterscheidbar bleiben, hebt sich in der sich ausbildenden
Funktionsgesellschaft der Gegensatz zwischen Stadt und Land zunehmend auf [2].

Für unsere Fragestellung ist dies aber weniger problematisch.
Denn die vorgestellte Abgrenzung dient dazu, den Standort der
Tageszeitungen anhand großflächiger Raumkategorien auszugrenzen. Dabei rückt zuerst die Tageszeitung des Verdichtungsraumes
ins Blickfeld. Sie kann danach befragt werden, inwieweit sie,
den Schwerpunkten der Verdichtungskerne sich anpassend oder,
über den Verdichtungsraum hinaus, der Verflechtung mit dem Umland Rechnung tragend, die Kommunikationsstruktur innerhalb und
im Einzugsbereich der Verdichtungszonen prägt. Dann erst können
die verbliebenen "ländlichen Räume" auf ihre Kommunikationsstruktur hin befragt werden.

3. Stadtregionen

Das Konzept der Stadtregion versteht sich als eine Raumabgrenzung,
die städtische Verflechtungsbereiche als Agglomerationsräume erfassen will, und zwar Räume, "die eine sozioökonomische Einheit
bilden, deren Bevölkerung überwiegend von der Tätigkeit außerhalb der Landwirtschaft lebt und die zu einem erheblichen Teil ihre

---

1) Vgl. Isbary, Gerhard: a.a.O., S. 119 ff.; Kötter, H.: Landbevölkerung im sozialen Wandel, Düsseldorf/Köln 1958; Meyer,
Konrad: Ordnung im ländlichen Raum, Stuttgart 1964

2) Vgl. Isbary, Gerhard: a.a.O., S. 119

Existenzgrundlage in einem oder mehrere größere Städte umfassen-
den Kern findet" [1].

Im einzelnen werden nach den Vorschlägen des Forschungsaus-
schusses "Raum und Bevölkerung" der "Akademie für Raumforschung
und Landesplanung" die Abgrenzungsmerkmale jener Gemeinden,
die einer Stadtregion zuzurechnen sind, in Annäherung an die
sog. "metropolitan area" wie folgt festgelegt [2]:

(1) als Strukturmerkmal die Agrarquote (der Anteil der landwirtschaftlichen Erwerbspersonen in Prozent aller Erwerbspersonen),
kennzeichnend den Grad der Verstädterung

(2) als Verflechtungsmerkmal die Auspendlerquote (der Anteil der
Auspendler in das Kerngebiet in Prozent der Erwerbspersonen
insgesamt) zur Kennzeichnung der Verflechtungsintensität des
Umlandes mit dem Kerngebiet

(3) als Dichtemerkmal der Bevölkerungsdichtewert (Einwohner je
Quadratkilometer) zur Kennzeichnung des Siedlungscharakters.

Für eine innere Gliederung der Stadtregion werden anhand von
Schwellwerten unterschieden:

(1) Die Kernstadt (umfaßt das Verwaltungsgebiet der zentralen
Ortsgemeinde), sie stellt als wirtschaftlicher Schwerpunkt
eines großen Umlandes das Zentrum des gesamten Raumes dar,
wenn man ihr die Gemeinden der Ergänzungsgebietes zurech-
net, die durch eine Bevölkerungsdichte von mindestens 500

---

1) Schwarz, Karl: Überlegungen zur Neugliederung von Stadtregionen im Anschluß an die Volkszählung 1970, in: Raum
und Bevölkerung 10, Zum Konzept der Stadtregionen, Methoden und Probleme der Abgrenzung von Agglomerationsräumen,
Hannover 1970, S. 11

2) Vgl. Stadtregionen in der Bundesrepublik Deutschland 1961,
Raum und Bevölkerung 5, Hannover 1967

- 67 -

Einwohner je Quadratkilometer und eine Agrarquote von weniger als 10% bestimmt sind. Diese beiden Zonen zusammen
bilden das Kerngebiet der Stadtregion.

(2) Die verstädterte Zone bildet den Nahbereich der Umlandgemeinden und ist durch ausgesprochen gewerbliche Erwerbsstruk-
tur gekennzeichnet; die Bevölkerung arbeitet zu einem erheblichen Teil im Kerngebiet (Agrarquote weniger als 30%, mindestens 30% der Erwerbspersonen sind Einpendler in das Kerngebiet).

(3) Die Randzone umfaßt die Umlandgemeinden, die sich aufgrund
ihrer Pendelelbewegung in Richtung Kerngebiet diesem noch eindeutig zuordnen lassen (mindestens 20% Auspendler), wobei
die Anteile der landwirtschaftlichen Erwerbspersonen 65% der
Gesamtzahl der Erwerbspersonen nicht überschreitet.

Verstädterte Zone und Randzone werden zusammen als Umlandzone
der Stadtregion bezeichnet.

Als generelles Kriterium gilt: Die Kernstadt und ihr Umland müssen
zusammen mindestens 80 000 Einwohner haben und mindestens 60%
aller Erwerbspersonen der Umlandzone müssen in das Kerngebiet
auspendeln.

Zusätzlich werden neuerdings die sog. Trabanten- und Satellitenorte,
das sind die an der Peripherie oder in unmittelbarer Nachbarschaft
der Stadtregion gelegenen subzentralen Orte, in die Betrachtung mit
einbezogen, wenn sie die für das Kerngebiet geltenden Bedingungen
erfüllen [1].

---

1) Vgl. Boustedt, Olaf: Stadtregionen, in: Handwörterbuch der
   Raumforschung und Raumordnung, Band III, a.a.O., Sp. 3237

Wenngleich kritische Einwendungen gegen diese Konzeption, die
ja nur Teilgebiete, eben Agglomerationsräume, eines Gesamt-
raumes erfassen kann, erhoben werden [1], können die darin festgelegten Beziehungsmuster zwischen Kerngebiet und Umlandbe-
reichen für die Analyse der Kommunikationsstruktur im Einflußbereich kernstädtischer Tagespresse nutzbar gemacht werden. Insbesondere der Vergleich verschiedener Stadtregionen läßt u.a. folgende Fragestellungen sinnvoll erscheinen:

Lassen sich unterschiedliche Kommunikationsstrukturen in den verschiedenen Zonen der Stadtregion ausmachen?

Bleibt die Lokalberichterstattung in den Umlandzonen an die Tageszeitung der Kernstadt gebunden?

Werden Trabanten- und Satellitenorte in diesen Kommunikationsraum einbezogen?

Falls mehrere Kernstädte existieren, sind dann auch je eigene Tageszeitungen oder nur spezielle lokale Ausgaben, vielleicht sogar
in Konkurrenz miteinander im Markt?

Können selbständige Tageszeitungen Kommunikationsräume von Gemeinden der Umlandzonen aus unabhängig von der kernstädtischen
Tagespresse etablieren?

---

1) Es wurde moniert, daß vier wesentliche "Faktoren des menschlichen Daseins", nämlich "Bildung, Erholung, Versorgung und
   Verkehr" nicht genügend berücksichtigt seien. Vgl. Schwarz,
   Karl: a.a.O., S. 17; Isbary glaubt einen Denkfehler zu erkennen, der darin liegt, "daß diese Vorstellungen auf eine
   statistische Größenordnung von Gemeinden zugeschnitten worden ist", obwohl doch Orte über ihre kommunalen Grenzen
   hinauswachsen und dann auch "ökonomisch und sozial als un-
   trennbare Einheit" reagieren. Vgl. Isbary, Gerhard: a.a.O.,
   S. 87

Mit anderen Worten: Im Idealfall könnten diese und andere Fragestellungen verdeutlichen, ob und gegebenenfalls wie differenziert massenkommunikative Beziehungen durch den Grad der Verstädterung, durch die Intensität der Verflechtung oder durch den
Siedlungscharakter bestimmt sein können.

4. Zentrale Orte und zentralörtliche Bereiche

Verteilung und Größenstufen zentraler Orte wurden von Christaller [1] theoretisch begründet. Diese Konzeption geht von der Erfahrung aus, daß der dispers siedelnden Bevölkerung die zur Befriedigung ihrer Ansprüche notwendigen Einrichtungen (Einzel-
handelsgeschäfte, Behörden, Ausbildungs- und Unterhaltungsstätten,
Einrichtungen der Gesundheitsvorsorge oder des kulturellen Bedarfs, Reparaturbetriebe oder öffentliche Verkehrsmittel etc., nicht
aber Industriebetriebe) aus ökonomischen oder technischen Gründen
nur an einem oder wenigen Punkten eines Raumes zur Verfügung
stehen, so daß bestimmte Orte, in welchen diese Voraussetzungen
gegeben sind, ihre Zentralität aus einer Art "Überschußfunktion"
für die nähere oder weitere Umgebung begründen. In dem Maße,
wie die verschiedenen Orte kraft ihrer Einrichtungen die Versorgung der Bevölkerung, auch des Umlandes, mit Gütern und Diensten
zur Befriedigung allgemeinen oder speziellen Bedarfs sicherzustellen
in der Lage sind, erweisen sie sich als Orte abgestufter Leistungsfähigkeit und damit abgestufter Zentralität.

Grundsätzlich ist dieses Konzept einer sozioökonomischen Gliederung
des Raumes kaum umstritten. Kontrovers sind lediglich Methodenfra-

---

1) Vgl. Christaller, Walter: Die zentralen Orte in Süddeutschland, Eine ökonomisch-geographische Untersuchung über die
Gesetzmäßigkeit der Verbreitung und Entwicklung der Siedlungen mit städtischen Funktionen, Jena 1933, Neudruck
Darmstadt 1968

gen zur Ausgrenzung der verschiedenen Zentralitätsbereiche [1].

Es sei jedoch darauf verwiesen, daß Christaller ursprünglich
homogene Räume, eine gleichmäßig verteilte Bevölkerung mit
gleicher Kaufkraft, identischen Präferenzen und rationalem Ent-
scheidungsverhalten unterstellte [2]. Von derart unrealistischen
Voraussetzungen geht die vom "Zentralausschuß für deutsche
Landeskunde" erarbeitete zentralörtliche Gliederung der Bundesrepublik Deutschland natürlich nicht aus [3]. Es dürfen aber die
dort gefundenen Zentralitätsbereiche nicht statisch gesehen werden, denn es kann grundsätzlich von einer festen räumlichen
Zuordnung der Gemeinden nicht gesprochen werden. Vor allem
in städtischen Ballungsgebieten und in den Randzonen der Bereiche wird mit steigender Variabilität der Zentrenbezogenheit
zu rechnen sein [4]. Dennoch besitzt die vorgenannte Gliederung
für unsere Erklärungsansätze hinreichende Aussagekraft. Sie hat

---

1) Der grundsätzliche methodische Unterschied erweist sich
   daran, ob ausgehend von der Ausstattung eines Ortes
   diesem eine bestimmte Zentralität zugemessen wird, oder
   ob dessen Zentralität aus der Orientierung der Umlandbevölkerung auf diesen Ort hin und aus der Inanspruchnahme
   seiner Dienste abgeleitet wird.

2) Vgl. Schöller, Peter: Entwicklung und Akzente der Zentralitätsforschung, in: Zentralitätsforschung, hrsg. von
   Peter Schöller, Darmstadt 1972, S. XVII f.

3) Kluczka, Georg: Zentrale Orte und zentralörtliche Bereiche
   mittlerer und höherer Stufe in der Bundesrepublik Deutschland, Bericht zur Gemeinschaftsarbeit des Zentralausschusses
   für deutsche Landeskunde, durchgeführt von den Geographischen Hochschulinstituten unter Leitung des Instituts für
   Landeskunde mit Unterstützung der Deutschen Forschungsgemeinschaft, Bonn-Bad Godesberg 1970

4) Vgl. Schöller, Peter: a.a.O., XIII

anderen gegenüber nicht nur den Vorzug, das gesamte Bundesgebiet nach einheitlichen Merkmalen zu erfassen - die von den
Länderregierungen vorgelegten Gliederungen sind anhand unterschiedlicher Merkmale und aufgrund verschiedenartiger Vorgehens-
weisen gewonnen, lassen also den Vergleich nicht zu [1]-, sondern
sie verzichtet zugleich darauf, raumordnungspolitische Zielsetzungen in die Bereichsgliederung mit einzubeziehen.

Entsprechend der Empfehlung der "Ministerkonferenz für Raumordnung" [2] werden vier Hauptstufen zentraler Orte unterschieden:

(1) Zentrale Orte unterer Stufe zur Deckung des allgemeinen,
     täglichen oder kurzfristigen Bedarfs (Unterzentren).
     Als übliche Ausstattung dieser Zentren sind gefordert: Ver-
     waltungsbehörden niedersten Ranges, Postamt, Kirche, Mittel-
     punktschule, Kino, mehrere Geschäfte verschiedener Grund-
     branchen, Apotheke, praktischer Arzt, Zahnarzt und Spar-
     kasse.

(2) Zentrale Orte mittlerer Stufe zur Deckung des allgemeinen,
     periodischen und des normalen gehobenen Bedarfs (Mittel-
     zentren).
     Als übliche Ausstattung dieser Zentren sind gefordert: Ein-
     kaufsstraße mit wichtigen Fachgeschäften, voll ausgebaute
     höhere Schule, Krankenhaus mit mehreren Fachabteilungen,

---

1) Vgl. Die Zentralen Orte in der Raumordnungspolitik der
    Länder, in: DIVO-Informationen, Heft 5, 1969, S. 3 ff.;
    Kroner, Günter: Die Bestimmung der zentralen Orte durch
    die Bundesländer, in: Informationen, hrsg. vom Institut
    für Raumordnung, Nr. 4, 1970, S. 97 ff.

2) Entschließung der Ministerkonferenz für Raumordnung vom
    28.2.1968, in: Gemeinsames Ministerialblatt vom 29.2.1968,
    S. 58

die wichtigsten unteren Behörden, Organisationen von Handel, Handwerk und Landwirtschaft, Banken und Sparkassen, berufsbildende Schule, Theatersaal oder Mehrzweckhalle, Fachärzte, Rechtsanwälte, Notare und Steuerberater.

(3) Zentrale Orte höherer Stufe zur Deckung des allgemeinen, episodischen und des spezifischen Bedarfs (Oberzentren). Als übliche Ausstattung dieser Zentren sind gefordert: Größere Waren- und Kaufhäuser, Spezialgeschäfte, Theater, Museen, Galerien, Sitz von Behörden und Wirtschaftsverbänden, Hoch- und Fachschule, Spezialkliniken, größere Sport- und Vergnügungsstätten.

(4) Zentrale Orte höchster Stufe als überregionale Wirtschafts-, Verwaltungs- und Kulturzentren (Großzentren). Eine übliche Ausstattung dieser Zentren wird nicht spezifiziert, sie werden allgemein als Metropolen gekennzeichnet, die der Befriedigung hochspezialisierten und seltenen Bedarfs dienen und teilweise zumindest Hauptstadtfunktionen übernommen haben.

Neben diesen Hauptstufen werden Zwischenstufen zentraler Orte ausgewiesen, die jeweils mit einzelnen Einrichtungen des zentralen Ortes der nächsthöheren Stufe ausgestattet sind. Darüber hinaus sind jene Orte erfaßt, die als sog. Selbstversorgerorte über die Ausstattung von Mittelzentren verfügen, die aber eigene Orientierungsbereiche nicht auszubilden vermögen.

Mit der Hierarchie der zentralen Orte ist zugleich die Hierarchie der Einzugsbereiche dieser zentralen Orte, eine abgestufte zentralörtliche Orientierung der Umlandgemeinden (Umlandbevölkerung)

und auch der je spezifische Grad einer Umlandverflechtung bestimmt.

Wenn es richtig ist, daß das Konzept der zentralen Orte den
Standort des tertiären Bereiches bestimmen will [1], wäre es
sinnfällig auch die Standortproblematik der Tagespresse in diese
Konzeption mit einzubeziehen, so man die Leistungen der Tageszeitung als Dienstleistungen verstehen wollte, die von bestimmten Orten aus, entsprechend deren Leistungskraft, der Versorgung eines der Zentralität dieses Ortes entsprechenden Raumes
zu dienen hätte.

So reizvoll es sein könnte, über den Plausibilitätscharakter dieser Darlegungen hinausweisende Überlegungen anzuschließen, für
unsere Fragestellung genügt es, in der Struktur der Verbreitungsräume lokal informierender Tageszeitungen Entsprechungen zur
zentralörtlichen Bereichsgliederung aufzuzeigen. Dies bedingt Fragestellungen wie:
Werden regionale Kommunikationsräume von Oberzentren aus begründet?
Orientieren sich deren Grenzen an den Grenzen der Oberbereiche?
Entspricht die Differenzierung der Nebenausgaben der Gliederung
des Raumes nach Mittelbereichen?
Welche Reichweite erzielen Tageszeitungen in Mittel- und Unterzentren?
Welche Rolle spielt im Verhältnis dazu die kommunale Gliederung?

1) Vgl. Jost, Paul: Entwicklungstendenzen der Wirtschaftsstruktur
und die räumliche Ordnung, in: Raumforschung und Raumordnung, H. 2/1964, S. 76 ff.; Hellberg, Hans: Zentrale Orte
als Entwicklungsschwerpunkte in ländlichen Gebieten, Kriterien
zur Beurteilung ihrer Förderungswürdigkeit, Göttingen 1972,
S. 15 f.

Die Antworten auf diese und andere Fragen würden uns dann
Aspekte einer räumlichen Gliederung der lokal informierenden
Tagespresse verdeutlichen, die sich aus der unterschiedlichen
räumlich orientierten Bedarfsdeckung der Bevölkerung ableiten.

5. Funktional integrierte Räume

Gleichgültig, ob man wie Isbary eine Funktionsgesellschaft definiert, die bestimmten normativen Ansprüche an Arbeitsraum,
Wohnraum und Erholungsraum zu entsprechen hätte [1], um daraus "Räume enger Verflechtung und gegenseitiger Ergänzung von
weiterreichenden und höherrangigen Funktionen" als Regionen
abzugrenzen, in welchen sich "die standörtliche Trennung der
wichtigsten gesellschaftlichen Daseinsfunktionen auf einer höheren
Ebene bewußt gestaltend wieder vereinen läßt" [2], wichtig ist
der Grundgedanke, daß zwischen den verschiedenen abgrenzbaren Raumeinheiten, etwa Verdichtungsräumen und Stadtregionen
einerseits und ländlichen Gebieten andererseits, funktionale Abhängigkeiten bestehen (die Gebiete müssen sich zumindest wechselseitig entlasten), aufgrund deren sie insgesamt als funktional integrierte Räume abzugrenzen sind. Dies wären nach Meyer "Gebiete, die unabhängig von der Struktur durch ein gemeinsames
Ordnungsprinzip der gegenseitigen Lagebeziehungen verbunden sind.
Sie gehören funktional zusammen" [3].

---

1) Vgl. Isbary, Gerhard: a.a.O., S. 4
2) Vgl. ebenda, S. 108
3) Meyer, Konrad: Ordnung im ländlichen Raum, a.a.O.

- 75 -

Derartige Sozialgliederungen von Regionen, die regionale Zentren
("zentrale Orte ersten Ranges" [1]), Verdichtungszonen und ländliche Gebiete, also alle Teilräume unterschiedlicher funktionaler
Ausprägung erfassen würden, sind bislang nur im Konzept vorgestellt [2], obwohl doch die Siedlungsstruktur des Bundesgebietes un-
verkennbar in solch größere Raumzusammenhänge hineinwächst und
sich zu einem dezentralen, netzartigen System von örtlichen Schwerpunkten unterschiedlicher Funktion und Größe entwickelt, in dem
Verdichtungskerne und ländliche Zwischenräume die wichtigsten
Elemente bilden [3].

Wenn aber eine allen Verflechtungsformen umfassend Rechnung tra-
gende Abgrenzung funktional integrierter Räume nicht vorliegt [4],
kann die Gesamtstruktur der Bundesrepublik Deutschland nicht auf
der Basis dieser Konzeption analysiert werden. Wir bleiben darauf
angewiesen, anhand der vorgestellten Einzelkonzepte die räumliche Struktur der Bundesrepublik Deutschland zu erfassen und zu
differenzieren. Daß dies gelingen kann, hat die Sachverständigenkommission zur Neugliederung des Bundesgebietes bewiesen.

Wir werden versuchen, von Verdichtungskernstädten ausgehend, auf
der Basis stadtregionaler Gliederungen und zentralörtlicher Dif-
ferenzierungen, die Sozialgliederung der so ausgegrenzten Räume

1) Isbary, Gerhard: a.a.O., S. 110

2) Vgl. ebenda, S. 112 ff.

3) Vgl. Bericht der Sachverständigenkommission für die Neugliederung des Bundesgebietes, hrsg. vom Bundesministerium des
Innern, Bonn 1972, S.55

4) Vgl. ebenda, S. 91 f.

zu den verschiedenen Typen lokal informierender Tageszeitungen
und zur Struktur ihrer Verbreitungsräume in Beziehung zu setzen.
Danach werden die verbliebenen "ländlichen Räume" einer Analyse auf nämlicher Basis unterzogen, so daß sich schließlich insgesamt Ansätze für die Erklärung der Kommunikationsstrukturen
in der Bundesrepublik Deutschland andeuten mögen, derart, daß
uns die Ergebnisse der Analyse zumindest abschätzen lassen, welche Problemstellungen sich in welchen Verbreitungsgebieten für
die Versorgung mit lokalen Informationen ergeben könnten.

II. Die lokal informierenden Tageszeitungen der Verdichtungsräume

1. Vorbemerkung

Es läßt sich leicht feststellen, daß der allergrößte Teil der lokal
informierenden Tageszeitungen, die der Klasse der großstädtischen
Tageszeitungen zuzuordnen sind, in Verdichtungsräumen verlegt
werden und auch – sieht man von den Tageszeitungen überregionaler Orientierung ab – von dort aus ihre Verbreitungsschwerpunkte
begründen. Lediglich die großstädtischen Tageszeitungen in Würzburg, Regensburg, Oldenburg, Wilhelmshaven, Trier und Göttingen
liegen nicht in Verdichtungsräumen. Es handelt sich jedoch um
Orte mit relativ geringem Industriebesatz, die nur knapp die
Hunderttausend-Einwohnergrenze überschreiten und jeweils in ein
typisch ländliches Umland eingebettet sind. Eine über die Groß-
stadtgemeinde hinauswachsende weiträumige Stadtlandschaft hat sich
dort nur in Ansätzen entwickelt.

Ferner ist festzuhalten, daß in den Verdichtungsräumen insbesondere
die großstädtisch-regionale Tageszeitung des Typs III regionale Kommunikationsräume begründet – Ausnahmefälle werden noch näher zu bestimmen und zu erläutern sein – und dann als die den Zeitungsmarkt
im Umkreis dieser Räume beherrschende lokal informierende Tageszeitung in Erscheinung tritt.

Um aber eine solche vorerst nur grob skizzierte Betrachtung weiter
aufzuschlüsseln, sollen die verschiedenen Verdichtungsräume einer
differenzierteren Betrachtung unterzogen werden. Die Literatur zur
Raumordnung und Raumforschung unterscheidet zwar Verdichtungsräume
nach verschiedenen Gesichtspunkten [1], aber für unsere Betrachtung

---

1) Vgl. Müller, Georg: a.a.O., Sp. 3538 ff. und die dort angegebene Literatur.

- 78 -

erscheint die Unterscheidung [1]von

- monozentrischen Verdichtungsräumen mit einem eigenständigen
  Zentrum von regionaler Bedeutung und

- polyzentrischen Verdichtungsräumen mit mehreren Zentren, die
  als Haupt- oder Nebenzentren wirksam sind,

sinnvoll, denn gerade die je unterschiedliche Struktur des Verdichtungsraumes könnte die Entwicklung je typischer lokal informierender Tageszeitungen bedingen und damit je spezifische
Kommunikationsräume begründen.

Wenn wir davon ausgehen, daß vor allem großstädtisch-regionale
Tageszeitungen des Typs III die Kommunikationsstrukturen im Einzugsbereich der Verdichtungskernstädte bestimmen, wäre durch
Einzelanalyse dieser Kommunikationsräume aufzuspüren, inwieweit
die Struktur der kernstädtischen Tagespresse, etwa durch die Differenziertheit ihres Systems von Nebenausgaben,oder auch weiter-
gefaßt durch Kooperationsbeziehungen, den Erfordernissen der jeweiligen raumstrukturellen und kommunalen Gliederung zu entsprechen vermag.

Unter anderen scheinen folgende Fragestellungen relevant:

(1) Auf welche Orte konzentriert sich, durch die Begründung von
    Nebenausgaben und Lokalredaktionen, eine spezielle Lokalbe-
    richterstattung, auf welche nicht?

(2) Bis zu welcher Grenze wird die Berichterstattung in der Haupt-
    ausgabe auch für selbständige Gemeinden, etwa in den abge-
    stuften Verflechtungsbereichen der Region, für hinreichend er-
    achtet?

---

1) Partzsch, Dieter: Die Struktur der großflächigen Verdichtungsräume, in: Informationsbriefe für Raumordnung (R.2.3.1), Hrsg.:
   Der Bundesminister des Innern, Mainz 1969, S. 4

(3) Sind strukturelle, historische oder andere Bedingungen erkennbar, die zu einer bestimmten Differenzierung von Nebenausgaben in den jeweiligen Bereichen führen?

(4) Ist der Ortsbezug von Nebenausgaben auf zentrale Orte mittlerer Stufe abgestellt, oder ist ein Ortsbezug nicht feststellbar?

(5) Gibt es eine Grenze, von der ab durch Kooperation lokale Tageszeitungen an den Kommunikationsraum der kernstädtischen Tagespresse angebunden werden?

(6) Inwieweit kann dies schon im Bereich der Randzone der Stadtregion oder im Mittelbereich des zentralen Ortes höherer Stufe der Fall sein?

(7) Bilden sich innerhalb des kernstädtischen Einflußbereiches jeweils typische Verbreitungsschwerpunkte für von diesen unabhängige mittel- und kleinstädtische Tageszeitungen heraus?

(8) Wie differenziert sich die Kommunikationsstruktur in Verdichtungsräumen mit mehreren Hauptzentren (zentrale Orte höherer Stufe)?

(9) Gewinnen z.B. auch Mittelzentren mit Teilfunktionen eines zentralen Ortes höherer Stufe innerhalb des Einflußbereiches der Kernstädte (die als Groß- oder Oberzentrum ausgebaut sind) ein spezifisch eigenes Gewicht, derart, daß sich hier vielleicht eine eigenständige Tageszeitung erhält und einen "teilregionalen" Kommunikationsraum begründet?

(10) Vermögen die Tageszeitungen der Kernstädte auch über den zentralörtlichen Bereich höherer Stufe hinaus in angrenzende Bereiche vorzudringen?

(11) Ergibt sich daraus eine besondere Struktur dieses Kommunikationsraumes?

Und natürlich muß generell gefragt werden, welche Rolle Verwaltungsgrenzen im Rahmen dieser raumstrukturellen Betrachtung spielen.

Es wird noch viel Forschungsarbeit zu leisten sein, bis diese und
möglicherweise weitere Fragen im Einzelfalle hinreichend genau beantwortet werden können und bis für die zwar unterschiedlich strukturierten Verdichtungsräume vielleicht typische Kommunikationsstrukturen nachzuweisen sind. Um anzudeuten, wie beim gegenwärtigen
Wissensstand verfahren werden kann, werden den Darstellungen von
Kommunikationsstrukturen in monozentrischen und polyzentrischen
Verdichtungen jeweils vergleichsweise detailliertere Analysen im
Beispiel vorangestellt. Danach wird für die übrigen Verdichtungsräume ein summarischer Überblick versucht, der in jedem Falle cha-
rakteristischen Strukturen des Kommunikationsraumes in Abhängigkeit
von den raumstrukturellen Besonderheiten und sozioökonomischen Bedingungen zumindest andeuten will.

2. Lokal informierende Tageszeitungen und Kommunikationsstrukturen in Bereichen monozentrischer Verdichtungsräume

2.1 Vorbemerkung

Alle Kernstädte monozentrischer Verdichtungsräume sind zugleich
Kernstädte von Stadtregionen und bilden als Groß- oder Oberzentren
zentralörtliche Bereiche höherer Stufe aus, so daß letztlich deren
Bereichsgrenzen die Grenze möglicher zentralörtlicher Orientierung
und Verflechtung markieren. Weitergefaßte Orientierungs- und Ver-

flechtungsbereiche auszugrenzen erscheint für unsere Fragestellung nicht sinnvoll [1]. An der Peripherie dieses Orientierungsbereiches wird die Verflechtung mit der Kernstadt ohnehin nur noch wenig ausgeprägt sein, denn die Orientierung zum näher gelegenen Mittelzentrum ist weit intensiver. Enger wird dagegen die Verflechtung im Verdichtungsraum und in den Umlandzonen der Stadtregion sein, die häufig den Bereich angrenzender Mittelzentren an die Stadtregion anbinden. Im engeren Einzugsbereich der Stadtregion, etwa im Bereich der verstädterten Zone, überlagern sich dann zumeist Stadtregion und Mittelbereich der Kernstadt, denn der zentrale Ort höherer Stufe fungiert zugleich für einen entsprechend enger abgegrenzten Umlandbereich als Mittelzentrum.

Wir können nun prüfen, ob und inwieweit sich die Struktur des Kommunikationsraumes der Tagespresse in monozentrischen Verdichtungsräumen der Bundesrepublik Deutschland diesen raumstrukturellen Gegebenheiten angleicht.

Von den 24 Verdichtungsräumen der Bundesrepublik Deutschland sind die folgenden den monozentrischen Verdichtungsräumen zuzurechnen [2]: Hamburg, München, Hannover, Aachen, Augsburg, Karlsruhe, Kiel, Kassel, Lübeck, Münster, Osnabrück, Freiburg und Siegen.

---

1) Es sei darauf verwiesen, daß Isbary die "Region" als weitergefaßte Raumeinheit entwickelt, in der sich die standörtliche Trennung der wichtigsten gesellschaftlichen Daseinsfunktionen auf einer höheren Ebene bewußt gestaltend wieder vereinen. Vgl. Isbary, Gerhard: a.a.O., S. 106 ff.

2) Die nachfolgend aufgeführten monozentrischen Verdichtungsräume sind in der Rangfolge der Einwohnerzahlen der Größe nach geordnet. Vgl. Müller, Georg: a.a.O., Sp. 3543/ 3544

In diesen 13 Verdichtungen erscheinen nahezu ausschließlich Tageszeitungen der Kernstadt, die die lokale Berichterstattung nicht nur
für die Kernstadt selbst, also für das Verwaltungsgebiet der zentralen Stadtgemeinde, sondern auch für die Gemeinden des Ergänzungsgebietes ebenso wie für die Gemeinden im Bereich der verstädterten
Zone übernehmen und noch über die Randzonen in das weitere Umland
hinausreichen, häufig bis an die Grenzen des zentralörtlichen Bereiches höherer Stufe und teilweise sogar darüber hinaus. Hier konstituieren großstädtische Tageszeitungen regionale Kommunikationsräume,
die - außer in den Fällen Siegen, Hamburg und nur bedingt im Falle
Kiel - die umliegenden Kommunen (Gemeinden und Kreise) durch ein
System von Bezirksausgaben in den Gesamtverbreitungsraum einbinden.
Großstädtisch-regionale Tageszeitungen des Typs III sind also die Regel.

Für eine detailliertere Darstellung lokal informierender Tageszeitungen in monozentrischen Verdichtungsräumen und für die Analyse
der von diesen konstituierten Kommunikationsräume wurden die Verdichtungen Hamburg und Hannover ausgewählt. Hamburg wählten wir
deshalb, weil die Struktur dieses Kommunikationsraumes unserer Hypothese: Die Hauptzentren der Verdichtung konstituieren regionale
Kommunikationsräume, widerspricht. Aber auch hier kann anhand der
von uns entwickelten Konzeption einer raumstrukturellen Analyse die
Kommunikationsstruktur im Umkreis dieser Verdichtungskernstadt verdeutlicht werden und es lassen sich jene Strukturbedingungen heraus-
arbeiten, die der Entwicklung der Kommunikationsstruktur im Sinne
unserer Hypothese entgegenstehen. Auf der anderen Seite ist dann im
Falle Hannover eine der Hypothese entsprechende typische Kommunikationsstruktur zu erkennen.

- 83 -

2.2   Das Beispiel des Verdichtungsraumes Hamburg [1]

2.2.1 Aspekte der raumstrukturellen Gliederung

Ganz allgemein betrachtet bildet sich um Hamburg ein sozioöko-
nomisch zusammenhängender Einzugs- und Wirkungsbereich aus,
der weit über die Grenzen des Stadtstaates hinausreicht: Eine
Wirtschaftsregion , in die Hamburg als Zentrum eingebettet liegt.
Entsprechend der vorstehend skizzierten Konzeption, deren Teil-
konzepte auf das gesamte Gebiet der Bundesrepublik Deutschland
angewandt, Forschungsergebnisse verfügbar macht, läßt sich diese

---

[1]   Für die Analyse wurden insbesondere folgende Unterlagen
herangezogen: Kluczka, Georg: a.a.O.; Stadtregionen in
der Bundesrepublik 1961, a.a.O.; Boustedt, Olaf: Zur
Konzeption der Stadtregion, ihrer Abgrenzung und ihrer
inneren Gliederung - dargestellt am Beispiel Hamburg, in:
Zum Konzept der Stadtregionen, Methoden und Probleme
der Abgrenzung von Agglomerationsräumen, Veröffentlichungen der Akademie für Raumforschung und Landesplanung, Raum und Bevölkerung 10, Hannover 1970, S. 13 ff.;
Die Wanderungen zwischen dem Umland bis 40 km und der
Kernstadt Hamburg nach Entfernungszonen 1961-1970, Statistische Berichte, Freie und Hansestadt Hamburg, Statistisches Landesamt, Hamburg 1973; Ebert, Klaus-Dieter/
Schmidt-Eichberg, Edmund und Zech, Uli: Das Entwicklungsmodell für Hamburg und sein Umland, in: Stadtbauwelt,
1969, Heft 38/39; Heide, Elke: Der Einfluß regionaler Wan-
derrungsströme auf Wanderungsgewinn und -verlust Hamburgs
seit 1960, in: Hamburg in Zahlen, November-Heft, Jg. 1970;
Matti, Werner: Raumanalyse des Hamburger Umlandes im Umkreis von 40 km, in: Hamburg in Zahlen, Sonderheft 1, Jg.
1965; Die Pendelwanderung über die Hamburger Landesgrenze,
Ergebnisse der Volks- und Berufszählung vom 27. Mai 1970,
hrsg. vom Statistischen Landesamt der Freien und Hansestadt,
Hamburg 1973

Region [1] allgemein kennzeichnen:

Der Stadtstaat Hamburg zählt heute 1,76 Millionen Einwohner bei einer Fläche von 747 qkm und einer Bevölkerungsdichte von 2.452 E/qkm (Stand: Februar 1974). Der Rückgang der Hamburgischen Bevölkerung hält seit 1965 an. Der Verdichtungsraum Hamburg ist durch eine Bevölkerungszahl von 2,08 Millionen, eine Fläche von 1.017 qkm und durch eine Bevölkerungsdichte von 2.054 E/qkm gekennzeichnet (Gebietsstand: 1967). Als Stadtregion umfaßt Hamburg eine Bevölkerung von 2,29 Millionen auf einer Fläche von 1.969 qkm bei einer Bevölkerungsdichte von 1.163 E/qkm (Gebietsstand: 1967). Nach den Erhebungen von 1961 pendelten in das Kerngebiet der Stadtregion 41% der Erwerbspersonen aus den Orten im Bereich der Umlandzone der Stadtregion ein. Bezieht man die Trabantenstädte Stade, Uetersen, Elmshorn, Bad Oldeslohe und Kaltenkirchen mit in dieses Konzept der Stadtregion ein, so würde sich der Bereich der Stadtregion noch erheblich erweitern. In einer Faktorenanalyse errechnet Klemmer [2] für Hamburg mit Abstand den höchsten Metropolisierungsgrad aller Stadtregionen

---

1) Es sei darauf verwiesen, daß andere Betrachtungsweisen zu durchaus unterschiedlichen räumlichen Abgrenzungen führen würden, z.B. die Abgrenzung eines Wirtschaftsraumes nach Otremba oder die sog. ökonomische Strukturzone nach Isenberg. Desweiteren wurde in Stufen eine Entfernungszone von 40 km im Umkreis festgelegt, die etwa der Reichweite der Nahverkehrsverbindungen entspricht, die ebenfalls Hamburg als Wirtschaftsraum ausgrenzen will. Vgl. Otremba, E.: Wirtschaftsräumliche Gliederung Deutschlands, Berichte zur deutschen Landeskunde, 18. Band, 1957, S. 111 ff.; Isenberg, Gerhard: Bemerkungen zu einer Karte der ökonomischen Strukturzonen in der Bundesrepublik Deutschland, Informationen des Instituts für Raumforschung, Nr. 19/1957, S. 475 ff.; vgl. Matti, Werner: a.a.O., S. 21

2) Vgl. Klemmer, Paul: Der Metropolisierungsgrad der Stadtregionen, Veröffentlichungen der Akademie für Raumforschung und Landesplanung, Abhandlungen Band 62, Hannover 1971

(die Rhein-Ruhr-Agglomeration ist in dieser Analyse allerdings
nicht erfaßt) und weist sie damit als die Metropole der Bundesrepublik Deutschland aus. Nach den hier genannten Merkmalen
rangieren Stadtregion und Verdichtungsraum auf den vordersten
Rängen im Vergleich zu anderen Stadtregionen und Verdichtungsräumen in der Bundesrepublik Deutschland.

Die Bevölkerung des um Hamburg ausgebildeten zentralörtlichen
Bereiches mittlerer Stufe umfaßt 2,19 Millionen Einwohner. Die
Gesamtregion, der zentralörtliche Bereich höherer Stufe als
weitester Einzugsbereich, umfaßt dann 3,5 Millionen Einwohner.
Hier sind allerdings die die Bereichsgrenzen überschreitenden
Mittelbereiche insgesamt mit einbezogen. In diesem Bereich des
Einzugsgebietes des Großzentrums Hamburg haben sich neben dem
unmittelbaren Einzugsbereich Hamburgs, soweit dies auch als
Mittelzentrum fungiert, weitere 22 Mittelzentren etabliert, die
für umliegende Orte eigene Zentralität besitzen.

Es muß darauf hingewiesen werden, daß sich die jeweiligen Abgrenzungen überdecken bzw. schneiden. Auf der Grundlage des
Konzepts der Stadtregion erweitert sich der Verdichtungsraum Hamburg, vor allem nach Osten, in den Holsteinischen Kreis Stormarn,
bis an die Grenze des Kreises Herzogtum Lauenburg und im Südosten weit über diese Grenze hinaus. Im Süden dringt die Umlandzone der Stadtregion in den niedersächsischen Landkreis Harburg
bis nach Buchholz vor. Da im Bereich der Stadtregion die Mittelzentren Ahrensburg, Winsen, Buxtehude und Pinneberg eigene zentralörtliche Bereiche mittlerer Stufe ausbilden, die nur zum Teil
von der Stadtregion mit umfaßt werden, erklärt dies, warum die
Einwohnerzahl des zentralörtlichen Bereiches mittlerer Stufe Hamburgs

niedriger liegt als die der Stadtregion, wiewohl dieser Mittelbereich nach Süden weit über die Stadtregion hinaus bis an den
Kreis Soltau heranreicht und im Südosten bis Lauenburg/Elbe.

Faßt man nun diesen Raum, der von den drei Raumstrukturen insgesamt gebildet wird, zusammen, so haben wir jenen Teil des
zentralörtlichen Bereiches höherer Stufe ausgegrenzt, der sich aufgrund seiner besonderen kernstädtischen Orientierung und Verflechtung von den restlichen Teilbereichen als engerer Verflechtungsbereich deutlich abhebt, mit einer Wohnbevölkerung die 2,49
Millionen Einwohner umfaßt [1]. Dabei ist die Bevölkerung der
Trabantenstädte Stade, Uetersen, Bad Oldesloe und Kaltenkirchen
nicht eingerechnet. Diese Städte sind durch Verdichtungsbänder an
die Stadtregion angebunden, der Anteil der Auspendler in das Kerngebiet liegt um 25%, die wirtschaftliche und verkehrsmäßige Verflechtung mit der Kernstadt ist deutlich ausgeprägt. Eine derartige
Abgrenzung eines engeren Verflechtungsbereiches entspricht in etwa
auch der durch den 40 km-Entfernungskreis bestimmten Entfernungszone, die Hamburg als Wirtschaftsraum bestimmen will. Hier wären
dann auch die Bereiche der Mittelzentren, vor allem der Trabantenstädte Hamburgs, einbezogen und damit auch ländliche Gemeinden,
die nicht unmittelbar in funktionaler Beziehung zu Hamburg stehen,
deren Struktur sich jedoch gleichwohl im Einfluß dieses Großzentrums
verändert.

Über diesen engeren Verflechtungsbereich hinaus erweitert sich der
Raum zentralörtlicher Orientierung des Großzentrums, vor allem nach

---

1) Eingerechnet die Einwohnerzahl der zentralörtlichen Bereiche
   Buxtehude und Winsen, da diese zentralen Orte jeweils in der
   Randzone der Stadtregion liegen.

Südosten und Nordwesten und schließt die niedersächsischen Kreise
Lüneburg, Lüchow-Dannenberg, Uelzen, Soltau, Stade und Land
Hadeln mit der kreisfreien Stadt Cuxhaven südlich der Elbe eben-
so mit ein, wie im Holsteinischen die Bereiche der Mittelzentren
Marne und Meldorf im Kreis Dithmarschen, den Bereich des Mittel-
zentrums Bad Bramstedt im Kreis Segeberg und Teile der Bereiche
der Mittelzentren Bad Segeberg im Kreis Segeberg und Mölln im
Kreis Herzogtum Lauenburg.

Festzuhalten bleibt: Die Region Hamburg böte aufgrund ihrer sozioökonomischen Struktur, vor allem im engeren Verflechtungsbereich,
einer großstädtisch-regionalen Tageszeitung optimale Verbreitungs-
möglichkeiten. Wenn wir unterstellen, daß Mittelzentren, auch
solche die keine eigenen Bereiche ausbilden, aufgrund ihrer Funktion
und Ausstattung über eine eigene lokal informierende Ausgabe verfügen sollten, dann müßte sich eine kernstädtische Tageszeitung Hamburgs der Struktur dieses Raumes insoweit anpassen, als in den zentralen Orten mittlerer Stufe (Pinneberg, Ahrensburg, Buxtehude und
Winsen), aber auch in Geesthacht, Wedel und Garstedt (jene bilden
als Selbstversorger mit Ausstattung eines zentralen Ortes mittlerer
Stufe keine eigenen Bereiche aus) sowie in den Orten Buchholz, Harburg und Lauenburg (sie erfüllen nur Teilfunktionen eines zentralen
Ortes mittlerer Stufe) ortsbezogene Nebenausgaben einer solchen
kernstädtischen Tageszeitung erscheinen. Und darüber hinaus böte sich
eine Erweiterung des Kommunikationsraumes der kernstädtischen Tageszeitung durch lokale bzw. kreisbezogene Nebenausgaben in den
Trabantenstädten geradezu an (Stade, Elmshorn, Bad Oldesloh, Kaltenkirchen und Uetersen). Damit ergäbe sich ein Kommunikationsraum,
der nicht nur den Hamburgischen Mittelbereich umfaßt, sondern auch
die angrenzenden Bereiche der Mittelzentren, die in die Stadtregion
eingebunden sind.

Wie aber sieht die Kommunikationsstruktur der Region Hamburg
tatsächlich aus?

2.2.2 Kommunikationsstrukturen im engeren Verflechtungsbereich

In der Kernstadt des Verdichtungsraumes, dem Verwaltungsgebiet
des Stadtstaates, erscheinen großstädtische Tageszeitungen unterschiedlichen Typs: "Die Welt", eine überregionale Tageszeitung
des Typs Ia (mit einer Verbreitung von 22% der Auflage in Hamburg), tritt auch als lokal informierende Tageszeitung in Erscheinung. Diese Stadtausgabe dürfte auch für das Umland von Bedeutung sein, da deren Gesamtauflage 75,6 Tausend umfaßt [1].

Zwei Straßenverkaufszeitungen des Typs IIb: "Bild-Hamburg" und
die "Hamburger Morgenpost" (sie bringen lokal bezogene Nebenausgaben nur für zwei weitere Großstädte, die eine für Berlin
und München, die andere für Kiel und Bremen heraus) gewinnen
Bedeutung für die Lokalberichterstattung in der Kernstadt.

Das "Hamburger Abendblatt", Typ IIc differenziert die lokale Berichterstattung innerhalb der Kernstadt. Allerdings, sechs der sieben Stadtteilausgaben erscheinen nur einmal wöchentlich. Die
Ausgabe "Harburger Rundschau" erscheint zweimal wöchentlich
und dürfte nicht nur für diesen Stadtteil, sondern auch für die angrenzenden Gemeinden des niedersächsischen Landkreises Harburg
konzipiert sein. Innerhalb des Kerngebietes erscheinen zudem,
gleichfalls zweimal wöchentlich, Nebenausgaben in den schleswig-
holsteinischen Mittelzentren Pinneberg und Ahrensburg und sogar
dreimal wöchentlich eine Ausgabe in Norderstedt. Norderstedt

---

[1] Eine gezielte Analyse hätte zu prüfen, wieweit diese Stadtausgabe als Zweitzeitung in und um Hamburg gelesen wird.

liegt zwar im Einzugsbereich des Hamburgischen Mittelzentrums,
nicht aber im Bereich der Stadtregion. Diese, über das Verwaltungsgebiet Hamburgs hinausgreifenden Teilausgaben des "Hamburger Abendblatt" überschreiten diese Grenze im Südosten nicht.

In Hamburg-Bergedorf, dem ehemals selbständigen südöstlichen
Vorort Hamburgs, erscheint die "Bergedorfer Zeitung", Typ VII.
Deren Ausgaben bilden Schwerpunkte der lokalen Berichterstattung
im Kerngebiet der Stadtregion, in Reinbek und Geesthacht sowie
in der Randzone, in Schwarzenbek; sie untergliedern damit den
Kommunikationsraum im südöstlichen Mittelbereich Hamburgs nörd-
lich der Elbe. Für die übrigen im Kreis Herzogtum Lauenburg
gelegenen Gemeinden des Hamburgischen Mittelbereiches erscheint
die Ausgabe "Lauenburgische Landeszeitung". Angrenzend daran,
in den Mittelzentren Mölln und Ratzeburg, die dem gleichen
Kreis zugehören, ist die "Bergedorfer Zeitung" nicht verbreitet.
Diese beiden Mittelzentren liegen bereits im Einflußbereich des
Oberzentrums Lübeck und beziehen die Lokalinformationen durch
eine Nebenausgabe der "Lübecker Nachrichten".

Eine weitere Tageszeitung des Typs VII, die "Harburger Anzeiger
und Nachrichten", findet gleichfalls jenseits des Verwaltungsgebietes,
im angrenzenden niedersächsischen Kreis Harburg, Verbreitung, dort
vor allem in den größeren Orten Buchholz, Wulmstorf und Meckel-
feld, im Bereich der verstädterten Zone und in Tostedt, im Mittelbereich Hamburgs.

Als dritte lokal informierende Tageszeitung des Typs VII erscheint
für den Stadtteil Hamburg-Wilhelmsburg die "Wilhelmsburger Zeitung"
(zweimal wöchentlich), eine Vorortzeitung ohne allgemeinpolitischen
Teil.

Hamburg ist der einzige monozentrische Verdichtungsraum, innerhalb dessen eine Tageszeitung einen Verbreitungsraum begründet,
die nicht den großstädtischen Tageszeitungen zuordenbar ist: Das
"Pinneberger Tageblatt", Typ IV. Pinneberg ist sogar dem Kerngebiet der Stadtregion zuzuordnen. Zwei der Nebenausgaben beziehen sich auf Wedel und Schenefeld, die ebenfalls zum Kerngebiet der Stadtregion gehören, die dritte Nebenausgabe, die für
Quickborn, ist in der verstädterten Zone verbreitet. Es ist dabei
anzumerken, daß sich allein die Hauptausgabe auf den, allerdings eng begrenzten, Mittelbereich Pinnebergs bezieht, während
die Nebenausgaben im Mittelbereich Hamburgs verbreitet sind.

In der Randzone der Stadtregion Hamburg, in Winsen/Luhe, das
im Kreis Harburg einen eigenen Mittelbereich begründet, erscheint der "Winsener Anzeiger", Typ Vc, der zur Zeitungsgruppe "Niedersächsicher Zeitungsverlag GmbH", Lüneburg gehört.
Ebenfalls von der Randzone der Stadtregion aus begründet Buxtehude einen zentralörtlichen Bereich mittlerer Stufe. Auch hier
erscheint keine lokal informierende Ausgabe der Kernstadt, sondern eine ortsbezogene Ausgabe des "Stader Tageblatt", Typ Vc.

Bezieht man die Trabantenstädte in diesen engeren Verflechtungs-
bereich mit ein, so zeigen alle diese Mittelzentren das gleiche
Bild. Hier erscheinen jeweils eigenständige Tageszeitungen: Das
"Stader Tageblatt", Typ Vc, mit Nebenausgaben für York und
Buxtehude, die "Elmshorner Nachrichten", Typ Vc, das "Stormarner
Tageblatt", Bad Oldeslohe, Typ Vc sowie die "Uetersener Nach-
richten", Typ VIc. Somit bildet sich schon im engeren Verflech-
tungsbereich um Hamburg ein relativ dichtes Netz eigenständiger
Tageszeitungen aus, deren Verbreitung von der kernstädtischen Ta-

gespresse zwar überlagert, nicht jedoch in der Lokalberichterstattung beeinträchtigt wird.

2.2.3 Kommunikationsstrukturen in den Bereichen der Mittelzentren des zentralörtlichen Bereiches höherer Stufe

In allen Mittelzentren, deren Einflußzonen an den Mittelbereich
Hamburgs angrenzen (Ausnahme: Ahrensburg), bilden örtliche Tageszeitungen eigene, meist nur bereichs- oder kreisbezogene
Kommunikationsräume. Wie wir gezeigt haben, ist dies auch in
jenen zentralörtlichen Bereichen mittlerer Stufe der Fall, deren
zentrale Orte der Stadtregion zuzuordnen oder als Trabantenstädte in den engeren Verflechtungsbereich von Hamburg einzubeziehen sind. In den übrigen Bereichen dieser Mittelzentren erscheinen im Norden, im Bereich Bad Bramstedt, die "Bramstedter
Zeitung", Typ VIc; für Bad Segeberg, dessen Bereichsgrenzen bereits in die Oberbereiche Kiel und Lübeck hinausweisen, die
"Segeberger Zeitung", Typ VIc; ·Mölln im Osten, schon im Einzugsbereich des angrenzenden Oberzentrums Lübeck, wird von
einer Nebenausgabe der "Lübecker Nachrichten", Typ III, versorgt,
und für Lüneburg, im Südosten, das selbst eine Stadtregion dar-
stellt, gewinnt "Die Landeszeitung für die Lüneburger Heide" eigenständige Bedeutung als kreis- und ortsbezogene Tageszeitung des
Typs Vc. In Soltau, im Süden, nahe der südlichen Bereichsgrenze
des Großzentrums Hamburg, nimmt die "Boehme Zeitung", Typ Vc
eine ähnliche Stellung ein. Hier werden Orientierung und Verflechtung mit Hamburg kaum mehr stark ausgeprägt sein. Das gleiche gilt für die übrigen Mittelzentren im Bereich des Großzentrums
für Heide, Meldorf, Marne, Itzehoe, Cuxhaven, Bremervörde,
Uelzen, Dannenberg und Lüchow. Eine Einbindung der dortigen ört-

lichen oder kreisbezogenen Tagespresse in einen kernstadtorien-
tierten Kommunikationsraum drängt sich deshalb aufgrund raumstruktureller Gegebenheiten nicht auf.

2.2.4 Raumübergreifende Kommunikationsstrukturen in der Region

Insgesamt betrachtet, bildet sich im engeren Verflechtungsbereich
von Hamburg um die Verdichtungskernstadt, das Großzentrum Hamburg, kein einheitlicher Kommunikationsraum einer oder mehrerer
großstädtischer Tageszeitungen aus. Vielmehr begründen, von verschiedenen örtlichen Verbreitungsschwerpunkten aus, Tageszeitungen
unterschiedlichsten Typs relativ begrenzte Kommunikationsräume,
die die Heterogenität der Kommunikationsstruktur dieser Region bestimmen.

Hamburgische Zeitungen gewinnen als lokal informierende Tageszeitungen nur durch die Nebenausgaben der "Bergedorfer Zeitung"
lokal informierende Bedeutung auch über die Stadtstaatsgrenzen
hinaus im Südosten der Stadtregion bis an die Grenze des zentralörtlichen Bereiches mittlerer Stufe, aber immer auf jenen Teil des
Bereiches beschränkt, der zu Schleswig-Holstein gehört.

Im Süden erreichen ähnliches die "Harburger Anzeiger und Nachrichten" im niedersächsischen Kreis Harburg. Diese Tageszeitung
aber differenziert ihren Verbreitungsraum nicht durch die Begründung von speziellen, ortsbezogenen Nebenausgaben.

Daß ein solcher, Verwaltungsgrenzen überschreitender Kommunikationsraum gerade von Stadtteilzeitungen begründet wird, mag
historische Gründe haben, denn Bergedorf und Harburg, die beide

schon im Mittelalter Stadtrechte erwarben und einstmals Kreisstädte waren, wurden Hamburg erst 1937 eingegliedert und dürften
ein hohes Maß an Eigenständigkeit und Bedeutsamkeit für das Umland bewahrt haben.

Die Bedeutung der Nebenausgaben des "Hamburger Abendblatt"
scheint dagegen für die Lokalinformation im Umland des Stadtstaates gering. Dies ist dann wenig problematisch, wenn diese Ausgaben lediglich für die an die Randzonen der Verdichtung abgewanderten, großstadtorientierten, ehemaligen Hamburger Bürger konzipiert sind und an diesen Orten täglich erscheinende lokale Tageszeitungen bzw. Ausgaben angeboten werden. Für Pinneberg und
Harburg-Land ist dies der Fall. Norderstedt und Ahrensburg jedoch
scheinen hinsichtlich der Lokalberichterstattung unterversorgt, denn
die "IVW-Regionalanalyse" weist für diese Orte keine weiteren
Ausgaben aus. Doch soll in Norderstedt zweimal wöchentlich eine
Nebenausgabe der "Nord-Nachrichten", Itzehoe, Typ VIII erscheinen, die in der "IVW-Regionalanalyse" nicht erfaßt wurde.

Einen den Zentralitätsbereich des Verlagsortes übergreifenden
Kommunikationsraum gestaltet dagegen das "Pinneberger Tageblatt".
Durch Nebenausgaben in Wedel, Schenefeld und Quickborn, die
alle in der Stadtregion, im Mittelbereich Hamburgs liegen, ferner
durch enge Kooperation (im redaktionellen Bereich) mit den
"Uetersener Nachrichten", einer ortsbezogenen Tageszeitung, die
Auflagen nur in Uetersen und Tornisch erreicht (Tornisch wiederum
liegt in der verstädterten Zone der Stadtregion Hamburg) und durch
gleich enge Kooperation auch mit der "Barmstedter Zeitung",
konstituiert diese mittelstädtische Tageszeitung einen einheitlichen,
teilkreisumfassenden Verbreitungsraum im Kreis Pinneberg[1]. Dieser

---

1) Die übrigen mit dem "Pinneberger Tageblatt" kooperierenden
   Tageszeitungen in Bad Bramstedt, Burg, Blekede und Eckernförde können in diesen Verbreitungsraum nicht einbezogen werden.

Verbreitungsraum im nordwestlichen Vorfeld des Stadtstaates, in welchem diese Ausgaben, die alle unter dem gemeinsamen Titel "Holsteiner Nachrichten" erscheinen, jeweils bezüglich der lokalen Berichterstattung ohne Konkurrenz sind, wird in seiner Kommunikationsstruktur nahezu ausschließlich von dieser Tageszeitung bestimmt - die Nebenausgaben des "Hamburger Abendblatt" und der "Nord-Nachrichten", die ja nur zweimal wöchentlich erscheinen, sind für die Lokalberichterstattung in diesem Rahmen wahrscheinlich von nur geringer Bedeutung. Ebenso eindeutig von diesem teilkreisbezogenen Kommunikationsraum abgegrenzt, bestimmen die "Elmshorner Nachrichten" ebenso klar das restliche Kreisgebiet, das im Einzugsbereich des zentralen Ortes Elmshorn liegt.

Ähnlich strukturiert ist der teilregionale Verbreitungsraum des "Stader Tageblatt", südlich der Elbe, mit seinen Nebenausgaben für York und Buxtehude. Der Kommunikationsraum umfaßt dort das gesamte Kreisgebiet. Typisch ist auch hier, daß das Mittelzentrum (hier Buxtehude), das im Kreisgebiet neben der Kreisstadt einen eigenen zentralörtlichen Bereich begründet, eine spezielle ortsbezogene Ausgabe besitzt.

Zieht man die auf Kooperationsbeziehungen basierenden Kommunikationsräume in die Betrachtung mit ein, so zeigt sich: Winsen, in der Randzone der Stadtregion Hamburg gelegen, bindet über ein Verdichtungsband die Stadtregion Lüneburg an den engeren Verflechtungsbereich von Hamburg an, und so dringt ein weiterer raumübergreifender Kommunikationsraum bis in den Bereich der Stadtregion vor. Dieser Kommunikationsraum wird durch die in der "Niedersächsischer Zeitungsverlag GmbH", Lüneburg zusammengeschlossenen orts- und kreisbezogenen Tageszeitungen in Soltau,

Uelzen, Lüneburg, Lüchow, Wittingen und Burgdorf gebildet, die
zusammen den Titel "Niedersächsisches Tageblatt" führen [1]. Zwar
läßt sich aufgrund enger Verflechtung keine besondere Zentralität
Lüneburgs gegenüber diesen Teilräumen erkennen; wäre dem so,
sollte Lüneburg zumindest Teilfunktionen eines Zentralortes höherer
Stufe erfüllen. Allerdings könnte die Tatsache, daß Lüneburg Sitz
einer Bezirksregierung ist und eine vergleichsweise höhere Verdichtung (Stadtregion!) aufweist, Anreiz zur Kooperation gewesen sein.

Legt man nun einer solchen Betrachtung auch Kapitalverflechtungen
zugrunde, so wandelt sich das skizzierte Bild erneut. "Die Welt",
"Bild-Hamburg", "Hamburger Abendblatt" und "Elmshorner Nachrichten" erscheinen in der "Axel Springer Verlag AG". Diese hält
die Mehrheit am Verlag der "Bergedorfer Zeitung" (91% der Anteile) und 20% der Anteile am Verlag der "Lübecker Nachrichten".
Damit gewinnt die Betrachtung zwar eine neue Dimension, ein einheitlicher Kommunikationsraum wird dadurch jedoch nur zum Teil
begründet, denn die "Elmshorner Nachrichten" und auch das
"Stormarner Tageblatt" beziehen den Mantel von der "Bergedorfer
Zeitung".

Dies ist, auf weit niedrigerer Basis, bezüglich der Kapitalverflechtung zwischen "Stader Tageblatt", "Niederelbe Zeitung", Otterndorf und "Neue Cuxhavener Zeitung" ebenfalls gegeben. Der so
begründete Kommunikationsraum kann die Mittelbereiche Stade,
Cuxhaven und Buxtehude umfassen, mit örtlicher Konkurrenz nur im
Stadtkreis Cuxhaven.

---

1)   Diese Anzeigengemeinschaft kooperiert wiederum mit der
     "Braunschweiger Zeitung", Typ III

Durch die nun vollzogene Kooperation im Anzeigenbereich zwischen dem "Hamburger Abendblatt", den "Lübecker Nachrichten",
den "Harburger Anzeiger und Nachrichten" und Mitgliedern der
"Zeitungsgruppe Nord" konstituiert sich hier ein Einflußbereich,
der den Kommunikationsraum der "Springer-Gruppe", die Gruppen
um "Pinneberger Tageblatt" und "Stader Tageblatt", also über den
engeren Verflechtungsbereich Hamburgs hinaus, neben dem Oberbereich Lübeck auch noch den Großteil Nordwest-Niedersachsens
umfaßt. Zum einheitlichen Kommunikationsraum wurde dieser Einflußbereich jedoch bislang nicht ausgestaltet.

2.2.5 Kommunikationsstruktur und Verwaltungsgliederung

Warum haben die kernstädtischen Tageszeitungen die Chancen zur
Begründung eines regionalen Kommunikationsraumes, die sich aufgrund der raumstrukturellen und sozioökonomischen Bedingungen im
Umland des Großzentrums Hamburg geradezu anbieten, kaum ge-
nützt? Liegt es an unzureichender Marktstrategie der Verlage, an
Eigenarten landsmannschaftlicher Differenziertheit, an gewachsenen
Eigenständigkeiten, die nicht zu durchbrechen sind, an ganz eigenen
strukturellen Besonderheiten, die in dieser von uns vorgestellten
groben Differenzierung nicht aufscheinen, oder ist es ganz einfach
aus der Verwaltungsstruktur dieses Raumes zu erklären, die sich den
sozioökonomischen Verflechtungen eines funktional integrierten
Raumes nicht anpasste?

Die Landesgrenzen durchschneiden, entlang der Elbe als natürlicher
Grenze, den Verdichtungsraum, die Stadtregion, den zentralörtlichen Bereich mittlerer Stufe und den Bereich des zentralen Ortes
höherer Stufe so, daß der jeweils südliche oder nördliche Teil ver-

waltungsmäßig einem anderen Bundesland angehört, wobei sich von
diesem wiederum die Kernstadt Hamburg selbst als Stadtstaat ausgrenzt. Dieser Tatbestand mag die besondere Kommunikationsstruktur dieses Raumes entscheidend bestimmt haben. Denn aus der Darstellung der Kommunikationsräume der kernstädtischen Tageszeitungen wird deutlich, daß diese Grenzen, wenn überhaupt, nur
dann überschritten werden, wenn sich der Verbreitungsraum innerhalb der Stadtregion bzw. des Hamburgischen Mittelbereiches ausweitet. Nur dort gewinnen ortsbezogene Nebenausgaben Hamburgi-
scher Tageszeitungen höhere Auflagenanteile. Für alle Orte außerhalb dieser Bereiche sind solche Ausgaben weder konzipiert, noch
erreichen sie vergleichbare Auflagenhöhen. Wenn man anhand der
"IVW-Regionalanalyse" die Verbreitung der Ausgaben in den Orten
der an Hamburg angrenzenden Kreise untersucht, so zeigt sich, daß
im Kreis Harburg zum Beispiel, der zum Großteil im Mittelbereich
und im Bereich der Stadtregion Hamburg liegt, nur Ausgaben Hamburger Tageszeitungen verbreitet sind ("Harburger Anzeiger und
Nachrichten" und "Harburger Rundschau", eine Nebenausgabe des
"Hamburger Abendblatt"). Anders in Winsen, das zwar im Bereich
der Randzone der Stadtregion liegt, das aber für den eigenen Mittelbereich eine eigene Tageszeitung mit klar abgegrenzten, auf diesen
Bereich bezogenen Verbreitungsraum begründet.

Die Situation ist in den anderen Kreisen ähnlich. Wenn in den
Orten innerhalb des Bereiches der Stadtregion oder des Mittelbereiches von Hamburg eine weitere ortsbezogene Haupt- oder Nebenausgabe am Markte ist, gewinnt diese gegenüber der kernstädtischen
Tageszeitung den größeren Auflagenanteil (vgl. Pinneberg, Wedel
und Quickborn im Kreis Pinneberg). Eine solche Konkurrenzsituation
ergibt sich allerdings immer nur für die Ausgaben des Hamburger
Abendblattes, die höchstens dreimal wöchentlich erscheinen.

Die Ausgaben der "Bergedorfer Zeitung" und die "Harburger Anzeiger und Nachrichten" haben ein klar begrenztes Verbreitungsgebiet, in welchem bezüglich der Lokalberichterstattung außer-
hamburgische Konkurrenz nicht in Erscheinung tritt.

Man könnte fast vermuten, die "Axel Springer Verlag AG" sei an
der Ausweitung des Verbreitungsgebietes des "Hamburger Abendblatt"
über die Grenzen des Stadtstaates hinaus eigentlich nicht interessiert,
denn dann hätte die lokale Berichterstattung intensiviert (tägliche
Lokalinformationen in den Nebenausgaben) und der Ortsbezug durch
weitere Differenzierung der Ausgaben klarer herausgestellt werden
müssen. Vor allem könnten Ausgaben für Buxtehude, Winsen, Stade,
Wedel, Uetersen, Bad Oldesloe, Kaltenkirchen, Schenefeld und
Quickborn durchaus erfolgreich sein. Denn diese Orte entlang der
Ausbauachsen haben aufgrund der Binnenwanderung im Raume Hamburg erhebliche Wanderungsgewinne zu verzeichnen. Vor allem aufgrund dieser Zuwanderung aus Hamburg dürfte für sie eine starke
Orientierung auf Hamburg hin kennzeichnend sein. Deshalb würde
ein Großteil der Bevölkerung in diesen Orten die Ausgaben einer
großstädtischen Tageszeitung mit hoher Wahrscheinlichkeit jenen
einer kleinstädtischen Tageszeitung vorziehen.

Die gegenwärtige Situation scheint sich nun aber zu ändern. Nach
Informationen in "DER SPIEGEL"[1] soll eine Kooperation (nicht nur im
Anzeigenbereich) zwischen dem "Hamburger Abendblatt" und den
Zeitungen, die zur Anzeigengemeinschaft "Zeitungsgruppe Nord",
Stade gehören, bevorstehen. Die Kooperation im Anzeigenbereich ist
bereits vollzogen (vgl. oben!). Ein Nachrichtenmagazin mag sich zu
Recht seine Gedanken machen, inwieweit in diesen sich anbahnenden
Kooperationsbeziehungen - zumal wenn die "Springer Verlag AG" in-

---

1) Vgl. DER SPIEGEL, Heft 14, 1974, S. 85 f.

volviert ist - eine Bedrohung der Meinungsvielfalt zu sehen ist.
Dies wäre aber nur dann der Fall, wenn diese Tageszeitungen
tatsächlich im redaktionellen Bereich kooperieren wollten. Dann
würden sich die publizistischen Einheiten dieser Region verringern.
Für die lokale Pressesituation müßte dies nicht zwangsläufig von
Nachteil sein. Die lokalen Ausgaben könnten grundsätzlich bestehen bleiben. Eine Einflußnahme auf die lokale Berichterstattung
durch die "Axel Springer Verlag AG" mag man dann vielleicht
erwarten, nicht aber voraussetzen. Viel eher könnte man erwarten,
daß sich die Verbreitungsräume bereinigen und ausgrenzen, derart,
daß zum Beispiel die Nebenausgaben des "Hamburger Abendblatt"
im Umland nicht auch dort erscheinen, wo bereits eine kooperierende lokale Tageszeitung am Markt ist. Die lokale Konkurrenzsituation würde sich dann insoweit ändern, als in einigen Orten der
Stadtregion in den an Hamburg angrenzenden Kreisen, z.B. in
Pinneberg und Harburg, die lokale Konkurrenz entfällt.

Soweit heute in den Kreisen der Region überhaupt mehrere lokale
Ausgaben verschiedener Tageszeitungen erscheinen, ist das Verbreitungsgebiet der verschiedenen lokalen Tageszeitungen in fast allen
Kreisen des Bereiches, die zu Niedersachsen gehören, eindeutig abgegrenzt. Ortsbezogene Konkurrenz findet nicht statt. Ausnahme:
Stadtkreis Cuxhaven und Landkreis Harburg. Hier sind zwar die Verbreitungsräume der "Harburger Anzeiger und Nachrichten" und des
"Winsener Anzeiger" ausgrenzbar, als Konkurrent tritt jedoch in beiden Teilverbreitungsräumen die "Harburger Rundschau" als Nebenausgabe des "Hamburger Abendblatt" mit Lokalinformationen zweimal
wöchentlich hinzu. Dies gilt auch für die schleswig-holsteinischen
Kreise Herzogtum Lauenburg und Pinneberg. Im ersten Falle begründen die Nebenausgaben der "Bergedorfer Zeitung" und der "Lübecker
Nachrichten" klar zu unterscheidende Kommunikationsräume. Im zwei-

- 100 -

ten Fall ist gleiches für die "Elmshorner Nachrichten" und die Ausgaben mit dem Titel "Holsteiner Nachrichten" feststellbar. Hier
allerdings bleibt die Konkurrenz der "Pinneberger Zeitung" (Nebenausgabe des "Hamburger Abendblatt", die zweimal wöchentlich Lokalinformationen anbietet) und der "Süd- und Mittelholsteiner Nachrichten" (erscheint als Nebenausgabe der "Nord-Nachrichten" [1],
Itzehoe zweimal wöchentlich) zu beachten, die beide im Bereich
der lokalen Berichterstattung sicher keine gewichtige Konkurrenz
sein dürften.

In den übrigen der Region zuordenbaren Kreisen, die zu Schleswig-
Holstein gehören, in Stormarn, Segeberg, Steinburg und Dithmarschen,
ist eine solch eindeutige Abgrenzung der Kommunikationsräume entweder nicht gegeben oder deshalb nicht feststellbar, weil die "IVW-
Regionalanalyse" nicht alle dort erscheinenden Ausgaben berücksich-
tigt. Im Kreis Segeberg zum Beispiel ist die Ausgabe des "Hamburger
Abendblatt", bezogen auf Norderstedt, ohne Konkurrenz, denn die
Ausgabe "Bad Segeberg" der "Lübecker Nachrichten" und die "Sege-
berger Zeitung" sind für Norderstedt ohne Bedeutung. In den übrigen
Orten des Kreises aber, die über 5 000 Einwohner haben, überschnei-
det sich das Verbreitungsgebiet dieser beiden Ausgaben, was in
Hennstedt-Uezburg und Bad Bramstedt nicht der Fall ist. Jedoch die
"Bramstedter Nachrichten" und der "Hamburger Stadtrandanzeiger",
eine zweimal wöchentlich erscheinende Nebenausgabe der "Nord-
Nachrichten", Itzehoe, die auf Norderstedt bezogen sein soll, sind

1) Diese Heimatzeitung ist in der "IVW-Regionalanalyse" nicht erfaßt, ihr Verbreitungsgebiet und ihre Auflage in den einzelnen
Orten des Kreises ist deshalb nicht zu erkennen. Nach Auskunft
des Verlages liegt der Verbreitungsschwerpunkt der hier genannten Ausgabe um Pinneberg.

hierbei nicht berücksichtigt. Diese Ausgaben werden in der "IVW-Regionalanalyse" nicht erfaßt.

Für den Kreis Stormarn ergibt sich eine vergleichbare Situation. Auch hier konkurrieren eine lokale Tageszeitung, das "Stormarner Tageblatt" und eine Nebenausgabe der "Lübecker Nachrichten". Aber in den Orten Reinbek, Glinde und Schoeningstadt erscheint ausschließlich, und nur dort, eine Nebenausgabe der "Bergedorfer Zeitung", die "Reinbeker Zeitung", während für Ahrensburg eine Nebenausgabe des "Hamburger Abendblatt", die "Ahrensburger Zeitung" einmal wöchentlich lokale Informationen anbietet. In Ahrensburg ist allerdings auch das "Stormarner Tageblatt" verbreitet.

Im Kreis Steinburg wäre, legt man die "IVW-Regionalanalyse" zugrunde, die "Norddeutsche Rundschau", Itzehoe die einzige lokal informierende Tageszeitung im Kreis. Hier erscheinen aber auch die "Wilstersche Zeitung", Wilster, Typ VIc, die Ausgabe "Störbote", Kellinghusen (eine Nebenausgabe der "Kieler Nachrichten"), die "Kreiszeitung für die Kreise Rendsburg und Steinfurt", Hohenwestedt, Typ VIc und die bereits erwähnten "Nord-Nachrichten", Itzehoe, sogar zweimal wöchentlich mit zwei Nebenausgaben für Hohenlockstedt und Glückstadt.

Im Kreis Dithmarschen, der nur zum Teil im Bereich des Großzentrums Hamburg liegt, konkurrieren in allen Orten mit über 5 000 Einwohnern die Haupt- und die Nebenausgaben der "Dithmarsche Landeszeitung", Heide, Typ Vb mit der "Dithmarscher Rundschau", einer Nebenausgabe der "Norddeutsche Rundschau", Itzehoe, Typ Vb. Auch hier hat die "IVW-Regionalanalyse" zwei lokale Tageszeitungen nicht erfaßt, den "Dithmarscher Kurier", Burg, Typ VIc (er erscheint zwei-

- 102 -

mal wöchentlich) und die "Marner Zeitung", Typ VIc, die beide
wahrscheinlich nur örtliche Bedeutung haben.

Zusammenfassend sei wiederholt: Der Fall Hamburg stellt uns vor
die Frage, welche sozioökonomischen, kulturellen und administrativen Strukturen konstitutiv an der Entstehung von Kommunikationsräumen beteiligt sind. Es konnte gezeigt werden, daß die sozioökonomischen Bedingungen durchaus günstig für die Entstehung
einer regionalen Großstadtzeitung wären, daß aber administrative
Grenzen diese Entwicklung zumindest hemmten. Es wird schließlich
einer differenzierteren Analyse vorbehalten bleiben müssen, die jeweilige Struktur der sich im Einzugsbereich Hamburgs ausbildenden
Kommunikationsräume bis in ihre Verästelungen hinein zu analysieren. Diese aber müßte zu Aussagen über die Leistungen führen,
die aus den jeweiligen Interaktionsfeldern "politisch-soziales System
Gemeinde - lokal informierende Tageszeitung" erwachsen. Dann
könnte auch die oben gestellte Frage treffender beantwortet werden.

2.3   Das Beispiel des Verdichtungsraumes Hannover [1]

2.3.1 Aspekte der raumstrukturellen Gliederung

Zieht man die verschiedenen Untersuchungen zur raumstrukturellen
Analyse des Einzugs-, Verflechtungs- und Orientierungsbereiches der
Verdichtungskernstadt Hannover und seines Umlandes zu Rate, so

---

1) Für die Analyse wurden insbesondere folgende Unterlagen heran-
    gezogen: Stadtregionen in der Bundesrepublik Deutschland 1961,
    a.a.O.; Kluczka, Georg: a.a.O.; Müller-Ibold, Klaus: Die
    Stadtregion als Raum zentraler Orte, Stuttgart 1962; Verflech-
    tungen im Raum Hannover, Institut für angewandte Sozialwissen-
    schaft, Bonn-Bad Godesberg 1962; Stern, Klaus: Grundfragen zur
    Verwaltungsreform im Stadt-Umland, Frankfurt 1968; Isbary,
    Gerhard: Grundfragen der Raumordnung und Landesentwicklung

zeigt sich sehr anschaulich, wie unzureichend bislang alle Be-
mühungen waren, eindeutige und einheitliche Kriterien für die
Abgrenzung und Differenzierung eines funktional integrierten
Raumes festzulegen. Auch für unsere Analyse sind die Ergebnisse dieser Untersuchungen, die zu unterschiedlichen Abgrenzungen und Bewertungen der jeweils vorgestellten Raumeinheiten
führen, nicht auf einen Nenner zu bringen. Sie liefern uns jedoch Hinweise, die Tagespresse dieses Raumes in ihrer Abhängigkeit von raumstrukturellen Bedingungen zu skizzieren. Wenn auch
Isbary [1] aus einsichtigen Gründen davor warnt, das Konzept der
Stadtregion und dessen Gliederungsprinzip beispielsweise zur
Grundlage einer Verwaltungsreform im Raume Hannover zu machen,
da dieses Konzept die sozialökonomisch bedingten Strukturwand-
lungen des Umlandes nur unter dem Aspekt der Verstädterung ins
Blickfeld rückt – dieser Einwand könnte natürlich auch für unsere
Fragestellung bedeutsam sein –, wollen wir dennoch an der vorgestellten Konzeption einer Ausgrenzung von unterschiedlich mit
der Kernstadt verflochtenen und auf diese hin orientierten Umland-
bereichen festhalten, für die uns die Gliederung im Verdichtungsraum mit Verdichtungskernstadt, in Zonen der Stadtregion und in

bei der Territorialreform im Raum Hannover, Hannover 1968;
ders.: Raum und Gesellschaft, a.a.O., S. 117 f.; Weyl,
Heinz / Kappert, Gunter / Riechels, Ernst: Der Großraum Hannover, in: Methoden und Praxis der Regionalplanung in großstädtischen Verdichtungsräumen, Veröffentlichungen der Akademie für Raumforschung und Landesplanung, Raum und Bevölkerung 8, Hannover 1969, S. 15 ff.; Haubner, Karl: Die
Stadtregionen im Lande Niedersachsen 1961, in: Stadtregionen in der Bundesrepublik Deutschland 1961, a.a.O.;
Riechels, Ernst und Kappert, Gunter: Die Festlegung der zentralen Orte im Großraum Hannover, AfK 1967

1) Vgl. Isbary, Gerhard: Raum und Gesellschaft, a.a.O., S. 117

zentralörtliche Bereiche unterschiedlicher Stufen die Hinweise geben. Die Abgrenzung und Differenzierung des Verbandsbereiches
"Großraum Hannover" und Isbarys "Region Hannover" können uns
dann noch zusätzliche Aspekte vermitteln.

Der zentralörtliche Bereich höherer Stufe des Oberzentrums Hannover, das Teilfunktionen eines Großzentrums erfüllt, steckt den
nach unserer Konzeption am weitest gefaßten Einfluß- und Orientierungsbereich im Verhältnis Hannovers zu seiner Umwelt ab. Die
Bereichsgrenze verläuft im Westen entlang der Landesgrenze zu
Nordrhein-Westfalen, sie bezieht im Nordwesten den Großteil des
Kreises Nienburg mit ein, umfaßt im Norden die Kreise Fallingbostel und Celle, teilt im Osten den Kreis Peine, verläuft dann
südlich entlang der Grenzen des Kreises Hildesheim-Marienburg
und des Kreises Alfeld und bezieht im Süden den größten Teil des
Kreises Holzminden in diesen Bereich mit ein. Damit ist ein Raum
ausgegrenzt, der eine Bevölkerung von 2 Millionen umfaßt.

Die nach der Ausbreitung nächstgrößere Raumeinheit wäre der Mittelbereich des Oberzentrums Hannover, der Stadt- und Landkreis
Hannover, einen Großteil der Kreise Springe und Burgdorf, die an
Hannover angrenzenden Orte des Kreises Neustadt am Rübenberge
sowie den südlichen Teil des Kreises Fallingbostel umfaßt, soweit
die dortigen Gemeinden nicht im Einflußbereich des Mittelzentrums
Walsrode liegen [1]. Dieser Bereich hat 963 300 Einwohner (Gebietsstand: 31.12.1968).

---

1) Durch die Gebietsreform in Niedersachsen ist ein Großteil
   dieses Gebietes nun im Kreis Hannover zusammengefaßt.

Die Ausdehnung der Stadtregion reicht kaum über die Grenzen dieses Hannoverschen Mittelbereiches hinaus. Aus dem Bereich Wunstorf werden die Orte Dedensen, Horst und Schloß Ricklingen mit
eingebunden, aus dem Bereich Hildesheim Schulenburg und Sarstedt.
Andererseits aber liegt der weitaus größere Teil des Kreises Springe
im Südwesten nicht im Bereich der Stadtregion, wiewohl dieser noch
dem Mittelbereich Hannovers zuzurechnen wäre. Die Stadtregion umfaßt 1.114 qkm (Gebietsstand: 1961) bei einer Wohnbevölkerung von
853.260 (Gebietsstand: 1961) und einer Bevölkerungsdichte von 765
E/qkm (Gebietsstand: 1961). Von den Erwerbspersonen in den Umlandzonen sind 45% Auspendler in das Kerngebiet der Region. Dies
wiederum sind 81% aller Auspendler dieser Orte. Der Bereich der
Stadtregion würde sich jedoch noch erweitern, wenn die Trabantenstädte Burgdorf, Neustadt am Rübenberge und Wunstorf hinzugerechnet würden.

Der Bereich des Verdichtungsraumes umfaßt neben der Kernstadt nahezu alle unmittelbar an diese angrenzenden Gemeinden und erreicht
damit eine Wohnbevölkerung von 728 000 (Gebietsstand: 1967) bei
einer Fläche von 294 qkm und einer Bevölkerungsdichte von 2.478
E/qkm (Gebietsstand: 1967). Die Kernstadt Hannover selbst erreichte
1961 572 900 Einwohner auf einer Fläche von 134,5 qkm und hatte
damit eine Bevölkerungsdichte von 4.260 E/qkm. Am 31.12.71 wohn-
ten dort jedoch nur noch 516 700 Einwohner.

Nach den Berechnungen von Klemmer [1] liegen Kerngebiet und
Stadtregion nach dem Monopolisierungsgrad an 7. Stelle unter allen
Stadtregionen (die Rhein-Ruhr-Region nicht gerechnet). Diese Position,

1) Vgl. Klemmer, Paul: a.a.O.

bestimmt als Zentralität dieser Region im Vergleich zu anderen, entspricht in etwa auch der Position des Raumes Hannover im Vergleich
nach anderen Gesichtspunkten. Nach der Bevölkerungszahl zu Beispiel liegt die Stadtregion an 6. Stelle, nach dem Verdichtungsgrad
an 8. Stelle. Nach der Bevölkerungsdichte rangiert Hannover unter
den Stadtregionen an 13. Stelle, unter den Verdichtungsräumen jedoch an 1. Stelle. Nimmt man die Fläche zum Vergleich, so liegt
die Stadtregion an 8. Stelle, der Verdichtungsraum an 11. Stelle.

Festzuhalten bleibt: Weder innerhalb des Verdichtungsraumes noch
im Bereich der Stadtregion haben sich Mittelzentren ausgebildet,
nur Springe, nahe der südlichen Grenze des Hannoverschen Mittelbereiches, erfüllt als Unterzentrum Teilfunktionen eines zentralen
Ortes mittlerer Stufe. Nach den Planungen für den "Großraum Hannover" sollen Langenhagen, Laatzen und Heisterberg (Heisterberg ist
bislang lediglich eine Wohnsiedlung) als Nebenzentren ausgebaut
werden. Damit würden im Bereich der Stadtregion zentrale Orte begründet, deren Funktionen jenen eines Mittelzentrums nahekommen.
Als sog. regionale Zentren, die gleiche Funktionen zu erfüllen
hätten, sollen den gleichen Planungen zufolge Wunstorf, Neustadt
am Rübenberge, Barsinghausen, Springe, Lehrte, Burgdorf und Großburgwedel ausgebaut werden. Hiervon erfüllen heute schon Neustadt
am Rübenberge, Wunstorf und Burgdorf sowie zum Teil Springe, die
Aufgaben eines zentralen Ortes mittlerer Stufe. Damit werden im
Mittelbereich Hannovers neben Springe drei weitere Orte Funktionen
von Mittelzentren übernehmen.

Neben Wunstorf, Neustadt am Rübenberge und Burgdorf haben sich,
angrenzend an den Mittelbereich Hannover, Mittelzentren eigener

- 107 -

Zentralität entwickelt: Walsrode und Celle im Norden, Peine im
Osten, Hildesheim und Hameln im Süden, Rinteln und Stadthagen
im Westen. Innerhalb des zentralörtlichen Bereiches höherer Stufe
des Oberzentrums Hannover schließen sich an diese im Süden die
Mittelbereiche Alfeld/Leine, Holzminden und Bad Pyrmont an, im
Westen Bückeberg und im Nordwesten Nienburg.

2.3.2 Kommunikationsstrukturen im engeren Verflechtungsbereich

In Hannover, als Kernstadt des Verdichtungsraumes, erscheinen
zwei großstädtische Tageszeitungen des gleichen Typs, die von dort
aus, durch Nebenausgaben für das Umland differenziert, jeweils regionale Kommunikationsräume begründen: "Hannoversche Allgemeine
Zeitung", Typ III und "Neue Hannoversche", Typ III. Innerhalb
des Verdichtungsraumes bringen, neben der Hauptausgabe, beide
Tageszeitungen für Langenhagen eine spezielle ortsbezogene Ausgabe heraus. Die übrigen Orte dieses Raumes, auch die größeren,
wie Laatzen, Gehrden und Misburg, werden von der Landkreisaus-
gabe der "Neue Hannoversche" bzw. von einer der beiden für den
Kreis Hannover konzipierten Ausgaben "Rund um Hannover" (West)
oder "Rund um Hannover" (Ost) der "Hannoversche Allgemeine Zeitung" versorgt. Für Gehrden speziell erscheint jedoch die "Gehr-
dener Nachrichten", eine Nebenausgabe der "Deister-Leine-Zeitung",
Barsinghausen, Typ Vc. Für die Orte des Kerngebietes der Stadtregion (diese deckt sich ohnehin weitgehend mit dem Bereich des
Verdichtungsraumes) und im Bereich der verstädterten Zone sind dann
weitere speziell ortsbezogene Ausgaben nicht konzipiert. Erst im
Bereich der Randzone der Stadtregion treten neue Ausgaben hinzu:
Für Lehrte das "Lehrter Stadtblatt", eine Nebenausgabe des "Burgdorfer
Kreisblatt", Typ Vc; für Barsinghausen die "Deister-Leine-Zeitung",

Typ Vc; für Sarstedt der "Sarstedter Kurier" als Nebenausgabe der "Hildesheimer Allgemeine Zeitung", Typ IV sowie der "Kreisanzeiger" als Ausgabe des "Harz-Kurier", Herzberg, Typ IV.

Betrachtet man den Mittelbereich des Oberzentrums Hannover, der sich im Anschluß an die Stadtregion vor allem nach Westen/Südwesten in den Kreis Springe erweitert, so ist in diesem Bereich für Springe (dieses Unterzentrum erfüllt Teilfunktionen eines zentralen Ortes mittlerer Stufe) eine lokale Tageszeitung neben den Ausgaben "Springe" der "Neue Hannoversche" und des "Deister Anzeiger" als Nebenausgabe der "Hannoversche Allgemeine Zeitung", die "Neue Deister Zeitung", Typ VIc zusätzlich auf dem Markt.

Bezieht man die Trabantenstädte der Stadtregion (Neustadt am Rübenberge, Wunstorf und Burgdorf) in diese Betrachtung des engeren Verflechtungsbereiches innerhalb der Region mit ein, so zeigt sich: Für Wunstorf und Neustadt am Rübenberge erscheint die für den Kreis Neustadt am Rübenberge konzipierte Ausgabe "Leine Zeitung" der "Hannoversche Allgemeine Zeitung" und jeweils eine ortsbezogene Ausgabe der "Neue Hannoversche". Für Burgdorf bringen sowohl "Hannoversche Allgemeine Zeitung" als auch "Neue Hannoversche" eine Nebenausgabe auf den Markt. In beiden Fällen enthält diese Ausgabe einen speziellen Lokalteil für Lehrte. Daneben erscheint als Hauptausgabe das "Burgdorfer Kreisblatt", Typ Vc. Damit besteht für diese Mittelzentren jeweils mindestens eine ortsbezogene lokale Ausgabe.

Bisher konnte nur herausgearbeitet werden, ob in den verschiedenen Bereichen ortsbezogene Ausgaben der großstädtischen Tageszeitungen Hannovers oder eigenständige lokale Tageszeitungen von den genannten

Orten aus jeweils Verbreitungsschwerpunkte begründen. Wenn sich
aber das Kommunikationsverhalten der Bevölkerung unter anderen
aus dem Maß der Verflechtung ihrer Wohnorte mit dem Oberzentrum Hannover erklärt, könnte dies folgende Überlegungen provozieren: Einmal dürften sich unter den Abonnenten in den Orten
im Kerngebiet der Stadtregion, die einem anderen Kreis angehören
(z.B. in Garbsen, Berenbostel oder in Isernhagen), Leser befin-
den, die die Hauptausgaben der Hannoverschen Zeitungen und
nicht die entsprechende Kreisausgabe abonnieren. Dies herauszu-
finden, ist leider anhand der "IVW-Regionalanalyse", die nur
"Anzeigenausgaben" registriert, nicht möglich. Zum anderen dürfte
die Bevölkerung in jenen Orten, für die kreisbezogene Ausgaben
Hannoverscher Zeitungen und Ausgaben von Tageszeitungen aus
Orten des in Frage stehenden Kreises bestehen, dann die Hannoverschen Ausgaben präferieren, wenn diese Orte im unmittelbaren
Einzugsbereich des Oberzentrums, etwa im Ergänzungsgebiet oder
in der verstädterten Zone der Stadtregion liegen. Dies läßt sich anhand von Beispielen nach der "IVW-Regionalanalyse" (allerdings nur
für Orte über 5 000 Einwohner) prüfen. Es zeigt sich: Im Kreis
Burgdorf erreichen gegenüber dem "Burgdorfer Kreisblatt" die Hannoverschen Zeitungen eine weit höhere Auflage, dies in den Orten
Altwarmbüchen und Großburgwedel, in der verstädterten Zone sowie in Sehnde, in der Randzone der Stadtregion; und das, obwohl
Sehnde die Nachbargemeinde von Lehrte ist, für die das "Burgdorfer Kreisblatt" eine eigene Ausgabe herausbringt. In Lehrte, das
auch in der Randzone der Stadtregion liegt, hat allerdings diese
vorgenannte Ausgabe den höheren Auflagenanteil.

Für Uetze aber, das nicht im Bereich der Hannoverschen Stadtregion
liegt, sondern im Bereich des Mittelzentrums Burgdorf, erreicht das

- 110 -

"Burgdorfer Kreisblatt" mehr als das Doppelte der Auflage der beiden Hannoverschen Zeitungen zusammen.

Ähnlich ist die Situation im Kreis Springe. In Pattensen, im Bereich der verstädterten Zone, hat die "Neue Deister Zeitung", Springe nur etwa ein Zehntel der Auflage der Hannoverschen Zeitungen, während in Bad Münder, der Nachbargemeinde Springes, die "Springesche Zeitung" mehr als das Doppelte der Auflage im Vergleich zu den Hannoverschen Zeitungen erzielt [1].

Selbst in Gehrden, im Kreis Hannover, obwohl dort die "Deister-Leine-Zeitung", Barsinghausen eine ortsbezogene Ausgabe herausbringt, erreicht die Ausgabe der "Hannoversche Allgemeine Zeitung", die für den gesamten westlichen Teilkreis Hannovers konzipiert ist, gegenüber dieser eine fast dreimal höhere Auflage. Die Auflage der "Neue Hannoversche" bleibt dagegen zurück. Gehrden aber liegt im Bereich des Verdichtungsraumes, im Kerngebiet der Stadtregion Hannover. Die Einwohnerzahl Gehrdens ist im Zeitraum von 1950 - 1967 um 71% gestiegen. Ein Großteil dieser Zuzüge dürfte durch die Binnenwanderung aus der Kernstadt Hannover in das Umland zu erklären sein.

Diese Hinweise können natürlich nur die Plausibilität unserer Hypothese stützen. Denkbar ist es, daß im Einzelfall das Kommunikationsverhalten auch durch weitere Faktoren bestimmt wird, die bei dieser Betrachtung nicht ins Blickfeld geraten sind.

---

[1] Wenn auch die Gebietsreform die vorgenannten Kreisstädte dem Landkreis Hannover zuordnete, behalten diese Überlegungen dennoch ihre Gültigkeit. Denn durch die Änderung der Kreiseinteilung haben sich zentralörtliche Orientierung und Verflechtung sowie die Strukturen des Kommunikationsraumes nicht verändert.

2.3.3 Kommunikationsstrukturen in den Bereichen der Mittelzentren des zentralörtlichen Bereiches höherer Stufe

Da die Mittelzentren Burgdorf, Neustadt am Rübenberge und Wunstorf
als Trabantenstädte der Kernstadt Hannover dem engeren Verflechtungsbereich zuzuordnen sind, wurde deren Kommunikationsstruktur
vorstehend bereits skizziert. In allen Mittelzentren, deren zentralörtliche Bereiche mittlerer Stufe an diesen engeren Verflechtungsbereich angrenzen, und in allen übrigen Mittelzentren im Einflußbereich des Oberzentrums Hannover (außer in Bad Pyrmont und Stadthagen), erscheinen selbständige Tageszeitungen. Falls diese nicht mit
einer der Hannoverschen Zeitungen zumindest im Anzeigenbereich
kooperieren, existieren dort Nebenausgaben zumindest einer dieser
beiden Zeitungen.

In Walsrode ist die "Walsroder Zeitung", Typ Vc ohne Konkurrenz
im gesamten Kreis Fallingbostel: Sie kooperiert mit der "Hannoversche Allgemeine Zeitung" im redaktionellen und Anzeigenbereich.
Gleiches gilt für Celle hinsichtlich der "Cellesche Zeitung", Typ
Vb, die im Stadt- und Landkreis Celle ebenfalls ohne Konkurrenz
ist. Sie kooperiert, allerdings nur im Anzeigenbereich, mit der
"Hannoversche Allgemeine Zeitung". In Peine erscheinen die "Peiner
Allgemeine Zeitung" als Nebenausgabe der "Hannoversche Allgemeine Zeitung" sowie die "Peiner Nachrichten", eine Nebenausgabe der "Braunschweiger Zeitung", Typ III. Letztere ist, zumindest
bezogen auf Peine selbst, kein ernsthafter Konkurrent, denn sie verkauft dort ganze 269 Exemplare, denen 6 741 Abonnenten der Hannoverschen Ausgabe gegenüberstehen. Da hier die Grenze des Einflußbereiches zwischen den Oberzentren Braunschweig und Hannover
verläuft, dürften die "Peiner Nachrichten" erst in den Orten jen-

seits der Bereichsgrenze höhere Auflagenanteile gewinnen. Diese
Hypothese ist leider nicht zu überprüfen, da die "IVW-Regionalanalyse" keine Verbreitungszahlen für Orte unter 5 000 Einwohner
aufschlüsselt. Indiz wäre lediglich die Tatsache, daß in Ilsede und
Lahstedt, die noch dem zentralörtlichen Bereich höherer Stufe von
Hannover zuzuordnen wären, die "Peiner Nachrichten" keine Verbreitung finden.

In Hildesheim erscheinen "Neue Hildesheimer", Typ Vc und
"Hildesheimer Allgemeine Zeitung", Typ IV [1]. Die erstgenannte
Zeitung wird vom Verlag der "Neue Hannoversche" herausgegeben
und bezieht von dort auch den allgemeinpolitischen Teil, während
die "Hildesheimer Allgemeine Zeitung" von der "Hannoversche Allgemeine Zeitung" den Mantel bezieht und mit dieser auch im Anzeigenbereich kooperiert. Beide Zeitungen konkurrieren in Hildesheim und im gesamten Kreisgebiet Hildesheim-Marienberg. Allerdings bringt die "Hildesheimer Allgemeine" im Kreisgebiet drei
Nebenausgaben heraus, wovon eine für Sarstedt als ortsbezogene
Ausgabe konzipiert ist, denn in Sarstedt erscheint daneben der
"Kreisanzeiger" (eine Ausgabe des "Harz-Kurier") als örtlicher Konkurrent.

In Alfeld wird die "Alfelder Zeitung", Typ VIb verlegt, die im
redaktionellen Bereich mit der "Hannoversche Allgemeine Zeitung"
kooperiert. Die "IVW-Regionalanalyse" weist für den Kreis Alfeld
auch einen Auflagenanteil der "Hannoversche Allgemeine Zeitung"
aus. Diese Ausgabe "Leine-Weser-Anzeiger" ist aber für das nördliche Kreisgebiet und nicht als örtliche Konkurrenz der "Alfelder
Zeitung" konzipiert. Diese Kommunikationsstruktur entspricht der

---

1) Das Erscheinen der "Neue Hildesheimer" wurde inzwischen eingestellt.

Zentralität Alfelds, dessen Mittelbereich nicht einmal die südwest-
liche Hälfte des Kreisgebietes umfaßt. Im anderen Teil des Kreisgebietes, das auf Hildesheim hin orientiert ist, erscheinen in Gronau und Elze im Norden zwei kleinstädtische Tageszeitungen: Die
"Leine- und Deisterzeitung", Typ VIc und die "Elzer Zeitung/
Niedersächsische Post". Letztere erscheint nur zweimal wöchentlich,
so daß in diesem Bereich zwei kleinstädtische Tageszeitungen mit
der Ausgabe einer großstädtischen Tageszeitung konkurrieren.

In Holzminden, im äußersten Süden des Einzugsbereiches des Oberzentrums Hannover, erscheint der "Tägliche Anzeiger", Holzminden,
Typ Vc, der ebenfalls den allgemeinpolitischen Teil von der "Hannoversche Allgemeine Zeitung" bezieht. Auch hier deckt der Bereich des Mittelzentrums Holzminden nur den südlichen Teil des
Kreisgebietes ab. Der nördliche Teil des Kreises, der nach Hameln
orientiert ist, weist den "Anzeiger für Bodenwerder und Umgebung",
eine Nebenausgabe der "Deister- und Weserzeitung", Hameln, Typ
Va, auf. Es steht zwar zu vermuten, daß sich die Verbreitung dieser beiden Ausgaben auf die jeweiligen Teilkreisgebiete konzentriert,
sich also Verbreitungsschwerpunkte abgrenzen lassen, inwieweit sich
jedoch die Verbreitungsgebiete überschneiden, und wo die Konkurrenzzone im einzelnen verläuft, läßt sich anhand der uns zur Verfügung stehenden "IVW-Regionalanalyse" nicht darstellen.

Von Hameln aus begründet die "Deister- und Weserzeitung" einen
teilregionalen Kommunikationsraum, der mit Hilfe der vorgenannten
Nebenausgabe den Einzugsbereich des Mittelzentrums erfaßt und
durch die Nebenausgabe "Pyrmonter Nachrichten" den Bereich des
Mittelzentrums Bad Pyrmont im Süden in diesen Kommunikationsraum
mit einbindet. Zwar soll die Nebenausgabe "Weser- Deister Anzeiger" der "Hannoversche Allgemeine Zeitung" außer für Springe

auch für Hameln und Bad Pyrmont konzipiert sein, ihr Auflagenanteil in diesen beiden Mittelzentren ist jedoch kaum von Bedeutung.

Im Bereich des Mittelzentrums Rinteln, dessen Bereichsgrenzen sich nahezu mit jenen des Kreises Grafschaft Schaumburg decken, erscheint die "Schaumburger Zeitung", Rinteln/Weser, Typ Vc, deren Verbreitungsgebiet sich nicht mit dem der auf Rodenberg und Bad Nenndorf konzentrierten "Schaumburg-Deister-Zeitung", Rodenberg, Typ VIc überschneidet. Für Rinteln selbst sind die Nebenausgaben der Hannoverschen Zeitungen "Schaumburger Anzeiger" und "Schaumburg" von untergeordneter Bedeutung. Ihre Auflage ist vergleichsweise gering, während in den Gemeinden des Kreises mit weniger als 5 000 Einwohner beide Hannoverschen Zeitungen zusammen immerhin die Hälfte der Auflage der "Schaumburger Zeitung" erreichen. Die Konkurrenzzone zwischen den Verbreitungsgebieten dieser beiden Zeitungen läßt sich anhand unserer Unterlagen nur vermuten; wahrscheinlich dürfte sie in den Gemeinden im nördlichen Teil des Kreises nahe der Kreisgrenze zum Kreis Schaumburg-Lippe verlaufen, da die vorgenannten Hannoverschen Ausgaben vor allem für diesen Kreis konzipiert scheinen.

Untersucht man die beiden Mittelzentren des Kreises Schaumburg-Lippe, so zeigt sich, daß für Bückeberg eine kleinstädtische Tageszeitung neben den bereits genannten Ausgaben erscheint: Die "Schaumburg-Lippische Landeszeitung", Typ Vc. Diese Tageszeitung hat ausschließlich örtliche Bedeutung. Im zweiten Mittelzentrum des Kreises, in Stadthagen und in allen übrigen Gemeinden des Kreises gewinnt sie keine zusätzlichen Auflagenanteile. Das heißt, daß selbst in den Gemeinden, die auf das Mittelzentrum Bückeberg orientiert sind, nur die Hannoverschen Zeitungen gelesen werden, während in

Bückeberg selbst die örtliche Tageszeitung gegenüber diesen die
höheren Auflagenanteile besitzt.

Im Bereich des Mittelzentrums Nienburg schließlich erscheint als
einzige lokal informierende Tageszeitung "Die Harke", Typ Vc
für das gesamte Kreisgebiet, das weitgehend der Ausdehnung des
Mittelbereiches entspricht.

Diese Darlegungen zeigen deutlich, daß zwar die Verbreitungsgebiete der Haupt- und Nebenausgaben der Tageszeitungen dieses
Raumes grundsätzlich auf die Kreisgebiete bezogen sind, daß aber
zusätzlich eine Differenzierung der Ausgaben zumindest dann der
Fall ist, wenn sich innerhalb der Kreise eigenständige Mittelzentren etablieren [1].

2.3.4 Raumübergreifende Kommunikationsstrukturen und teilzen-
       trale Verbreitungsschwerpunkte

Die nach raumstrukturellen Gesichtspunkten differenzierte Darstellung der lokalen und kreisbezogenen Berichterstattung in den verschiedenen Teilbereichen des zentralörtlichen Bereiches höherer
Stufe von Hannover beweist, daß die Hannoverschen Tageszeitungen
des Typs III einen regionalen Kommunikationsraum konstituieren,
der den gesamten Einzugsbereich des Oberzentrums Hannover umfaßt.
Im engeren Verflechtungsbereich der Stadtregion und des zentralörtlichen Bereiches mittlerer Stufe von Hannover und darüber hinaus im
gesamten Verbandsbereich "Großraum Hannover", der die Kreise

---

1) Dies hat sich zumindest bis jetzt durch die Neueinteilung der
    Kreisgebiete um Hannover nicht geändert. Die Ausgaben blei-
    ben an den Mittelbereichen und deren Zentren orientiert.

Neustadt am Rübenberge, Burgdorf, Hannover und die Stadt Springe
umfaßt, erscheinen, jeweils kreis-, teilkreis- oder ortsbezogene
Ausgaben dieser großstädtischen Tagespresse. Soweit in diesem Bereich mittelstädtische oder kleinstädtische Tageszeitungen als Konkurrenten in Erscheinung treten, haben sie - folgt man der "IVW-
Regionalanalyse" - lediglich örtliche Bedeutung, so die "Deister-
Leine-Zeitung" für Barsinghausen und Gehrden/Wenigsen, die
"Neue Deister Zeitung" für Springe/Bad Münder und die Ausgabe
"Kreisanzeiger" für Sarstedt. Nur das "Burgdorfer Kreisblatt" ist
außer in Burgdorf und Lehrte, für das eine spezielle Ausgabe erscheint, auch im Kreisgebiet verbreitet.

Vergleicht man in diesem engeren Verflechtungsbereich von Hannover die beiden Hannoverschen Zeitungen, so zeigt sich, daß die
"Hannoversche Allgemeine Zeitung" gegenüber der "Neue Hannoversche", bezogen auf die Kreisgebiete, jeweils eine um das Doppelte
höhere Auflage erreicht. (Nur im Kreis Springe sind beide Zeitungen
etwa gleich stark.)

Außerhalb dieses Raumes ändert sich jedoch das Bild. Hier tritt
außer in Hildesheim und für Stadthagen/Bückeberg/Rinteln nur die
"Hannoversche Allgemeine Zeitung" im gesamten Einzugsbereich Hannovers und zum Teil über diesen hinausgreifend, in Erscheinung. Zum
einen werden klein- und mittelstädtische Tageszeitungen, die im Kreisgebiet bezüglich der kommunalen Berichterstattung das Monopol besitzen, durch Kooperationsverträge in diesen Kommunikationsraum mit
eingebunden (z.B. Nienburg, Walsrode, Celle). Zum anderen - falls
solche Verträge nicht bestehen (z.B. in Hameln, Bad Pyrmont, Bückeberg und Rinteln) - erscheinen Nebenausgaben dieser großstädtischen
Tageszeitungen, die allerdings nicht mehr kreis- oder ortsbezogen konzipiert sind, sondern von den Verbreitungsschwerpunkten Springe und
Stadthagen aus die angrenzenden Mittelzentren bzw. Kreise mit versorgen.

Anders jedoch ist die Situation in Peine. Hier ist die Ausgabe der
"Hannoversche Allgemeine Zeitung" mit der Ausgabe einer gleichfalls großstädtisch-regionalen Tageszeitung konfrontiert, denn hier
überschneiden sich die regionalen Kommunikationsräume der Tageszeitungen angrenzender Oberbereiche.

Innerhalb des zentralörtlichen Bereiches höherer Stufe kooperiert
die "Hannoversche Allgemeine Zeitung" ferner mit mittel- und
kleinstädtischen Tageszeitungen in Hildesheim, Alfeld und Holzminden, die auf Kreisebene mit Tageszeitungen des gleichen Typs
in Konkurrenz stehen. Dabei übernimmt es im Falle Alfeld eine
kreisbezogene Ausgabe der "Hannoversche Allgemeine Zeitung"
anstelle der "Alfelder Zeitung" mit den kleinstädtischen Tageszeitungen in Gronau und Elze im Nordteil des Kreises zu konkurrieren.

Insgesamt betrachtet erscheint also der allgemeinpolitische Teil
der "Hannoversche Allgemeine Zeitung" im gesamten zentralörtlichen Bereich höherer Stufe des Oberzentrums Hannover (außer in
Celle), während die "Neue Hannoversche" nur für Stadthagen/
Bückeberg/Rinteln im Westen und Hildesheim im Süden über den
engeren Verflechtungsbereich hinaus als großstädtische Konkurrenz
in Erscheinung tritt. Die Konkurrenz zwischen diesen beiden Tageszeitungen bezieht sich jedoch nicht auf den Anzeigenbereich. Hier
kooperieren "Hannoversche Allgemeine Zeitung" und "Neue Hannoversche", die auch kapitalmäßig verflochten sind (der Verlag der
"Hannoversche Allgemeine Zeitung" hält 50% der Anteile am Verlag der "Neue Hannoversche"). Es ist darauf hinzuweisen, daß
die vom Verlag der "Neue Hannoversche" verlegte "Neue Hildesheimer" in diese Anzeigenkooperation nicht mit einbezogen ist.

Hat dies vielleicht ein anderer Kooperationspartner der "Hannoversche Allgemeine Zeitung", die "Hildesheimer Allgemeine Zeitung",
verhindert?

Durch die Grenze des zentralörtlichen Bereiches höherer Stufe ist
aber der Einflußbereich der "Hannoversche Allgemeine Zeitung"
noch nicht ganz eingegrenzt. Denn über diesen hinaus bestehen
Kooperationsbeziehungen mit der "Rotenburger Zeitung", Typ VIc
(Kooperation im redaktionellen Bereich), mit der "Aller Zeitung",
Gifhorn, Typ Vc, die eine Ausgabe auch für Wolfsburg heraus-
bringt (Kooperation im redaktionellen und im Anzeigenbereich) und
mit dem "Göttinger Tageblatt", Typ IV sowie mit den Tageszeitungen in Bad Lauterberg ("Bad Lauterberger Tageblatt", Typ VIc),
Einbeck ("Einbecker Morgenpost", Typ Vc), Bad Gandersheim
("Gandersheimer Kreisblatt", Typ VIc) und Seesen ("Der Beobachter",
Typ Vc), die zusammen mit dem "Göttinger Tageblatt" aus Hannover den Mantel beziehen, nachdem der Verlag der "Hannoversche
Allgemeine Zeitung" eine Mehrheitsbeteiligung am Verlag des "Göttinger Tageblatt" erwarb (75% der Anteile). Diese Tageszeitungen
bilden untereinander und mit den Tageszeitungen in Alfeld, Holzminden, Hildesheim ("Neue Hildesheimer"), Duderstadt ("Südhanno-
versche Volkszeitung") und Osterode ("Osteroder Kreisanzeiger",
Typ Vc) eine Anzeigengemeinschaft. So gesehen bildet sich ein
eigengewichtiger Schwerpunkt des Einflußbereiches der "Hannoversche
Allgemeine Zeitung" durch das "Göttinger Tageblatt" im Bereich der
Stadtregion Göttingen und im Umland dieses Oberzentrums aus, das
allerdings nur Teilfunktionen eines zentralen Ortes höherer Stufe erfüllt.

Der durch die "Hannoversche Allgemeine Zeitung" konstituierte
Kommunikationsraum läßt sich wie folgt charakterisieren: Innerhalb

eines engeren Verflechtungsbereiches (im Bereich der Stadtregion und des Mittelbereiches Hannover sowie der zentralörtlichen Bereiche der mit Hannover verbundenen Trabantenstädte) erscheinen kreis- bzw. teilkreisbezogen Nebenausgaben der "Hannoversche Allgemeine Zeitung" und der "Neue Hannoversche", die, soweit sich innerhalb der Kreise Mittelzentren differenzieren, zumindest für diese jeweils einen speziellen Lokalteil für die Lokalberichterstattung zur Verfügung stellen (z.B. für Wunstorf und Neustadt am Rübenberge). Dies ist auch für Lehrte der Fall, hier, so scheint es, nur deswegen, weil auch die Konkurrenzzeitung in Burgdorf für Lehrte eine spezielle Ausgabe erscheinen läßt. In dem so abgegrenzten Raum, der sich mit dem "Großraum Hannover" nahezu deckt, sollen sieben Nebenzentren bzw. regionale Zentren entwickelt bzw. ausgebaut werden. Es wird sich zeigen, ob die Hannoverschen Tageszeitungen durch eine Anpassung ihrer Nebenausgaben dieser Entwicklung folgen werden, d.h. es müßten dann auch für Laatzen, Heisterberg, Barsinghausen und Großburgwedel, wenn nicht ortsbezogene Nebenausgaben, so doch spezielle Lokalteile innerhalb der jeweiligen Kreisausgaben erscheinen.

Außerhalb dieses engeren Verflechtungsbereiches werden klein- und mittelstädtische Tageszeitungen in den Kommunikationsraum durch die "Hannoversche Allgemeine Zeitung" mit eingebunden, so daß letztlich der von Isbary ausgegrenzte funktional integrierte Raum "Region Hannover", der den zentralörtlichen Bereich höherer Stufe Hannovers um den Einzugsbereich des zentralen Ortes Göttingen erweitert, insgesamt von der "Hannoversche Allgemeine Zeitung" in seiner Kommunikationsstruktur entscheidend bestimmt wird.

Innerhalb dieses Gesamtverbreitungsgebietes lassen sich zumindest zwei eigengewichtige Verbreitungsschwerpunkte ausgrenzen: Einer um Hildesheim, wo die "Hildesheimer Allgemeine Zeitung", durch

Nebenausgaben differenziert, einen teilregionalen Kommunikations-

raum begründet, obwohl der Bereich der Stadtregion Hildesheim un-

mittelbar mit der Stadtregion Hannover durch ein enges Verdich-

tungsband verbunden ist. Doch hebt sich die Stellung der Stadt

Hildesheim davon deutlich ab. Denn Hildesheim erfüllt Teilfunktio-

nen eines zentralen Ortes höherer Stufe und gewinnt aufgrund

seiner historischen Entwicklung und seiner Bedeutung als Sitz der

Bezirksregierung gegenüber anderen Mittelzentren höhere Eigenstän-

digkeit und Leistungsfähigkeit und damit auch ein höheres Maß an

Zentralität und Bedeutung für das Umland.

Einen anderen Verbreitungsschwerpunkt bildet das "Göttinger Tage-

blatt" mit seinen Nebenausgaben und die mit ihm im "Harz-Weser-

Zeitungsring" zusammengeschlossenen mittel- und kleinstädtischen

Tageszeitungen im zentralörtlichen Bereich höherer Stufe um Göttingen,

obwohl Göttingen nur Teilfunktionen eines Oberzentrums erfüllt. Das

Eigengewicht dieses Teilverbreitungsschwerpunktes ist aus verlagspoli-

tischen Überlegungen schon deshalb zu stärken, weil hier durch Ne-

benausgaben der "Hessische Allgemeine", Kassel, Typ III, die unter

dem Titel "Niedersächsische Allgemeine" erscheinen, eine weitere

großstädtische regionale Tageszeitung als Konkurrent in Erscheinung

tritt, der über Landes- und Bereichsgrenzen hinweg durch Bildung

eines teilzentralen Verbreitungsschwerpunktes dieses Gebiet an den

hessischen Verdichtungsraum um Kassel anbinden will, das durch Ver-

dichtungsbänder mit der Stadtregion Göttingen enger verbunden ist

als ein Großteil des ländlichen Verbreitungsgebietes dieser Tageszei-

tung im Einzugsbereich des Oberzentrums Kassel. Pikanterweise waren

die Nebenausgaben, die jetzt in diesem Bereich als Konkurrenten in

Erscheinung treten, einstmals Nebenausgaben der "Neue Hannoversche",

als jene noch "Hannoversche Presse" hieß und mit der "Hannoversche Rundschau" noch nicht fusioniert hatte. Damals, 1971, wurden
die Ausgaben an die "Hessische Allgemeine" verkauft [1].

Ein teilregionaler Kommunikationsraum wäre auch für das Verbreitungsgebiet der "Cellesche Zeitung" zu begründen, denn die Agglomeration Celle kommt den Schwellwerten, die sie als Stadtregion
ausweisen würden, ziemlich nahe. Jedoch hat diese Zeitung ihr Verbreitungsgebiet nicht weiter differenziert, was zu vörderst darin begründet sein mag, daß sich Subzentren im eher ländlich geprägten
Umland nicht ausbildeten. Dennoch kommt dieser Tageszeitung im gesamten Einflußbereich der "Hannoversche Allgemeine Zeitung" eine
Sonderstellung zu, da sie sich die redaktionelle Unabhängigkeit be-
wahren konnte, ohne die Konkurrenz einer Hannoverschen Zeitung
fürchten zu müssen.

Die bisherige Darstellung, die auf eine Analyse der sich in Abhängigkeit von den kernstädtischen Tageszeitungen im Umland Hannovers ausbildenden Kommunikationsräume konzentriert war, hat wohl
Konkurrenzsituationen ins Blickfeld gerückt, aber nicht danach gefragt, ob sich nicht auch von anderen Verdichtungsschwerpunkten
dieser Region aus ein regionaler Kommunikationsraum entwickelte.
Daß dies für den Bereich Göttingen der Fall ist, sollte aus der Beschreibung der Kommunikationsstruktur im Verbreitungsgebiet des
"Göttinger Tageblatt", das einen teilzentralen Verbreitungsschwerpunkt der "Hannoversche Allgemeine Zeitung" begründet, deutlich geworden sein, denn hier schafft sich in Konkurrenz zu dieser Zeitung

---

1) Inzwischen hat sich die Struktur dieses Teilverbreitungsraumes erneut verändert. Das "Göttinger Tageblatt" überließ seine Abonnenten der Ausgaben in Münden und Northeim der "Hessische Allgemeine", dafür stellt diese ihr Erscheinen in Göttingen ein. Dadurch
   ergibt sich nun eine kaum sinnfällige Konstellation, denn die Tageszeitung des Zentrums ist vom Umland, die Ausgaben des Umlandes sind vom Zentrum isoliert.

- 122 -

die "Niedersächsische Allgemeine" einen solchen regionalen Kommunikationsraum.

Dies ist aber auch innerhalb des zentralörtlichen Bereiches höherer
Stufe Hannovers der Fall. In und im Umland der Stadtregion Hameln
gelingt dies der "Deister- und Weserzeitung", denn durch Nebenausgaben für Bodenwerder und Bad Pyrmont, durch Kapitalverflechtung
und Kooperation im Anzeigen- und redaktionellen Bereich mit der
"Schaumburger Zeitung", Rinteln, durch Kooperation auch mit den
mittel- und kleinstädtischen Tageszeitungen in Barsinghausen, Gronau,
Springe, Rodenberg und Bückeberg (letztere kooperiert nur im Anzeigenbereich, ist aber durch Kapitalverflechtung mit der "Deister-
und Weserzeitung" und der "Schaumburger Zeitung" verbunden) begründet diese mittelstädtische Tageszeitung einen relativ geschlossenen
Kommunikationsraum. Begünstigt durch die Randlage des Gebietes,
durch die Struktur des sich um Hameln ausbildenden Agglomerations-
raumes, dessen Verdichtungsbänder sich vom Schwerpunkt Hameln aus
entlang der Grenze und über diese hinaus nach Nordrhein-Westfalen
entwickeln (diese Verdichtungsbänder sind nicht an den Verdichtungsraum Hannover angebunden), kann die "Deister- und Weserzeitung"
vor allem in den Mittelbereichen Hameln, Rinteln und Bad Pyrmont
den von ihr konstituierten Kommunikationsraum eindeutig bestimmen.
Außerhalb dieses Verbreitungsschwerpunktes, vor allem im Mittelbereich Hannover, gewinnt Hannoversche Konkurrenz weit stärker an Bedeutung, so daß quasi eine Konkurrenzzone die dominanten Einflußbereiche dieser Tageszeitungen gegeneinander ausgrenzt.

Hinzuweisen bleibt, daß die Tageszeitung in Bückeberg den politischen
Teil vom "Mindener Tageblatt", Typ Vb bezieht, was aus einer engen
Verflechtung Bückebergs mit Minden zu erklären sein müßte, da Bücke-
berg im Vorfeld dieser nordrhein-westfälischen Stadtregion liegt.

2.4 Verdichtungsraum München [1]

Die Kommunikationsstruktur im Einzugsbereich der Verdichtungskernstadt München wird nahezu ausschließlich von großstädtischen Tageszeitungen und deren Ausgaben bestimmt. Allerdings, die Lokalberichterstattung der drei Straßenverkaufszeitungen "tz", Typ Ib, "Abendzeitung", Typ IIb und "Bild-München", Typ IIb, bleibt auf die Kernstadt
beschränkt, während der "Würmtal-Bote", Typ VII seine Lokalberichterstattung auf München-Pasing konzentriert. Kommunale Konkurrenz
bleibt also zwischen diesen Tageszeitungen und der "Süddeutsche Zeitung", Typ IIc sowie dem "Münchner Merkur", Typ III nur auf die
Kernstadt beschränkt. In den Umlandzonen der Stadtregion und in einigen angrenzenden Mittelbereichen konkurrieren dann nur noch - bezogen auf die Lokalberichterstattung - Nebenausgaben des "Münchner
Merkur" und die zweimal wöchentlich erscheinende lokale Beilage
"Regionalanzeiger" der "Süddeutsche Zeitung", die für die Mittelzentren Dachau, Ebersberg/Gräfing, Erding, Freising, Fürstenfeldbruck,
Tölz/Wolfratshausen und Starnberg konzipiert sind. In Dachau und
Starnberg jedoch tritt jeweils eine dritte lokal informierende Tageszeitung des Typs Vc hinzu (beide Tageszeitungen erscheinen nicht werktäglich und sind lediglich von örtlicher Bedeutung). Über diesen engeren

---

1) Für die Analyse wurden insbesondere folgende Unterlagen heran-
    gezogen: Stadtregionen in der Bundesrepublik Deutschland 1961,
    a.a.O.; Kluczka, Georg: a.a.O.; Zentrale Orte und Nahbe-
    reiche in Bayern, Landesentwicklung Bayern, hrsg. vom Bayeri-
    schen Staatsministerium für Landesentwicklung und Umweltfragen,
    München 1972; Gemeindedaten, im Auftrag des Bayerischen
    Staatsministeriums des Innern, hrsg. vom Bayerischen Statistischen
    Landesamt, München 1973; Planungsregionen, Hrsg.: Bayerisches
    Staatsministerium für Landesentwicklung und Umweltfragen, Mün-
    chen 1973; Raumordnungsbericht 1971, Bayerische Staatsregierung,
    München 1972

- 124 -

Verflechtungsbereich Münchens reicht aber lediglich der Kommunikationsraum des "Münchner Merkur" hinaus. Er umfaßt nahezu den gesamten zentralörtlichen Bereich höherer Stufe zumindest im Süden,
denn es erscheinen zusätzlich Ausgaben für Garmisch-Partenkirchen,
Holzkirchen, Miesbach, Penzberg, Tegernsee und Weilheim. Im Südwesten, im Einzugsbereich des Mittelzentrums Schongau, erscheint
dann eine lokale Tageszeitung des Typs VIc und an den Rändern im
Norden und Westen des Bereiches, in den Mittelzentren Pfaffenhofen,
Moosburg, Mainburg und Landsberg wird der kernstädtische Kommunikationsraum durch Nebenausgaben anderer regionaler Tageszeitungen
begrenzt, jedoch so, daß sich die Kommunikationsräume nicht überschneiden. Der nach Osten ausufernde zentralörtliche Bereich höherer
Stufe des Großzentrums München ist aufgrund kapitalmäßiger Verflechtung und redaktioneller Zusammenarbeit von "Münchner Merkur"
und "Oberbayerisches Volksblatt", Rosenheim, Typ IV an den kernstädtischen Kommunikationsraum angebunden. Die Nebenausgaben des
"Oberbayerisches Volksblatt" erscheinen bezogen auf die Bereiche
der Mittelzentren Wasserburg a. Inn, Haag und Mühldorf a. Inn sowie auf die Bereiche der Unterzentren Bad Aibling, Prien, Neumarkt-
Sankt Veit und Waldkraiburg.

Die Kommunikationsstruktur dieser Region ist gekennzeichnet durch
Stufen verminderter kommunaler Konkurrenz, die von der dichtesten
Konkurrenzzone in der Kernstadt zu einer Zone lokaler Monopole am
Rande der Region übergehen. Dabei paßt sich der Kommunikationsraum
des "Münchner Merkur" den raumstrukturellen Bedingungen insoweit an,
als sich durch das "Oberbayerisches Volksblatt" in Rosenheim, das
Teilfunktionen eines zentralen Ortes höherer Stufe erfüllt, ein eigengewichtiger teilzentraler Verbreitungsschwerpunkt ausbildet. Sowohl
die Ausgaben des "Münchner Merkur" als auch die des "Oberbayeri-

- 125 -

sches Volksblatt" orientieren sich an der zentralörtlichen Bereichsgliederung. Sie sind jeweils für die Bereiche von Mittelzentren, ja
von Unterzentren konzipiert.

2.5 Verdichtungsraum Aachen [1)

Die beiden kernstädtischen Tageszeitungen des Typs III ("Aachener
Nachrichten" und "Aachener Volkszeitung") decken den gesamten,
relativ eng begrenzten, zentralörtlichen Bereich höherer Stufe
Aachens durch Nebenausgaben lückenlos ab und greifen sogar an
den östlichen Bereichsgrenzen über diesen hinaus. Die Nebenausgaben beider Tageszeitungen erscheinen innerhalb des Oberbereichs
Aachen für die Bereiche der Mittelzentren Eschweiler, Geilenkirchen,
Heinsberg, Jülich und Monschau, ferner für die Unterzentren Als-
dorf/Würselen und Stolberg im Mittelbereich Aachen und jenseits der
Bereichsgrenze für die Mittelbereiche Düren und Erkelenz. Soweit
die Ausgaben über den Oberbereich hinausgreifen, schneiden Nebenausgaben großstädtischer Tageszeitungen (des Verdichtungsraumes
"Rhein-Ruhr") den kernstädtischen Kommunikationsraum. Anders in

---

1) Für die Analyse wurden insbesondere folgende Unterlagen heran-
gezogen: Stadtregionen in der Bundesrepublik Deutschland 1961,
a.a.O.; Kluczka, Georg: a.a.O.; Statistische Angaben für
kreisfreie Städte und Kreise des Landes Nordrhein-Westfalen,
Kreisstandardzahlen 1973, hrsg. vom Statistischen Landesamt
Nordrhein-Westfalen, Düsseldorf 1973; Die Pendelwanderer in
Nordrhein-Westfalen am 27. Mai 1970, Beiträge zur Statistik
des Landes Nordrhein-Westfalen, Sonderreihe Volkszählung 1970,
Heft IIa, hrsg. vom Statistischen Landesamt Nordrhein-Westfalen,
Düsseldorf 1973; Änderung des Landesentwicklungsplanes I,
Ministerialblatt für das Land Nordrhein-Westfalen, Ausgabe A,
24. Jahrgang, Nr. 17, Düsseldorf 1971; Bericht der Landesregie-
rung Nordrhein-Westfalen, Landesentwicklung Nordrhein-Westfa-
len 1972, Heft 35, Düsseldorf 1973

- 126 -

Düren, hier konkurriert neben den Ausgaben der Aachener Zeitungen eine ortsbezogene Tageszeitung des Typs Vc ("Dürener Lokalanzeiger"). Dies entspricht durchaus der zentralörtlichen Bedeutung Dürens, das Teilfunktionen eines zentralen Ortes höherer
Stufe übernimmt. Innerhalb dieses Kommunikationsraumes bleibt
das Verbreitungsgebiet der Ausgaben Stadt und Land der "Neue
Rhein-Zeitung/Neue Ruhr-Zeitung", Essen, Typ III, auf den Bereich der Stadtregion konzentriert. Es wäre im einzelnen zu prüfen, welcher Verlagsstrategie es entsprechen mag, diese Ausgaben
dort als weitere kommunale Konkurrenten auftreten zu lassen, wiewohl sie räumlich in den Verbreitungsraum der übrigen Ausgaben
der "Neue Rhein-Zeitung/Neue Ruhr-Zeitung" nicht eingebunden
sind [1].

2.6 Verdichtungsraum Augsburg [2]

Vordergründig erscheint die Kommunikationsstruktur im bayerischen
Regierungsbezirk Schwaben einzig von der "Augsburger Allgemeine",
Augsburg, Typ III bestimmt, mit Konkurrenz nur an der Grenze zu
Baden-Württemberg, in Neu-Ulm. Diesem Einflußbereich, er umfaßt

---

1) Zwischenzeitlich erscheint nur noch eine Ausgabe der "Neue
Rhein-Zeitung/Neue Ruhr-Zeitung" für Aachen. Zugleich hat
sich der Einflußbereich der beiden Aachener Großstadtzeitungen
verfestigt, denn beide Tageszeitungen erscheinen nun in einer
Verlagsgesellschaft.

2) Für die Analyse wurden insbesondere folgende Unterlagen herangezogen: Stadtregionen in der Bundesrepublik Deutschland 1961,
a.a.O.; Kluczka, Georg: a.a.O.; Raumordnungsbericht 1971,
Bayerische Staatsregierung, a.a.O.; Planungsregionen, a.a.O.;
Gemeindedaten, im Auftrag des Bayerischen Staatsministeriums
des Innern, a.a.O.; Zentrale Orte und Nahbereiche in Bayern,
a.a.O.; König, Karl: Stadtregion Augsburg - Untersuchung
über die Auswirkungen des neuen Konzepts, in: Zum Konzept
der Stadtregionen, a.a.O., S. 63 ff.

die zentralörtlichen Bereiche höherer Stufe Augsburgs und Kemptens,
liegt jedoch eine sehr differenzierte Verlagsstruktur zugrunde, die
den Einfluß der Großstadtzeitung zumindest teilweise mildert. Der
raumstrukturellen Differenziertheit dieser Region angepaßt, begründet die "Allgäuer Zeitung", Kempten, Typ IV, durch Kapitalverflechtung und Kooperation im Anzeigenbereich und redaktionellen
Bereich an die "Augsburger Allgemeine" gebunden, einen teilzentralen Verbreitungsraum im Oberbereich Kempten. Die Strukturierung
des Kommunikationsraumes erfolgt in den Teilverbreitungsräumen einmal durch Nebenausgaben, zum anderen dadurch, daß die "Augsburger Allgemeine" bzw. die "Allgäuer Zeitung" zusammen mit örtlichen Zeitungsverlegern als Mitherausgeber lokaler Tageszeitungen
fungieren. Nebenausgaben der "Augsburger Allgemeine" erscheinen
bezogen auf die Bereiche der Mittelzentren Aichach, Donauwörth
und Günzburg sowie für die Bereiche der Unterzentren Friedberg und
Neu-Ulm. In Verlagsgemeinschaft mit der "Augsburger Allgemeine"
erscheinen kleinstädtische Tageszeitungen des Typs VIc in den Mittelzentren Dillingen, Illertissen, Landsberg a. Lech, Mindelheim, Krum-
bach, Neuburg a.d. Donau, Nördlingen, Schwabmünchen und Wer-
tingen. Alle Tageszeitungen die mit der "Allgäuer Zeitung" verbunden sind, erscheinen in Verlagsgemeinschaft. Es sind dies die kleinstädtischen Tageszeitungen vom Typ VIc in Immenstadt, Füssen, Buch-
loe, Marktoberdorf und Weiler sowie die mittelstädtischen Zeitungen
vom Typ Vc in Memmingen und Kaufbeuren. Memmingen als zentraler Ort mittlerer Stufe erfüllt Teilfunktionen eines Oberzentrums.

2.7 Verdichtungsraum Karlsruhe [1]

Die "Badische Neueste Nachrichten", Karlsruhe, Typ III, die einzige lokal informierende Tageszeitung im Zentrum des Verdichtungs-

1) Für die Analyse wurden insbesondere folgende Unterlagen herangezogen: Stadtregionen in der Bundesrepublik Deutschland 1961,

raumes, hält das Monopol der Lokalberichterstattung nur für die
Kommunen im Bereich der Stadtregion und im Verbreitungsgebiet
ihrer Nebenausgaben im Norden des zentralörtlichen Bereiches
höherer Stufe, d.h. in den Mittelzentren Bruchsal, Bretten und
Ettlingen des Landkreises Karlsruhe, für die jeweils Nebenausgaben erscheinen. Im südlichen Umland der Stadtregion bis an die
Grenzen des Einflußbereiches dieses Oberzentrums und über diese
hinaus bis Kehl und im Osten bis Pforzheim kennzeichnet lokale
Konkurrenz den von der Kernstadt aus entwickelten Kommunika-
tionsraum dieser großstädtischen Tageszeitung. Auch hier erschei-
nen Nebenausgaben bezogen auf die Mittelbereiche. Die Ausgabe
"Murgtal", bezogen auf die Mittelbereiche Rastatt und Gaggenau/
Gernsbach, konkurriert dort mit Nebenausgaben des "Badisches
Tagblatt", Typ IV, das auch eine Ausgabe für den Mittelbereich
Bühl (ebenfalls im Kreis Rastatt) herausbringt. Dort aber erscheint
die Tageszeitung "Acher und Bühler Bote", Typ Vc, die mit den
"Badische Neueste Nachrichten" nicht nur kooperiert, sondern auch
kapitalmäßig verflochten ist, so daß praktisch Konkurrenz zwischen
den beiden regionalen Tageszeitungen im gesamten Kreis Rastatt
besteht. Diese Konkurrenz trägt der "Acher und Bühler Bote" auch
im Mittelbereich Achern, im Ortenaukreis, dort aber erscheint als
Ausgabe des "Offenburger Tageblatt", Typ Va, die "Acherner

---

a.a.O; Kluczka, Georg: a.a.O.; Landesentwicklungsplan
Baden-Württemberg vom 22. Juni 1971 mit Begründung und
Anlagen, Fassung 1973, hrsg. vom Innenministerium Baden-
Württemberg, Stuttgart 1973; Entwurf einer Denkschrift des
Innenministeriums über zentrale Orte und Verflechtungsberei-
che in Baden-Württemberg, 1968 (ohne weitere Angaben!);
Gemeindestatistik 1972, Heft 2: Bevölkerung und Erwerbs-
tätigkeit, Arbeitsstätten und Beschäftigte, Statistik von Baden-
Württemberg, hrsg. vom Statistischen Landesamt Baden-Württem-
berg, Stuttgart 1972; Zielplanung der Landesregierung für die
Gemeindereform, hrsg. vom Innenministerium und Statistischen
Landesamt Baden-Württemberg, Stuttgart 1973

Zeitung". Im Mittelbereich Kehl des gleichen Kreises konkurriert
die Nebenausgabe der "Badische Neueste Nachrichten" nicht nur
mit der Ausgabe "Neuer Rhein- und Kinzigbote" des "Badisches
Tagblatt", sondern auch mit der örtlichen Tageszeitung "Kehler
Zeitung", Typ Vc, die wiederum mit dem "Offenburger Tageblatt"
kooperiert. Im übrigen Kreisgebiet ist die "Badische Neueste Nachrichten" nicht verbreitet, so daß Konkurrenz mit dem "Badisches
Tagblatt" nur noch im Stadtkreis Baden-Baden besteht. Den gesamten Oberbereich Pforzheim können die "Badische Neueste Nachrichten" nicht in ihren Kommunikationsraum einbinden, denn die
Ausgabe "Pforzheimer Kurier" ist nach der "IVW-Regionalanalyse"
nur im Oberzentrum Pforzheim und nicht auch im umliegenden Enzkreis verbreitet. Dort, wie im Hauptzentrum, erscheint die "Pforzheimer Zeitung", Typ Va, die in ihrem Verbreitungsraum, der sich
auf den Oberbereich Pforzheim und damit auf den Enzkreis bezieht,
ohne Konkurrenz wäre, wenn nicht für den Mittelbereich Mühlacker
eine örtliche Tageszeitung des Typs Vc erscheinen würde, die bereits im Einflußbereich der Stuttgarter Zeitungsgruppe liegt. Für
Mühlacker bringt deshalb auch die "Pforzheimer Zeitung" eine spezielle Ausgabe auf den Markt.

2.8 Verdichtungsraum Kiel [1]

Im Verdichtungsraum um das Oberzentrum Kiel haben sich die "Kieler
Nachrichten" als großstädtische Tageszeitung des Typs IIa entwickelt,
deren Nebenausgaben ("Nord-Kreis", "Holsteiner Zeitung" und "Ostholsteiner Zeitung") nahezu alle Kreise Schleswig-Holsteins infor-

---

1) Für die Analyse wurden insbesondere folgende Unterlagen herangezogen: Stadtregionen in der Bundesrepublik Deutschland 1961,
a.a.O.; Kluczka, Georg: a.a.O.; Scheuer, Gernot: Der Kieler
Umlandverband, in: Methoden und Praxis der Regionalplanung in

mieren wollen. Es ist deshalb nicht verwunderlich, daß ihre Ausgaben im gesamten Verbreitungsgebiet gegenüber örtlicher Konkurrenz
kaum Bedeutung gewinnen. Lediglich in den der Stadtregion zugehörigen Orten, in Heikendorf, Lütjenburg und Schönkirchen im Kreis
Plön zum Beispiel oder in Kronshagen, Altenholz und Berdesholm im
Kreis Rendsburg-Eckernförde sind auch die "Kieler Nachrichten" lokales Informationsblatt. In diesen Gemeinden des Mittelbereiches
Kiel sind nach der "IVW-Regionalanalyse" die Ausgaben der "Kieler
Nachrichten" sogar ohne Konkurrenz, was für die Kernstadt Kiel
selbst nicht der Fall ist, denn dort erscheint als lokale Konkurrenz
eine Nebenausgabe der "Morgenpost", Hamburg, Typ IIb. Deutlich
zeigt sich, daß die Nebenausgaben der "Kieler Nachrichten" ihre
Verbreitungsschwerpunkte eindeutig im Oberbereich Kiel finden, denn
die relativ hohen Auflagen (trotz örtlicher Konkurrenz) in Rendsburg
(dort konkurriert die "Schleswig-Holsteinische Landeszeitung", Typ
Vb), in Eckernförde (dort konkurriert die "Eckernförder Zeitung",
Typ Vc), in Neumünster (dort konkurriert der "Holsteinischer Kurier",
Typ Vb), in Preetz (dort konkurriert die "Preetzer Zeitung", Typ VIc)
und in Plön (dort konkurriert das "Ostholsteinisches Tageblatt", Typ
VIc) lassen vermuten, daß die Ausgabe "Holsteiner Zeitung" vor allem
auf den Mittelbereich Neumünster, die Ausgabe "Nord-Kreis", vor
allem auf die Mittelbereiche Rendsburg und Eckernförde und die Ausgabe "Ostholsteiner Zeitung" einmal vor allem auf den Mittelbereich
Plön, dann aber insbesondere auf den Mittelbereich Preetz bezogen
ist, denn dort erreichen die "Kieler Nachrichten" die vergleichsweise

---

großstädtischen Verdichtungsräumen, a.a.O., S. 1 ff.; Landesplanung in Schleswig-Holstein, Raumordnungsbericht 1971, Heft
8, Kiel 1972; Pendlerströme in ausgewählte Gemeinden am 27.
5. 1970 (Volkszählung), Statistische Berichte des Statistischen
Landesamtes Schleswig-Holstein, Kiel 1973

höchsten Auflagenanteile im Umland. Neuerdings erweitert sich
aber der Einflußbereich der "Kieler Nachrichten" über den Oberbereich Kiel hinaus durch Anzeigenkooperation in der "Zeitungsgruppe Schleswig-Holstein" mit dem "Flensburger Tageblatt", Typ
Vb und der "Norddeutsche Rundschau", Itzehoe, Typ Vb, so daß
damit ein Anzeigenträger den Nordwesten Schleswig-Holsteins mit
den Kreisen Nordfriesland, Flensburg Stadt und Land, Schlewig,
Dithmarschen, Rendsburg-Eckernförde, Neumünster, Plön und Steinburg umfaßt. Zu vermerken ist, daß diese Gruppe einer Anzeigengemeinschaft der Tageszeitungen in Heide, Eckernförde, Neumünster, Eutin, Bad Segeberg, Bad Bramstedt und Rendsburg, der
"Anzeigengemeinschaft Schleswig-Holstein", in den Kreisen Rendsburg-Eckernförde, Neumünster, Plön, Dithmarschen und Steinburg
gegenüberstand, nun aber bilden diese beiden Zeitungsgruppen die
Anzeigengemeinschaft "Schleswig-Holstein-Presse".

2.9 Verdichtungsraum Kassel [1)]

Die "Hessische Allgemeine", Kassel, Typ III konstituiert einen
Kommunikationsraum, der nahezu den gesamten zentralörtlichen Bereich höherer Stufe mit Kassel als zentralen Ort umfaßt (Ausnahme
Marburg: Vielleicht deshalb, weil Marburg selbst Teilfunktionen
eines zentralen Ortes höherer Stufe erfüllt!) und über die Landes-

---

1) Für die Analyse wurden insbesondere folgende Unterlagen herangezogen: Stadtregionen in der Bundesrepublik Deutschland 1961,
a.a.O.; Kluczka, Georg: a.a.O.; RPN-Raumordnungsbericht
der Region Nordhessen, Hrsg.: Regionale Planungsgemeinschaft
Nordhessen, Kassel 1972; Großer Hessenplan, Landesentwicklungsplan, hrsg. vom Hessischen Ministerpräsidenten, Wiesbaden 1970,
Neudruck 1973; Landesentwicklungsplan, Durchführungsabschnitt
für die Jahre 1975-78, hrsg. vom Hessischen Ministerpräsidenten,
Wiesbaden 1974

und Bereichsgrenzen hinaus auch den Großteil des Bereiches des
nicht voll ausgebauten Oberzentrums Göttingen mit einschließt.
Im Bereich der Stadtregion und in den angrenzenden Mittelzentren
und deren Bereichen ist diese Tageszeitung mit ihren Nebenausgaben in den Orten und Kreisen ohne Konkurrenz. Diese Ausgaben
sind nicht auf die Mittelbereiche, sondern auf die ehemaligen Kreise bezogen, wobei nur jeweils eine Ausgabe für die ehemaligen
Kreise Hofgeismar und Wolfhagen sowie für Eschwege und Witzen-
hausen erscheint. Erst in Korbach und Frankenberg, in Eschwege
und Bad Hersfeld in der Grenzzone des Oberbereiches Kassel konkurriert die örtliche Tagespresse. Dabei gewinnt die "Waldeckische
Landeszeitung", Korbach, Typ Va, im ehemaligen Kreis Waldeck,
die weitaus höheren Auflagenanteile, während deren Ausgabe in
Frankenberg in diesem ehemaligen Kreisgebiet in der Auflage hinter der Ausgabe der "Hessische Allgemeine" zurückbleibt. Die
"Werra-Rundschau", Typ Vc ist vor allem in Eschwege selbst die
dominierende Tageszeitung. Sie ist jedoch in den Einflußbereich der
"Hessische Allgemeine" eingebunden, denn sie kooperiert mit ihr
im Anzeigenbereich. Die "Hersfelder Zeitung", Typ Vc, die im gesamten ehemaligen Kreis Hersfeld dominiert, ist durch Kooperation
im redaktionellen Bereich in den Kommunikationsraum des "Gießener
Anzeiger", Typ IV einbezogen, so daß sich hier deren Einflußbereich mit dem der "Hessische Allgemeine" überschneidet [1]. Im Verbreitungsgebiet der "Hessische Allgemeine" in Niedersachsen erscheinen die Nebenausgaben mit dem Titel "Niedersächsische Allgemeine".
Dieser teilregionale Verbreitungsschwerpunkt deckt sich mit dem des

---

1) Hier hat sich inzwischen eine Änderung ergeben, die "Hersfelder Zeitung" kooperiert nun mit der "Hessische Allgemeine",
deren Ausgabe für Hersfeld wurde eingestellt.

"Göttinger Tageblatt" und dessen Nebenausgaben [1]. (Vgl. die
Analyse der Kommunikationsstruktur in der Region Hannover!)

2.10 Verdichtungsraum Lübeck [2]

Das Verbreitungsgebiet der "Lübecker Nachrichten", Typ III -
einzige lokal informierende Tageszeitung der Verdichtung - entspricht genau dem zentralörtlichen Bereich höherer Stufe Lübecks
und reicht nur dort, wo die Bereichsgrenzen die Mittelbereiche
Bad Segeberg, Eutin, Bad Oldesloe und Mölln teilen, darüber hinaus. In Eutin, Bad Oldesloe und Bad Segeberg besteht dann auch
örtliche Konkurrenz, so daß die Ausgaben der "Lübecker Nachrichten", die auf Ratzeburg/Mölln, Oldenburg i. Holstein/Neustadt
i. Holstein, Eutin, Bad Segeberg, Bad Oldesloe und Bad Schwartau
bezogen sind, nur in den Mittelbereichen Lübeck, Mölln, Ratzeburg,
Neustadt i. Holstein, Oldenburg i. Holstein und in Bad Schwartau,
(einem sog. Selbstversorgerort im Mittelbereich Lübecks) ohne Konkurrenz sind. Die konkurrierende örtliche Tageszeitung in Eutin
("Ostholsteiner Anzeiger", Typ VIc) bezieht den Mantel vom "Holsteinischer Kurier", Neumünster, Typ Vb, die in Bad Segeberg
("Segeberger Zeitung", Typ VIc) übernimmt den allgemeinpolitischen
Teil von der "Schleswig-Holsteinische Landeszeitung", Rendsburg,

---

1) Dies ist nun nicht mehr der Fall, da beide Tageszeitungen ihre
   Einflußbereiche gegeneinander ausgrenzten. So zum Beispiel erscheint die "Niedersächsische Allgemeine" nicht mehr in Göttingen, das "Göttinger Tageblatt" nicht mehr in Münden und
   Northeim.

2) Für die Analyse wurden insbesondere folgene Unterlagen herangezogen: Stadtregionen in der Bundesrepublik Deutschland 1961,
   a.a.O.; Kluczka, Georg: a.a.O.; Landesplanung in Schleswig-
   Holstein, a.a.O.; Pendlerströme in ausgewählte Gemeinden am
   27.5.1970, a.a.O.

- 134 -

Typ Vb, und die in Bad Oldesloe ("Stormarner Tageblatt", Typ VIc)
kooperiert im redaktionellen Bereich mit der "Bergedorfer Zeitung",
Typ VII. Die Tageszeitungen in Bad Segeberg und Eutin sind der
"Anzeigengemeinschaft Schleswig-Holstein" angeschlossen, das "Stormarner Tageblatt" kooperiert zusammen mit den "Lübecker Nachrichten" in der Anzeigenkooperation um das "Hamburger Abendblatt",
Hamburg, Typ IIc. Zu erwähnen bleibt, daß in den Unterzentren
Heiligenhafen, Ahrensbök und Burg auf Fehmarn jeweils örtliche Konkurrenz in Erscheinung tritt, die "Heiligenhafener Post", Typ VIc
und die "Ahrensböker Nachrichten", Typ VIc zweimal wöchentlich,
das "Fehmarnsches Tageblatt", Typ VIc täglich.

2.11 Verdichtungsraum Münster [1]

Beide Münsterschen Zeitungen "Westfälische Nachrichten" und
"Münstersche Zeitung", Typ III sind in ihrer Verbreitung nahezu
ausschließlich auf den Oberbereich Münster konzentriert. Da die
Mittelbereiche Ibbenbüren und Lengerich in den Einzugsbereich
Osnabrück hineinragen, wird hier die Bereichsgrenze überschritten,
nicht aber die Verwaltungsgrenze zu Niedersachsen. Beide Tageszeitungen konkurrieren im dem so abgegrenzten Kommunikationsraum
in nahezu allen Kreisen (Ausnahme Ahaus, hier erscheint keine
Münstersche Ausgabe, sondern eine Nebenausgabe der "Ruhr-Nach-

---

1) Für die Analyse wurden insbesondere folgende Unterlagen herangezogen: Stadtregionen in der Bundesrepublik Deutschland 1961,
a.a.O.; Kluczka, Georg: a.a.O.; Statistische Angaben für
kreisfreie Städte und Kreise des Landes Nordrhein-Westfalen,
a.a.O.; Pendelwanderer in Nordrhein-Westfalen am 27.5.1970,
Heft IIa, a.a.O.;Änderung des Landesentwicklungsplanes I,
a.a.O.; Bericht der Landesregierung Nordrhein-Westfalen, a.a.O.

richten", Dortmund, Typ III) und in fast allen zentralen Orten
mittlerer Stufe. Es sind dies Nebenausgaben der "Münstersche
Zeitung" und Nebenausgaben der "Westfälische Nachrichten" bzw.
örtliche Tageszeitungen, die mit dieser in enger Kooperation verbunden sind [1]. Im Osten für Warendorf und Beckum kommen dann
noch Ausgaben der "Die Glocke", Oelde, Typ IV hinzu, denn
Oelde liegt an der Bereichsgrenze. Diese Tageszeitung ist allerdings mit der "Münstersche Zeitung" durch Kooperation im Anzeigenbereich verbunden, ihr Verbreitungsgebiet ist dieser Tageszeitung gegenüber entsprechend abgegrenzt. Es reicht andererseits in
den Einzugsbereich Bielefelds hinein, liegt also zwischen den
Orientierungsbereichen Münster und Bielefeld.

Dabei zeigt sich ganz eindeutig, daß die Nebenausgaben der
"Westfälische Nachrichten" bzw. die Ausgaben der mit dieser kooperierenden Tageszeitungen jeweils bezogen auf die Bereiche der
Mittelzentren erscheinen, während die Ausgaben der "Münstersche
Zeitung" häufiger kreisbezogen konzipiert sind. Und ein zweites
wird deutlich: Die "Münstersche Zeitung" bleibt vor allem auf die
unmittelbar an Münster anschließenden Kreise konzentriert, ihre
Nebenausgaben reichen nicht immer bis an die Grenze des Oberbereiches heran.

In den Kreisen dieses Raumes läßt sich die Kommunikationsstruktur
wie folgt skizzieren [2]: Im Stadt- und Landkreis Münster erscheint

---

1) Die mit den "Westfälische Nachrichten" kooperierenden Tageszeitungen bilden die sog. "Zeno-Zeitungen GmbH".

2) Die Gebietsreform hat nun allerdings die kommunale Gliederung
   der Kreisgebiete verändert. Der Kreis Borken umfaßt jetzt neben
   der ehemals kreisfreien Stadt Bocholt auch den Kreis Ahaus. Den
   Kreisen Coesfeld und Warendorf wurde der ehemalige Kreis
   Lüdinghausen zugeschlagen. Teile des Landkreises Münster – der

neben den Hauptausgaben für das Unterzentrum Greven zusätzlich
eine Ausgabe der "Westfälische Nachrichten" und der "Münstersche
Zeitung". Im Kreis Steinfurt zeigt sich eine differenziertere Kommu-
nikationsstruktur, denn jeweils abgegrenzt und bezogen auf die
Mittelbereiche erscheinen dort eine Nebenausgabe der "Westfälische
Nachrichten" für Borghorst sowie die "Emsdetter Volkszeitung", Typ
Vc, die "Münsterländische Volkszeitung", Rheine, Typ Vc und die
"Tageszeitung für den Kreis Steinfurt", Ochtrup, Typ VIc, die alle
mit den "Westfälische Nachrichten" kooperieren, neben den Ausga-
ben der "Münstersche Zeitung" für Rheine, Emsdetten und Steinfurt.
(Nach "IVW-Regionalanalyse" ist jedoch für Rheine eine Auflage
der "Münstersche Zeitung" nicht ausgewiesen.) Auch im Kreis Coes-
feld haben die der "Westfälische Nachrichten" angeschlossenen Zeitungen ("Allgemeine Zeitung", Coesfeld, Typ Vc und "Dülmener
Zeitung", Typ Vc) ihre Verbreitungsräume abgegrenzt. Die kreisbezogene Ausgabe der "Münstersche Zeitung" erreicht dort nur geringe
Auflagenanteile. Im Kreis Lüdinghausen, der zum Teil im Einzugsbereich des Oberzentrums Dortmund liegt, bleiben die Ausgaben der
"Westfälische Nachrichten" und der "Münstersche Zeitung" auf den
Mittelbereich Lüdinghausen und auf den Bereich des Unterzentrums

---

nun aufgelöst ist - kamen zum Kreis Warendorf, dem auch der
ehemalige Kreis Beckum angegliedert wurde. Andere Gebiete
des Landkreises Münster gehören jetzt zum Kreis Steinfurt, der
nun auch den ehemaligen Kreis Tecklenburg umfaßt.

Dies alles veränderte jedoch die raumbezogenen Strukturdaten
im Oberbereich Münster nicht. Immer noch - und jetzt wird
dies noch viel deutlicher - orientieren sich die lokalen Ausgaben der Tageszeitungen weniger an den politischen Grenzen
der Kreise, sondern an der zentralörtlichen Bereichsgliederung.
Sie ist für die Struktur der Presse ausschlaggebend. Dies zeigt
auch die Tatsache, daß Änderungen der Nebenausgaben gerade
den Untertitel erfaßten, dieser wurde der neuen Kreiseinteilung
angepaßt.

- 137 -

Drensteinfurt beschränkt. Dort aber erscheint als örtlicher Konkurrent die "Dreingau-Zeitung", Typ VIII zweimal wöchentlich. In
den übrigen Mittelbereichen des Kreises erscheinen Nebenausgaben
regionaler Tageszeitungen des Ruhrgebietes. Im Kreis Warendorf
bleiben die Ausgaben der Münsterschen Zeitungen auf den Mittelbereich Warendorf und damit auf den Kreis Warendorf bezogen,
denn ein zweites Mittelzentrum hat sich in diesem Kreis nicht ausgebildet. Zusätzlich erscheint aber eine Ausgabe der "Die Glocke",
Oelde, Typ IV, die in den Orten unter 5 000 Einwohner im Kreis
ohne Konkurrenz ist. Im Kreis Beckum, der bereits an der südöstlichen Randzone des Oberbereiches liegt, ist die "Münstersche Zeitung" nicht mehr verbreitet. Hier deckt "Die Glocke" mit Ausgaben für die Mittelbereiche Ahlen, Oelde und Beckum das gesamte
Kreisgebiet ab, während die auf Beckum bezogene Ausgabe der
"Westfälische Nachrichten" und die "Ahlener Volkszeitung", Typ
Vc (sie gehört zur "Zeno-Zeitungen GmbH") jeweils auf die Mittelbereiche bezogen bleiben. In Ahlen erscheinen dann auch Ausgaben
der "Westfälische Rundschau", Dortmund, Typ III bzw. des "Westfälischer Anzeiger", Hamm, Typ III. Jenseits des Oberbereiches, im
Kreis Borken, bleiben die den "Westfälische Nachrichten" angeschlossenen Tageszeitungen jeweils auf die Mittelbereiche bezogen:
Für Borken die "Borkener Zeitung", Typ Vc und für den Bereich der
kreisfreien Stadt Bocholt das "Bocholt-Borkener Volksblatt", Typ Vc.
Auch im Kreis Ahaus, an der westlichen Bereichsgrenze, erscheint
die "Münstersche Zeitung" nicht. Nur noch eine Ausgabe der "Westfälische Nachrichten" ist auf den Mittelbereich Gronau bezogen.
Im Mittelbereich Ahaus erscheinen Münstersche Zeitungen nicht mehr,
sondern eine Ausgabe der "Ruhr-Nachrichten", Dortmund. Schließlich
konkurrieren im Kreis Tecklenburg, schon im Einzugsbereich Osna-
brücks, die "Ibbenbürener Volkszeitung", Typ Vc und "Der Tecklen-

- 138 -

burger", Ibbenbüren, Typ Vc. Die eine Tageszeitung kooperiert mit
der "Münstersche Zeitung", die zweitgenannte erscheint in Verlagsgemeinschaft mit den "Westfälische Nachrichten". Diese Konkurrenz
bleibt auf den Mittelbereich Ibbenbüren beschränkt, denn im Mittelbereich Lengerich ist die Ausgabe der "Westfälische Nachrichten"
ohne Konkurrenz. Im Bereich der Stadtregion Osnabrück wird dann
nur noch die "Neue Osnabrücker Zeitung", Typ III gelesen.

2.12 Verdichtungsraum Osnabrück [1)]

Der durch die "Neue Osnabrücker Zeitung", Typ III konstituierte
Kommunikationsraum, differenziert durch kreis- bzw. lokalbezogene
Nebenausgaben in den Mittelzentren Quakenbrück, Lingen und
Meppen sowie innerhalb des Mittelbereiches Osnabrück in den Unterzentren Bramsche und Bad Essen/Wittlage (Bramsche erfüllt Teilfunktionen eines Mittelzentrums, die beiden anderen Unterzentren liegen
im Kreis Wittlage, dort haben sich Mittelbereiche nicht ausgebildet)
und durch Verlagsgemeinschaften mit den Tageszeitungen in den
Mittelzentren Papenburg ("Ems-Zeitung", Typ Vc) und Melle ("Meller
Kreisblatt", Typ Vc), orientiert sich exakt an den Grenzen des zentralörtlichen Bereiches höherer Stufe des Oberzentrums Osnabrück, soweit nicht Landesgrenzen die Orientierungstrennlinie einengen oder erweitern. Ersteres geschieht bezüglich der zentralörtlichen Bereiche
der Mittelzentren Ibbenbüren und Lengerich im Südwesten (diese werden von den Münsterschen Tageszeitungen versorgt), letzteres gilt
für Nordhorn, dessen Mittelbereich, die Grafschaft Bentheim, zwar
im Einzugsbereich Münsters liegt, aber zu Niedersachsen gehört. In

1) Für die Analyse wurden insbesondere folgende Unterlagen herangezogen: Stadtregionen in der Bundesrepublik Deutschland 1961,
a.a.O.; Kluczka, Georg: a.a.O.; Verwaltungs- und Gebietsreform in Niedersachsen, Gutachten der Sachverständigenkommission für die Verwaltungs- und Gebietsreform, Hannover 1969

diesem Mittelzentrum erscheint dann eine eigenständige örtliche Tageszeitung, die "Grafschafter Nachrichten", Typ Vc, die jedoch mit der "Neue Osnabrücker Zeitung" im redaktionellen und Anzeigenbereich kooperiert. Lediglich der Mittelbereich Papenburg weist über die zentralörtliche Bereichsgrenze höherer Stufe hinaus. Dennoch ist die "Neue Osnabrücker Zeitung" im gesamten Verbreitungsgebiet ohne Konkurrenz. Dies gilt jedoch nicht für die Tageszeitungen jenseits des Oberbereiches in den Kreisen Vechta, Grafschaft Diepholz und Grafschaft Hoya, die mit der "Neue Osnabrücker Zeitung" kooperieren. Das "Diepholzer Kreisblatt", Typ VIc und die "Kreiszeitung", Syke, Typ VIb stehen in Konkurrenz mit Ausgaben des "Weser-Kurier", Bremen, Typ III, die "Oldenburgische Volkszeitung", Vechta, Typ VIb konkurriert dagegen mit der "Nordwest-Zeitung", Oldenburg, Typ III. Durch die Kooperation im redaktionellen Bereich mit dem "Diepholzer Kreisblatt" erweitert sich der Kommunikationsraum der "Neue Osnabrücker Zeitung" in den Oberbereich Bremen, durch die Kooperation mit den beiden anderen Tageszeitungen im Anzeigenbereich erweitert sich ihr Einflußbereich bis in den Oberbereich Oldenburg und bis in den Bereich der Stadtregion Bremen.

Die Kooperation im redaktionellen Bereich mit den Tageszeitungen in Aurich, Borkum, Emden, Norden, Norderney, Weener, Westerhauderfehn und Wittmund erweitert zwar gleichfalls den Kommunikationsraum der "Neue Osnabrücker Zeitung", dies um den Bereich des Regierungsbezirkes Aurich. Diese Tageszeitungen bleiben aber dennoch nach Oldenburg orientiert und kooperieren deshalb auch im Anzeigenbereich mit der "Nordwest-Zeitung".

- 140 -

2.13 Verdichtungsraum Freiburg [1]

Der sich um die Verdichtung Freiburg durch die "Badische Zeitung",
Typ III, ausbreitende Kommunikationsraum entspricht weitgehend unserem Beurteilungsschema. In den Bereichen der an die Stadtregion
angrenzenden Mittelzentren erscheinen für Breisach, Mühlheim, Neustadt und St. Blasien bereichsbezogene Nebenausgaben. Nur an der
nordöstlichen Oberbereichsgrenze, in den Mittelbereichen Wolfach
und Haslach im Kinzigtal ist die "Badische Zeitung" nicht verbreitet. Dafür aber erscheinen für die Mittelbereiche Lahr (jenseits der
Oberbereichsgrenze) und Ettenheim, die im Ortenaukreis liegen, Nebenausgaben der "Badische Zeitung", allerdings dort in Konkurrenz
mit örtlichen Tageszeitungen ("Ettenheimer Heimatbote", Typ VIII
und "Lahrer Zeitung", Typ Vc). Zugleich bindet ein enges Netz von
Nebenausgaben derselben Zeitung die inländische Umlandzone der
Stadtregion Basel (Lörrach/Rheinfelden) in ihren Verbreitungsraum ein,
obwohl dieses Gebiet dem zentralörtlichen Bereich Freiburgs als Oberzentrum nicht mehr zuzurechnen ist. Im Kreis Lörrach erscheinen Nebenausgaben für die Mittelzentren Lörrach, Weil, Schopfheim und
Rheinfelden sowie für das Unterzentrum Zell im Wiesental. Die Erklärung hierfür scheint darin zu liegen, daß sich die "Badische Zei-

---

1) Für die Analyse wurden insbesondere folgende Unterlagen herangezogen: Stadtregionen in der Bundesrepublik Deutschland 1961,
a.a.O.; Kluczka, Georg: a.a.O.; Landesentwicklungsplan Baden-Württemberg vom 22. Juni 1971 mit Begründung und Anlagen,
a.a.O.; Entwurf einer Denkschrift des Innenministeriums über
zentrale Orte und Verflechtungsbereiche in Baden-Württemberg,
a.a.O.; Zielplanung der Landesregierung für die Gemeindereform, a.a.O.; Malchus, Viktor Frhr. von: Die Planungsgemeinschaft Breisgau, in: Methoden und Praxis der Regionalplanung
in großstädtischen Verdichtungsräumen, a.a.O.

tung" in ihrer Verbreitung am Adernetz der Verdichtung entlang des
Rheins orientiert, sich also vor allem auf diesen abgrenzbaren Schwer-
punktraum entlang des Verdichtungsbandes konzentriert, denn in den
dünn besiedelten, industriearmen Gebieten des Hochschwarzwaldes
sind weder hohe Auflagen noch Anzeigenaufträge zu erzielen. Für die
breit gegliederte Differenzierung der Ausgaben im Süden dürfte aber
auch die dortige Konkurrenzsituation zumindest mit verantwortlich sein,
damit die "Badische Zeitung" mit dem "Oberbadisches Volksblatt" in
Lörrach, Typ Vc, und dessen Nebenausgaben für Weil und Schopfheim
und dem "Südkurier", Konstanz, Typ IV, mit seiner Ausgabe für Rheinfelden, gleichziehen kann. Konkurrenz beschränkt sich also weitgehend auf die Randzone des Einflußbereiches dieser regionalen Tageszeitung, denn die Ausgabe "Hochschwarzwald" des "Schwarzwälder
Bote", Oberndorf a. Neckar, Typ III, ist auch in Titisee-Neustadt
kaum von Bedeutung. Umgekehrt gilt allerdings gleiches für die Auflage der "Badische Zeitung" im Schwarzwald-Baar-Kreis, denn nur in
den Mittelbereichen Furtwangen und Donaueschingen (dort erscheint
zusätzlich eine Ausgabe des "Südkurier"), die zum Teil noch im Oberbereich Freiburg liegen, ist ihre Verbreitung erwähnenswert.

2.14 Verdichtungsraum Siegen [1]

Die Lage Siegens, dessen Stadtregion im Südwesten und Südosten durch
Landesgrenzen von angrenzenden Mittelbereichen, die nicht auch zum
zentralörtlichen Bereich höherer Stufe um Siegen gehören, abge-

---

1) Für die Analyse wurden insbesondere folgende Unterlagen heran-
    gezogen: Stadtregionen in der Bundesrepublik Deutschland 1961,
    a.a.O.; Kluczka, Georg: a.a.O.; Statistische Angaben für kreis-
    freie Städte und Kreise des Landes Nordrhein-Westfalen, a.a.O.;
    Die Pendelwanderer in Nordrhein-Westfalen ..., Heft 11a, a.a.O.;
    Änderung des Landesentwicklungsplanes I, a.a.O.; Isbary, Gerhard:
    Raum und Gesellschaft, a.a.O., S. 226 ff.; Bericht der Landes-
    regierung Nordrhein-Westfalen, a.a.O.

- 142 -

schnitten ist, ließe einer großstädtisch-regionalen Tageszeitung kaum
Entwicklungschancen, denn noch im nördlichen Bereichsteil liegt das
angrenzende Mittelzentrum Olpe im Schnittpunkt dreier Orientierungsbereiche höherer Stufe. So verwundert es nicht, daß Siegen selbst
im Einflußbereich anderer Regionalzeitungen liegt ("Westfalenpost",
Hagen, Typ III, und "Westfälische Rundschau", Dortmund, Typ III),
die bis hierhin ihren Kommunikationsraum erweitern und mit der
"Siegener Zeitung", Typ Va, auch in der Kernstadt konkurrieren.

3. Lokal informierende Tageszeitungen und Kommunikationsstrukturen in Bereichen polyzentrischer Verdichtungsräume

3.1 Vorbemerkung

Die von Partzsch [1] übenommene Unterscheidung von Verdichtungsräumen bedarf hinsichtlich einer Analyse der Kommunikationsstruktur
im polyzentrischen Verdichtungsraum einer weiteren Differenzierung,
die ähnlich der Abgrenzung von Verdichtungsräumen nach Boustedt,
Müller und Schwarz [2] darauf abstellt, danach zu differenzieren, ob
sich neben der Kernstadt als Hauptzentrum Nebenzentren ausbildeten
oder ob mehrere Kernstädte als Hauptzentren existieren. Dabei stellt
sich allerdings das Problem, eindeutige Kriterien für die Ausgrenzung
von Neben- oder Hauptzentren festzulegen. Boustedt, Müller und
Schwarz [3] gehen davon aus, daß neben der Kernstadt weitere "grö-

1) Partzsch, Dieter: Die Struktur der großflächigen Verdichtungsräume, in: Informationsbriefe für Raumordnung (R.2.3.1), Hrsg.:
Der Bundesminister des Innern, Stuttgart 1969
2) Vgl. Boustedt, Olaf/Müller, Georg/Schwarz, Karl: a.a.O.,
S. 32
3) Vgl. ebenda, S. 34

ßere Städte" bestehen und benennen diese als Nebenzentren, während Hauptzentren alle Großstädte innerhalb des Bereiches des Verdichtungsraumes wären. Diese Unterscheidung sagt jedoch über die Zentralität der Neben- bzw. Hauptzentren noch wenig aus, und ebenso wenig wird dabei ersichtlich, ob sich innerhalb des Verdichtungsraumes Teilräume erkennen lassen, deren strukturelle und funktionale Differenzierung jeweils unterscheidbare eigene Verdichtungszonen um bestimmte Kernstädte aufbauen.

Für unsere Zwecke kommt es darauf an, die Nebenzentren in ihrer Position gegenüber den Hauptzentren näher zu bestimmen und ihre Bedeutung hinsichtlich ihres eigenen Einzugsbereiches zu charakterisieren, denn aus diesen Relationen könnten sich spezifische Kommunikationsstrukturen erklären. Wir wollen ja unsere Hypothese, die wir für monozentrische Verdichtungen aufstellten, im Grundsatz auch für polyzentrische Verdichtungsräume aufrechterhalten. Diese Hypothese stellt darauf ab, daß, ausgehend von den Hauptzentren der Verdichtung, die als Oberzentren oder Großzentren zentralörtliche Bereiche höherer Stufe ausbilden, großstädtische Tageszeitungen regionale Kommunikationsräume konstituieren. Damit sind als Hauptzentren einer Verdichtung die Oberzentren bzw. Großzentren bestimmt, während die Nebenzentren sich danach unterscheiden lassen, inwieweit diese engere Verdichtungszonen als abgrenzbare Stadtregionen ausbilden und/oder inwieweit sie bestimmten Zentralitätsgraden entsprechen. Sie könnten dann Mittelzentren oder Mittelzentren mit Teilfunktionen eines Oberzentrums sein.

Demnach können wir Gruppen von polyzentrischen Verdichtungsräumen unterscheiden, in welchen Nebenzentren und Hauptzentren unterschiedliche Bedeutung erlangen:

- 144 -

(1) Verdichtungsräume, deren Kernstadt als Hauptzentrum zugleich
Kernstadt der Stadtregion ist, in die die Nebenzentren als zentrale Orte mittlerer Stufe einbezogen sind.

(2) Verdichtungsräume, innerhalb deren sich neben der Kernstadt als
Hauptzentrum Nebenkerne eigener Verdichtung als Stadtregionen
ausgrenzen lassen, die aber keine dem Hauptzentrum vergleichbare Zentralität gewinnen, da sie in den Bereich des kernstädtischen Oberzentrums einbezogen bleiben. Im Bereich dieser stadtregionalen Verdichtungen und neben diesen, können dann weitere
Mittelzentren als Nebenzentren der Verdichtung bestehen.

(3) Verdichtungsräume mit mehreren Hauptzentren, die als Kernstädte
der Verdichtung meist gegeneinander ausgrenzbare zentralörtliche
Bereiche höherer Stufe begründen und damit als Oberzentren bzw.
Großzentren fungieren. Innerhalb dieser Bereiche höherer Stufe
können dann wiederum verschiedene Nebenzentren unterschieden
werden. (Vgl. oben!)

Für die Einzelanalyse polyzentrischer Verdichtungsräume wird dann,
entsprechend der Differenziertheit des jeweils in Frage stehenden Verdichtungsraumes, die Struktur des Kommunikationsraumes in Abhängigkeit
von der Zentralität und sozio-ökonomischen Eigenbedeutung der Ne-
ben- und Hauptzentren zu bestimmen sein. Dies kann im Rahmen dieser Arbeit natürlich nur in Ansätzen geleistet werden, denn es würde
eine umfassende, die jeweiligen strukturellen Bedingungen von polyzentrischen Verdichtungsräumen ausdifferenzierende Analyse verlangen,
da erst dann die in Relation zu den je spezifischen kommunikationsstrukturellen Gegebenheiten in den Hauptzentren und in deren Umland-
bereichen sich ausbildenden Kommunikationsräume im Detail beschrieben und erklärt werden könnten.

- 145 -

Bevor wir eine allgemeine Charakterisierung der raumbezogenen Kommunikationsstrukturen in den einzelnen polyzentrischen Verdichtungsräumen
der Bundesrepublik Deutschland nach vorstehender Unterscheidung skizzieren, sei der Verdichtungsraum Stuttgart einer vergleichweise detaillierten Analyse unterzogen. Dies deshalb, weil dessen Struktur zum
einen weitgehend der Struktur jener Gruppe von Verdichtungsräumen entspricht, die durch ein Hauptzentrum und Nebenzentren stadtregionaler
Verdichtung gekennzeichnet sind, und weil dessen raumstrukturelle Gliederung andererseits einer großflächigen Verdichtung sehr nahe kommt,
die durch mehrere gleichgewichtige Hauptzentren bestimmt ist. Ferner
erscheint der Stuttgarter Raum unter kommunikationspolitischen Aspekten
interessant, da hier die Kommunikationsstrukturen in Bewegung geraten
sind und sich Strukturen herauszubilden scheinen, die jenen anderer Verdichtungsräume eindeutiger entsprechen.

3.2   Das Beispiel des Verdichtungsraumes Stuttgart [1]

3.2.1 Aspekte der raumstrukturellen Gliederung

Die Agglomeration Stuttgart ist gekennzeichnet durch die beherrschende
Kernstadt, das Oberzentrum Stuttgart, welches Teilfunktionen eines
Großzentrums erfüllt, sowie durch eine Vielzahl von Nebenzentren vor
allem mittelstädtischen Charakters, wovon ein Teil innerhalb des Ver-

---

1) Für die Analyse wurden insbesondere folgende Unterlagen herangezogen: Stadtregionen in der Bundesrepublik Deutschland 1961,
a.a.O.; Kluczka, Georg: a.a.O.; Landesentwicklungsplan Baden-
Württemberg vom 22. Juni 1971 mit Begründung und Anlagen,
a.a.O.; Entwurf einer Denkschrift des Innenministeriums über zentrale Orte und Verflechtungsbereiche in Baden-Württemberg, a.a.O.;
Gemeindestatistik 1972, a.a.O.; Zielplanung der Landesregierung
für die Gemeindereform, a.a.O.; Kaiser, Klaus und Schaewen,
Manfred von: Stuttgart und die Region mittlerer Neckar, Stuttgart
1973

- 146 -

dichtungsraumes unterscheidbare eigene Verdichtungszonen um die
jeweilige Nebenkernstadt ausbildet.

Denn neben Stuttgart, dem Hauptzentrum der Verdichtung, sind
Heilbronn, Göppingen und Reutlingen als Stadtregionen ausgrenzbar, die aber unter dem Aspekt ihrer zentralörtlichen Bedeutung unterschiedlich zu bewerten sind. Das Oberzentrum Heilbronn konstituiert einen eigenen zentralörtlichen Bereich höherer Stufe und könnte
als das der Residenzstadt Stuttgart nachgeortete Hauptzentrum der Verdichtung erachtet werden, während die übrigen Kernstädte stadtregionaler Verdichtung im zentralörtlichen Bereich höherer Stufe Stuttgarts
liegen, wobei Göppingen als Mittelzentrum und Reutlingen als Mittelzentrum mit Teilfunktionen eines Oberzentrums fungiert. Letzteres ist
ferner dadurch charakterisiert, daß es zusammen mit dem Mittelzentrum Tübingen, welches gleichfalls Teilfunktionen eines Oberzentrums
erfüllt, zufolge des "Landesentwicklungsplan Baden-Württemberg vom
22.6.1971" [1] als Oberzentrum, im Sinne eines Doppelzentrums, zu
sehen ist. Tübingen, auch im Bereich des Verdichtungsraumes gelegen, kann aber den Kriterien der Stadtregion nicht entsprechen.

Innerhalb des Verdichtungsraumes lassen sich dann weitere Nebenkernstädte identifizieren, da sie als Mittelzentren eigene Bedeutung erlangen. Im Bereich der Stadtregion Stuttgart wären dies: Ludwigsburg/
Kornwestheim, Waiblingen/Fellbach und Böblingen/Sindelfingen - diese sind nach der Landesplanung jeweils als Doppelzentren charakterisiert - sowie Esslingen, Herrenberg, Kirchheim u. Teck, Leonberg und
Winnenden. Letzteres, das wie Waiblingen, Ludwigsburg und Leonberg
als Mittelzentrum nicht voll wirksam ist, ist in der Landesplanung je-

1) Vgl. Landesentwicklungsplan Baden-Württemberg vom 22. Juni 1971,
a.a.O., Karte 1

- 147 -

doch nur als Unterzentrum eingestuft. Im Bereich der übrigen Stadtregionen des Verdichtungsraumes haben sich neben der Kernstadt
keine Mittelzentren ausgebildet. Dagegen bestehen, einer Stadtregion nicht zuordenbar, Geislingen a.d. Steige, Bietigheim/Besig-
heim (Doppelzentrum), Nürtingen und Schorndorf als Mittelzentren
innerhalb des Verdichtungsraumes.

Die von den beiden Großstädten des Verdichtungsraumes um die je-
weiligen Hauptzentren konstituierten zentralörtlichen Bereiche höherer
Stufe lassen sich wie folgt abgrenzen: Der Bereich des Oberzentrums
Stuttgart umfaßt den Kreis Ludwigsburg im Norden, den Rems-Murr-
Kreis im Nordosten, die Kreise Esslingen und Göppingen im Südosten
sowie die an letzteren anschließenden Mittelzentren Schwäbisch-
Gmünd und Aalen des Ostalbkreises, ferner die Kreise Reutlingen und
Tübingen im Süden, den Großteil des Kreises Freudenstadt und den
Bereich des Mittelzentrums Nagold im Kreis Calw im Südwesten so-
wie den Kreis Böblingen im Westen. Der Bereich des Oberzentrums
Heilbronn umfaßt dagegen nur die Gebiete des Kreises Heilbronn und
des Hohenlohekreises sowie den Mittelbereich um die Unterzentren
Adelsheim und Osterburken im Odenwaldkreis, die beide Teilfunktio-
nen eines Mittelzentrums erfüllen.

In Abhängigkeit von dieser grob skizzierten raumstrukturellen Gliederung können nun die Kommunikationsstrukturen des Raumes analysiert werden.

3.2.2 Die von den Tageszeitungen der Hauptzentren konstituierten
Kommunikationsräume

Rückt man die Oberzentren ins Blickfeld, so zeigt sich, daß von diesen beiden Hauptzentren aus großstädtische Tageszeitungen regionale
Kommunikationsräume begründen. Unangefochten gelingt dies der "Heil-

bronner Stimme", Typ III, im Bereich des Oberzentrums Heilbronn.
Ihre Nebenausgaben sind im Landkreis Heilbronn auf die zentralen
Orte hin bezogen, auf Eppingen als Mittelzentrum, auf Bracken-
heim, das Teilfunktionen eines Mittelzentrums erfüllt sowie auf
Neckarsulm, das im Mittelbereich Heilbronn als sog. Selbstversor-
gerort die Leistungskraft eines Mittelzentrums besitzt. Neckarsulm
ist dem Ergänzungsgebiet der Stadtregion Heilbronn zuzuordnen. Im
Kreis Hohenlohe erscheint die Ausgabe "Hohenloher Zeitung" be-
zogen auf die Mittelzentren Künzelsau und Öhringen. In beiden
Kreisgebieten und im Stadtkreis Heilbronn ist diese Tageszeitung
ohne Konkurrenz, wenn man davon absieht, daß eine Ausgabe
"Sinsheimer Nachrichten/Eppinger Nachrichten" der "Rhein-Neckar-
Zeitung", Heidelberg, Typ III, auch auf Eppingen bezogen sein soll.
Deren Auflage, die gering sein dürfte (die Haushaltsabdeckung der
"Heilbronner Stimme" liegt für Eppingen bei über 40%), ist allerdings in der "IVW-Regionalanalyse" nicht erfaßt [1]. Der Mittelbereich um Adelsheim und Osterburken ist in den Kommunikationsraum
der "Heilbronner Stimme" nicht einbezogen, diese Gemeinden gehören mit dem Odenwaldkreis zum Regierungsbezirk Karlsruhe.

Vergleichbar eindeutig ist die Kommunikationsstruktur im Einflußbe-
reich des Oberzentrums Stuttgart nicht. In Stuttgart erscheinen zwei
großstädtische Tageszeitungen unterschiedlichen Typs, die beide durch
Nebenausgaben regionale Kommunikationsräume begründeten. Die
"Stuttgarter Zeitung", Typ IIa, mit regionalen Ausgaben für die Krei-
se Böblingen/Ludwigsburg und Esslingen/Rems-Murr-Kreis und die
"Stuttgarter Nachrichten", Typ III, mit orts- bzw. kreisbezogenen
Ausgaben für Böblingen/Leonberg, Esslingen, Ludwigsburg/Vaihingen,
Nürtingen und Waiblingen/Backnang. Nun aber, nachdem die Kapi-

---

1) Die Auflage der "Rhein-Neckar-Zeitung" wurde in die "IVW-
   Regionalanalyse" 1973 nicht einbezogen.

talverflechtung zwischen "Stuttgarter Nachrichten" und der "Stuttgarter Verlagsgesellschaft mbH" wirksam wurde, haben die "Stuttgarter Nachrichten" ihre Lokalberichterstattung im Verbreitungsgebiet ihrer ehemaligen Ausgaben eingestellt. Es wird nur noch der jeweilige Veranstaltungskalender abgedruckt. Dafür übernahmen örtliche Tageszeitungen im Umland den Mantel der "Stuttgarter Nachrichten", so daß diese weiterhin in der Region präsent bleiben. Die "Stuttgarter Nachrichten" sind jetzt dem Typ Ib zuzuordnen.

Neben diesen Tageszeitungen erscheinen in Stuttgarter Vororten stadtteilbezogene Ausgaben verschiedener Tageszeitungen des Typs VII: Die "Cannstatter Zeitung" in Stuttgart-Bad Cannstatt, mit einer Nebenausgabe für Stuttgart-Untertürkheim; die "Nord-Stuttgarter Rundschau" in Stuttgart-Zuffenhausen, mit Nebenausgaben für Stuttgart-Botnang, Stuttgart-Feuerbach und Stuttgart-Weilimsdorf sowie die "Filder-Zeitung" in Stuttgart-Vaihingen, mit einer Nebenausgabe für Stuttgart-Degerloch. Die letztgenannte Tageszeitung wird auch in den sog. "Filder Gemeinden" im Süden Stuttgarts gelesen, die den Landkreisen Böblingen und Esslingen zugeordnet sind, für die aber dennoch Stuttgart als Mittelzentrum fungiert. Die "Cannstatter Zeitung" bezieht den Mantel von der "Esslinger Zeitung", Typ Va, und kooperiert mit dieser auch im Anzeigenbereich. Alleingesellschafter des Verlages der "Cannstatter Zeitung" ist zudem der Verlag der "Esslinger Zeitung", der wiederum am Verlag der "Stuttgarter Zeitung" (allerdings nur mit geringem Anteil) beteiligt ist. Die "Nord-Stuttgarter Rundschau" kooperiert im Anzeigen- und redaktionellen Bereich mit den "Stuttgarter Nachrichten". Die "Filder Zeitung" bezieht den Mantel von der "Südwest Presse", Ulm, Typ IV.

Sämtliche einstmals auch politisch selbständigen Vorortgemeinden Stuttgarts haben sich ein hohes Maß eigenstädtischen Charakters erhalten

und damit diese Kommunikationsstruktur zumindest begünstigt, die
nur aus der sehr engen Bindung des Lesers an die soziale Einheit
der Vorortgemeinde erklärt werden kann. Doch könnte durch die
Abwanderung der City-Bürger in die Vororte deren großstadtspezi-
fische Lebensweise etwa noch vorhandenes kleinstädtisches Bewußtsein zunehmend verändern, so daß sich auch von daher die Über-
lebenschancen dieser Zeitungen nicht gerade günstig beurteilen,
es sei denn, diesen Vorortszeitungen gelänge es, im Sinne einer
"suburbian press" unter den Neubürgern ein eigenständiges vorortbezogenes Sozialbewußtsein zu entwickeln.

Betrachtet man den weitergefaßten Kommunikationsraum der verbliebenen Stuttgarter "Regionalzeitung", so zeigt sich, daß dieser
durch die Konzeption von Nebenausgaben ausschließlich auf die an
Stuttgart angrenzenden Landkreise konzentriert ist, wobei die Verbreitungsschwerpunkte vor allem im Bereich der Stadtregion auszumachen sind und hier in jenen Gemeinden, die unmittelbar an das
Stadtgebiet Stuttgart anschließen, denn nur dort erreicht die "Stuttgarter Zeitung" gegenüber der Konkurrenz der ebenfalls verbreiteten klein- und mittelstädtischen Tageszeitungen den höheren Auflagenanteil. Dies läßt sich anhand der "IVW-Regionalanalyse" für
die Orte über 5 000 Einwohner eindeutig nachweisen. Allerdings
gilt dies nur für Gemeinden, die nicht Mittelzentren sind und für
die eine spezielle ortsbezogene Tageszeitung nicht existiert, denn
in Kornwestheim, Ludwigsburg, Fellbach, Waiblingen, Esslingen, Sindelfingen, Böblingen, Herrenberg, Kirchheim u. Teck und Leonberg
dominiert jeweils die örtliche Tageszeitung. Soweit die "Stuttgarter
Zeitung" über die angrenzenden Landkreise hinaus Verbreitung findet,
ist sie bezüglich der Lokalberichterstattung ohne Relevanz, denn dort
dürfte sie ihres überregionalen Charakters wegen gelesen werden (vgl.

die relativ hohe Auflage in Tübingen!). Die Leserschaft der "Stuttgarter Zeitung" in den Landkreisen wird vornehmlich die Gruppe der
aus Stuttgart abgewanderten Großstädter umfassen, deren Kommunikationsverhalten sich aus deren Großstadtorientierung begründet. Das
Ausmaß der Stadtrandwanderungen im Prozeß des Bevölkerungsaus-
tausches zwischen Stuttgart und seinem Umland haben Kaiser und
von Schaewen anschaulich beschrieben [1].

3.2.3 Kommunikationsstrukturen in den Nebenkernstädten der Stadt-
region und in den an Stuttgart angrenzenden Kreisen

Wir haben es schon angedeutet: In allen Nebenkernstädten der Stadtregion Stuttgart erscheinen jeweils örtliche Tageszeitungen, die in
Konkurrenz zur "Stuttgarter Zeitung" treten und dieser gegenüber die
weit höheren Auflagenanteile erzielen. Dies ist auch in den übrigen
Mittelzentren der Fall, in Bietigheim, Besigheim, Nürtingen und
Schorndorf, die ebenfalls den an Stuttgart angrenzenden Kreisen zugehören, und die als Nebenzentren der Verdichtung außerhalb der
Stadtregion zu identifizieren sind. Gleiches gilt für die Mittelzentren Backnang und Vaihingen, die nicht mehr im Verdichtungsraum
liegen. In diesem Bereich der an Stuttgart angrenzenden Kreise, der
mit Ausnahme des Kreises Göppingen die "Region mittlerer Neckar"
umfaßt, läßt sich die Kommunikationsstruktur allgemein skizzieren:
Das Verbreitungsgebiet der dort erscheinenden mittel- und kleinstädtischen Tageszeitungen ist eindeutig auf den Bereich des jeweiligen
Verlagsortes als Mittelzentrum bezogen, so daß neben der Konkurrenz
zur "Stuttgarter Zeitung", deren Ausgaben jeweils breiter gestreut sind,
die Ausgaben dieser Tageszeitungen untereinander nur selten in Kon-

---

1) Vgl. Kaiser, Klaus/Schaewen, Manfred von: a.a.O., S. 26 ff.

kurrenz stehen, denn ihre Verbreitungsgebiete sind meist klar gegeneinander abgegrenzt.

Im Kreis Ludwigsburg ist zwar die "Ludwigsburger Zeitung", Typ Vb,
außer im Mittelzentrum Vaihingen und in den an Stuttgart angrenzenden und auf Stuttgart als Mittelzentrum orientierten Gemeinden
Dietzingen, Gerlingen, Korntal und Münchingen in allen Gemeinden
des Kreises verbreitet, die übrigen Tageszeitungen des Kreises aber
haben ihre Verbreitungsschwerpunkte um das jeweilige Mittelzentrum
als Verlagsort konzentriert. Dies gilt für die "Vaihinger Kreiszeitung",
Typ Vc, ebenso, wie für die "Kornwestheimer Zeitung", Typ Vc, die
nur in Kornwestheim gelesen wird, obwohl Kornwestheim und Ludwigsburg zusammen ein Doppelzentrum bilden. Ferner gilt dies für die
"Bietigheimer Zeitung/Bönnigheimer Zeitung", Typ Vc. Auch Bietigheim fungiert zusammen mit Besigheim als Doppelzentrum, dennoch
ist diese Zeitung in Besigheim nicht verbreitet, denn dort erscheint
als Nebenausgabe der "Ludwigsburger Kreiszeitung" der "Neckar- und
Enzbote". Schließlich ergibt sich die gleiche Kommunikationsstruktur
für die "Marbacher Zeitung", Typ VIc, die um das Unterzentrum Marbach, innerhalb des Mittelbereiches Lundwigsburg/Kornwestheim einen
eigenen Kommunikationsraum begründet. Praktisch konkurrieren im gesamten Kreisgebiet lediglich die "Ludwigsburger Kreiszeitung" und die
Ausgabe "Kreis Böblingen/Kreis Ludwigsburg" der "Stuttgarter Zeitung".
Die übrigen Tageszeitungen treten lediglich schwerpunktbezogen als
Konkurrenz hinzu. Dabei muß darauf verwiesen werden, daß bezogen
auf die Verlagsorte die nicht ortsbezogenen Ausgaben gegenüber der
örtlichen Tagespresse kaum nennenswerte Auflagenanteile erzielen können.

Bezogen auf die allgemeinpolitische Berichterstattung ergibt sich folgende Kommunikationsstruktur: Nahezu im gesamten Kreisgebiet kann

- 153 -

in Verbindung mit lokalen Informationen der allgemeinpolitische Teil
der "Ludwigsburger Kreiszeitung" und der "Stuttgarter Zeitung" gelesen werden, in Marbach und Kornwestheim zusätzlich, in Vaihingen
anstelle der "Ludwigsburger Kreiszeitung" auch der Mantel der "Stuttgarter Nachrichten", da die dortigen örtlichen Tageszeitungen diesen
Stuttgarter Mantel übernehmen. Für Bietigheim/Bönnigheim wird aufgrund von Kooperation mit der "Südwest Presse", Ulm, Typ IV, deren
Mantel übernommen. Außer den Tageszeitungen in Bietigheim/Bönnig-
heim und Marbach, die dem "Zeitungsring Stuttgart" der "Stuttgarter
Nachrichten" angehören, kooperieren alle übrigen Ausgaben im Anzeigenbereich mit der "Stuttgarter Zeitung".

Im Rems-Murr-Kreis erscheinen neben der regionalen Ausgabe "Kreis
Esslingen/Rems-Murr-Kreis" der "Stuttgarter Zeitung" mittel- und kleinstädtische Tageszeitungen, deren Ausgaben auf die Bereiche der Mittelzentren und sogar auf jene von Unterzentren bezogen sind. Dabei sind
die Kommunikationsräume dieser Tageszeitungen ganz eindeutig gegeneinander ausgegrenzt, nachweisbar in allen Gemeinden des Kreises
mit über 5 000 Einwohnern (vgl. "IVW-Regionalanalyse"). Einzige Ausnahme ist Murrhardt, obwohl Murrhardt lediglich die Zentralität eines
Unterzentrums besitzt.

Im Mittelzentrum Fellbach/Waiblingen erscheint die "Fellbacher Zeitung", Typ Vc, die nur in Fellbach und in einigen an Stuttgart angrenzenden Gemeinden verbreitet ist. Den übrigen Teil des Mittelbereiches deckt die "Waiblinger Kreiszeitung", Typ IV, ab. Auf das nicht
voll ausgebaute Mittelzentrum Winnenden, das der Landesplanung zufolge dem Mittelbereich Waiblingen/Fellbach zuzuordnen wäre, ist die
Nebenausgabe "Winnender Zeitung" der "Waiblinger Kreiszeitung" bezogen. Die anderen Nebenausgaben versorgen den Mittelbereich Schorn-

dorf, denn hier erscheint zum einen die Ausgabe "Schorndorfer Nachrichten" im Mittelzentrum Schorndorf selbst, zum anderen die Ausgabe "Welzheimer Zeitung" im Bereich des Unterzentrums Welzheim,
denn dieses erfüllt Teilfunktionen eines Mittelzentrums.

Im Bereich des Mittelzentrums Backnang ändert sich das Bild. Hier ist
die "Backnanger Kreiszeitung", Typ Vc, im gesamten Mittelbereich
verbreitet. Jedoch ausschließlich im Unterzentrum Murrhardt konkurrieren
die Ausgaben "Murrhardter Stadtanzeiger" der "Neue Kreisrundschau",
Gaildorf, Typ VIc und die "Murrhardter Zeitung", Typ VIc, die nahezu
gleich hohe Auflagenanteile erzielen. Während die Auflagen dieser beiden Ausgaben in den umliegenden Gemeinden ohne Bedeutung sind, gilt
dies andererseits für die Auflage der "Backnanger Kreiszeitung" in Murrhardt selbst.

Bezogen auf die allgemeinpolitische Berichterstattung im Kreis ergibt
sich durch die Kooperation der "Neue Kreisrundschau/Murrhardter Stadtanzeiger", der "Fellbacher Zeitung" und der "Waiblinger Kreiszeitung"
mit den "Stuttgarter Nachrichten" eine Konkurrenzsituation mit der
"Stuttgarter Zeitung" in den Bereichen der Mittelzentren Schorndorf,
Waiblingen/Fellbach und im Stadtgebiet Murrhardt. In Murrhardt kann
zusätzlich der allgemeinpolitische Teil der "Südwest Presse", Ulm, gelesen werden, denn "Backnanger Kreiszeitung" und "Murrhardter Zeitung" beziehen den Mantel aus Ulm, während im Einzugsbereich Back-
nangs die "Stuttgarter Nachrichten" in Verbindung mit lokaler Berichterstattung nicht gelesen werden können. Im Anzeigenbereich kooperieren
"Waiblinger Kreiszeitung" und "Neue Kreisrundschau/Murrhardter Stadtanzeiger" mit der "Stuttgarter Zeitung", während "Murrhardter Zeitung", "Backnanger Kreisanzeiger" und "Fellbacher Zeitung" den "Zeitungsring Stuttgart" der "Stuttgarter Nachrichten" angeschlossen sind.

Auch im Kreis Esslingen ist nur die Regionalausgabe "Esslingen/Rems-Murr-Kreis" nahezu im gesamten Kreisgebiet verbreitet. Mittelstädtische Tageszeitungen der Nebenkernstädte sind hier in ihren Verbreitungsschwerpunkten eindeutig auf die Mittelzentren und deren Bereiche bezogen. Die "Esslinger Zeitung", Typ Va, bezieht zwar die Gemeinde Köngen [1], im Mittelbereich Nürtingen, mit in ihr Verbreitungsgebiet ein, doch schon in der Nachbargemeinde Wendlingen ist ihre Auflage ohne Bedeutung, denn dort erscheint die "Wendlinger Zeitung" als Nebenausgabe der "Nürtinger Zeitung", Typ Vc, deren Hauptausgabe sich auf die übrigen Gemeinden des Mittelbereiches Nürtingen konzentriert.

Im angrenzenden Bereich des Mittelzentrums Kirchheim u. Teck erscheint "Der Teckbote", Typ Vc, dessen Verbreitungsgebiet sich ebenfalls mit der übrigen örtlichen Tagespresse des Kreises nicht überschneidet. In den dem Kreis Esslingen zugeordneten "Filder Gemeinden" wird neben der "Stuttgarter Zeitung" die "Filder Zeitung", Typ VII, des Stuttgarter Vorortes Vaihingen gelesen.

Tatsächlich steht also nur die "Stuttgarter Zeitung" im gesamten Kreisgebiet in Konkurrenz mit den jeweils örtlichen Tageszeitungen, die entweder den Mantel von den "Stuttgarter Nachrichten", so die "Nürtinger Zeitung" oder von der "Südwest Presse", Ulm, so die "Filder Zeitung" und "Der Teckbote", beziehen. Die "Esslinger Zeitung" erstellt den allgemeinpolitischen Teil selbst, sie unterhält also eine Vollredaktion. Im Anzeigenbereich kooperiert sie mit den Stuttgarter "Regionalzeitungen" gleichfalls nicht. (Anzeigentarifgemeinschaft besteht

---

1) Köngen gehörte schon vor der Gebietsreform zum Kreis Esslingen und nicht zum damaligen Kreis Nürtingen.

nur mit der "Cannstatter Zeitung") Dies tut jedoch "Der Teckbote"
mit den "Stuttgarter Nachrichten" und die "Nürtinger Zeitung" mit
der "Stuttgarter Zeitung".

Diesem Bild entspricht wiederum die Kommunikationsstruktur im Kreis
Böblingen. Auch hier ist nur eine Regionalausgabe der "Stuttgarter
Zeitung", die Ausgabe "Kreis Böblingen/Ludwigsburg" nahezu im gesamten Kreisgebiet verbreitet, während in den Nebenkernstädten der
Verdichtung in den Mittelzentren Böblingen, Sindelfingen, Leonberg
und Herrenberg mittel- bzw. kleinstädtische Tageszeitungen erscheinen. Für Böblingen und den gesamten Mittelbereich Böblingen/Sindel-
fingen erscheint die "Kreiszeitung Böblinger Bote", Typ Vc, während
die Verbreitung der "Sindelfinger Zeitung", Typ Vc, fast ausschließlich auf Sindelfingen selbst und einige Nachbargemeinden beschränkt
ist. Wie klar diese Trennung der Verbreitungsgebiete sich ausdrückt,
zeigt die Tatsache, daß die "Kreiszeitung Böblinger Bote" in Sindelfingen ganze 438 Exemplare verkauft und die "Sindelfinger Zeitung"
in Böblingen sogar nur 160 Exemplare absetzt und dies, obwohl Ge-
meindegrenzen zwischen den beiden Städten des Doppelzentrums anhand
der Siedlungsstruktur nicht mehr auszumachen sind. Die Gemeindereform wird Böblingen und Sindelfingen unter gemeinsame Kommunalver-
waltung stellen. Wird sich daraufhin die Kommunikationsstruktur verändern? Dies dürfte spätestens dann der Fall sein, wenn die Integrationsfunktion der Verwaltung erfüllt, also auch die sozialen Beziehungen
auf den neuen Ordnungsraum ausgerichtet sein werden.

Eindeutig ist auch der Kommunikationsraum der "Leonberger Kreiszei-
tung", Typ Vc, und des "Gäubote", Herrenberg, Typ Vc, bestimmt.
Diese lokalen Tageszeitungen finden in den Mittelzentren Leonberg bzw.
Herrenberg und in den auf diese Zentren hin orientierten Gemeinden

Verbreitung. Lediglich an der Grenze des Mittelbereiches Herrenberg
zum Mittelbereich Böblingen/ Sindelfingen überschneiden sich in der
Gemeinde Gärtringen die Verbreitungsgebiete der "Kreiszeitung Böblinger Bote" und des "Gäubote", Herrenberg. In den "Filder Gemeinden" im Kreis Böblingen, die auf Stuttgart als Mittelzentrum orientiert sind, ist wiederum die "Filder Zeitung" verbreitet.

Die "Kreiszeitung Böblinger Bote" und die "Filder Zeitung" beziehen
den Mantel von der "Südwest Presse", Ulm, alle anderen örtlichen
Tageszeitungen den Mantel der "Stuttgarter Nachrichten". Demnach
kann der Leser im Kreis Böblingen zwischen der allgemeinpolitischen
Berichterstattung der "Stuttgarter Zeitung" und der "Südwest Presse"
bzw. der "Stuttgarter Nachrichten" wählen. "Leonberger Kreiszeitung",
"Sindelfinger Zeitung" und "Gäubote" kooperieren im Anzeigenbereich
mit der "Stuttgarter Zeitung", die anderen Tageszeitungen des Kreises
kooperieren im Anzeigenbereich nicht.

Die Beschreibung der Kommunikationsstrukturen im Umkreis Stuttgarts,
dem Hauptzentrum der Verdichtung, zeigt deutlich, daß primär die
mittel- und kleinstädtische Tagespresse, die auf Mittelzentren und deren
Bereiche hin konzipiert ist, die Struktur der lokalen Kommunikationsräume bis an die Grenzen zu Stuttgart hin bestimmt. Demgegenüber vermögen die Nebenausgaben der "Stuttgarter Zeitung" aufgrund ihrer regionalen Differenzierung vergleichbare ortsbezogene Präferenzen nicht
auszudrücken. Vergleicht man aber die Auflage der "Stuttgarter Zeitung" in den Mittelzentren des Kerngebietes der Stadtregion mit der in
Mittelzentren außerhalb des Bereiches der Stadtregion, so weist dort die
"IVW-Regionalanalyse" eine erheblich geringere Haushaltsabdeckung aus.
Während die Haushaltsabdeckung zum Beispiel in Vaihingen nur 4% be-
trägt, steigt dieser Anteil der "Stuttgarter Zeitung" in Fellbach, im

Kerngebiet der Stadtregion, bis auf 18%, obwohl auch dort eine
örtliche Tageszeitung erscheint. Dies kann Indiz dafür sein, daß
die "Stuttgarter Zeitung" vor allem von der auf Stuttgart orientierten bzw. von Stuttgart abgewanderten Bevölkerung gelesen wird,
deren geringer ausgeprägte lokale Orientierung das Kommunikationsverhalten zumindest mitbestimmen dürfte.

3.2.4 Kommunikationsstrukturen in den als Stadtregionen ausgrenz-
baren Nebenzentren der Verdichtung

Der Bereich der Stadtregion Göppingen sowie der Orientierungsbereich der auf Göppingen als Mittelzentrum bezogenen Umlandgemeinden umfaßt in beiden Fällen nicht einmal das gesamte Kreisgebiet Göppingen. Dennoch begründete von Göppingen aus die
"Neue Württembergische Zeitung" einen Kommunikationsraum, der
durch Kooperation mit gleichfalls mittelstädtischen und mit kleinstädtischen Tageszeitungen in Gaildorf, Herrenberg, Kornwestheim,
Calw, Leonberg, Sindelfingen, Vaihingen, Waiblingen, Nürtingen
und Schwäbisch-Gmünd die "Region mittlerer Neckar" weitgehend
abedeckte und zum Teil darüber hinaus reichte, ohne Stuttgart als
Zentrum der Region einbinden zu können. Aufgrund der nun voll-
zogenen Kapitalverflechtung von "Stuttgarter Nachrichten" und
"Stuttgarter Zeitungsverlagsgesellschaft mbH" ist diese Redaktions-
und Anzeigengemeinschaft aufgelöst. Damit wurde der Kommunikationsraum der "Neue Württembergische Zeitung / Göppinger Kreisnachrichten" auf jene Größenordnung zurückgeschnitten, die auch
andere Tageszeitungen in Nebenkernstädten von Verdichtungsräumen,
die vergleichbare Zentralität besitzen, repräsentieren. Heute erscheint
in Göppingen eine mittelstädtische Tageszeitung vom Typ Vc, deren
Hauptausgabe, bezogen auf den Bereich des Mittelzentrums Göppingen,

in Teilgebieten dieses Bereiches, mit der "Eislinger Zeitung", Typ VIII,
konkurriert, die als Heimatzeitung ohne allgemeinpolitischen Teil nur
zweimal wöchentlich erscheint. Im übrigen Göppinger Kreisgebiet erscheinen für den Bereich des Mittelzentrums Geislingen, das als Nebenzentrum der Verdichtung gilt und nicht im Bereich der Stadtregion
liegt, der "Geislinger 5-Täler-Bote" als Nebenausgabe der "Neue
Württembergische Zeitung/ Göppinger Kreisnachrichten" und die "Geislinger Zeitung", Typ Vc. Deren Verbreitungsgebiete sind nicht ausgrenzbar, beide Ausgaben sind auf den gesamten Mittelbereich bezogen.

Nach Osten hin erweitert sich das Verbreitungsgebiet der "Neue Württembergische Zeitung/Göppinger Kreisnachrichten" durch die Nebenausgabe "Heidenheimer Neue Presse" in den Kreis Heidenheim, dessen Grenzen sich mit den Grenzen des zentralörtlichen Bereiches mittlerer Stufe
decken. Diese Ausgabe begründet einen Teilverbreitungsschwerpunkt um
diese Kernstadt der Stadtregion Heidenheim, der zwar an das übrige Verbreitungsgebiet dieser Tageszeitung angebunden ist, dessen raumstrukturelle und verwaltungsmäßige Gliederung aber auf eine Verbindung mit
Göppingen nicht verweist, so wie sich dies z.B. über die Verbindung
durch ein Verdichtungsband und durch gemeinsame Kreiszugehörigkeit mit
Geislingen ergibt. Auch diese Ausgabe steht in Konkurrenz mit einer
auf diesen Mittelbereich bezogenen mittelstädtischen Tageszeitung, mit
der "Heidenheimer Zeitung", Typ Vc, die ihren Verbreitungsraum dadurch differenziert, daß sie für den Bereich des Unterzentrums Giengen,
das als Nebenkernstadt der Stadtregion Heidenheim gilt, eine Nebenausgabe "Brenztal-Bote" herausbringt. Die Ausgaben der "Heidenheimer Zeitung" dominieren im gesamten Kreisgebiet.

Die "Neue Württembergische Zeitung/Göppinger Kreisnachrichten", die
heute selbst den Mantel der "Südwest Presse" bezieht, läßt ihre Neben-

ausgaben mit den Mantel der "Stuttgarter Nachrichten" erscheinen,
da die mit diesen Ausgaben konkurrierenden lokalen Tageszeitungen
in Geislingen und Heidenheim gleichfalls mit der "Südwest Presse"
kooperieren.

Es bedarf keiner prophetischen Begabung, vorauszusagen, daß die
skizzierte Kommunikationsstruktur in den Bereichen Geislingen und
Heidenheim nicht von Dauer sein dürfte. Denn es wird wohl die
Funktion der Ausgaben in Geislingen und Heidenheim gewesen sein,
die Verbreitungsschwerpunkte der "Südwest Presse" bzw. der "Neue
Württembergische Zeitung" gegeneinander abzusichern. Diese Funktion
ist nun entfallen. Eine Übernahme der "Geislinger Zeitung" durch
die "Neue Württembergische Zeitung/Göppinger Kreisnachrichten" bzw.
der "Heidenheimer Neue Presse" durch die "Heidenheimer Zeitung"
böte sich an. Ob eine solche Umstrukturierung gelingt, wird jedoch
vor allem von der Bereitschaft des Verlegers der "Geislinger Zeitung",
sich einem solchen Arrangement zu beugen, abhängen [1].

Als weiteres Nebenzentrum der Verdichtung, das den Kriterien der
Stadtregion entspricht, ist Reutlingen ausgewiesen. Reutlingen zeigt
aber nicht nur dadurch strukturelle Besonderheit, daß es als Mittelzentrum Teilfunktionen eines Oberzentrums erfüllt, sondern es bildet
zusammen mit Tübingen, das gleiche Zentralität besitzt, ein sog.
Doppelzentrum. Reutlingen/Tübingen ist über die Entwicklungsachse
Metzingen - Nürtingen - Plochingen an Stuttgart angebunden, und

---

1) Inzwischen fusionierten der Verlag der "Neue Württembergische
   Zeitung/Göppinger Kreisnachrichten" (dieser gibt den "Geislinger 5-Täler-Bote" heraus) und der Verlag der "Geislinger Zeitung". Die gemeinsame Verlagsgesellschaft wird ab 1.1.1975
   eine Ausgabe mit dem Titel "NWZ Geislinger Zeitung" heraus-
   geben.

beide Städte liegen im Bereich des Verdichtungsraumes Stuttgart. Dennoch ist die Kommunikationsstruktur in Tübingen und Reutlingen sowie im Umland dieser Städte, bezogen auf die Lokalberichterstattung, dem Einfluß Stuttgarter Tageszeitungen entzogen. Der Zentralität beider Städte entsprechend, erscheint in beiden Mittelstädten eine eigenständige Tageszeitung vom Typ IV.

In Reutlingen ist dies der "Reutlinger Generalanzeiger" mit Nebenausgaben einmal im Bereich der Stadtregion, in Metzingen im Ergänzungsgebiet und in Pfullingen in der verstädterten Zone, dann in Urach im Mittelbereich Reutlingens. Damit bleibt der "Reutlinger Generalanzeiger" in seiner Verbreitung auf den Mittelbereich Reutlingen beschränkt, versorgt also nicht das gesamte Kreisgebiet Reutlingen, denn im Bereich des Mittelzentrums Münsingen ist er nicht verbreitet. Diese Differenzierung der Nebenausgaben entspricht nicht nur den raumstrukturellen Bedingungen im Einzugsbereich Reutlingens - nach den Erhebungen des Zentralausschusses für deutsche Landeskunde [1] fungieren Urach insgesamt und Metzingen zum Teil als Mittelzentren (nach der Landesplanung Baden-Württembergs sind beide als Unterzentren ausgewiesen!) -, sondern auch der dortigen Konkurrenzsituation, denn für Metzingen und Urach erscheint das "Metzinger-Uracher Volksblatt", Typ VIc, und für Pfullingen und Reutlingen die Ausgaben "Reutlinger Nachrichten" und "Pfullinger Zeitung" der "Südwest Presse/Schwäbische Donauzeitung", Ulm. Zusätzlich tritt in Eningen unter Achalm, das in der verstädterten Zone der Stadtregion Reutlingen liegt, der "Eninger Heimatbote", Typ VIII, zweimal wöchentlich als lokaler Konkurrent in Erscheinung.

---

1) Vgl. Kluczka, Georg: a.a.O., S. 38

Durch die Kooperation mit dem "Metzinger-Uracher Volksblatt" und
dem "Alb-Bote", Münzingen, Typ VIc, sichert sich die "Südwest
Presse" Einfluß im gesamten Kreis Reutlingen, während die Tageszeitung der Kreisstadt in ihrer Verbreitung auf den Mittelbereich Reutlingen beschränkt bleibt. Sie erzielt allerdings in Reutlingen die
höheren Auflagenanteile.

Im angrenzenden Kreis Tübingen ist der "Reutlinger Generalanzeiger"
nur in den der Randzone der Stadtregion Reutlingen zugehörigen Gemeinden verbreitet. In Gomaringen zum Beispiel verkauft er 941 Exemplare, während die "SWP-Schwäbisches Tagblatt", Tübingen, Typ IV,
dort nur von 53 Abonnenten gelesen wird.

Die "SWP-Schwäbisches Tagblatt" ist nicht nur in Tübingen, das als
Nebenzentrum der Verdichtung gilt, sondern im gesamten Kreis Tübingen, der sich mit der Ausdehnung des zentralörtlichen Bereiches
mittlerer Stufe um Tübingen deckt, ohne Konkurrenz. Der Struktur
dieses Raumes angepaßt, erscheinen in Mössingen der "Steinlach Bote",
in Rottenburg/Neckar die "Rottenburger Post" als spezielle Ausgaben.
Rottenburg und Mössingen erfüllen die Funktion von Mittelzentren. Die
dritte Nebenausgabe der "SWP-Schwäbisches Tagblatt", die "Neckar
Chronik" erscheint für den angrenzenden Mittelbereich um Horb als
Zentrum im Kreis Freudenstadt. Hier überlagern sich dann die Einflußbereiche zweier mittelstädtisch-regionaler Tageszeitungen, die der "Südwest Presse" und des "Schwarzwälder Bote", Oberndorf, Typ IV, denn
dieser bringt für Horb ebenfalls eine Nebenausgabe heraus. Er ist dann
aber mit seiner Ausgabe für Freudenstadt im übrigen Kreisgebiet ohne
Konkurrenz.

3.2.5 Kommunikationsstrukturen in den Randzonen des Oberbereiches
       Stuttgart

Über die Entwicklungsachse: Stuttgart-Waiblingen/Fellbach-Schorndorf
sind die Mittelzentren Schwäbisch-Gmünd und Aalen, die außerhalb
des Verdichtungsraumes liegen, in den Bereich des Oberzentrums Stuttgart eingebunden, allerdings mit diesen zentralen Orten nur der jeweils geringere Teil der auf diese Mittelzentren orientierten Gemeinden des Umlandes. Bislang war der Einfluß Stuttgarter Zeitungen in
diesen Bereichen ohne Bedeutung - sieht man davon ab, daß aufgrund
von Kapitalverflechtungen zwischen "Stuttgarter Zeitung" und "Neue
Württembergische Zeitung" eine Verbindung zur "Rems-Zeitung",
Schwäbisch-Gmünd, Typ Vc, hergestellt werden konnte. Nun aber
bezieht diese Tageszeitung den Mantel von den "Stuttgarter Nachrichten" und kooperiert im Anzeigenbereich mit der "Stuttgarter Zeitung".
Damit ist der Mittelbereich Schwäbisch-Gmünd, also der Westteil des
Ostalbkreises, in den Einflußbereich der kernstädtischen Tagespresse
eingebunden. Allerdings erscheint daneben, ebenfalls für den Bereich
des Mittelzentrums Schwäbisch-Gmünd, die "Gmünder Tagespost", Typ
Vc, in Redaktions- und Anzeigengemeinschaft mit der "Südwest Presse".

Mit dieser Zeitung kapitalmäßig verflochten ist im angrenzenden Mittelzentrum Aalen die "Schwäbische Post", Typ Vc, die gleichfalls mit der
"Südwest Presse" kooperiert. Deren Verbreitungsraum konzentriert sich
nicht allein auf den Mittelbereich Aalen, sondern auch auf den Bereich
des Mittelzentrums Ellwangen und damit auf den gesamten Ostteil des
Kreisgebietes Ostalbkreis. In diesem Raum aber differenzieren den Verbreitungsraum zwei Nebenausgaben der "Schwäbische Zeitung", Leutkirch, Typ IV, die "Aalener Volkszeitung" und der "Ipf- und Jagstbote,
Ellwangen, entsprechend der Gliederung nach Zentralitätsbereichen mitt-

lerer Stufe. Aufgrund des spezielleren Ortsbezugs erreicht die Ausgabe
für Ellwangen und Umgebung gegenüber der "Schwäbische Post" dort
die höheren Auflagenanteile, während die "Schwäbische Post" in und
um Aalen eindeutig dominiert. Somit überschneiden sich im Ostalbkreis
die Einflußbereiche der regionalen Tageszeitungen: "Stuttgarter Nachrichten", "Südwest Presse", "Schwäbische Zeitung". Während die mit der
"Südwest Presse" und die mit den "Stuttgarter Nachrichten" kooperierenden Tageszeitungen jeweils mit den Verbreitungsschwerpunkten dieser Tageszeitungen auch räumlich verbunden sind, ist dies für die Ausgaben
der "Schwäbische Zeitung" in Aalen und Ellwangen nicht der Fall. Sie
begründen im Ostalbkreis einen Teilverbreitungsschwerpunkt quasi als
Exklave.

Im äußersten nordöstlichen Randgebiet des Oberbereiches Stuttgart ist
das Unterzentrum Gaildorf, das Teilfunktionen eines Mittelzentrums erfüllt, durch ein jedoch nur schwach ausgeprägtes Entwicklungsband,
über Fellbach/Waiblingen-Winnenden-Backnang-Sulzbach an der Murr-
Murrhardt, an das Hauptzentrum der Verdichtung angebunden. Dennoch
ist die dort erscheinende Hauptausgabe "Kocher Bote" der "Neue Kreisrundschau", Gaildorf, Typ VIc, der Anzeigenkooperation der "Stuttgarter Zeitung" angeschlossen, vielleicht auch deshalb, weil eine Verbindung zum Unterzentrum Murrhardt, das eindeutiger nach Stuttgart
orientiert ist, dadurch besteht, daß eine Nebenausgabe "Murrhardter
Stadtanzeiger" dort erscheint. Allerdings, für diese Ausgabe wird der
Mantel der "Stuttgarter Nachrichten" übernommen, während die Hauptausgabe mit dem Mantel der "Südwest Presse" erscheint. Somit werden
heute im Kreis Schwäbisch Hall nurmehr lokale Tageszeitungen mit dem
Mantel der "Südwest Presse" angeboten (die Gaildorfer Tageszeitung be-
zog einst den Mantel von der "Neue Württembergische Zeitung"). Dennoch ist dies für den Leser unter lokalen Konkurrenzgesichtspunkten

- 165 -

ohne Relevanz, da die drei Tageszeitungen im Kreisgebiet ihre Verbreitungsgebiete eindeutig gegeneinander ausgrenzen, also Konkurrenz auch
zuvor nicht stattfand. Das "Haller Tagblatt", Schwäbisch Hall, Typ Vc,
erscheint nur im Bereich des Mittelzentrums Schwäbisch Hall, dort aber
nicht auch für den Bereich des Unterzentrums Gaildorf. Andererseits ist
das "Hohenloher Tagblatt", Gerabronn, Typ VIc, ausschließlich auf den
Bereich des Mittelzentrums Crailsheim bezogen.

Die Mittelbereiche Freudenstadt und Nagold, am Rande des Orientierungsbereiches im Südwesten, sind über Entwicklungsachsen mit dem
Hauptzentrum der Verdichtung nicht verbunden. Hier erscheinen Nebenausgaben des "Schwarzwälder Bote", Oberndorf, Typ IV. Allerdings ist
die auf Nagold bezogene Ausgabe für diesen Mittelbereich nahezu ohne
Konkurrenz, während im übrigen Kreisgebiet die für Calw konzipierte
Ausgabe mit den "Kreisnachrichten", Calw, Typ VIc, konkurriert, die
nun wiederum in diesem Mittelbereich die höheren Auflagenanteile erzielt. Innerhalb des Mittelbereiches Calw hat diese Tageszeitung ihr
Verbreitungsgebiet gegenüber der kleinstädtischen Tageszeitung "Der Enz-
täler/Wildbacher Tagblatt", Typ VIc, abgegrenzt, die für das Unterzentrum Wildbach sowie für den Bereich des Unterzentrums Neuenbürg im
Enzkreis erscheint. Obwohl Calw nach den Erhebungen des Zentralausschusses für die deutsche Landeskunde keinem Oberzentrum eindeutig
zuordenbar ist - es liegt im Schnittpunkt der Orientierungsbereiche der
Oberzentren Stuttgart und Pforzheim - kooperiert die dortige Tageszeitung gleichwohl mit Stuttgarter Tageszeitungen. Sie bezieht den Mantel
von den "Stuttgarter Nachrichten" und ist der Anzeigenkooperation der
"Stuttgarter Zeitung" angeschlossen. Dies verwundert nicht, denn der
"Landesentwicklungsplan Baden-Württemberg" ordnet Calw der Randzone
des Verdichtungsraumes Stuttgart zu [1].

---

1) Vgl. Landesentwicklungsplan Baden-Württemberg vom 22. Juni 1971,
a.a.O., Karte 3

3.2.6 Raumübergreifende Kommunikationsstrukturen in der Region

Die vorstehende Analyse, die vor allem die lokale Kommunikationsstruktur in den Kreisen und Mittelbereichen im Einzugsbereich des
Oberzentrums Stuttgart darzulegen suchte, hat gezeigt: Kleinstädtische und mittelstädtische Tageszeitungen bestimmen von Mittel- und
Unterzentrum aus die kommunale Berichterstattung in der Region. Die
Ausgaben der ebenfalls verbreiteten "Stuttgarter Zeitung" dürften aufgrund ihrer regionalen Differenzierung im lokalen Bereich vergleichsweise geringe Bedeutung für die kommunale Berichterstattung erlangen.
Die Tatsache, daß sogar in unmittelbarer Nachbarschaft des Hauptzentrums, im Kerngebiet der Stadtregion Stuttgart, kräftige Mittelzentren existieren, mag ebenso zur spezifischen Kommunikationsstruktur
des Raumes beigetragen haben wie dessen Wirtschafts- und Sozialstruk-
tur. Diese ist gekennzeichnet durch stark dezentrale Siedlungsstrukturen,
eine verstädterte Bevölkerungsstruktur (die nicht auf Schwerpunkte konzentriert, sondern eher flächenhaft verbreitet ist) und durch eine mittelstädtische Industriestruktur (vor allem verarbeitende Industrien, die relativ breitgestreut und nicht im Ballungszentrum konzentriert sind).

Bislang hatten die durch eine wenig detaillierte Differenzierung der
Nebenausgaben gekennzeichneten Stuttgarter Tageszeitungen eine ausgeprägte raumübergreifende Kommunikationsstruktur im Bereich des Oberzentrums Stuttgart nicht begründet. Dies gelang besser mittelstädtischen
Tageszeitungen, der "Neue Württembergische Zeitung" in Göppingen
und der "Südwest Presse" in Ulm, die durch Kooperation mit nahezu
allen übrigen klein- und mittelstädtischen Tageszeitungen der Region
vom Rande der Verdichtung aus bzw. über die angrenzenden eher ländlich strukturierten Gebiete hinweg ihre Kommunikationsräume bis an das
Zentrum der Verdichtung ausdehnten. Damit war eine Kommunikations-

struktur entstanden, die im Gegensatz zu der in fast allen übrigen Verdichtungsräumen weder im Bereich der allgemeinpolitischen Berichterstattung noch im Anzeigenbereich vom Zentrum der Verdichtung aus
durch kernstädtische Tageszeitungen bestimmt wurde.

Man konnte aber sicher sein, daß die Stuttgarter Zeitungsverlage, wie
alle übrigen Zeitungsverlage auch, das Ziel verfolgen würden, die At-
traktivität ihrer Tageszeitungen als Werbeträger derart zu steigern, daß
sie den Wirtschaftsraum Stuttgart nahezu lückenlos abzudecken in der
Lage wären. Deshalb hatten wir in unserem Gutachten für die Bundesregierung im August 1972 auf eine mögliche Angleichung der Kommunikationsstruktur im Raum Stuttgart an die vergleichbarer Verdichtungsräume hingewiesen. Dies ist nun aufgrund der Kapitalverflechtung zwischen "Stuttgarter Nachrichten" und der "Stuttgarter Zeitungsverlagsgesellschaft mbH", in die die "Südwest Presse", Ulm, einbezogen ist,
und durch die Auflösung der Anzeigen- und Redaktionsgemeinschaft
"Neue Württembergische Zeitung" geschehen. Man mag dies aufgrund
normativer kommunikationspolitischer Überlegungen bedauern. In der
öffentlichen Diskussion ist die Entstehung dieses "Verlagsgiganten" hinreichend kritisiert worden [1]. Aber dennoch muß darauf verwiesen werden, daß die Umstrukturierung dieses Kommunikationsraumes im Einflußbereich des Oberzentrums Stuttgart einer Entwicklung entspricht, die an-
scheinend durch die spezifischen raumstrukturellen und sozio-ökonomischen
Bedingungen in den Verdichtungsräumen begünstigt wird, so daß heute
nahezu in allen Verdichtungsräumen vergleichbare Kommunikationsstrukturen existieren.

---

1) Vgl. die feder, Heft 5, 1974, S. 10 f.; ZV + ZV, Heft 15/16,
   1974, S. 426 f.; DER SPIEGEL, Heft 15, 1974, S. 29 ff.; der
   Journalist, Heft 5, 1974, S. 28; der Journalist, Heft 6, 1974,
   S. 30 ff.

- 168 -

Rückt man die im Bereich des Oberzentrums Stuttgart bestehenden
raumübergreifenden Kommunikationsstrukturen ins Blickfeld, so lassen sich von unterschiedlichen Ansätzen her jeweils unterschiedliche
Einflußbereiche ausgrenzen.

Der durch die "Stuttgarter Zeitung" konstituierte Kommunikationsraum umfaßt, ausgehend vom Hauptzentrum der Verdichtung, durch
regionale Ausgaben gegliedert, die gesamte "Region mittlerer Neckar",
mit Ausnahme des Kreises Göppingen, d.h. in Verbindung mit ortsbezogenen Lokalinformationen ist der allgemeinpolitische Teil der
"Stuttgarter Zeitung" nahezu in allen Gemeinden der Kreise Böblingen,
Esslingen, Ludwigsburg und Rems-Murr-Kreis verbreitet, allerdings mit
Schwerpunkten in jenen Orten, die im Bereich der Stadtregion Stuttgart liegen und dabei tendenziell häufiger in jenen im Bereich des
Ergänzungsgebietes oder der verstädterten Zone, vor allem dann, wenn
dort keine andere spezielle ortsbezogene Ausgabe erscheint. Der Einflußbereich der "Stuttgarter Zeitung" erweitert sich aber innerhalb dieser Zone und über diese hinaus, wenn man die mit der "Stuttgarter Zeitung" im Anzeigenbereich kooperierenden Tageszeitungen in die Betrachtung mit einbezieht. Dann werden innerhalb dieser Zone, mit Ausnahme
der klein- und mittelstädtischen Tageszeitungen in Backnang, Böblingen,
Bietigheim, Esslingen, Fellbach, Kirchheim u. Teck, Marbach und Murrhardt sowie den Stadtteilzeitungen in Stuttgart-Bad Cannstatt und Stuttgart-Vaihingen alle übrigen Ausgaben in den Einflußbereich der "Stuttgarter Zeitung" mit einbezogen, ein Einflußbereich, der sich dann noch
um die Mittelbereiche: Calw, Geislingen, Göppingen, Heidenheim,
Nagold und Schwäbisch-Gmünd sowie um den Bereich des Unterzentrums
Gaildorf erweitert.

Die "Stuttgarter Nachrichten" sind als lokal informierende Tageszeitung
in ihrer Verbreitung auf Stuttgart beschränkt. Durch die Kooperation

mit klein- und mittelstädtischen Tageszeitungen im Einzugsbereich
Stuttgarts und darüber hinaus, erweitert sich jedoch auch deren Kom-
munikationsraum. Denn der Mantel der "Stuttgarter Nachrichten" ist
außer im Verbreitungsgebiet der örtlichen Tageszeitungen in Backnang,
Böblingen, Bietigheim, Esslingen, Krichheim u. Teck und Ludwigsburg
im Gebiet aller an Stuttgart angrenzenden Kreise verbreitet (nicht jedoch in den "Filder-Gemeinden") und zusätzlich in den Mittelbereichen
Calw, Geislingen, Heidenheim, Mühlacker, Nagold und Schwäbisch-
Gmünd. Interessant ist dabei, daß von den Tageszeitungen, die den
Mantel der "Stuttgarter Nachrichten" beziehen, nur die Tageszeitungen
in Mühlacker, Marbach und Fellbach mit dieser auch im Anzeigenbereich kooperieren, während einige der vorstehend genannten Tageszeitungen, die den Mantel von den "Stuttgarter Nachrichten" nicht beziehen, nämlich jene in Backnang, Bietigheim, Kirchheim u. Teck und
Murrhardt, dennoch dem Anzeigenring der "Stuttgarter Nachrichten" angeschlossen sind. Diese Lage ergibt sich aus der Situation vor der Auflösung der "Neue Württembergische Zeitung", denn damals bereits
schlossen sich einige der früher mit der "Südwest Presse" auch im Anzeigenbereich kooperierenden Tageszeitungen mit den "Stuttgarter Nachrichten" im "Zeitungsring Stuttgart" zusammen. Insoweit also haben sich
die Strukturen nicht verändert. Andererseits aber übernahm der Großteil
der einst mit der "Neue Württembergische Zeitung" kooperierenden Tageszeitungen nun den Mantel der "Stuttgarter Nachrichten" und schlossen sich der Anzeigengemeinschaft der "Stuttgarter Zeitung" an.

Ungelöst ist noch das Problem der Anzeigenverteilung. Hier wäre es
denkbar, daß "Stuttgarter Nachrichten" und "Stuttgarter Zeitung" eine
Anzeigengemeinschaft bilden, in die sicher auch die jeweils kooperierenden mittelstädtischen und kleinstädtischen Tageszeitungen des Stuttgarter
Raumes mit eingebracht werden. Dann besteht für die gesamte"Region

mittlerer Neckar" ein zentraler Werbeträger, der über diese Region
hinaus die angrenzenden Mittelbereiche Calw, Heidenheim, Mühlacker, Nagold und Schwäbisch-Gmünd sowie den Bereich des Unterzentrums Gaildorf mit umfaßt. Innerhalb der "Region mittlerer Neckar"
ist dann nur im Mittelbereich Esslingen durch die "Esslinger Zeitung"
und in Stuttgart-Bad Cannstatt und Stuttgart-Untertürkheim durch die
"Cannstätter Zeitung" ein zweiter Werbeträger im Markt (beide Tageszeitungen bilden eine Anzeigentarifgemeinschaft!) sowie im Mittelbereich Böblingen die "Kreiszeitung Böblinger Bote". Es steht jedoch
dahin, ob sich diese Tageszeitungen auf Dauer werden unabhängig erhalten können. Die "Kreiszeitung Böblinger Bote" kooperiert bislang
schon im redaktionellen Bereich mit der "Südwest Presse" [1].

Betrachtet man die allgemeinpolitische Berichterstattung in der Region,
so zeigt sich, daß in Verbindung mit lokaler Berichterstattung der Mantel der "Stuttgarter Zeitung" in allen Gemeinden der an das Hauptzentrum angrenzenden Kreise gelesen werden kann. Dies ist für den Mantel der "Stuttgarter Nachrichten" nicht der Fall, da die mit den "Stuttgarter Nachrichten" kooperierenden Tageszeitungen ihre Verbreitungsgebiete gegenüber jenen örtlichen Tageszeitungen eindeutig ausgrenzten,
die den Mantel von der "Südwest Presse" beziehen. Dies gilt für die
Tageszeitungen in Böblingen, Backnang, Bietigheim und Göppingen, nicht
aber für jene in Geislingen, Murrhardt und Stuttgart-Vaihingen und auch
nicht in den an die Region angrenzenden Mittelbereichen Heidenheim und

1) Zum 1.1.1975 ist diese Anzeigenkooperation zustande gekommen
(STZ-Anzeigengemeinschaft), wobei für die "Neue Württembergische Zeitung/Göppinger Kreisnachrichten" eine Sonderregelung
besteht, denn diese gehört nun zugleich der Anzeigengemeinschaft
der "Südwest Presse", Ulm, an.

Schwäbisch Gmünd. Insoweit wird auch hier, wie im Verbreitungsgebiet der "Ludwigsburger Zeitung", der "Esslinger Zeitung" und
der "Cannstätter Zeitung", die allgemeinpolitische Berichterstattung
nicht oder nicht nur von Tageszeitungen des Hauptzentrums bestimmt.
Allerdings, durch die Kapitalverflechtung von "Stuttgarter Zeitung"
und "Südwest Presse", ist mit Ausnahme der Verbreitungsgebiete der
letztgenannten drei Tageszeitungen in der gesamten Region der Einfluß einer Verlagsgruppe bestimmend.

Rückt man den gesamten Einflußbereich dieser Verlagsgruppe ins
Blickfeld, so erweist sich, daß dieser nicht nur den Oberbereich
Stuttgart umfaßt (mit Ausnahme des Mittelbereichs von Freudenstadt),
sondern auch den Bereich des sich im Südosten anschließenden Oberzentrums Ulm (nicht jedoch die Mittelbereiche Riedlingen und Biberach an der Riss), ferner im Nordosten die Mittelbereiche Bad Mergentheim, Crailsheim, Schwäbisch Hall, Ellwangen und Bopfingen bis an
die Grenze nach Bayern, im Süden die Mittelbereiche Balingen,
Ebingen, Hechingen und im Westen die Bereiche der Unterzentren Calm-
bach, Wildbach und Neuenbürg. Vor allem außerhalb des Oberbereiches
Stuttgart bindet die "Südwest Presse" mittel- und kleinstädtische Tageszeitungen durch Kooperation im redaktionellen und Anzeigenbereich in
den Gesamtverbreitungsraum dieser Gruppe mit ein. Der "Südwest Presse" scheint dabei die Aufgabe zuzufallen, den Einflußbereich der Verlagsgruppe im ländlichen Raum abzuschirmen. Denn in der Randzone dieses Einflußbereiches überschneidet sich das Verbreitungsgebiet dieser Verlagsgruppe vor allem mit den Verbreitungsgebieten mittelstädtisch-regionaler Tageszeitungen aus Leutkirch, Oberndorf und Tauberbischofsheim
und auch mit dem Verbreitungsgebiet der "Pforzheimer Zeitung", Typ
Va, so daß, außer in den Mittelbereichen Schwäbisch Hall und Crailsheim, außerhalb des Oberbereiches Stuttgart, Ausgaben dieser regiona-

len Tageszeitungen mit den der Verlagsgruppe angeschlossenen ört-
lichen Tageszeitungen oder mit Nebenausgaben der "Südwest Presse/
Schwäbische Donau Zeitung" in Konkurrenz stehen. Innerhalb des
Oberbereiches besteht derartige Konkurrenz in den Mittelbereichen
Ellwangen, Aalen, Horb und Nagold.

Nur die Tageszeitung in Reutlingen kann, unabhängig von der Verlagsgruppe, im Verdichtungsraum einen teilregionalen Kommunikationsraum begründen, allerdings stehen ihre Ausgaben in Konkurrenz mit
Nebenausgaben der "Südwest Presse/Schwäbische Donau Zeitung" bzw.
mit einer mit dieser kooperierenden örtlichen Tageszeitung.

Damit ist bereits angedeutet, daß innerhalb des Einflußbereiches dieser Verlagsgruppe der Kommunikationsraum der "Südwest Presse/Schwä-
bische Donau Zeitung", Typ IV, seine Verbreitungsschwerpunkte zum
einen durch Nebenausgaben (für Ehingen, Laupheim, Neu-Ulm, Reutlingen und Pfullingen) im Oberbereich Ulm und im Bereich der Stadtregion Reutlingen hat und daß zum anderen, der raumstrukturellen
Gliederung entsprechend, durch Kooperation mit der "Südwest Presse/
Schwäbische Donau Zeitung" verbunden, die "Heidenheimer Zeitung",
Typ Vc, in und im Umland der Stadtregion Heidenheim und die "SWP-
Schwäbisches Tagblatt", Typ IV, im Einzugsbereich Tübingens, das
Teilfunktionen eines Oberzentrums erfüllt, jeweils teilregionale Verbreitungsschwerpunkte begründen. Die Verbreitungsgebiete aller übrigen
mit der "Südwest Presse/Schwäbische Donau Zeitung" im redaktionellen
und Anzeigenbereich kooperierenden mittel- und kleinstädtischen Tageszeitungen bleiben auf Mittelbereiche bezogen. Zusammengenommen entsteht so ein Kommunikationsraum, der sich nahtlos an die "Region
mittlerer Neckar" anschließt und im wesentlichen ländlich strukturierte
Gebiete umfaßt: Die Grenzzone Baden-Württembergs zu Bayern von

- 173 -

Bad Mergentheim im Nordosten bis Laupheim im Südosten sowie die
gesamte "Region Neckar-Alb" im Süden und Teile der "Region Nord-
Schwarzwald" im Westen. Daß in diesen Kommunikationsraum vor
allem mittelstädtisch-regionale Tageszeitungen eindringen, darauf wurde bereits verwiesen. Es sind dies die "Fränkische Nachrichten", Tauberbischofsheim, Typ IV, im Nordosten, die "Schwäbische Zeitung",
Leutkirch, Typ IV, insbesondere im Südosten und auch in Ulm sowie
der "Schwarzwälder Bote", Oberndorf, Typ IV, im Südwesten. Die
"Augsburger Allgemeine", Typ III, ist nur in Neu-Ulm Konkurrent, die
"Pforzheimer Zeitung", Typ Va, nur im Bereich des Unterzentrums
Neuenbürg.

Die klein- und mittelstädtischen Tageszeitungen, die in und um Stuttgart mit der "Südwest Presse/Schwäbische Donau Zeitung" lediglich
im redaktionellen Bereich kooperieren, sind aber in den oben skizzierten geschlossenen Kommunikationsraum nicht eingebunden. Noch breiter gestreut sind jedoch die Verbreitungsgebiete der gleichfalls mit der
"Südwest Presse/Schwäbische Donau Zeitung" kooperierenden Tageszeitungen in Graben-Neudorf, Eberbach, Viernheim, Gengenbach,
Ladenburg/Neckar, Zell-Hammersbach und Villingen-Schwenningen.

Es würde nicht verwundern, wenn die um Stuttgart verbreiteten Kooperationspartner der "Südwest Presse/Schwäbische Donau Zeitung" zu-
künftig den Mantel der "Stuttgarter Nachrichten" übernähmen. Dies
dürfte sich nicht nur aus Rationalisierungserwägungen der Verlagsgruppe
anbieten, sondern könnte auch der Überlegung entspringen, daß ein
Stuttgarter Mantel, so er auf die Bedürfnisse und Interessenstruktur der
Bevölkerung in der Region abgestimmt ist, in den Umlandgemeinden
Stuttgarts größeren Anklang findet. Unter kommunikationspolitischen Gesichtspunkten wäre dies nicht einmal problematisch, da die Tageszeitungen,

die den Mantel der "Stuttgarter Nachrichten" übernehmen, und die
Tageszeitungen, die den Mantel von der "Südwest Presse" beziehen,
ihre Verbreitungsgebiete ohnehin eindeutig abgegrenzt haben (Ausnahme: Murrhardt). Da dies im Wege der Umstrukturierung des Stuttgarter Kommunikationsraumes nicht geschah, kann man vermuten, daß
es den Verlagen zuerst darauf ankommt, funktional integrierte Wirt-
schaftsräume durch einen Anzeigenträger lückenlos abzudecken und
daß vielleicht erst dann publizistische Überlegungen zum Tragen kommen. Letztere ließen es vielleicht angeraten erscheinen, scheinbare
Konkurrenzsituationen in den Kreisen um Stuttgart nicht anzutasten.

3.3   Verdichtungsräume, deren Nebenzentren in die Stadtregion
        des Hauptzentrums einbezogen sind

3.3.1   Verdichtungsraum Bremen [1]

Die Verdichtungskernstadt Bremen bestimmt als Oberzentrum eindeutig
den Einzugsbereich des Verdichtungsraumes, innerhalb dessen die Nebenkernstadt Delmenhorst lediglich die Zentralität eines Mittelzentrums
besitzt. Die Verbreitung der Tagespresse des Hauptzentrums, der "Bremer
Nachrichten", Typ IIb, und des "Weser Kurier", Typ III, ist vor allem
auf den Bereich der Stadtregion konzentriert. In Bremen selbst kon-

---

1)   Für die Analyse wurden insbesondere folgende Unterlagen heran-
     gezogen: ..... täglich Bremen und zurück, eine Analyse der
     Berufspendlerbewegung im Unterweserraum, hrsg. vom Senator
     für das Bauwesen, Bremen 1968; Bremen-Niedersachsen, 10 Jahre
     gemeinsame Landesplanung, hrsg. vom Senator für das Bauwesen,
     Bremen und dem Niedersächsischen Minister des Innern, Bremen
     1973; Stadtentwicklungsprogramm Bremen (Entwurf), bearbeitet
     vom Senator für das Bauwesen, Bremen 1971

kurrieren diese Tageszeitungen mit einer Ausgabe der "Hamburger
Morgenpost", Typ IIb. Interessant ist, daß die Ausgaben des "Weser-
Kurier" insbesondere auf Orte innerhalb des Kerngebietes der Stadtregion bezogen bleiben, so daß die Trabantenstädte Verden, Zeven,
Bassum, Bracke, Twistringen, Rotenburg und Elsfleth in diesen Kommunikationsraum nicht eingebunden werden, obwohl hierfür die raumstrukturellen und sozioökonomischen Bedingungen sicherlich günstig
wären. Nachdem nun die "Bremer Nachrichten" mit dem "Weser-
Kurier" fusionierten und dieser die Nebenausgaben der "Bremer Nachrichten" übernahm [1), konkurrieren beide Tageszeitungen nur noch
in Bremen, denn auch die Kooperation der "Bremer Nachrichten" mit
der "Aller-Weser-Zeitung", Typ Vc, die Ausgaben für Achim und
Verden unterhält, wurde gelöst. Ein gemeinsamer Anzeigenteil ist für
die Zukunft projektiert. Es zeigt sich also (und dies war schon vor
der Fusion der Fall): Beiden Bremer Tageszeitungen gelingt es größtenteils nicht, die an den Mittelbereich Bremen angrenzenden Bereiche
der umliegenden Mittelzentren in ihren Verbreitungsraum mit einzubinden, selbst dort nicht, wo diese Mittelzentren den Umlandzonen der
Stadtregion zuzuordnen sind. Die Ausgaben des "Weser-Kurier" bleiben
vielmehr auf Orte innerhalb des Kerngebietes (Achim, Delmenhorst,
Lilienthal und Osterholz-Scharmbeck) bezogen, nur Syke, das als sog.
Subzentrum ebenfalls die Bedingungen des Kerngebietes erfüllt, wird
durch eine Nebenausgabe versorgt. Deshalb verwundert es auch nicht
so sehr, daß das Nebenzentrum der Verdichtung seine eigene Zentralität dadurch dokumentiert, daß es trotz unmittelbarer wirtschaftlicher

1) Die "Bremer Nachrichten" bringen noch je eine Ausgabe "Süd"
und "Nord" heraus, die jedoch von geringer Bedeutung innerhalb der Stadtregion sind, auf die sie beschränkt sein dürften.

Verflechtung mit Bremen eigene Anziehungskräfte ausübt, die von
jenen der Stadt Bremen nicht überkompensiert werden [1], so daß
in Delmenhorst eine eigenständige Tageszeitung, das "Delmenhorster
Kreisblatt", Typ Vc, sogar Nebenausgaben (für Hude und Gander-
keesee) herausbringt und dadurch einen teilregionalen Kommunikationsraum innerhalb des Verdichtungsraumes begründet. Obwohl eine Zusammenarbeit mit Bremen aufgrund der wirtschaftlichen Verflechtung
näher läge, kooperiert diese Tageszeitung im Anzeigen- und redaktionellen Bereich mit der "Nordwest-Zeitung", Oldenburg, Typ III.
Ähnliches gelingt nun auch der "Kreiszeitung", Syke, Typ VIb, die
durch Kapitalverflechtung und Kooperation im redaktionellen Bereich
mit der "Aller-Weser-Zeitung" einen geschlossenen Kommunikationsraum
gestaltet und sich im Anzeigenbereich der "Neue Osnabrücker Zeitung",
Typ III, anschließt.

Die spezifische Kommunikationsstruktur dieser Region ist sicherlich auch
aus der Verwaltungsgliederung erwachsen, denn diese isoliert den Stadtstaat Bremen gegenüber seiner Umwelt. Folglich überrascht es nicht,
wenn in allen Kreisen des Oberbereiches Bremen jeweils mittelbereichs-
bezogen eigenständige Tageszeitungen in den Mittelzentren erscheinen.

3.3.2 Verdichtungsraum Bremerhaven [2]

Dies ist der einzige Verdichtungsraum, dessen Hauptzentren (Bremerhaven und Nordenham) keinen zentralörtlichen Bereich höherer Stufe
begründen, wiewohl Bremerhaven zum Oberzentrum ausgebaut werden

1) Vgl. ..... täglich Bremen und zurück, a.a.O., S. 130
2) Für die Analyse wurden insbesondere folgende Unterlagen herangezogen: Stadtregionen in der Bundesrepublik Deutschland 1961,
   a.a.O.; Kluczka, Georg: a.a.O.; ..... täglich Bremen und
   zurück, a.a.O.; Bremen-Niedersachsen, a.a.O.; Stadtentwicklungsprogramm Bremen (Entwurf), a.a.O.

soll [1]. In beiden Orten, die zugleich Kernstädte der Stadtregion
Bremerhaven/Nordenham sind und die Zentralität von Mittelzentren
besitzen, erscheinen, durch die Landesgrenze und die natürliche
Grenze der Wesermündung getrennt, selbständige Tageszeitungen:
Die "Nordsee-Zeitung", Bremerhaven, Typ IIb und die "Kreiszeitung Wesermarsch", Nordenham, Typ Vc. Sie sind durch Kapitalverflechtung aneinander gebunden und kooperieren im Anzeigen- und
redaktionellen Bereich. Während die im Oberbereich Oldenburg
liegende "Kreiszeitung Wesermarsch" mit einer Ausgabe der "Nordwest-Zeitung" nahezu im gesamten Kreisgebiet Wesermarsch (nur
nicht in den Orten Altenesch, Elsfleth und Berne, die nach Bremen
orientiert sind und von den Bremer Tageszeitungen publizistisch versorgt werden) konkurriert, bleibt die "Nordsee-Zeitung" ohne Konkurrenz, ja sie bindet sogar lokale Tageszeitungen umliegender
Mittelzentren durch Kooperation im redaktionellen Bereich in diesen
Kommunikationsraum mit ein, den zudem zwei Nebenausgaben im
Kreis Wesermünde differenzieren. Allerdings liegen die mit der "Nordsee-Zeitung" kooperierenden Tageszeitungen (es sind dies die "Bremer-
vörder Zeitung", Typ VIc, die "Neue Cuxhavener Presse", Typ Vc,
die "Niederelbe-Zeitung", Otterndorf, Typ VIc, die "Zevener Zeitung", Typ VIc und das "Stader Tageblatt", Typ Vc) neuerdings im
Einflußbereich des "Hamburger Abendblatt", Typ IIc, mit dem sie (mit
Ausnahme der "Zevener Zeitung") in Anzeigengemeinschaft erscheinen.
Im gesamten Orientierungsbereich Bremens, in dem doch der Verdichtungsraum Bremerhaven/Nordenham von untergeordneter Bedeutung ist,
gelingt es gleichwohl, ausgehend von den Kernstädten dieser Stadtregion, die nördliche Hälfte des Oberbereiches Bremen und Teile des
Oberbereiches Hamburg in einen Kommunikationsraum einzubinden, in

---

1) Vgl. Bremen-Niedersachsen, a.a.O., S. 71

welchem lokale Konkurrenz nur in Cuxhaven und an der Grenze zum
Oberbereich Oldenburg eine Rolle spielt. Diese Struktur ist nur ge-
fährdet, wenn sich die der "Nordsee-Zeitung" angeschlossenen Verlage auch im redaktionellen Bereich nach Hamburg orientieren würden.

3.3.3 Verdichtungsraum Braunschweig [1]

In Braunschweig, als Hauptzentrum des Verdichtungsraumes, erscheint
die "Braunschweiger Zeitung", Typ III, mit Nebenausgaben für alle
Kreise und Mittelzentren innerhalb des zentralörtlichen Bereiches im
Einzugsbereich des Oberzentrums Braunschweig, mit Ausgaben auch
im Kreis Gandersheim, nicht aber in Stadt [2] und Kreis Goslar. Damit ist das Verbreitungsgebiet der "Braunschweiger Zeitung" vor allem
auf den Bereich des "Verband Großraum Braunschweig" konzentriert,
der die kreisfreien Städte Braunschweig, Salzburg und Wolfsburg sowie
die Kreise Braunschweig, Helmstedt, Gifhorn, Peine und Wolfenbüttel
umfaßt. Allerdings, die "Braunschweiger Zeitung" ist nur in Braunschweig selbst und im Kreis Braunschweig-Land [3] sowie über diesen
hinaus im Einzugsbereich Braunschweigs als Mittelzentrum und in Salz-

---

1) Für die Analyse wurden insbesondere folgende Unterlagen herangezogen: Stadtregionen in der Bundesrepublik Deutschland 1961,
a.a.O.; Kluczka, Georg: a.a.O.; Hollmann, Heinz: Die Neuabgrenzung der Stadtregion Bremen-Delmenhorst, in: Zum Konzept
der Stadtregionen, a.a.O., S. 73 ff.; Zur Methodik der Regionalplanung, Forschungsberichte der Hochschularbeitsgemeinschaft
Braunschweig der Akademie für Raumforschung und Landesplanung,
Veröffentlichungen der Akademie für Raumforschung und Landesplanung, Forschungs- und Sitzungsbericht, Band 41, Hannover
1968

2) Goslar wurde durch die Gebietsreform rückgekreist.

3) Der Landkreis Braunschweig ist seit der Gebietsreform aufgelöst;
die Kommunikationsstruktur hat sich nicht geändert.

gitter ohne Konkurrenz. In allen übrigen Kreisen und Mittelbereichen erscheinen vor allem klein- und mittelstädtische Tageszeitungen als örtliche Konkurrenz. Im Kreis Helmstedt ist dies der "Elm-Lappwald-Kurier", Typ Vc, mit ortsbezogenen Ausgaben für die Mittelzentren Helmstedt und Schöningen, im Kreis Gifhorn die "Aller Zeitung", Typ Vc, die in Gifhorn die dominante Zeitung ist, während zum Beispiel für Fallersleben (Kreis Gifhorn) nur eine Auflage der "Braunschweiger Zeitung" registriert ist. Interessant ist, daß dort statt der auf Gifhorn bezogenen Ausgabe der "Braunschweiger Zeitung", die auf Wolfsburg bezogene Ausgabe gelesen wird. Ähnlich ist die Situation in Vorsfelde (Kreis Helmstedt), dort erreichen zwei Braunschweiger Nebenausgaben (jene für Helmstedt und jene für Wolfsburg) die gleichen Auflagenanteile. Fallersleben und Vorsfelde, die beide Teilfunktionen eines Mittelzentrums erfüllen, liegen im Bereich der Stadtregion Wolfsburg in der verstädterten Zone bzw. im Ergänzungsgebiet, so daß sich daraus diese Kommunikationsstruktur erklärt. In Wolfsburg selbst konkurrieren Ausgaben der Tageszeitungen Gifhorns und Braunschweigs.

Bemerkenswert ist die Kommunikationsstruktur im Kreis Gandersheim. Hier erscheinen vier Ausgaben. Doch die Verbreitungsräume sind nach Schwerpunkten ausgrenzbar. Die Ausgabe der "Braunschweiger Zeitung" bleibt auf die Mittelzentren Bad Gandersheim und Seesen bezogen. In Seesen erscheint als ortsbezogene Tageszeitung "Der Beobachter", Typ VIc, in Gandersheim das "Gandersheimer Kreisblatt", Typ VIc, somit ist jeweils Konkurrenz gegeben. Im übrigen Kreisgebiet ist die "Braunschweiger Zeitung" nicht verbreitet, dort konkurrieren dann "Goslarsche Zeitung", Typ Vc, und "Gandersheimer Kreisblatt". Im Bereich Peine überschneiden sich die Einflußbereiche der regionalen Tageszeitungen Braunschweigs und Hannovers, doch erzielt die Ausgabe der "Hannoversche Allgemeine Zeitung" die höheren Auflagenanteile. Im Bereich der

Stadtregion Braunschweig/Wolfenbüttel gewinnt, aber nur auf die Nebenkernstadt Wolfenbüttel bezogen, die "Wolfenbütteler Zeitung", Typ
Vc, Bedeutung als ortsbezogene Konkurrenz. Aber ein Fünftel der Leser der "Braunschweiger Zeitung" in Wolfenbüttel abonnierten nicht die
ortsbezogene Ausgabe "Wolfenbütteler Anzeiger", sondern die Hauptausgabe. Dies könnte Indiz dafür sein, wie stark die Eigenbedeutung Wolfen-
büttels als Nebenzentrum vom Einfluß des Hauptzentrums Braunschweig
überlagert wird.

3.4   Verdichtungsräume, deren Nebenzentren als Stadtregionen
       ausgrenzbare eigene Verdichtungszonen aufbauen

3.4.1 Verdichtungsraum Bielefeld-Herford [1]

Ausgehend von der Verdichtungskernstadt Bielefeld konkurrieren die beiden großstädtischen Tageszeitungen "Westfalen Blatt", Typ III, und
"Neue Westfälische", Typ III, bzw. mit diesen kooperierende örtliche
Tageszeitungen in allen Kreisen des Regierungsbezirks Detmold. Damit
reicht der Einflußbereich der beiden Bielefelder Regionalzeitungen über
den zentralörtlichen Bereich höherer Stufe von Bielefeld hinaus und
schließt den Bereich des zentralen Ortes Paderborn, der jedoch nur Teilfunktionen eines Oberzentrums erfüllt, mit ein. Legt man der so abge-

1) Für die Analyse wurden insbesondere folgende Unterlagen heran-
    gezogen: Stadtregionen in der Bundesrepublik Deutschland 1961,
    a.a.O.; Kluczka, Georg: a.a.O.; Schnur, Roman/Siedentopf,
    Heinrich: Zur Neugliederung in Ballungsräumen, dargestellt an
    der Situation der Stadt Brackwede innerhalb des Neugliederungs-
    raumes Bielefeld, Abhandlungen zur Kommunalpolitik, Band IV,
    Köln 1971; Bericht der Landesregierung Nordrhein-Westfalen,
    a.a.O.; Die Pendelwanderer in Nordrhein-Westfalen am 27. Mai
    1970, a.a.O.

steckten Region die Gliederung zentralörtlicher Bereiche mittlerer
Stufe zugrunde, so zeigt sich, daß ortsbezogene Nebenausgaben bzw.
kooperierende örtliche Tageszeitungen in nahezu allen Mittelzentren
erscheinen, nicht aber für die Bereiche der Mittelzentren Brakel und
Steinheim im Kreis Höxter und für Lage im Kreis Lippe. Für Lage erscheint jedoch ein spezieller Lokalteil innerhalb der Hauptausgabe der
"Lippische Landeszeitung", Detmold, Typ Vc. Weiter muß darauf verwiesen werden, daß im Kreis Gütersloh für die zentralen Orte mittlerer
Stufe, für Gütersloh und Rheda-Wiedenbrück, neben den Ausgaben der
kernstädtischen Tageszeitungen auch Ausgaben der Tageszeitung "Die
Glocke", Oelde, Typ IV, erscheinen. Im einzelnen ergibt sich, bezogen auf die Kreise, folgendes Bild: Kreisbezogene Ausgaben der
"Westfälische Nachrichten" erscheinen für die Kreise Paderborn, Höxter,
Büren und Warburg [1]. In Paderborn konkurriert diese Tageszeitung mit
dem "Westfälisches Volksblatt", Typ IIb. In Büren, Warburg und Höxter,
an der Randzone des Einflußbereiches gelegen, erscheinen ebenfalls
kreisbezogene Ausgaben des "Westfälisches Volksblatt" bzw. des "Westfalen-Blatt". Im Kreis Herford sind die Ausgaben der "Westfälische
Nachrichten" für die Mittelzentren Bünde und Herford konzipiert, während das konkurrierende "Herforder Kreisblatt", Typ IV, neben einer
Ausgabe für Bünde auch Ausgaben für die Unterzentren Enger und Löhne
herausbringt. Im Mittelzentrum Vlotho selbst erscheinen keine speziellen Ausgaben der Bielefelder Tageszeitungen, obwohl für diesen Mittelbereich das "Vlothoer Wochenblatt", Typ VIc, zweimal wöchentlich als
Konkurrent erscheint. Ähnlich differenziert ist die Kommunikationsstruk-

---

1) Durch die Gebietsreform wurde der ehemalige Kreis Warburg dem
Kreis Höxter, der ehemalige Kreis Büren dem Kreis Paderborn zugeschlagen. Die Ausgaben wurden nicht umstrukturiert, so wurden
aus kreisbezogenen Ausgaben "mittelbereichsbezogene" Ausgaben.

tur im Kreis Gütersloh. Nebenausgaben der "Die Glocke" sind dort
auf das Mittelzentrum Gütersloh und auf das Unterzentrum Rheda-
Wiedenbrück bezogen. Für die gleichen Bereiche bringt aber auch
das "Westfalen-Blatt" Ausgaben heraus, während die Ausgabe der
"Westfälische Nachrichten" für den gesamten Mittelbereich Gütersloh
konzipiert ist. Allerdings bleibt "Die Glocke" in ihrer Verbreitung
auf den Mittelbereich Gütersloh innerhalb des Kreisgebietes beschränkt.
Dagegen erscheinen für den Mittelbereich Halle das "Haller Kreisblatt",
Typ VIc, das mit der "Westfälische Nachrichten" kooperiert, und die
Ausgabe Halle des "Westfalen-Blatt". Auch im Kreis Lippe ist eine
mit den "Westfälische Nachrichten" kooperierende Tageszeitung verbreitet: die "Lippische Landeszeitung", Typ Vc, und auch hier konkurriert mit dieser Tageszeitung eine Ausgabe des "Westfalen-Blatt".
Auf beide Mittelbereiche des Kreises Minden-Lübbecke sind jeweils
Ausgaben der beiden Bielefelder Tageszeitungen bezogen. Zusätzlich
erscheint aber im Mittelbereich Minden das "Mindener Tageblatt", Typ
Vb. Durch die Neugliederung im Raume Bielefeld gewinnt die Kommunikationsstruktur im Hauptzentrum der Verdichtung einen neuen Aspekt,
denn neben den Hauptausgaben erscheint dort für die ehemaligen Selbstversorgerorte Sennestadt und Brackwede eine gesonderte Ausgabe der
"Westfälische Nachrichten". Sollte sich diese Ausgabe auf Dauer erhalten können, wäre dies ein Hinweis, wie stark die Eigenständigkeit
dieser Orte ausgeprägt ist. (Sennestadt konnte erst durch ein Urteil des
Verfassungsgerichtshofes gezwungen werden, die Neugliederung anzuer-
kennen!)

Vergleicht man die Struktur der von den beiden großstädtischen Tageszeitungen Bielefelds konstituierten Kommunikationsräume, so zeigt sich,
daß sich der Verbreitungsraum des "Westfalen-Blatt" insoweit differenziert,
als, den raumstrukturellen Bedingungen dieser Region entsprechend, für

die sich im Bereich des Verdichtungsraumes abhebende Stadtregion Herford eine quasi eigenständige Tageszeitung, das "Herforder Kreisblatt", Typ IV (mit Ausgaben für Bünde, Enger und Löhne) einen teilregionalen Kommunikationsraum ebenso begründet, wie dies im Bereich des zentralen Ortes Paderborn, der Teilfunktionen eines Oberzentrums erfüllt, das "Westfälische Volksblatt", Paderborn, Typ IIb (mit Nebenausgaben für Düren und Warburg) gleichfalls tut. Die Verlage beider Tageszeitungen sind jedoch zu 100% im Besitz des Verlages des "Westfalen-Blatt".

Die mit der "Neue Westfälische" kooperierenden Tageszeitungen in Detmold ("Lippische Landeszeitung", Typ Vc), Halle ("Haller Kreisblatt", Typ VIc) und Minden ("Mindener Tagblatt", Typ Vb) sind durch Kapitalverflechtungen mit der "Neue Westfälische" nicht verbunden. Dabei ist zu beachten, daß das "Mindener Tageblatt" nur im Anzeigenbereich kooperiert. Dies mag daran liegen, daß sich hier eine Eigenständigkeit dokumentiert, die sich aus der Lage Mindens erklärt, das dem Einzugsbereich Bielefelds als Oberzentrum nicht mehr zuordenbar ist. Dennoch erscheint für Minden eine Nebenausgabe "Mindener Zeitung" der "Neue Westfälische". Und auf einen weiteren Sonderfall im Grenzbereich des Oberzentrums Bielefeld sei verwiesen: Von beiden großstädtischen Tageszeitungen unabhängig, hat sich als ortsbezogene Tageszeitung das "Vlothoer Wochenblatt" erhalten, das, wie erwähnt, nur zweimal wöchentlich erscheint, und dennoch gegenüber beiden Konkurrenten die weitaus größeren Auflagenanteile erreicht. Erst 1973 wurde diese Tageszeitung vom Verlag des "Westfälischer Anzeiger", Hamm, Typ IV, übernommen.

- 184 -

3.4.2 Verdichtungsraum Koblenz-Neuwied [1]

Die Verdichtungskernstadt Koblenz, das Hauptzentrum der Verdichtung,
begründet als Oberzentrum einen zentralörtlichen Bereich höherer Stufe, der den Kreis Neuwied, einen Teil des Kreises Westerwald (ehemals Unterwesterwald), die westliche Hälfte des Rhein-Lahn-Kreises,
die nördliche Hälfte des Rhein-Hunsrück-Kreises sowie die Kreise Cochem-
Zell und Mayen-Koblenz umfaßt. Innerhalb des Verdichtungsraumes ist
um die Nebenkernstädte Neuwied und Andernach, neben der Stadtregion
Koblenz, der Verdichtungsbereich Neuwied/Andernach als eigenständige
Stadtregion ausgrenzbar. Beide Kernstädte der Stadtregion begründen als
Mittelzentren eigene Orientierungsbereiche. Dennoch wirkt sich die
Eigenbedeutung als Stadtregion auf die Kommunikationsstruktur nicht aus.
Die Lokalberichterstattung ist in den jeweiligen Kreisausgaben für beide
Mittelbereiche integriert.

Insgesamt betrachtet, schafft sich die großstädtische Tageszeitung vom
Typ III, die "Rhein-Zeitung", Koblenz, einen Kommunikationsraum, der
über den Oberbereich Koblenz hinausreicht und den gesamten Bereich
des Regierungsbezirkes Koblenz umfaßt. Diese klare Orientierung an
Verwaltungsgrenzen kennzeichnet auch die Gliederung der Nebenausgaben, die kreisbezogen konzipiert sind. Teilkreisbezogene Ausgaben erscheinen nur deshalb für die ehemaligen Kreise Lorelei (jetzt Rhein-Lahn-
Kreis) und St.Goar (jetzt Rhein-Hunsrück-Kreis), weil in diesen Kreisen

---

1) Für die Analyse wurden insbesondere folgende Unterlagen herangezogen: Stadtregionen in der Bundesrepublik Deutschland 1961,
a.a.O.; Kluczka, Georg: a.a.O.; Raumordnungsbericht 1973
der Landesregierung Rheinland-Pfalz, hrsg. von der Staatskanzlei
Rheinland-Pfalz, Mainz 1973; Raumordnungsbericht 1971 der Landesregierung Rheinland-Pfalz, hrsg. von der Staatskanzlei Rheinland-Pfalz, Mainz 1972

ehemals unabhängige lokale Tageszeitungen ("Lahn-Zeitung", Bad
Ems, Typ VIc und "Hunsrücker Zeitung", Simmern, Typ VIc) gleichfalls erscheinen, die heute den Mantel der "Rhein-Zeitung" beziehen,
mit der zusammen sie in Verlagsgemeinschaft erscheinen. Ebenfalls in
Verlagsgemeinschaft mit der "Rhein-Zeitung" erscheint in Bad Kreuznach der "Öffentliche Anzeiger", Typ Vc. Diese verbliebene Eigenständigkeit entspricht hier der Zentralität Bad Kreuznachs, das Teilfunktionen eines Oberzentrums erfüllt.

Die "Rhein-Zeitung" wäre ohne Konkurrenz in dem Teil ihres Verbreitungsgebietes, der im Oberbereich Koblenz liegt, wenn nicht für Ben-
dorf (eine kleinstädtische Nachbargemeinde von Koblenz) die "Ben-
dorfer Zeitung", Typ VIc, als ausschließlich ortsbezogene Tageszeitung erscheinen würde. Außerhalb dieses Kernverbreitungsgebietes gewinnt, entsprechend der Verflechtung mit zum Teil außerrheinland-
pfälzischen Zentren, die Konkurrenz zunehmend an Bedeutung. Dies
wird deutlich im Kreis Ahrweiler, der zum Großteil im Einflußbereich
des Oberzentrums Bonn liegt. Hier erscheinen Nebenausgaben der
"Kölnische Rundschau", Typ III (mit dem Titel "Bonner Rundschau")
und des "Generalanzeiger für Bonn und Umgegend", Typ IIb. Vergleicht man die Auflagen der Nebenausgaben der "Kölnische Rundschau"
mit jenen der "Rhein-Zeitung", so zeigt sich, daß diese nur in Remagen
den größeren Auflagenanteil erreichen. Ferner zeigt sich, daß der
"Generalanzeiger für Bonn und Umgegend" ebenfalls in Remagen sowie
im Mittelbereich Linz am Rhein, eine mit der "Rhein-Zeitung" verg-
gleichbare Auflage erzielt. Dies liegt daran, daß insbesondere Remagen
ganz eindeutig nach Nordrhein-Westfalen orientiert ist, denn Remagen
ist auch in den Mittelbereich des nordrhein-westfälischen Mittelzentrums
Bad Godesberg einbezogen. Die gleiche Situation ergibt sich für Mündersbach im Kreis Altenkirchen, der zum Großteil im Einzugsbereich des

- 186 -

Oberzentrums Siegen liegt. Mündersbach ist auch im Mittelbereich
nach Siegen orientiert, so daß hier die "Siegener Zeitung", Typ
Ib, ganz eindeutig dominiert. Ähnlich ist die Situation in Dietz,
im Rhein-Lahn-Kreis, an der Grenze zu Hessen, hier erreicht die
"Nassauische Landeszeitung", eine Nebenausgabe der "Frankfurter
Neue Presse", Typ III, eine nennenswerte Auflage, denn es wirkt
sich der Einfluß des nahegelegenen hessischen Mittelzentrums Limburg an der Lahn aus, das Teilfunktionen eines Oberzentrums erfüllt. Ganz anders jedoch ist die Konkurrenzsituation im Kreis
Kreuznach. Die "Kreuznacher Nachrichten" als Nebenausgabe der
"Allgemeine Zeitung", Mainz, Typ III, konkurrieren hier im ge-
samten Kreisgebiet mit dem "Bad Kreuznacher Anzeiger", der in
Verlagsgemeinschaft mit der "Rhein-Zeitung" erscheint.

In den Mittelzentren Sobernheim, Kirn und Meisenheim, nun schon
an der Grenze des zentralörtlichen Bereiches höherer Stufe um Koblenz, erscheinen dann noch zusätzlich ortsbezogene kleinstädtische
Tageszeitungen des Typs VIc ("Sobernheimer Anzeiger", "Allgemeiner
Anzeiger", Meisenheim und "Kirner Zeitung"), die dort jeweils die
höheren Auflagenanteile erzielen. Die letztgenannte Zeitung ist zwar
1972 vom Verlag der "Rhein-Zeitung" übernommen worden, sie wird
aber als eigenständige Tageszeitung weitergeführt.

3.4.3 Verdichtungsraum Saar [1]

Hauptzentrum dieses Verdichtungsraumes ist Saarbrücken als Oberzentrum, das Teilfunktionen eines zentralen Ortes höchster Stufe (Großzentrum) erfüllt. Die Grenzen des Oberbereiches Saarbrücken decken

---

1) Für die Analyse wurden insbesondere folgende Unterlagen herangezogen: Stadtregionen in der Bundesrepublik Deutschland 1961,
   a.a.O.; Kluczka, Georg: a.a.O.; Volks- und Berufszählung 1970,

sich weitgehend mit den Landesgrenzen des Saarlandes, wobei lediglich im Osten die rheinland-pfälzische kreisfreie Stadt Zweibrücken
und ein Teil ihres Mittelbereiches über die Landesgrenze hinweg
nach Saarbrücken orientiert ist. Innerhalb dieses Verdichtungsraumes
sind nach den Kriterien stadtregionaler Gliederung drei Stadtregionen
ausgrenzbar: Saarbrücken/Völklingen, Saarlouis/Dillingen und Neunkirchen. Völklingen, Saarlouis, Dillingen und Neunkirchen sind bezogen auf den Verdichtungsraum als Nebenkernstädte zu bezeichnen,
die eigene Zentralität als Mittelzentren besitzen.

Die großstädtische Tageszeitung "Saarbrücker Zeitung", Typ III, konstituiert hier einen Kommunikationsraum, der das gesamte Saarland
umfaßt. Durch Kooperation im redaktionellen Bereich mit den Tageszeitungen in Zweibrücken ("Pfälzischer Merkur", Typ Vc) und in
Pirmasens ("Pirmasenser Zeitung", Typ Vc) werden die Orientierungsbereiche dieser rheinland-pfälzischen Mittelzentren in den Kommunikationsraum mit einbezogen. In dieser Grenzzone des Oberbereiches
Saarbrücken überschneiden sich dann die Einflußbereiche zweier großstädtisch-regionaler Tageszeitungen, denn sowohl für Zweibrücken als
auch für Pirmasens Stadt und Land erscheint je eine Ausgabe der
"Die Rheinpfalz", Ludwigshafen, Typ III. In beiden kreisfreien Städten
(Pirmasens und Zweibrücken) erreicht diesen Nebenausgaben gegenüber
die örtliche Tageszeitung den größeren Auflagenanteil, nicht aber im
Landkreis Pirmasens. Auch hier zeigt sich wiederum die Tatsache,
daß die zentralörtliche Orientierung die Kommunikationsstruktur zumindest beeinflußt, denn im Landkreis Pirmasens grenzen sich die Verbrei-

---

Pendelwanderung im Saarland, hrsg. vom Statistischen Amt des
Saarlandes, Saarbrücken 1973; Gemeindestatistik 1970, Bevölkerung und Erwerbstätigkeit, hrsg. vom Statistischen Amt des Saarlandes, Saarbrücken 1972

- 188 -

tungsräume der Ausgaben für Zweibrücken und für Pirmasens entsprechend ihrer Einflußbereiche als zentrale Orte gegeneinander aus.

Im Saarland selbst strukturieren die Nebenausgaben der "Saarbrücker Zeitung" den Kommunikationsraum entsprechend der Verwaltungsgliederung, wie sie vor der Kreisreform bestand. Entsprechend dieser Gliederung erscheint für jedes ehemalige Kreisgebiet eine Ausgabe, wobei allerdings der ehemalige Landkreis Saarbrücken von drei Nebenausgaben: "Völklingen", "Landkreis Ost" (Duttweiler/Sulzbach) und "Landkreis West" (Hensweiler/Riegelsdorf) versorgt wurde. Ob sich nun, nachdem der "Stadtverband Saarbrücken" geschaffen wurde - aus welchem sich alsbald durch fortschreitende Integration eine Einheitsstadt bilden soll [1] - , Änderungen in der Kommunikationsstruktur ergeben, könnte davon abhängen, wie schnell sich die angestrebten Integrationsprozesse vollziehen. Einstweilen wäre zu prüfen, ob zum Beispiel, nachdem Duttweiler nach Saarbrücken eingemeindet wurde, dort weiterhin die Ausgabe "Saarbrücken Landkreis Ost" anstelle der Hauptausgabe gelesen wird. Nachdem zum 1.1.1974 die Landkreise St.Ingbert und Homburg zusammengelegt wurden, erscheinen nun auch dort zwei Nebenausgaben: "Homburger Rundschau" und "St.Ingberter Rundschau" der "Saarbrücker Zeitung" und als Konkurrent eine Ausgabe "Homburger Neueste Nachrichten" des "Pfälzischer Merkur". Die letztgenannte Ausgabe ist zwar nur auf das ehemalige Kreisgebiet Homburg bezogen, da aber der "Pfälzer Merkur" den Mantel aus Saarbrücken bezieht und auch mit der "Saarbrücker Zeitung" im Anzeigenbereich kooperiert, konkurrieren in diesem Teilkreisgebiet zwei lokale Ausgaben mit gleichem allgemeinpolitischen Teil, ohne daß die Verbreitungsräume ausgegrenzt wären. Konkurrenz besteht ferner im

---

1) Vgl. Stadtverbandsmodell Saarbrücken, in: Kommunalpolitische Blätter, Heft 2/1974, Recklinghausen 1974, S. 131

Kreis Saarlouis, dort allerdings nur in den Orten Saarlouis und
Dillingen, denn nur dort und nicht auch im übrigen Kreisgebiet
ist, nach der "IVW-Regionalanalyse", neben der Ausgabe "Saar-
louis/Dillingen", der "Saarbrücker Zeitung", die "Saar-Zeitung",
Saarlouis, Typ Vc, bzw. deren Nebenausgabe "Dillinger Anzeiger"
verbreitet. Im Kreis Merzig-Wadern tritt im Bereich der Orientie-
rungsgrenze zum Oberzentrum Trier, als Konkurrent gegenüber der
Ausgabe "Anzeiger für Merzig und Wadern" der "Saarbrücker Zeitung", die Ausgabe "Nachrichten von der Saar" der "Trierischer
Volksfreund", Typ III, in Erscheinung. Zumindest in Merzig selbst
ist diese Ausgabe aber ohne Bedeutung. Bleibt nur noch der Kreis
St. Wendel zu berücksichtigen: Hier erscheint ebenfalls nur eine
kreisbezogene Ausgabe der "Saarbrücker Zeitung".

Betrachtet man die Kommunikationsstruktur im Umland der Nebenkernstädte des Verdichtungsraumes, so zeigt sich, daß lediglich in
Saarlouis und Dillingen eine von der Tagespresse des Hauptzentrums
unabhängige Ausgabe existiert, daß für Völklingen eine spezielle
ortsbezogene Ausgabe im Bereich des Stadtverbandes Saarbrücken erscheint, während für Neunkirchen die lokale Berichterstattung im
Rahmen der Kreisausgabe "Neunkirchen" erfolgt.

Schließlich muß darauf verwiesen werden, daß die "Saarbrücker Zei-
tung", nachdem deren Verlag die "Trierische Landeszeitung" in den
Verlag des "Trierischer Volksfreund" einbrachte, mit dem "Trierischer
Volksfreund" auf Kapitalebene verflochten ist [1].

---

1) Vgl. Kontakter/facts, Jahrgang 14, Nr. 11 vom 18. März 1974,
   danach erwarb die "Saarbrücker Zeitung" ca. 15% der Komman-
   ditbeteiligung an der "Volksfreund-Druckerei Nikolaus Koch KG".

3.4.4 Verdichtungsraum Nürnberg [1]

Dieser Verdichtungsraum ist gekennzeichnet durch drei Kernstädte:
Nürnberg, Fürth und Erlangen, die, nach den Vorschlägen zur Landesentwicklung [2], als gemeinsames Oberzentrum behandelt werden
sollen. Dies scheint sinnvoll, denn nach den Erhebungen des Zentralausschusses für deutsche Landeskunde [3] erfüllen die Mittelzentren
Fürth und Erlangen neben dem Oberzentrum Nürnberg, das einem Großzentrum nahe kommt, Teilfunktionen eines zentralen Ortes höherer Stufe. Dennoch ist Nürnberg als das Hauptzentrum der Verdichtung zu
identifizieren. Nach den Kriterien stadtregionaler Gliederung sind
Nürnberg/Fürth einerseits und Erlangen andererseits als je eigengewichtige Verflechtungsbereiche auszugrenzen. Innerhalb der Stadtregion
Nürnberg/Fürth treten dann noch die Mittelzentren Lauf, Hersbruck und
Schwabach als Nebenkernstädte in Erscheinung.

Bei oberflächlicher Betrachtung erkennt man, daß die "Nürnberger Nachrichten" als großstädtische Tageszeitung des Hauptzentrums nahezu im
gesamten Bereich des Einzugs- und Verflechtungsgebietes des Oberzentrums Nürnberg erscheint, und zwar in allen Kreisen und Mittelbereichen Mittelfrankens, in den oberfränkischen Mittelbereichen Forchheim,
Ebermannstadt und Pegnitz, wodurch der Kreis Forchheim und ein Teil

---

1) Für die Analyse wurden insbesondere folgende Unterlagen heran-
    gezogen: Stadtregionen in der Bundesrepublik Deutschland 1961,
    a.a.O.; Kluczka, Georg: a.a.O.; Gemeindedaten, a.a.O.;
    Zentrale Orte und Nahbereiche in Bayern, a.a.O.; Planungs-
    regionen, a.a.O.; Raumordnungsbericht 1971, Bayerische Staats-
    regierung, a.a.O.

2) Vgl. Zentrale Orte und Nahbereiche in Bayern, a.a.O., S. 33

3) Vgl. Kluczka, Georg: a.a.O., S. 30 f.

des Kreises Bayreuth erfaßt ist und im Kreis Neumarkt in der Oberpfalz, nicht aber in den oberpfälzischen Mittelzentren Sulzbach-
Rosenberg und Amberg, im Osten des Nürnberger Oberbereiches.

Diesem Kommunikationsraum liegt aber eine differenzierte Verlagsstruktur zugrunde, denn "echte" Nebenausgaben erscheinen nur für
Fürth Stadt und Land, für Neumarkt, für Forchheim/Ebermannstadt/
Pegnitz und für Höchstadt/Herzogenaurach. Alle übrigen Ausgaben
erscheinen in Verlagsgemeinschaft mit ehemals selbständigen Verlagen, die immer noch für die Lokalteile verantwortlich zeichnen und
ihre Titel weiterführen, so daß bezogen auf die lokale Berichterstattung in allen Mittelzentren Mittelfrankens (die Abgrenzung vor
der Gebietsreform zugrunde gelegt), außer in Fürth und Nürnberg [1],
mittel- und kleinstädtische Tageszeitungen die kommunale Kommunikationsstruktur bestimmen. Das sind: "Erlanger Tagblatt / Erlanger
Nachrichten", Typ Vc, im Stadtkreis Erlangen und einem Teil des
Landkreises Erlangen-Höchstadt; die "Pegnitz-Zeitung", Lauf, Typ
VIc, die "Hersbrucker Zeitung", Typ VIc und der "Bote für Nürnberg
Land", Feucht, Typ VIc, im Landkreis Nürnberger Land; das "Schwa-
bacher Tagblatt", Typ Vc, im Stadtkreis Schwabach und in den auf
Schwabach als Mittelzentrum orientierten Gemeinden des Landkreises
Roth; das "Weißenburger Tagblatt", Typ VIc, der "Treuchtlinger
Kurier", Typ VIc und der "Altmühlbote", Gunzenhausen, Typ VIc,
im Landkreis Weißenburg-Gunzenhausen; die "Fränkische Landeszeitung",
Ansbach, Typ IV, mit Nebenausgaben für Feuchtwangen, Dinkelsbühl,
Uffenheim, Scheinfeld, Neustadt a.d. Aisch und für die Orte des
ehemaligen Kreises Rothenburg o.d. Tauber, die im Stadt- und Land-

---

1) Jetzt auch in Höchstadt a.d. Aisch und Herzogenaurach, die
   nach der Kreisreform Mittelfranken angegliedert wurden.

kreis Ansbach und im Landkreis Neustadt a.d. Aisch-Bad Windsheim
verbreitet ist; sowie der "Fränkischer Anzeiger", Rothenburg o.d.
Tauber, Typ VIc und die "Windsheimer Zeitung", Bad Windsheim,
Typ VIc, die nur ortsbezogene Verbreitung finden.

Es ist dabei jedoch auf einige Besonderheiten hinzuweisen. Die
"Fränkische Landeszeitung", Ansbach, Typ IV, bildet einen teilregionalen Kommunikationsraum mit Nebenausgaben vor allem in jenen
Orten, für die Ansbach Teilfunktionen eines Oberzentrums erfüllt,
für Feuchtwangen und Dinkelsbühl sowie für die übrigen Orte des
Landkreises Ansbach (nicht aber für Rothenburg o.d. Tauber), ferner
für Neustadt a.d. Aisch, Scheinfeld und Uffenheim, die ebenfalls
im Kreis Neustadt/Aisch-Bad Windsheim liegen (nicht aber für Bad
Windsheim). Hier hat die Kommunikationspolitik der Verlage zu
eigenartigen Kommunikationsstrukturen geführt. Denn in diesen beiden Kreisen (in Ansbach und in Neustadt/Aisch-Bad Windsheim) erscheinen in Bad Windsheim und in Rothenburg o.d. Tauber ebenfalls
örtliche Tageszeitungen in Verlagsgemeinschaft mit den "Nürnberger
Nachrichten", die jeweils auf städtisches Verbreitungsgebiet beschränkt,
gegenüber den Nebenausgaben der "Fränkische Landeszeitung" ("Rothen-
burger Anzeiger" und "Uffenheimer-Windsheimer-Kurier") die Verbreitungsgebiete innerhalb des Kreisgebietes abgrenzen. Ferner sei darauf
verwiesen, daß im Bereich des Mittelzentrums Uffenheim auch eine
Nebenausgabe der "Main-Post", Würzburg, Typ III, erscheint, denn
Uffenheim liegt bereits jenseits des Oberbereiches Nürnberg und ist
nach Würzburg hin orientiert. Konkurrenz findet also in ländlichen Gebieten Mittelfrankens im Einzugsbereich des Oberzentrums Nürnberg
nicht statt. Ausnahme: Der Kreis Roth, dort beschränkt sich die Konkurrenz aber nur auf das Gebiet des ehemaligen Kreises Hilpoltstein,
denn dort erscheint neben der "Roth-Hilpoltsteiner Volkszeitung" die

Ausgabe "Hilpoltsteiner Kurier" des "Donau Kurier", Ingolstadt, Typ IV.
Nachdem durch die Gebietsreform das Gebiet des ehemaligen Kreises
Höchstadt a.d. Aisch Mittelfranken und dem Kreis Erlangen-Höchstadt
zugeschlagen wurde, konkurriert hier die Ausgabe "Höchstadt-Herzogen-
aurach" des "Fränkischer Tag", Bamberg, Typ IV, mit der Ausgabe "Nordbayerische Nachrichten" der "Nürnberger Nachrichten", die ihren Verbreitungsschwerpunkt ebenfalls um Herzogenaurach und Höchstadt a.d.
Aisch begründet, während im Osten des Kreises, im Bereich der Stadtregion Erlangen, das "Erlanger Tagblatt / Erlanger Nachrichten" gelesen
wird.

In all den Kreisen und Mittelzentren des zentralörtlichen Bereiches mit
Nürnberg als Oberzentrum, die zu Oberfranken und zur Oberpfalz gehören, konkurrieren jeweils Nebenausgaben der "Nürnberger Nachrichten"
mit Nebenausgaben regionaler Tageszeitungen. Die Ausgabe "Nordbayerische Nachrichten" konkurriert im Kreis Forchheim mit der Ausgabe
"Forchheim/Ebermannstadt" des "Fränkischer Tag", Bamberg, Typ IV
und bezogen auf das Mittelzentrum Ebermannstadt, auch mit der Ausgabe
"Pegnitz/Ebermannstadt" des "Nordbayerischer Kurier", Bayreuth, Typ IV.
Die letztgenannte Ausgabe konkurriert ferner mit der erstgenannten Ausgabe im Landkreis Bayreuth, im Bereich des Mittelzentrums Pegnitz. Im
Kreis Neumarkt sodann ist neben der Ausgabe "Neumarkter Nachrichten"
die Ausgabe "Neumarkter Tagblatt" der "Nordbayerische Zeitung", Regensburg, Typ III, verbreitet, die hier die höheren Auflagenanteile erzielt. Seit der Kreisreform sind "Sulz/Altmühl Umschau" und "Parsberg/
Hemau Umschau" als weitere Ausgaben der Regensburger Regionalzeitung im Kreis Neumarkt zu berücksichtigen. Bis hierhin reicht dann aber
die Verbreitung der "Neumarkter Nachrichten" nicht.

Man könnte also sagen, der unangefochtene Einflußbereich der "Nürnberger
Nachrichten" konzentriert sich auf den Bereich des Nürnberger Oberzen-

trums im Regierungsbezirk Mittelfranken (entsprechend der Abgrenzung
vor der Kreisreform), denn hier sind die "Nürnberger Nachrichten" und
die mit diesen in Verlagsgemeinschaft erscheinenden Tageszeitungen ohne
Konkurrenz, während in den angrenzenden Bereichen die Konkurrenzzone
sich überschneidender Verbreitungsgebiete regionaler Tageszeitungen liegt.
Dies ist richtig, wenn man die Lokalberichterstattung in den Teilverbrei-
tungsgebieten zugrunde legt. Das Bild ändert sich aber, so man auf die
Unterschiedlichkeit des allgemeinpolitischen Teils von lokalen Ausgaben
abstellt, denn im Verbreitungsgebiet der Tageszeitungen in Erlangen,
Feucht, Gunzenhausen, Hersbruck, Lauf, Roth, Schwabach, Weißenburg,
Bad Windsheim und Treuchtlingen, die in Verlagsgemeinschaft mit den
"Nürnberger Nachrichten" erscheinen sowie in Neumarkt und Fürth wird
der dort erstellte Lokalteil auch mit dem Mantel der "Nürnberger Zeitung", Typ III, angeboten, die Ausgaben führen den Titel "Nord-
bayerische Zeitung". Hier wäre also ein gewisses Maß an publizistischer
Konkurrenz gegeben.

Rückt man den Verdichtungsraum ins Blickfeld, so zeigt sich folgendes
Bild: In Nürnberg, dem Hauptzentrum der Verdichtung, erscheinen:
"Nürnberger Nachrichten" und "Nürnberger Zeitung", deren Verlage
kapitalmäßig verflochten sind, mit gemeinsamen Anzeigenteil, aber un-
terschiedlichem redaktionellen Teil auch im Lokalen. Mit diesen Hauptausgaben konkurriert bezogen auf Nürnberg die Nebenausgabe "Abend-
zeitung/8-Uhr-Blatt" der Straßenverkaufszeitung "Abendzeitung", München,
Typ IIb. Für Fürth, ebenfalls Kernstadt der Region Nürnberg/Fürth, erscheint nur die Ausgabe "Fürther Nachrichten" der "Nürnberger Nachrichten" sowie mit dem gleichen Lokalteil die "Nordbayerische Zeitung".
Die "Abendzeitung" bringt für Fürth keine spezielle Ausgabe heraus. In
den Nebenkernstädten der Verdichtung, soweit sie im Bereich dieser
Stadtregion liegen, in Hersbruck, Lauf und Schwabach sowie in Feucht,

das ebenfalls im Ergänzungsgebiet der Stadtregion liegt, erscheinen
die schon oben genannten Tageszeitungen in Verlagsgemeinschaft mit
den "Nürnberger Nachrichten", die unter dem Titel "Nordbayerische
Zeitung" auch mit dem Mantel der "Nürnberger Zeitung" zu beziehen
sind. Im Nebenzentrum Erlangen, das sich als eigene Stadtregion ausgrenzt, zeigt sich das gleiche Bild: "Erlanger Tagblatt/Erlanger Nachrichten" mitherausgegeben von den "Nürnberger Nachrichten" bietet
die gleichen Lokalinformationen auch unter dem Titel und Mantel der
"Nordbayerische Zeitung".

Daß das "Schwabacher Tagblatt" auch heute noch in vielen Orten
des Kreises Roth anstelle der "Roth-Hilpoltsteiner Volkszeitung" gelesen wird, mag nicht nur daran liegen, daß ein Großteil dieser Orte
im ehemaligen Kreis Schwabach liegen, sondern auch aus der Orientierung auf das Mittelzentrum Schwabach erwachsen, mit dem zusammen sie im Bereich der Stadtregion Nürnberg liegen. Nach der "IVW-
Regionalanalyse" wird dies für Wendelstein deutlich. Ganz deutlich
wird aber die aus der Verflechtung erwachsende zentralörtliche Orientierung, die spezifisches Kommunikationsverhalten erklären kann, in
den Orten Heroldsberg im Ergänzungsgebiet und Eckental in der verstädterten Zone der Stadtregion Nürnberg/Fürth. Obwohl beide Orte im
Landkreis Erlangen-Höchstadt liegen und auch schon vor der Gebietsreform zum Erlanger Landkreis gehörten, wird hier ausschließlich die
Hauptausgabe der "Nürnberger Nachrichten" gelesen und nicht die für
diesen Teil des Kreises "zuständige" Ausgabe "Erlanger Tagblatt/Er-
langer Nachrichten".

Betrachtet man den Gesamtkommunikationsraum der "Nürnberger Nachrichten" in seiner Teilstrukturierung, so fällt auf, daß in verschiedenen
Gebieten die Differenzierung in Teilausgaben nicht nur die Verwaltungs-

- 196 -

gliederung, sondern auch die sozio-ökonomische Differenziertheit des
Raumes übertrifft. Wohl ist verständlich, daß ehemals konkurrierende
Tageszeitungen, die nun kooperieren müssen, ihre Verbreitungsräume abgrenzen. Dies scheint aber in den Fällen der Mittelzentren Rothenburg
o.d. Tauber und Bad Windsheim wenig sinnvoll, da die sich aus der
Verflechtung des zentralen Ortes mit seinem Umland ergebende Gemein-
samkeit quasi im Bereich der Kommunikationsbeziehungen wieder aufgelöst wird, wenn in den Orten des Umlandes eine andere Ausgabe erscheint. Ebenso wäre es nicht erforderlich, daß sich auf den neu geschaffenen Landkreis Nürnberger Land vier Ausgaben beziehen, denn
neben der Zentralität Nürnbergs als Mittelzentrum gewinnen für diesen
Bereich lediglich Hersbruck und zum Teil Lauf eigene Bedeutung als
zentrale Orte. Feucht, das wie Röthenbach, Schwaig, Oberasbach,
Stein und Zirndorf von der Zentralität des Städtepaares Nürnberg/Fürth
überlagert wird und nur als Siedlungsschwerpunkt zu charakterisieren
ist, bedürfte wahrscheinlich keiner eigenen Ausgabe.

3.5   Verdichtungsräume mit mehreren Hauptzentren

3.5.1   Verdichtungsraum Rhein-Neckar [1]

3.5.1.1 Aspekte der raumstrukturellen Gliederung

Die Rhein-Neckar Agglomeration, diese großflächige Verdichtung mit
mehreren Hauptzentren, wird bestimmt durch die industriellen Kernstädte Mannheim und Ludwigshafen, die einen Schwerpunkt der Verdichtung an der Neckarmündung bilden sowie durch die Verdichtungskernstadt

---

1) Für die Analyse wurden insbesondere folgende Unterlagen herangezogen: Stadtregionen in der Bundesrepublik Deutschland 1961,
a.a.O.; Kluczka, Georg: a.a.O.; Landesentwicklungsplan Baden-
Württemberg vom 22. Juni 1971, a.a.O.; Zielplanung der Landesregierung für die Gemeindereform, a.a.O.; Raumordnungsbe-

Heidelberg im Schnittpunkt der Entwicklungsachsen: Ludwigshafen-
Mannheim-Heidelberg-Sinsheim-Heilbronn und Heppenheim-Weinheim-
Heidelberg-Wiesloch-Bruchsal. Daneben hat sich innerhalb des Verdichtungsraumes eine eigene Verdichtungszone, die Stadtregion Worms,
ausgebildet. Eine dem Ruhrgebiet vergleichbare geschlossene Stadtlandschaft ist aber hier noch nicht entstanden, wiewohl sich insbesondere die Wohngebiete des Raumes mit höherer Verdichtung weit
über die Grenzen der Städte hinaus in das Umland erstrecken. Zwar
sind Mannheim, Ludwigshafen und Heidelberg als Oberzentren bestimmt, aufgrund ihrer funktionalen Verflechtung aber wurde für diese Oberzentren nur ein gemeinsamer Zentralitätsbereich ausgewiesen,
so daß eine Differenzierung der Orientierungsbereiche für die Kernstädte nicht möglich ist. Dies liegt daran, daß Ludwigshafen und
Heidelberg zwar die von ihrem Umland anerkannte Qualität eines
Oberzentrums besitzen, daß aber andererseits im gesamten von der
Bereichsgrenze eingeschlossenen Gebiet auch Mannheim, das Teilfunktionen eines Großzentrums erfüllt, seinen Einfluß geltend macht [1].
Und eine weitere strukturelle Besonderheit erweist sich hier: So sehr
die wirtschaftliche Entwicklung die räumliche Einheit des Rhein-Neckar-
Raumes unterstreicht, so sehr differenziert die politische Gliederung,

---

richt 1973 der Landesregierung Rheinland-Pfalz, a.a.O.; Raumordnungsbericht 1971 der Landesregierung Rheinland-Pfalz, a.a.O.;
Becker-Marx, Kurt: Aufgabengrenzüberschreitung der Raumordnung
im Rhein-Neckar-Gebiet, in: Methoden und Praxis der Regionalplanung in großstädtischen Verdichtungsräumen, a.a.O., S. 43 ff.;
Nellner, Werner: Die Entwicklung der inneren Struktur und Verflechtung in Ballungsgebieten - dargestellt am Beispiel der Rhein-
Neckar-Agglomeration, Hannover 1969

1) Vgl. Kluczka, Georg: a.a.O., S. 18

bedingt durch die Lage im Grenzbereich von Hessen, Baden-Württemberg und Rheinland-Pfalz, den funktional integrierten Raum.

Rheinland-Pfalz zugehörig, ist Ludwigshafen als Hauptzentrum der Verdichtung bestimmt, während die Hauptzentren Mannheim und Heidelberg in Baden-Württemberg liegen und der Landesplanung zufolge als Doppelzentrum ausgebaut werden sollen. Die Analyse der Kommunikationsstruktur wird zeigen müssen, welche Rolle die Landesgrenzen für die Ausbildung von Kommunikationsräumen spielen und welche Auswirkungen auf die Kommunikationsstruktur durch die Überlagerung der Einflußbereiche der Hauptzentren erkennbar sind. Ferner ist zu beachten, inwieweit die Differenzierung der Kommunikationsstrukturen der Gliederung des Verdichtungsraumes in Nebenzentren entspricht.

Worms ist als Nebenzentrum stadtregionaler Verdichtung ausgewiesen und erfüllt Teilfunktionen eines Oberzentrums. Der Großteil der übrigen Nebenkernstädte der Verdichtung, Frankental und Schwetzingen sowie Hockenheim, Lampertsheim und Viernheim liegt im Bereich der Stadtregion Mannheim/Ludwigshafen, wobei die drei letztgenannten Städte lediglich als sog. Selbstversorgerorte fungieren, die über die Ausstattung von Mittelzentren verfügen, selbst aber keinen Orientierungsbereich begründen. Frankental und Schwetzingen wiederum bilden als nicht voll wirksame Mittelzentren relativ eng begrenzte Mittelbereiche aus. Die Nebenkernstadt Wiesloch, ein nicht voll wirksames Mittelzentrum, liegt im Bereich der Stadtregion Heidelberg. Innerhalb der Stadtregion Worms hat sich eine Nebenkernstadt nicht ausgebildet. Dem Bereich einer Stadtregion nicht zuordenbar gewinnen die Mittelzentren Speyer und Weinheim eigene Bedeutung als Nebenzentren innerhalb der Verdichtung.

Der um die drei Großstädte, die Hauptzentren der Verdichtung, aufgebaute zentralörtliche Bereich umfaßt den baden-württembergischen

Rhein-Neckar-Kreis mit den Mittelbereichen Heidelberg, Mannheim, Schwetzingen, Wiesloch, Sinsheim, Eberbach und Weinheim (durch die Mittelbereiche Mannheim und Weinheim sind die angrenzenden Gebiete Hessens in den zentralörtlichen Bereich mittlerer Stufe eingebunden), ferner die rheinland-pfälzischen Stadtkreise: Worms, Speyer und Neustadt an der Weinstraße sowie die Landkreise Ludwigshafen und Bad Dürkheim und damit die Mittelbereiche Frankenthal, Worms, Grünstadt, Ludwigshafen a. Rhein, Neustadt an der Weinstraße und Speyer.

3.5.1.2 Kommunikationsstrukturen im zentralörtlichen Bereich höherer Stufe

Betrachtet man die Kommunikationsstruktur dieses Raumes in Abhängigkeit von dieser grob skizzierten raumstrukturellen Gliederung, so zeigt sich, von allen drei Hauptzentren der Verdichtung aus begründen großstädtische Tageszeitungen vom Typ III regionale Kommunikationsräume. In Ludwigshafen "Die Rheinpfalz", in Mannheim der "Mannheimer Morgen" und in Heidelberg die "Rhein-Neckar-Zeitung" und das "Tageblatt". Dabei spielt die Landesgrenze zwischen Baden-Württemberg und Rheinland-Pfalz eine entscheidende Rolle für die Abgrenzung der Kommunikationsräume.

"Die Rheinpfalz", Ludwigshafen, ist in ihrer Verbreitung ausschließlich auf die rheinland-pfälzischen Regionen Vorderpfalz, Westpfalz und Südpfalz bezogen. Damit reicht ihr Verbreitungsgebiet über den zentralörtlichen Bereich höherer Stufe der Kernstädte der Verdichtung nach Westen weit hinaus und bezieht im Bereich des Oberzentrums Kaiserslautern die Mittelbereiche Pirmasens und Landau, ja sogar die nach Karlsruhe orientierten Gemeinden des Kreises Germersheim in

ihren Einflußbereich mit ein. Andererseits aber wird der Mittelbereich
des Nebenzentrums Worms in diesen Kommunikationsraum nicht mit
eingebunden, denn gegenüber der "Allgemeine Zeitung", Mainz, Typ
III, die für Worms eine Nebenausgabe herausbringt, bleibt der Kommunikationsraum der "Die Rheinpfalz" eindeutig ausgegrenzt, d.h. diese beiden regionalen Tageszeitungen konkurrieren nicht einmal in den
Randzonen ihres Verbreitungsgebietes. Derartige Konkurrenz ergibt sich
für Nebenausgaben der "Die Rheinpfalz" nur in den Mittelbereichen
Pirmasens und Zweibrücken am Südwestrand des Verbreitungsgebietes, an
der Grenze zum Saarland und im Osten, noch innerhalb des Verdichtungsraumes, im Mittelbereich Speyer. Dort überschneiden sich jeweils
die Einflußbereiche zweier großstädtisch-regionaler Tageszeitungen.
Denn die mittelstädtischen Tageszeitungen vom Typ Vc, die "Pirmasenser
Zeitung" und der "Pfälzische Merkur", Zweibrücken, kooperieren im
redaktionellen Bereich mit der "Saarbrücker Zeitung", Typ III, während
die "Speyerer Tagespost", Typ Vc, dem "Mannheimer Morgen", Typ III,
angeschlossen ist. Soweit im übrigen Verbreitungsgebiet der "Die Rheinpfalz" Konkurrenz in Erscheinung tritt, ist sie lediglich von örtlicher
Bedeutung. Dies gilt für die "Talpost", Lamprecht, Typ VIc, ebenso,
wie für das "Schifferstädter Tagblatt", Typ VIc. Beide Tageszeitungen
sind lediglich am Erscheinungsort verbreitet.

Innerhalb des Verdichtungsraumes, soweit dieser von der "Die Rheinpfalz"
abgedeckt wird, erscheinen für die Nebenzentren Speyer und Frankenthal und deren Mittelbereiche spezielle Ausgaben, nicht jedoch, wie
wir gezeigt haben, für den Bereich des Nebenzentrums Worms. Die
übrigen Ausgaben der "Die Rheinpfalz" orientieren sich ebenfalls an den
Mittelzentren und deren Bereichen, so daß zum Beispiel für die Kreise
Landau-Stadt, Landau-Bad Bergzabern, Ludwigshafen, Bad Dürkheim und
Donnersbergkreis, entsprechend ausgegrenzt, mehrere Ausgaben erschei-

nen, da innerhalb dieser Kreise mehrere Mittelzentren sich ausbildeten
oder die Bereichsgrenzen dieser Mittelzentren den Landesgrenzen nicht
entsprechen.

Im Hauptzentrum Ludwigshafen, dem Verlagsort der "Die Rheinpfalz",
ist diese regionale Tageszeitung jedoch nicht ohne örtliche Konkurrenz.
Der "Mannheimer Morgen", die kernstädtische Tagespresse des Hauptzentrums Mannheim, versorgt seine Leser in Ludwigshafen mit einem
speziellen Lokalteil. Die übrigen Ausgaben des "Mannheimer Morgen"
sind gleichfalls für Teilbereiche der Stadtregion Mannheim/Ludwigshafen
konzipiert; für das Unterzentrum Ladenburg und (durch die Ausgabe
"Ried") für die Selbstversorgerorte Viernheim und Lampertheim. Sie alle
liegen in der verstädterten Zone noch im Mittelbereich Mannheim. Daß
für diese Orte innerhalb des Mittelbereiches spezielle Ausgaben erscheinen, mag nicht nur durch deren Eigenbedeutung (Viernheim und Lampertheim gelten als Nebenkernstädte) bestimmt sein, sondern aus der Kommunikationssituation erwachsen, denn in Viernheim, Lampertheim und
Ladenburg erscheinen jeweils ausschließlich ortsbezogene Tageszeitungen,
in Viernheim sogar deren zwei. Für die an den Mittelbereich Mannheim
angrenzenden Bereiche der Nebenzentren Schwetzingen und Weinheim
erscheinen jeweils mittelstädtische Tageszeitungen, die "Schwetzinger
Zeitung", Typ Vc, mit einer Nebenausgabe für den Bereich des Unterzentrums Hockenheim und die "Weinheimer Nachrichten", Typ Vc.
Beide Tageszeitungen kooperieren im redaktionellen Bereich und im Anzeigenbereich mit dem "Mannheimer Morgen", dies schützt sie vor Konkurrenz, denn sowohl für Schwetzingen als auch für Weinheim erscheinen Nebenausgaben der "Rhein-Neckar-Zeitung", Heidelberg.

Im Hauptzentrum Heidelberg konkurrieren "Tageblatt" und "Rhein-Neckar-
Zeitung". Beide Tageszeitungen bringen in allen Mittelzentren, deren

Bereiche sich anschließend an den Mittelbereich Heidelberg nach
Osten hin ausgrenzen, Nebenausgaben auf den Markt, so daß der
Ostteil des zentralörtlichen Bereiches von Heidelberger Tageszeitungen bestimmt wird: So in Wiesloch, Sinsheim, Moosbach und
Buchen, nicht aber in Eberbach, denn dort erscheint nur die Ausgabe der "Rhein-Neckar-Zeitung", die allerdings mit einer örtlichen Tageszeitung ("Eberbacher Zeitung", Typ VIc) in Konkurrenz
steht. Der Kommunikationsraum der "Rhein-Neckar-Zeitung" erweitert sich jedoch noch weiter nach Osten bis an die Grenze Bayerns
und schließt neben dem Rhein-Neckar-Kreis und dem Odenwaldkreis den Tauberkreis mit ein. Für die dortigen Mittelzentren im
Bereich des Oberzentrums Würzburg, für Tauberbischofsheim und
Waldürn/Hardheim (nicht jedoch für den Bereich des Mittelzentrums
Bad Mergentheim) erscheinen weitere Nebenausgaben, die aber jeweils auf Ausgaben der "Fränkische Nachrichten", Tauberbischofsheim, Typ IV, treffen. In Wertheim dann, erscheinen zusätzlich Ausgaben des "Main-Echo", Aschaffenburg, Typ IV und der "Main-Post",
Würzburg, Typ III, die sich aber auch auf Tauberbischofsheim beziehen.

Zieht man jedoch in Betracht, daß sowohl die "Fränkische Nachrichten" als auch das "Tageblatt" mit dem "Mannheimer Morgen" kapitalmäßig verflochten sind, von diesem den allgemeinpolitischen Teil
übernehmen und mit ihm in Anzeigengemeinschaft verbunden sind, so
zeigt sich, daß der Einflußbereich des "Mannheimer Morgen" nicht
nur rechtsrheinisch den Bereich der Stadtregion Ludwigshafen/Mannheim
umfaßt, sondern den gesamten Orientierungsbereich der Hauptzentren
der Verdichtung in Baden-Württemberg. Er verbindet so die strukturschwachen Räume des baden-württembergischen Nordosten mit der stark
industrialisierten Verdichtung im Nordwesten. Innerhalb dieses Raumes

- 203 -

überlagert dann der Kommunikationsraun der "Rhein-Neckar-Zeitung", ausgehend vom Hauptzentrum Heidelberg, den Einflußbereich des "Mannheimer Morgen". Vor allem in und um Heidelberg erzielt diese Tageszeitung gegenüber dem "Tageblatt" die weit höheren Auflagen. Dies wird ganz deutlich im Bereich der Stadtregion Heidelberg, denn dort ist die Auflage des "Tageblatt" kaum von Bedeutung. Im Tauberkreis dagegen sind die Ausgaben der "Rhein-Neckar-Zeitung" nahezu ohne Relevanz. Gleiches gilt für die in Mannheim erscheinende Ausgabe.

Insgesamt ergibt die Analyse der Kommunikationsstruktur im Orientierungsbereich der Hauptzentren der Verdichtung Rhein-Neckar folgendes Bild: Begünstigt durch die Landesgrenze gelingt es der "Die Rheinpfalz", Ludwigshafen, vom linksrheinischen Hauptzentrum der Verdichtung aus, einen regionalen Kommunikationsraum zu begründen, der weit über den Zentralitätsbereich Ludwigshafens hinausreicht. Obwohl der Einzugsbereich der rechtsrheinischen Verdichtungskernstadt Mannheim in die linksrheinische Pfalz ausstrahlt [1], gelingt es dem "Mannheimer Morgen" nicht, seinen Einflußbereich dorthin nennenswert auszuweiten. Sein Verbreitungsgebiet bleibt weitgehend auf württembergisches Gebiet beschränkt. Hier aber überschneiden sich nicht nur die Orientierungsbereiche Heidelbergs und Mannheims. Durch Landesgrenzen nicht behindert, überlagern sich dann auch die Einflußbereiche der beiden kernstädtisch-regionalen Tageszeitungen, wobei die Verbreitungsschwerpunkte jeweils im Bereich der Stadtregionen zu identifizieren sind.

1) Vgl. Nellner, Werner: a.a.O., S. 7

- 204 -

3.5.2   Verdichtungsraum Rhein-Main [1)]

3.5.2.1 Aspekte der raumstrukturellen Gliederung

Diese zweitgrößte Agglomeration der Bundesrepublik Deutschland erstreckt sich beiderseits der Rhein-Main-Linie vom rheinlandpfälzischen
Mainz über Wiesbaden und Frankfurt bis ins bayerische Aschaffenburg
und reicht im Süden bis über Darmstadt hinaus. Allein 40% der hessischen
Bevölkerung lebt in diesem Verdichtungsraum. Innerhalb des Verdichtungsraumes lassen sich um die Kernstädte Frankfurt/Offenbach, Wiesbaden/
Mainz, um Darmstadt und um Aschaffenburg eigene Verdichtungszonen
ausgrenzen, die unterscheidbare Teilräume stadtregionaler Gliederung
darstellen. Als Hauptzentren des Verdichtungsraumes sind die beiden
Landeshauptstädte Mainz und Wiesbaden, die hessische Metropole Frankfurt sowie Darmstadt bestimmt, da sie als Oberzentren zentralörtliche Be-

1) Für die Analyse wurden insbesondere folgende Unterlagen herangezogen: Stadtregionen in der Bundesrepublik Deutschland 1961,
   a.a.O.; Kluczka, Georg: a.a.O.; Raumordnungsbericht 1974,
   RPU (Regionale Planungsgemeinschaft Untermain); Regionaler Raum-
   ordnungsplan, Entwurf 1974, RPU (Regionale Planungsgemeinschaft
   Untermain); Arbeitsgruppe für Regionalplanung, Technische Universität Berlin: Regionale Planungsgemeinschaft Rhein-Main-Taunus,
   Entwurf des Raumordnungsplanes, Teil 2: Raumordnungsgutachten,
   Band 1, Berlin 1973; Hessen 80, Landesentwicklungsplan, a.a.O.;
   Raumordnungsbericht 1971 der Landesregierung Rheinland-Pfalz,
   a.a.O.; Raumordnungsbericht 1973 der Landesregierung Rheinland-
   Pfalz, a.a.O.; Hesler, Alexander von: Die regionale Planungsgemeinschaft Untermain, in: Methoden und Praxis der Regionalplanung
   in großstädtischen Verdichtungsräumen, a.a.O., S. 33 ff.; Schwarz,
   Karl: Überlegungen zur Neuabgrenzung der Stadtregionen am Beispiel von vier Stadtregionen in Rheinland-Pfalz, in: Zum Konzept
   der Stadtregionen, a.a.O., S. 43 ff.; Regionale Planungsgemeinschaft Starkenburg, Regionaler Raumordnungsplan I. Teil, Raumordnungsbericht der Region Starkenburg, beschlossen von der Verbandsversammlung der VSP im Juli 1973, Darmstadt 1973

reiche höherer Stufe begründen. In den Einflußbereich Frankfurts,
das als eines der vier gleichrangigen Großzentren der BRD gilt,
sind die Mittelzentren Offenbach, Hanau und Aschaffenburg, die
Teilfunktionen eines Oberzentrums erfüllen, mit einbezogen. Offenbach und Hanau sind somit Nebenzentren der Verdichtung im Bereich
der Stadtregion Frankfurt/Offenbach, wobei Offenbach neben Frankfurt als Kernstadt der Stadtregion gilt. Offenbach soll nach dem
Landesentwicklungsplan als Oberzentrum ausgebaut werden. Einen
eigenen Zentralitätsbereich höherer Stufe wird Offenbach aber dennoch nicht begründen, denn die starke Ausstrahlungs- und Anziehungs-
kraft des Oberzentrums Frankfurt prägt die gesamte Region "Untermain", deren Abgrenzungen sich mit jenen des Zentralitätsbereiches
decken und weite Teile der daran angrenzenden Gebiete. Das Nebenzentrum Aschaffenburg besitzt im Gegensatz zu Hanau und Offenbach eine stärker ausgeprägte Eigenbedeutung, denn es stellt, am
Rande des Verdichtungsraumes gelegen, eine eigene Verdichtungszone
als Stadtregion dar und soll im Rahmen der bayerischen Landesplanung
als Oberzentrum ausgebaut werden. Die Sachverständigenkommission
für die Neugliederung des Bundesgebietes geht zum Beispiel davon aus,
daß sich die bereits bestehende eigenständige Entwicklung des Aschaffenburger Raumes gegenüber dem Rhein-Main-Gebiet noch stärker ausprä-
gen wird [1]. Als Nebenzentren der Verdichtung bestehen innerhalb
der Stadtregion Frankfurt/Offenbach die Mittelzentren Bad Homburg,
Bad Vilbel, Hofheim am Taunus, Kelkheim, Oberursel (Taunus), Seligenstadt und Sprendlingen. Das Mittelzentrum Usingen, in der Randzone der Stadtregion gelegen, ist nicht mehr dem Verdichtungsraum zu-
rechnbar. Funktionen als Mittelzentren innerhalb des Verdichtungs-

---

1) Vgl. Bericht der Sachverständigenkommission für die Neugliederung des Bundesgebietes, a.a.O., S. 223 f.

raumes sollen nach dem Landesentwicklungsplan Bad Soden am Taunus/
Sulzbach am Taunus, Eschborn/Schwalbach am Taunus, Großauheim,
Hattersheim, Hausen/Obertshausen, Heusenstamm, Jügesheim, Kronberg und Oberroden/Überach übernehmen. Nach dem Raumordnungsbericht der Region Starkenburg gilt dies auch für Mörfelden/Waldorf.
Diese Orte liegen als Nebenzentren der Verdichtung ebenfalls innerhalb der Stadtregion Frankfurt/Offenbach.

Der Zentralitätsbereich höherer Stufe, um Frankfurt als Hauptzentrum
der Verdichtung, umfaßt also die hessischen Kreise Schlüchtern, Geln-
hausen, den Wetteraukreis (jedoch nicht den Bereich des Mittelzentrums
Butzbach), die Landkreise Offenbach und Hanau sowie den Hochtaunus-
kreis, ferner jenen Teil des Maintaunus-Kreises, der im Einflußbereich
Frankfurts als Mittelzentrum liegt; somit, einschließlich der zum Kreis
Dieburg gehörenden Gemeinden im Einflußbereich Offenbachs als
Mittelzentrum, die gesamte hessische "Region Untermain". Diesem Zentralitätsbereich höherer Stufe ist dann noch jener Teil der hessischen
Region Starkenburg zuzuordnen, der im Einflußbereich des Mittelzentrums
Rüsselsheim liegt sowie, auf bayerischer Seite, der Mittelbereich Alzenau
und der nordwestliche Teil des Mittelbereiches Aschaffenburg. Zu be-
achten ist, daß Rüsselsheim nach der Abgrenzung der Zentralitätsbereiche
auf Frankfurt als Oberzentrum orientiert ist, daß es aber nach stadtregionaler Zuordnung dem Bereich des Ergänzungsgebietes der Stadtregion
Wiesbaden/Mainz angehört. Vergleicht man die auf Rüsselsheim zen-
trierten Pendlerströme, so zeigt sich, daß zwar die Berufseinpendler aus
Frankfurt gegenüber jenen aus Mainz und Wiesbaden vergleichsweise gering sind, daß aber dieses Verhältnis bei den Berufsauspendlern zugunsten
Frankfurts ausfällt. Hier scheint die Ausstrahlung der hessischen Metropole
den Ausschlag für die Abgrenzung des Zentralitätsbereiches gegeben zu
haben.

Beide Kernstädte der Stadtregion Wiesbaden/Mainz, die ebenfalls eine engere Verdichtungszone im Rhein-Main-Gebiet markieren, grenzen entlang des Rheins, der dort die Landesgrenze zwischen Hessen und Rheinland-Pfalz bildet, je eigene Zentralitätsbereiche aus und erweisen sich somit gleichfalls als Hauptzentren der Verdichtung. Zwar liegen dort die Mittelzentren Ingelheim und Oppenheim sowie Eltville im Bereich der Randzone bzw. der verstädterten Zone der Stadtregion, jedoch nicht mehr im Bereich des Verdichtungsraumes, so daß sie nicht als Nebenzentren der Verdichtung gelten können. Es bleibt damit als einziges Nebenzentrum der Verdichtung innerhalb der Stadtregion das von der Landesplanung projektierte Mittelzentrum Taunusstein, das durch die Zusammenlegung der Orte Bleidenstein, Hahn und Wehen entstand.

Der Zentralitätsbereich des Oberzentrums Wiesbaden umfaßt den Untertaunuskreis und den Rheingaukreis sowie jenen Teil des Main-Taunus-Kreises, der auf Wiesbaden als Mittelzentrum orientiert ist. Der Einflußbereich des Oberzentrums ist dagegen weiter gefaßt, er reicht nach Süden bis in den Mittelbereich Alzey, nach Westen bis über Bad Kreuznach hinaus an den Kreis Birkenfeld und an den Rhein-Hunsrück-Kreis heran und umfaßt damit die rheinland-pfälzischen Kreise Bad Kreuznach, Bingen, Mainz und den Großteil des Kreises Alzey/Worms.

Als viertes Hauptzentrum der Verdichtung erweist sich Darmstadt, das ebenfalls die Zentralität eines Oberzentrums besitzt und als Kernstadt der Stadtregion eine eigene Verdichtungszone innerhalb des Verdichtungsraumes aufbaut. Als Nebenzentrum innerhalb der Verdichtung gilt Griesheim, im Einzugsgebiet der Stadtregion gelegen, das jedoch nach der Landesentwicklungsplanung nur als Unterzentrum eingestuft ist, wiewohl es nach den Erhebungen des Zentralausschusses für deutsche Landes-

kunde als Selbstversorgerort über die Ausstattung eines Mittelzentrums
verfügt.

Der Zentralitätsbereich höherer Stufe um das Oberzentrum Darmstadt
umfaßt den Kreis Dieburg (ohne die auf Offenbach als Mittelzentrum
orientierten Gemeinden), den Landkreis Darmstadt, den Odenwaldkreis (ohne die dem Mittelbereich Eberbach zugeordneten Gemeinden),
den Kreis Groß-Gerau (jedoch nicht den Teil des Kreises, der in den
Mittelbereichen von Rüsselsheim und Frankfurt liegt und auch nicht die
Gemeinden Gustavsburg, Ginsheim und Bischofsheim, die nach Mainz
orientiert sind) sowie den Bereich um die Mittelzentren Heppenheim
und Bensheim im Kreis Bergstraße. Damit umfaßt der Zentralitätsbereich Darmstadts nicht die gesamte Region Starkenburg. Vor allem der
südliche Teil sowie der Nordwesten der Region ist dem Einfluß Darmstadts entrückt und auf Heidelberg/Mannheim vor allem aufgrund der
Verflechtung mit dem Rhein-Neckar-Gebiet bzw. auf Mainz oder Frankfurt bezogen.

3.5.2.2 Der Einzugsbereich des Hauptzentrums Frankfurt

In Frankfurt erscheinen großstädtische Tageszeitungen je unterschiedlichen
Typs. Entsprechend der Bedeutung Frankfurts als eine der vier west-
deutschen Metropolen, erscheint als überregionale Tageszeitung die "Frankfurter Allgemeine Zeitung" vom Typ Ia, die dennoch, bezogen auf Frankfurt, als lokal informierende Tageszeitung zu werten ist. Ähnliches gilt
für die Straßenverkaufszeitung "Abendpost/Nachtausgabe" Typ Ib, deren
Nebenausgaben ("Fernausgabe" und Ausgabe "Baden-Württemberg") bezüglich lokaler Informationen keinerlei Bedeutung besitzen. Zwei Tageszeitungen begründen von Frankfurt aus regionale Kommunikationsräume:

Die "Frankfurter Rundschau", Typ III und die "Frankfurter Neue Presse",
Typ III. Beide Tageszeitungen strukturieren den Kommunikationsraum
durch lokale bzw. regionale Differenzierung der Nebenausgaben, der
dann nahezu den gesamten Einflußbereich des Oberzentrums Frankfurt
umfaßt. Und beide Tageszeitungen erscheinen innerhalb Frankfurts mit
einer zweiten Ausgabe, jeweils bezogen auf Frankfurt-Höchst und Teile
des Main-Taunus-Kreises. Dies entspricht durchaus der Sonderstellung
dieses Stadtteils, denn Höchst, das noch eigenstädtisches Gepräge besitzt und Stadtrechte bereits im 14. Jahrhundert erwarb, erfüllt, wiewohl nicht voll wirksam, die Funktionen eines Mittelzentrums. Wie
Höchst wurden auch Schwanheim und Fechenheim erst 1928 eingemeindet. In diesen beiden Ortsteilen erscheinen zweimal wöchentlich Stadtteilzeitungen vom Typ VII, der "Fechenheimer Anzeiger", der in Offenbach verlegt wird und dort mit der Ausgabe "Offenbacher Südspitze"
und für den Stadtteil Lauterbach mit dem "Lauterbacher Anzeiger" erscheint, sowie die "Schwanheimer Zeitung".

Rückt man die Struktur des Verbreitungsraumes der beiden regionalen
Tageszeitungen ins Blickfeld, so zeigt sich folgendes Bild: Im Orientierungsbereich Frankfurts als Mittelzentrum differenziert die "Frankfurter Rundschau" den Kommunikationsraum durch Nebenausgaben für
den Main-Taunus-Kreis (hier vor allem bezogen auf Hofheim im Taunus,
das Teilfunktionen eines Mittelzentrums erfüllt), für den Bereich des
zentralen Ortes Höchst, für die Nahbereiche um die Selbstversorgerorte
Neu-Isenburg und Sprendlingen und um das Unterzentrum mit Teilfunktionen eines Mittelzentrums Langen, ferner für den Nahbereich des
projektierten Mittelzentrums Walldorf/Mörfelden (diese Ausgabe zielt
auch auf Groß-Gerau), für den Selbstversorgerort Bad Vilbel (wobei in
diesem Teilverbreitungsraum Großkargen im angrenzenden Mittelbereich
Friedberg mit einbezogen ist) und für die zum Kreis Hanau[1] gehören-

---

1) Jetzt Main-Kinzig-Kreis zusammen mit den ehemaligen Kreisen
   Schlüchtern und Gelnhausen und der kreisfreien Stadt Hanau.

den Unterzentren Bergen-Enkheim, Bischofsheim und Dörnigheim [1].
Außer für Kelkheim, das allerdings sowohl nach der Landesplanung
als auch nach der "Schülerbefragung" [2] nur als Unterzentrum eingestuft wird, bestehen somit innerhalb des Mittelbereiches von Frankfurt jeweils zumindest Ausgaben für jene Orte, die Teilfunktionen
eines Mittelzentrums erfüllen.

Diese Differenzierung ist zusätzlich dadurch bedingt, daß der Mittelbereich Frankfurt in die an Frankfurt angrenzenden Kreise Main-Taunus-
Kreis, Groß-Gerau, Offenbach, Hanau und in den Wetteraukreis
hineinreicht. Und sie mag vor allem aus örtlichen Konkurrenzsituationen
erwachsen sein, denn außer auf Kelkheim sind auf all die genannten
Orte konkurrierende Ausgaben vor allem örtlicher Tageszeitungen bezogen, die allerdings nur zweimal wöchentlich erscheinen: Für Neu-Isenburg das "Neu-Isenburger Anzeigenblatt", Typ Vc; für Langen die
"Langener Zeitung", Typ VIII; für Sprendlingen eine Ausgabe der "Offenbach-Post"; für Bischofsheim der "Bischofsheimer Anzeiger", Typ VIII
und eine Ausgabe des "Dörnigheimer Echo", Typ VIII; für Dörnigheim
selbst wiederum auch eine Ausgabe des "Bischofsheimer Anzeiger"(beide
Heimatzeitungen streuen weitere Ausgaben in den Nachbargemeinden
Hochstadt, Wachenbuchen und Mittelbuchen); für Bad Vilbel der "Bad
Vilbeler Anzeiger", Typ VIII, der auch Ausgaben für Großkargen ,
Friedberg und Schöneck herausbringt; für Hofheim im Taunus die "Hof-
heimer Zeitung", Typ VIII und für Hattersheim schließlich (schon am

---

1) Seit der Gebietsreform bilden die Orte Bischofsheim und Dörnigheim zusammen mit Wachenbuchen und Hochstadt die Gemeinde
   Maintal.

2) Vgl. Kartenwerk, Einzugsbereiche der zentralen Orte in Hessen,
   Ergebnisse einer Befragung der Volksschuloberklassen in Hessen,
   hrsg. vom Hessischen Minister des Innern, Wiesbaden 1968

Rande des Mittelbereiches) eine Ausgabe des "Maingau-Bote", Flörsheim, Typ VIII. All die genannten klein- und mittelstädtischen Tageszeitungen haben klar abgegrenzte, auf den Nahbereich bezogene
Verbreitungsräume und nur die Heimatzeitungen von Dörnigheim und
Bischofsheim stehen in Konkurrenz, allerdings mit gemeinsamen An-
zeigentarif, dem auch die einmal wöchentlich erscheinende "Bergen-
Enkheimer Zeitung" angeschlossen ist.

Eine mit der "Frankfurter Rundschau" vergleichbare Differenzierung
weisen die Nebenausgaben der "Frankfurter Neue Presse" im Mittelbereich Frankfurt nicht auf: Neben der Ausgabe "Höchster Kreisblatt"
bildet nur die Ausgabe "Süd" um Walldorf/Mörfelden einen weiteren
Teilverbreitungsschwerpunkt, der ebenfalls bis Groß-Gerau zielt. Die
übrigen Orte des Mittelbereiches, die anderen Kreisen angehören,
werden von den auf diese Kreise bezogenen Ausgaben mit versorgt.

Im Anschluß an den Mittelbereich Frankfurts erweitern nach Westen
und Südwesten Ausgaben der Frankfurter regionalen Tageszeitungen
den Verbreitungsraum nicht, denn hier verläuft die Orientierungstrennlinie zu den Oberzentren Darmstadt und Wiesbaden und die Grenzzone der Stadtregion Frankfurt/Offenbach zu den Stadtregionen Wies-
baden/Mainz einerseits und Darmstadt andererseits. Folglich sind die
Auflagen der Frankfurter Zeitungen in Groß-Gerau und Hochheim
zum Beispiel kaum von Bedeutung.

In dem sich nach Osten anschließenden Mittelbereich Offenbach ist
die "Frankfurter Rundschau" wiederum mit zwei Ausgaben verbreitet,
deren eine, die für den Süden des Kreises Offenbach konzipierte Ausgabe, vor allem die Orte des Kreises Dieburg in den Verbreitungsraum
mit einbezieht, es sind dies jene Orte, die noch im Bereich der Stadt-

region Frankfurt/Offenbach liegen und dem Mittelbereich Offenbach
zugeordnet sind, denn in Dieburg selbst erreicht die "Frankfurter Rundschau" nicht einmal 100 Leser. Die zweite Ausgabe ist für den Stadtkreis Offenbach und den übrigen Teil des Landkreises bestimmt, nicht
jedoch für den Teil des Kreises, der im Mittelbereich Frankfurt liegt
(so z.B. nicht für Neu-Isenburg, Sprendlingen, Langen, Dörnigheim
und Bischofsheim).

Die "Frankfurter Neue Presse" bringt indessen für den gesamten Kreis
Offenbach und die auf Offenbach orientierten Gemeinden des Kreises
Dieburg nur eine Ausgabe "Süd-Ost" heraus und auch sie gewinnt
kaum relevante Auflagen in Dieburg. Klein- und mittelstädtische Konkurrenz besteht in diesem Teilverbreitungsraum nicht. Wohl aber begründet die "Offenbach-Post", Typ IIc, einen Kommunikationsraum,
der das gesamte Kreisgebiet umfaßt und somit über den Mittelbereich
Offenbach in die Bereiche Frankfurts und Hanaus hinausweist. Dabei
gelingt es dieser Tageszeitung durch ein- bzw. zweimal wöchenlich erscheinende Nebenausgaben für Dietzenbach, Hausen, Heusenstamm,
Kleinauheim, Steinheim, Seligenstadt und Sprendlingen einen speziellen
lokalen Bezug zu allen Unterzentren des Kreises herzustellen, was sich
vor allem darin ausdrückt, daß diese Ausgaben allen anderen Ausgaben
gegenüber dort einen Konkurrenzvorsprung besitzen. Auch die "Offenbach-Post" bindet die zum Mittelbereich Offenbach gehörigen Gemeinden des Kreises Dieburg durch die Ausgabe "Dieburger Kreisanzeiger"
in ihren Verbreitungsraum mit ein.

Wiederum wird an der Grenze dieses Teilverbreitungsraumes deutlich,
daß der Einflußbereich der kernstädtischen Regionalzeitungen Offenbachs
und Frankfurts nicht über den Bereich des Oberzentrums und der Stadtregion hinausreicht.

Im Mittelbereich Hanau erscheint je eine Ausgabe der "Frankfurter
Rundschau" und der "Frankfurter Neue Presse", die aber beide den
im Osten anschließenden Mittelbereich Gelnhausen in ihren Kommunikationsraum mit einbinden wollen. Einen weiteren Teilverbreitungsraum
bildet die "Frankfurter Rundschau" durch die Ausgabe "Landkreis Hanau
West" in der Grenzzone zwischen den Mittelbereichen Hanau, Offenbach und Frankfurt um die Orte Bergen-Enkheim, Bischofsheim und
Dörnigheim. In den Zentren der Mittelbereiche Hanau und Gelnhausen
erscheint aber jeweils eine örtliche Tageszeitung als Konkurrenz, die
dann im jeweiligen Bereichsgebiet die höheren Auflagenanteile erzielt.
In Hanau erscheint der "Hanauer Anzeiger", Typ Va, der nach der
Übernahme der "Langenselbolder Zeitung" mit dieser Ausgabe am Ost-
rand des Kreises Hanau einen neuen Verbreitungsschwerpunkt begründet, in den aber dennoch die angrenzenden Gemeinden des Kreises
Gelnhausen, die noch im Bereich der Stadtregion Frankfurt/Offenbach
liegen und zum Mittelbereich Hanau gehören, nicht eingebunden werden.

Das Verbreitungsgebiet des "Hanauer Anzeiger" bleibt auf den Kreis
Hanau beschränkt, wobei vor allem jene Teile des Kreises, die nach
Frankfurt orientiert sind (Bergen-Enkheim und Bischofsheim), in diesen Verbreitungsraum mit einbezogen sind. Aber dort, wo der Mittelbereich Hanau in den Kreis Offenbach hineinreicht, in Steinheim,
Klein-Auheim, Hainstadt und Klein-Kotzenburg, erzielt der "Hanauer
Anzeiger" gerade noch in Steinheim eine nennenswerte Auflage, denn
es wird hier die zusätzliche Konkurrenz mit der "Offenbach-Post"
wirksam. Weitere örtliche Konkurrenz ergibt sich innerhalb des Mittelbereiches im Nordwesten durch die Ausgaben der Heimatzeitungen in
Bischofsheim und Dörnigheim sowie durch die Ausgabe "Nidda-Zeitung"
des "Bad Vilbeler Anzeiger" in Schöneck. Und im Mittelzentrum Offen-

bach kommen dann noch die Ausgaben "Südspitze" und "Lauterborner
Anzeiger" des "Fechenheimer Anzeiger", Typ VII, als Konkurrenten
hinzu. Festzustellen bleibt, im gesamten Orientierungsbereich des
Mittelzentrums Hanau, das Teilfunktionen eines Oberzentrums erfüllt,
ist kein weiterer zentraler Ort, der auch nur Teilfunktionen eines
Mittelzentrums erfüllen würde ausgewiesen, so daß sich aufgrund der
raumstrukturellen Gliederung eine Differenzierung der Ausgaben eigentlich nicht aufdrängt.

Im Mittelzentrum Gelnhausen erscheint das "Gelnhäuser Tageblatt",
Typ VIc, das den Mantel vom "Gießener Anzeiger", Typ IV, bezieht. Hier am Rande der Stadtregion überschneiden sich dann die
Einflußbereiche der Frankfurter regionalen Tageszeitungen mit dem der
mittelstädtisch-regionalen Tageszeitung "Gießener Anzeiger".

Über den Bereich der Stadtregion Frankfurt/Offenbach hinaus waren
bislang für die Mittelbereiche Büdingen, Gedern und Schlüchtern im
Nordosten des zentralörtlichen Bereiches höherer Stufe keine speziellen Ausgaben der "Frankfurter Rundschau" und der "Frankfurter Neue
Presse" konzipiert. Nun aber hat die "Frankfurter Neue Presse" die
Nebenausgaben "Oberhessische Volkszeitung", Lauterbach und "Kin-
zigtal-Nachrichten/Schlüchterner Volkszeitung" von der "Fuldaer
Volkszeitung", die ihr Erscheinen einstellte, übernommen, so daß
sich ihr Kommunikationsraum bis in den Kreis Schlüchtern [1] (dort
konkurriert sie mit einer Ausgabe der "Fuldaer Zeitung", Typ Va)
und über den zentralörtlichen Bereich höherer Stufe hinaus bis in den
im Norden angrenzenden Mittelbereich Lauterbach im Vogelsberg-
Kreis (dort konkurriert sie mit einer Ausgabe des "Gießener Anzeiger")

---

1) Dieses Gebiet gehört jetzt zum neugebildeten Main-Kinzig-Kreis.

erweitert. Innerhalb des Oberbereiches Frankfurt im Nordosten liegt
nur noch der Mittelbereich Gedern nicht unmittelbar im Einflußbereich der Frankfurter regionalen Tageszeitungen. Dort wird, wie im
Bereich Büdingen, eine Nebenausgabe des "Gießener Anzeiger",
der "Kreisanzeiger für Wetterau" gelesen. Die Ausgabe "Wetterau-
Kreis" der "Frankfurter Rundschau", die auch für Büdingen konzipiert
sein soll, verkauft dort gerade 120 Exemplare und erreicht im ehemaligen Kreis Büdingen insgesamt nur 800 Abonnenten. Für den Bereich Gedern ist diese Ausgabe kaum noch von Bedeutung.

Die vorgenannte Ausgabe der "Frankfurter Rundschau" erzielt höhere
Auflagenanteile im ehemaligen Kreis Friedberg, der jetzt, nach der
Kreisreform, zusammen mit dem ehemaligen Kreis Büdingen den
"Wetterau-Kreis" bildet. Dabei ist zu beachten, daß in der Grenz-
zone der Mittelbereiche Friedberg/Bad Nauheim und Frankfurt, um
Bad Vilbel, das allerdings nach der "Schülerbefragung" [1] einen eige-
nen zentralörtlichen Bereich mittlerer Stufe bildet, eine spezielle Aus-
gabe der "Frankfurter Rundschau" erscheint. Die "Frankfurter Neue
Presse" wiederum ist mit der Ausgabe "Nord" im gesamten ehemaligen
Kreis Friedberg verbreitet. Als Konkurrenten treten in Erscheinung:
Im Mittelbereich Friedberg/Bad Nauheim die Ausgabe "Wetterau-Zei-
tung" der "Gießener Allgemeine", Typ Va, die in Butzbach und Bad
Vilbel nicht verbreitet ist, denn von dieser Ausgabe abgegrenzt erscheint für den Mittelbereich Butzbach, der schon im Bereich des Oberzentrums Gießen liegt, die "Butzbacher Zeitung", Typ VIc, die im
Anzeigenbereich mit dem "Gießener Anzeiger" kooperiert, so daß hier
an der Grenze zwischen den Oberbereichen Frankfurt und Gießen auch
die Grenze der Einflußbereiche der regionalen Tageszeitungen Frank-

---

1) Vgl. Kartenwerk Schülerbefragung, a.a.O.

- 216 -

furts und Gießens verläuft. Als weitere örtliche Konkurrenten erscheinen in Groß Karben und Friedberg (allerdings nur einmal wöchentlich)
Nebenausgaben des "Bad Vilbeler Anzeiger", Typ VIII.

In den beiden bis an den Nordwestrand des Oberbereiches heranrei-
chenden Mittelbereichen Bad Homburg/Oberursel und Usingen im
Hochtaunuskreis zeigt die Kommunikationsstruktur wiederum ein differenziertes Bild. Die "Frankfurter Rundschau" konzentriert ihre Verbreitung dort vor allem auf die Bereiche der zentralen Orte Bad Homburg und Oberursel (für beide Orte erscheinen jeweils ortsbezogene
Ausgaben), ist aber dann im Bereich Usingen kaum mehr ein relevan-
ter Konkurrent. Trotz dieses klaren Ortsbezugs erreicht die Ausgabe
"Taunus-Zeitung" der "Frankfurter Neue Presse", die auch für den
Mittelbereich Usingen erscheint, die weitaus höheren Auflagenanteile
in Bad Homburg und Oberursel und in allen übrigen Orten des ehemaligen Obertaunuskreises. Im Mittelbereich Bad Homburg/Oberursel
erscheinen zudem zwei weitere Konkurrenten mit klarem Ortsbezug:
Der "Taunus-Kurier", eine Nebenausgabe des "Gießener Anzeiger",
die nur für Bad Homburg erscheint und, zweimal wöchentlich, die
"Kronberger Zeitung", Typ VIc, diese für den Bereich des Unterzentrums Kronberg im Taunus. Allerdings nur der "Taunus-Kurier" erreicht
gegenüber der "Taunus-Zeitung" einen höheren Auflagenanteil. Im
Mittelbereich Usingen ist der "Usinger Anzeiger", Typ VIc, die dominierende Tageszeitung, die für den Bereich des Unterzentrums Camberg
im angrenzenden Mittelbereich Limburg, jenseits der Grenze des Oberbereiches Frankfurt, eine ortsbezogene Ausgabe herausbringt. Auch diese Tageszeitung kooperiert in Anzeigengemeinschaft mit dem "Gießener
Anzeiger". Auf den Mittelbereich Limburg, auf den Bereich des Mittelzentrums Weilburg sowie zum Teil auf angrenzende Orte jenseits der
Landesgrenze in Rheinland-Pfalz bezogen, erscheint als weitere Ausgabe

der "Frankfurter Neue Presse" die "Nassauische Landeszeitung", die im Kreis Limburg (außer in Camberg) ohne Konkurrenz ist. Im Oberlahnkreis, das ist also im Bereich des Mittelzentrums Weilburg, erscheint dann noch eine Ausgabe der "Wetzlarer Zeitung", Typ IV [1].

Bezogen auf die Verwaltungsgliederung zeigt sich, daß in und für alle Kreise im Verdichtungsraum und im Bereich der Stadtregion Ausgaben der beiden Frankfurter Regionalzeitungen erscheinen und daß in den übrigen Kreisgebieten des Oberbereiches, im Teilgebiet Büdingen des Wetteraukreises und im Teilgebiet Usingen des Hochtaunuskreises sowie im Kreis Schlüchtern nur eine Ausgabe der "Frankfurter Rundschau" bzw. der "Frankfurter Neue Presse" existiert. In nahezu allen Kreisen tritt vor allem örtliche Konkurrenz zusätzlich in Erscheinung, d.h. es lassen sich Teilräume unterscheiden, in welchen konkurrierende Tageszeitungen innerhalb der Kreise Verbreitungsräume abstecken, die entweder auf die Verlagsorte beschränkt oder lediglich auf den Bereich eines Unterzentrums bezogen sind, aber auch (vgl. Hanau, Offenbach und Gelnhausen) das gesamte Kreisgebiet umfassen können [2]. Die Verbreitungsgebiete dieser Tageszeitungen überschneiden sich in der Regel nicht, so daß nur in bestimmten Teilgebieten dieser Kreise neben die Ausgaben der regionalen Tageszeitungen ein weiterer örtlicher Konkurrent tritt. Alle mit den Frankfurter Tageszeitungen konkurrierenden Ausgaben, deren Verbreitungsgebiet in der Randzone des Oberbereiches und damit außerhalb der Stadtregion liegt, erscheinen entweder als Nebenausgaben der Tageszeitungen angrenzender Oberzentren oder sind durch Kooperation mit diesen verbunden. Be-

---

1) Durch die Gebietsreform wurden der Kreis Limburg und der Oberlahnkreis zum Kreis Limburg-Weilburg zusammengefaßt.

2) Dies gilt nun nur noch für ehemalige Kreisgebiete (vgl. Hanau und Gelnhausen).

merkenswert ist, daß gerade die lokale Konkurrenz im Verdichtungsraum den allgemeinpolitischen Teil entweder über die "Redaktionsgemeinschaft Deutscher Heimatzeitungen GmbH", Frankfurt, von
der "Bayerische Heimatzeitungsverleger eGmbH" in Nürnberg bezieht,
oder ganz auf allgemeinpolitische Berichterstattung verzichtet. Dagegen erstellen die Tageszeitungen Hanaus und Offenbachs den allgemeinpolitischen Teil ihrer Zeitungen selbst.

Eine besondere Situation ergibt sich für den Main-Taunus-Kreis, denn
diesen teilt die Grenze des zentralörtlichen Bereiches in Einflußzonen
der Oberzentren Mainz und Wiesbaden einerseits und Frankfurt andererseits. In jenen auf Mainz/Wiesbaden orientierten Orten des Kreises sind neben den Ausgaben der Frankfurter Regionalzeitungen die
"Main-Taunus-Kreisausgabe" des "Wiesbadener Kurier", Typ III und
die Hauptausgabe des "Wiesbadener Tagblatt", Typ III (vor allem im
Bereich des Unterzentrums Niedershausen) und zusätzlich, allerdings
nur bezogen auf das Unterzentrum Hochheim am Main, die Hauptausgabe der "Allgemeine Zeitung", Mainz, Typ III, verbreitet. Eine Besonderheit ergibt sich auch für den Bereich des Mittelzentrums Rüsselsheim. Rüsselsheim liegt im Bereich der Stadtregion Wiesbaden/Mainz
und so verwundert es nicht, daß die mittelstädtische Tageszeitung
"Main-Spitze", Rüsselsheim, Typ Vc, die auch für das benachbarte
Raunheim eine Ausgabe herausbringt, mit der "Allgemeine Zeitung",
Mainz, im redaktionellen und im Anzeigenbereich kooperiert, denn
schließlich erscheint diese Tageszeitung ja im gleichen Verlag. Rüsselsheim liegt aber auch im Kreis Groß Gerau in der Region Starkenburg und so verwundert es ebenfalls nicht, daß als Ausgabe des "Darmstädter Echo", Typ IIb, das "Rüsselsheimer Echo" erscheint. Obwohl
Rüsselsheim zum Oberbereich Frankfurt gehört, haben dennoch beide
Frankfurter Regionalzeitungen für Rüsselsheim keine Ausgabe konzipiert.

Jenseits der Landesgrenze, im Bereich der Stadtregion Aschaffenburg, das als eigengewichtiges Nebenzentrum noch im Bereich des Oberzentrums Frankfurt und innerhalb des Verdichtungsraumes liegt, sind Frankfurter Tageszeitungen nicht mehr verbreitet. Dort begründet das "Main-Echo", Aschaffenburg, Typ IV, einen regionalen Kommunikationsraum, allerdings in Konkurrenz mit den Nebenausgaben des "Fränkisches Volksblatt", Würzburg, Typ IV, das dort unter dem Titel "Aschaffenburger Volksblatt" erscheint.

Fragt man danach, ob in den Nebenzentren der Verdichtung, die im Bereich des Oberzentrums Frankfurt liegen, jeweils Ausgaben für spezifisch ortsbezogene und bereichsbezogene lokale Informationen zur Verfügung stehen, so zeigt sich, daß, legt man die durch den Zentralausschuß für deutsche Landeskunde bzw. die durch die "Schülerbefragung" festgelegten Orte mit Funktionen von Mittelzentren zugrunde, außer in Mühlheim und Königstein, in all diesen Orten zumindest eine solche lokale Ausgabe existiert. Allerdings, für den Großteil der im Landesentwicklungsplan projektierten Mittelzentren der Verdichtung ist dies nicht der Fall. Diese sollen jedoch, den gleichen Planungen zufolge, in der Regel nur Teil- und Ergänzungsfunktionen erfüllen [1].

Insgesamt betrachtet erweist sich der Verbreitungsschwerpunkt der beiden regionalen Tageszeitungen Frankfurts auf den Bereich der Stadtregion Frankfurt/Offenbach innerhalb des Zentralitätsbereiches höherer Stufe konzentriert. Dies gilt vor allem für die "Frankfurter Rundschau", die insbesondere im Kerngebiet der Stadtregion ein differenziertes System von Nebenausgaben unterhält, während die Nebenausgaben der "Frankfurter Neue Presse" breiter gestreut sind und zumeist mehrere Mittelbereiche und Kreise abdecken. Beiden Tageszeitungen ist gemein,

---

1) Vgl. Großer Hessenplan 80, Landesentwicklungsplan, a.a.O., S. 12

daß ihre Ausgaben meist unter dem Titel der Hauptausgabe erscheinen.
Dies ist für die Ausgaben der "Frankfurter Rundschau" durchgängig
(Ausnahme: "Höchster Stadtrundschau") der Fall. Vielleicht ist es kein
Zufall, daß die Ausgaben der "Frankfurter Neue Presse", die im Titel
einen Bezug zum jeweiligen Teilverbreitungsgebiet ausdrücken, dort
auch gegenüber allen übrigen Ausgaben im Markt zumindest vergleichbare Auflagenanteile erzielen (vgl. "Nassauische Landeszeitung" und
"Taunus-Zeitung"). Es könnte aber auch sein, daß vor allem die Ausgaben der Frankfurter Regionalzeitungen in der Stadtregion und insbesondere in den Mittelbereichen Frankfurt, Offenbach und Hanau
weniger den auf seinen klein- oder mittelstädtischen Bereich am Wohnort orientierten Bürger im Blickfeld haben, sondern auf einen Leser
eingestellt sind, dessen wesentliche politische und soziale Orientierung
auf das großstädtische Zentrum der Region bezogen ist. Die Annahme
einer derart differenzierten potentiellen Leserschaft im Bereich der Verdichtung scheint sinnfällig, denn mit Sicherheit ist durch die Verän-
derung der sozio-ökonomischen Bedingungen im Verdichtungsraum, die
Abwanderung der Bevölkerung aus den Kernstädten der Verdichtung und
die zunehmend enge Verflechtung und Abhängigkeit der Umlandgemeinden zum kernstädtischen Zentrum in den einstmals eher ländlich geprägten Gemeinden des Umlandes neben dem eingesessenen, vor allem
auf den Wohnort und seine unmittelbare Umgebung orientierten Bürger,
ein großstadtorientierter Bürger und Pendler herangewachsen. Diese
Situation würde dann auch erklären, warum gerade im Verdichtungsge-
biet so viele örtliche Tageszeitungen, die ja nur zweimal wöchentlich
erscheinen, relativ hohe Auflagenanteile erzielen. Vielleicht aber wird
diese Kommunikationsstruktur auch dadurch begünstigt, daß in diesen
Orten lokale Anzeigenbelegung nachgefragt wird, die die regionalen
Zeitungen nicht ermöglichen können oder wollen.

3.5.2.3 Der Einzugsbereich des Hauptzentrums Wiesbaden

Recht klar ist die Kommunikationsstruktur dieses Raumes. Von Wiesbaden
aus begründen zwei großstädtische Tageszeitungen des Typs III, der
"Wiesbadener Kurier" und das "Wiesbadener Tagblatt" regionale Kommunikationsräume, die sich ganz eindeutig auf den Bereich des Oberzentrums beschränken. Beide Tageszeitungen bringen eine Ausgabe für
den Rheingau-Kreis heraus, so daß beide Mittelzentren des Kreises,
Rüdesheim und Eltville, durch spezielle Ausgaben nicht erfaßt werden.
Anders ist die Situation im Untertaunus-Kreis, dort erscheint mit spe-
ziellem Bezug auf das projektierte Mittelzentrum Taunusstein die Ausgabe "Aar" des "Wiesbadener Kurier", dessen Auflage im restlichen
Kreisgebiet vor allem in Idstein und Bad Schwalbach kaum von Bedeutung ist, so daß allein das Nebenzentrum der Verdichtung, nämlich
Taunusstein, eine spezielle Ausgabe besitzt. Für die anderen Mittelzentren des Kreises (Idstein und Bad Schwalbach) erscheinen die Ausgaben "Idsteiner Zeitung" und "Aar-Bote" des "Wiesbadener Tagblatt".
Letztere erzielt allerdings auch in Taunusstein einen relativ hohen
Auflagenanteil. Die auf den Main-Taunus-Kreis bezogene Ausgabe des
"Wiesbadener Kurier" erscheint für die Gemeinden dieses Kreises, die
im Bereich des Oberzentrums Wiesbaden liegen. (Zur Konkurrenzsitua-
tion in diesem Teilverbreitungsgebiet vgl. die Ausführungen im voran-
stehenden Abschnitt!) Zu erwähnen bleibt, daß in den ehemals Mainzer
Vororten, die heute zu Wiesbaden gehören, die Ausgabe "Rhein-Main-
Anzeiger" der "Allgemeine Zeitung", Mainz, Typ III, gelesen wird.
Konkurrenz findet also statt, allerdings im "eigenen Haus", denn der
Verlag der "Allgemeine Zeitung", Mainz, ist Alleingesellschafter der
Verlage des "Wiesbadener Kurier" und "Wiesbadener Tagblatt". Nur
am äußersten Rande des Einflußbereiches, im Main-Taunus-Kreis, wo
die Mittelbereiche Rüsselsheim, Frankfurt und Wiesbaden aneinandergren-

zen, existiert ein Konkurrent. Zweimal wöchentlich erscheint dort im Unterzentrum Flörsheim der "Maingau-Bote", Typ VIII, der für das angrenzende Unterzentrum Hattersheim im Mittelbereich Frankfurt eine Nebenausgabe herausbringt.

3.5.2.4 Der Einzugsbereich des Hauptzentrums Mainz

Auch die Struktur des Kommunikationsraumes im Bereich des Oberzentrums Mainz ist - vor allem im linksrheinischen Bereich der Stadtregion Wiesbaden/Mainz - eindeutig. Die "Allgemeine Zeitung", Mainz, Typ III, begründet, durch Nebenausgaben differenziert, einen Kommunikationsraum, der den Mainzer Oberbereich und darüber hinaus den im Süden sich anschließenden Mittelbereich Worms umfaßt. Die Nebenausgaben dieser regionalen Tageszeitungen sind jeweils auf die Mittelzentren und deren Bereiche, auf Bingen, Ingelheim, Oppenheim, Alzey und Worms bezogen und in den Kreisen Mainz/Bingen, Alzey-Worms sowie in den Stadtkreisen Mainz und Worms ohne Konkurrenz. Eine davon abweichende Kommunikationsstruktur ergibt sich aber für die Ausgabe "Bad Kreuznacher Anzeiger" im Mittelzentrum Bad Kreuznach, denn diese bezieht die Bereiche der Mittelzentren Kirn, Sobernheim und Meisenheim in ihr Verbreitungsgebiet mit ein. Außerdem ist diese Ausgabe im gesamten Kreisgebiet Bad Kreuznach nicht ohne Konkurrenz, denn gleichfalls für den Kreis Bad Kreuznach erscheint der "Öffentlicher Anzeiger", Bad Kreuznach, Typ Vc, in Verlagsgemeinschaft mit der "Rhein-Zeitung", Koblenz, Typ III, so daß sich hier die Einflußbereiche zweier regionaler Tageszeitungen überschneiden. Außerdem erscheinen in den Mittelzentren Meisenheim, Kirn und Sobernheim örtliche Tageszeitungen als zusätzliche Konkurrenz. Die Ausgabe "Rhein-Main-Anzeiger" der "Allgemeine Zeitung", Mainz, erscheint nicht nur, wie bereits er-

wähnt, für Vororte in Wiesbaden, sondern auch für die nach Mainz
orientierten Gemeinden im hessischen Kreis Groß-Gerau, für Ginsheim, Gustavsburg und Bischofsheim, dort allerdings ist ebenfalls die
Ausgabe "Rüsselsheimer Echo" des "Darmstädter Echo", Typ III, verbreitet.

3.5.2.5 Der Einzugsbereich des Hauptzentrums Darmstadt

Im Oberzentrum Darmstadt erscheinen zwei großstädtische Tageszeitungen unterschiedlichen Typs, das "Darmstädter Tagblatt", Typ III
und das "Darmstädter Echo", Typ IIc. Dennoch ist nicht das "Darmstädter Tagblatt", sondern das "Darmstädter Echo", obwohl diese Tageszeitung nur eine "echte" Nebenausgabe herausbringt (das "Rüsselsheimer Echo"), nicht nur im Bereich des Oberzentrums, sondern in
der gesamten Region Starkenburg verbreitet. Die lokale Berichterstattung erfolgt für die Kreise innerhalb der Hauptausgabe auf je einer
lokalen Seite für jeden Kreis und durch wöchentliche Beilagen, so für
den Landkreis Darmstadt, für Dieburg, Michelstadt/Erbach (Odenwaldkreis), Südhessen und Pfungstadt. Das "Darmstädter Tagblatt" scheint
sich in seiner Verbreitung eher den raumstrukturellen Bedingungen angepaßt zu haben. Durch Nebenausgaben in Pfungstadt, Lorsch und Er-
bach strukturiert es den Verbreitungsraum. Diese Tageszeitung ist nur
in jenen Orten des Kreises Groß-Gerau verbreitet, die im Bereich der
Unterzentren Gernsheim und Goddelau im Mittelbereich Darmstadt liegen. Im übrigen Kreisgebiet Groß-Gerau, soweit dieses nicht im Bereich des Mittelzentrums Rüsselsheim liegt, dominiert die "Heimatzeitung für den Kreis Groß-Gerau", Typ VIc, gegenüber dem "Darmstädter
Echo" und im Mittelbereich Darmstadts dann auch gegenüber dem "Darmstädter Tagblatt". Innerhalb dieses Mittelbereiches erscheint für den
Bereich des Unterzentrums Pfungstadt die "Pfungstädter Zeitung" als Ne-

benausgabe des "Darmstädter Tagblatt". Aufgrund dieses speziellen lokalen Bezugs erreicht dort das "Darmstädter Tagblatt" gegenüber dem
"Darmstädter Echo", das ja für Pfungstadt nur eine wöchentliche Beilage erstellt, die höheren Auflagenanteile im Kreis Darmstadt. Interessant ist, daß in einer Nachbargemeinde Darmstadts, im Unterzentrum
Griesheim, das noch im Ergänzungsgebiet der Stadtregion liegt, der
"Griesheimer Anzeiger", Typ VIII, zweimal wöchentlich als ausschließlich ortsbezogene Tageszeitung erscheint und gegenüber den Konkurrenten die höheren Auflagenanteile erzielt.

Im Kreis Dieburg erscheint das "Darmstädter Tagblatt" nur in jenen
Gemeinden, die nicht im Mittelbereich Offenbach liegen. Gleiches
gilt für das "Darmstädter Echo" mit seiner Wochenbeilage "Dieburger
Kreisblatt". Ohnehin scheinen die Darmstädter Tageszeitungen am
Kreis Dieburg wenig Interesse zu haben, vielleicht deshalb, weil sich
dort verschiedene Einzugsbereiche (der Hauptzentren Frankfurt und
Darmstadt und des Nebenzentrums Aschaffenburg) überlagern, die eine
eindeutige Orientierung verhindern. Zudem ist ihr Verbreitungsgebiet
gegenüber den Ausgaben der "Frankfurter Rundschau" und der "Frankfurter Neue Presse" sowie der "Offenbach-Post" klar ausgegrenzt,
während dann aber für den Bereich des Unterzentrums Babenhausen
(Babenhausen erfüllt nach den Erhebungen der "Schülerbefragung" sogar Funktionen eines Mittelzentrums) die Ausgabe "Tagespost" des
"Main-Echo", Aschaffenburg, Typ IV, zusätzlich auf den Markt drängt,
denn diese Gemeinden liegen schon im Einzugsbereich Aschaffenburgs.
Da im Mittelzentrum Groß-Umstadt zweimal wöchentlich der "Odenwälder Bote", Typ VIII, im Mittelzentrum Dieburg dreimal wöchentlich
der "Dieburger Anzeiger", Typ VIc und sogar im Kleinzentrum Groß-
Zimmern, mit einer Nebenausgabe in Gundernhausen, zweimal wöchentlich der "Groß-Zimmerer Lokalanzeiger", Typ VIII, erscheint, prägen

die Kommunikationsstruktur des Kreises vor allem ortsbezogene Ausgaben, die ihre Verbreitungsgebiete gegeneinander ausgrenzten.

Im Odenwaldkreis erreicht das "Darmstädter Tagblatt", das bezogen auf das Mittelzentrum Erbach/Michelstadt die Nebenausgabe "Odenwälder Heimatzeitung" herausbringt, die höheren Auflagenanteile gegenüber dem "Darmstädter Echo", das den Kreisbezug nur durch eine Wochenbeilage herausstellt. Für die anderen, zentrumsfernen, relativ dünn besiedelten Mittelbereiche des Odenwaldkreises, für Bad König, Beerfelden und Höchst im Odenwald, sind keine speziellen Ausgaben im Markt.

Über den Bereich des Oberzentrums Darmstadt hinaus, bezieht das "Darmstädter Echo" den gesamten Kreis Bergstraße, vor allem auch durch ihre Anzeigengemeinschaft "Südhessen-Kombination" und durch die Redaktionsgemeinschaft mit der "Südhessische Post", Heppenheim, Typ Vc, in ihren Einflußbereich mit ein. Das "Darmstädter Tagblatt" bleibt dagegen mit der Nebenausgabe "Lorscher Zeitung/Einhäuser Zeitung" in seiner Verbreitung auf den Bereich des Unterzentrums Lorsch beschränkt. Das Verbreitungsgebiet der mit dem "Darmstädter Echo" kooperierenden klein- und mittelstädtischen Tageszeitungen in Lampertheim ("Lampertheimer Zeitung", Typ Vc), Viernheim ("Viernheimer Tageblatt", Typ Vc), Bensheim ("Bergsträsser Anzeiger", Typ Vb), Bürstadt ("Bürstädter Zeitung", Typ VIc), Heppenheim ("Südhessische Post", Typ VIc) und Lorsch ("Lorscher Heimatzeitung", Typ VIc – diese Tageszeitung erscheint nur dreimal wöchentlich und wird als Konkurrenz zur Ausgabe "Lorscher Zeitung" des "Darmstädter Tagblatt" vom "Darmstädter Echo" und der "Südhessische Post" gemeinsam verlegt –!) haben ihre Verbreitungsgebiete gegeneinander ausgegrenzt und bleiben mit Ausnahme der "Südhessische Post" in

ihrer Verbreitung auf den Verlagsort bzw. auf den Nahbereich beschränkt. Es verwundert vielleicht, daß die beiden Tageszeitungen
im Doppelzentrum Bensheim/Heppenheim den Verbreitungsraum ausgrenzen konnten. Doch bei näherer Sicht zeigt sich, daß hier eine
Orientierungstrennlinie verläuft, so daß sich nach der "Schülerbefragung" je eigene Mittelbereiche abgrenzen. Zu ähnlichen Ergebnissen kommt auch die Sachverständigenkommission für die Neugliederung des Bundesgebietes, die Heppenheim auf den Rhein-Main-
Neckar-Raum hin und Bensheim nach Darmstadt/Frankfurt hin orientiert sieht.

Die "Südhessische Post" ist zwar in Heppenheim und den anliegen-
den Gemeinden ohne Konkurrenz, im Bereich des Unterzentrums
Fürth und in den auf Weinheim orientierten Gemeinden des Kreises
gewinnen jedoch die "Weinheimer Nachrichten", Typ Vc, die höheren
Auflagenanteile, da diese Tageszeitung zugleich den Bereich von
Wald-Mittelbach in ihren Verbreitungsraum mit einbezieht. Als weiterer Anbieter tritt in dieser Konkurrenzzone zusätzlich die Ausgabe
"Weinheimer Rundschau" der "Rhein-Neckar-Zeitung", Heidelberg,
Typ III, in Erscheinung. Die genannte örtliche Tagespresse der zen-
ralen Orte Lampertheim, Viernheim und Bürstadt steht in Konkurrenz
mit der Ausgabe "Ried" des "Mannheimer Morgen", Typ III, denn sie
gehören bereits zum Mittelbereich Mannheim. Und zusätzlich erscheint
dann noch in Viernheim die "Viernheimer Neue Volkszeitung", Typ
Vc, als örtlicher Konkurrent.

3.5.2.6 Raumübergreifende Kommunikationsstrukturen in der Region

Die Analyse hat gezeigt, daß sich die großstädtisch-regionalen Tageszeitungen der Hauptzentren der Verdichtung in ihren Verbreitungs-
räumen auf den jeweils konstituierten Oberbereich und hier vor allem

auf das Gebiet der Stadtregion konzentrieren. Bereichsgrenzen über-
schreitende Kommunikationsräume werden von einzelnen Tageszeitungen nicht begründet, sieht man davon ab, daß eventuell angrenzende Mittelzentren benachbarter Oberbereiche in den Kommunikationsraum mit eingebunden werden.

Legt man jedoch Kooperationsbeziehungen und Kapitalverflechtungen
der Abgrenzung von Einflußzonen zugrunde, so ändert sich das Bild.
Die "Allgemeine Zeitung", Mainz, liefert dem "Darmstädter Tagblatt", dem "Wiesbadener Tagblatt" und der "Main-Spitze", Rüsselsheim den Mantel und kooperiert mit diesen Tageszeitungen, für
deren Verlage jeweils der Verlag der "Allgemeine Zeitung" Alleingesellschafter ist, auch im Anzeigenbereich, so daß sich hier ein
Werbeträger anbietet, der die Oberbereiche Mainz, Wiesbaden und
Darmstadt einschließlich des nach Frankfurt orientierten Mittelbereiches Rüsselsheim umfaßt. In der pfälzischen Region Rhein-Hessen hält
die "Allgemeine Zeitung" für die Lokalberichterstattung und als Werbeträger das Monopol. Doch von wirtschaftlicher Bedeutung ist auch
die Konkurrenz im Bereich des Oberzentrums Wiesbaden nicht, denn
der Verlag der "Allgemeine Zeitung" ist zugleich Alleingesellschafter
des Verlages des "Wiesbadener Kurier".

Da der Verlag der "Allgemeine Zeitung" zudem mit 10% an der
"Frankfurter Allgemeine Zeitung" GmbH beteiligt ist und die "Frankfurter Societäts-Druckerei GmbH", die die "Frankfurter Neue Presse"
und die "Abendpost/Nachtausgabe" herausgibt, wiederum an der
"Frankfurter Allgemeine Zeitung" eine 25%ige Beteiligung hält, erstreckt sich der Einflußbereich dieser Zeitungsgruppe auf alle, auf
die Hauptzentren der Verdichtung bezogenen zentralörtlichen Bereiche höherer Stufe. Unberücksichtigt bleibt dabei die Beteiligung der

"Werra Rundschau", Eschwege, Typ Vc, an der "Frankfurter Societäts-Druckerei GmbH", da deren Verbreitungsgebiet an diesen Raum nicht angebunden ist.

3.5.3   Verdichtungsraum Rhein-Ruhr [1]

3.5.3.1 Aspekte der raumstrukturellen Gliederung [2]

Der Verdichtungsraum Rhein-Ruhr gilt als die großflächige Agglomeration der Bundesrepublik Deutschland. Sie umfaßt in ihren Kernbereichen zwei geschlossene Stadtlandschaften, einmal das Ruhrgebiet und dann den rheinischen Raum von Bonn über Köln bis Düsseldorf und Mönchengladbach einschließlich der bergischen Städtegruppe Wuppertal, Solingen und Remscheid. Die Literatur zur Raumordnung und raumbezogenen Soziologie hat sogleich Begriffe zur Kennzeichnung eines solchen Raumes parat, in welchem sich die Verstädterung eines Gebietes

---

1)   Für die Analyse wurden insbesondere folgende Unterlagen herangezogen: Stadtregionen in der Bundesrepublik Deutschland 1961, a.a.O.; Kluczka, Georg: a.a.O.; Die Pendelwanderer in Nordrhein-Westfalen am 27. Mai 1970, Heft 11a und 11b, a.a.O.; Bericht der Landesregierung Nordrhein-Westfalen, a.a.O.; Statistische Angaben für kreisfreie Städte und Kreise des Landes Nordrhein-Westfalen, a.a.O.; Änderungen des Landesentwicklungsplanes I, a.a.O.

2)   Es sei darauf verwiesen, daß sich zwischenzeitlich die Kreiseinteilung änderte (Kreise wurden zusammengelegt, kreisfreie Städte wurden rückgekreist) und daß eine Gemeindereform durchgeführt wurde, durch die sogar sehr große Gemeinden zusammengeschlossen oder anderen eingegliedert wurden. Dies hat jedoch die sozioökonomischen Raumstrukturen nicht verändert. Unsere Analyse behält deshalb (nun unter teilweise veränderter kommunaler Gliederung) volle Gültigkeit. Ohnehin sind nennenswerte Veränderungen, die sich in der Struktur der Tagespresse ergeben hätten, nicht zu erkennen.

in der Weise vollzieht, daß die Flächen zwischen mehreren Kernstädten immer dichter besiedelt werden, so daß man schließlich
nicht mehr zu unterscheiden vermag, wo die eine Agglomeration
endet und die nächste beginnt [1]. Sie spricht von sog. "multi-
nuklearen Agglomerationen" oder "Stadtscharen". Unter den Gesichtspunkten einer stadtregionalen Gliederung läßt sich ein solcher Verdichtungsraum kaum in Bereiche engerer Verdichtungszonen differenzieren, so daß bei der Abgrenzung der Stadtregionen
im Jahre 1961 [2] eine Stadtregion "Rhein-Ruhr" gebildet wurde,
bei der die ursprüngliche Stadtregion Ruhrgebiet und die räumlich
angrenzenden Stadtregionen Düsseldorf/Neuß, Köln/Leverkusen,
Krefeld, Iserlohn sowie Wuppertal/Solingen/Remscheid zu einer
Raumeinheit zusammengefaßt wurden. Die Autoren vermuten jedoch
selbst, daß man mit Hilfe anderer Kriterien dennoch zu einer sinn-
vollen und der Wirklichkeit entsprechenden Untergliederung dieses
Raumes kommen könnte. Wir wollen natürlich nicht beanspruchen,
eine solche gültige Gliederung dieses Raumes selbst zu entwickeln.
Dennoch glauben wir, anhand der zentralörtlichen Bereichsgliederung
eine sinnvolle vor allem unter den von uns gewählten Bezugsgesichtspunkten hinreichende Differenzierung des Raumes zu erkennen.

Folgt man den Erhebungen des Zentralausschusses für deutsche Landeskunde [3], so lassen sich im Bereich des Verdichtungsraumes Rhein-
Ruhr Köln als Großzentrum, Düsseldorf und Essen als Oberzentren
mit Teilfunktionen eines Großzentrums sowie Bonn, Dortmund, Duis-

---

1) Vgl. Mackensen, Rainer: Verstädterung, in: Handwörterbuch der
   Raumforschung und Raumordnung, Hannover 1970, Sp. 3595

2) Vgl. Stadtregionen in der Bundesrepublik Deutschland 1961,
   a.a.O., S. 12 f.

3) Vgl. Kluczka, Georg: a.a.O., S. 30

burg, Hagen, Krefeld, Mönchengladbach und Wuppertal als Oberzentren darstellen, die jeweils zentralörtliche Bereiche höherer
Stufe ausbilden. Im Sinne unserer Unterscheidung wären diese Orte
als Hauptzentren der Verdichtung bestimmt. Zudem stützt die Pend-
lerstatistik die vorgenannte Schwerpunktbildung im Verdichtungsraum.
Zwar läßt sich innerhalb des Ruhrgebietes eine Konzentration der
Pendlerströme nicht mehr eindeutig differenzieren, in den übrigen
Bereichen des Verdichtungsraumes jedoch werden für die Hauptzentren Krefeld, Mönchengladbach, Düsseldorf, Wuppertal, Hagen,
Köln und Bonn anhand der Pendlerströme abgrenzbare eigene Ver-
flechtungszonen deutlich erkennbar [1]. Zu einer ähnlichen Gliederung des Raumes gelangt auch Isenberg, wenn er den Verdichtungsraum Rhein-Ruhr als Mehrkernballung charakterisiert [2]. Und
Isbary [3] hat neben den von uns festgelegten Hauptzentren der Verdichtung Bochum und Gelsenkirchen als sog. Ballungskernstädte identifiziert und somit diese Orte unter den Großstädten des Verdichtungsraumes besonders hervorgehoben. Ohnehin wurden bei der Abgrenzung der Stadtregionen auch 1961 die Räume Bonn/Siegburg und
Mönchengladbach/Rheydt/Viersen sowie der Raum um Hamm weiterhin als Stadtregionen und damit als engere Verdichtungszonen innerhalb der Rhein-Ruhr Agglomeration festgelegt. Aus dieser Abgrenzung

---

1) Vgl. Die Pendelwanderer in Nordrhein-Westfalen am 27. Mai
   1970, a.a.O., S. 11

2) Vgl. Isenberg, Gerhard: Die Ballungsgebiete der Bundesrepublik, Bad Godesberg 1957, S. 8 f.

3) Isbary, Gerhard / Heide, Hans-Jürgen von der / Müller, Gott-
   fried: Gebiete mit gesunden Strukturen und Lebensbedingungen
   - Merkmale und Abgrenzung, Veröffentlichungen der Akademie
   für Raumforschung und Landesplanung, Abhandlungen, Band 57,
   Hannover 1969, Kartenbeilage Landesentwicklungsplan I von
   Nordrhein-Westfalen (Karte 13).

wird deutlich, daß Hamm, das nur Teilfunktionen eines Oberzentrums erfüllt, als Nebenzentrum eigener stadtregionaler Bedeutung innerhalb der Verdichtung bestimmt ist.

Die anderen Mittelzentren des Verdichtungsraumes, die gleichfalls Teilfunktionen eines Oberzentrums erfüllen (so Recklinghausen und Bochum) sind den übrigen Kernstädten gegenüber (das sind die Stadtkreise des Rhein-Ruhr-Gebietes), die alle Funktionen von Mittelzentren erfüllen, aufgrund ihrer höheren zentralörtlichen Bedeutung als Nebenzentren der Verdichtung hervorgehoben. Als nächste wären jene Nebenzentren zu benennen, die zugleich Kernstädte des Ruhrgebietes sind und dann auch zentralörtliche Bereiche mittlerer Stufe begründen. Es sind dies: Mülheim, Oberhausen, Remscheid, Solingen, Bottrop, Gelsenkirchen, Gladbeck, Castrop-Rauxel, Herne, Iserlohn, Lünen, Wanne-Eickel, Wattenscheid, Witten, Leverkusen, Neuß, Rheydt und Viersen. Da aber auch Gelsenkirchen-Buer, Hattingen, Dinslaken, Mettmann, Ratingen, Dormagen, Moers, Langenfeld, Opladen, Bergisch-Gladbach, Dorsten, Gevelsberg, Schwelm, Hemer, Schwerte, Unna, Siegburg und Bad Godesberg zentralörtliche Bereiche mittlerer Stufe ausbilden und Hilden, Velbert, Kempen, Rheinhausen, Wermelskirchen, Brühl, Frechen, Hürth, Bensberg, Wesseling, Porz, Haltern, Marl und Letmathe als Selbstversorgerorte oder als Unterzentren über die Leistungskraft von Mittelzentren verfügen, wären auch diese als Nebenzentren bestimmt. All diese Nebenzentren liegen im Bereich der Stadtregionen, denn die Abgrenzungen der Stadtregionen und des Verdichtungsraumes sind im Gebiet von Rhein und Ruhr nahezu deckungsgleich.

Es ist nun auch hier die Frage, ob im Sinne unserer Hypothese von den Hauptzentren der Verdichtung aus großstädtische Tageszeitungen

regionale Kommunikationsräume begründen, ob die Differenziertheit
der Nebenausgaben sich der Gliederung der Nebenzentren des Verdichtungsraumes angepaßt und ob vielleicht aufgrund anderer raumstruktureller und sozio-ökonomischer Bedingungen jeweils spezifische
Kommunikationsstrukturen bestehen.

Im einzelnen sind die Orientierungsbereiche der Hauptzentren wie
folgt abzugrenzen: Der Bereich des Oberzentrums Bonn umfaßt, über
den engeren Mittelbereich hinaus, die Einzugsbereiche der zentralen
Orte Siegburg und Bad Godesberg und damit im wesentlichen den
Rhein-Sieg-Kreis in Nordrhein-Westfalen sowie die Mittelbereiche
Ahrweiler/Bad Neuenahr und Adenau im rheinland-pfälzischen Kreis
Ahrweiler.

Der zentralörtliche Bereich höherer Stufe des Großzentrums Köln
umschließt von Norden her den Zentralitätsbereich Bonn, einge-
schlossen die Mittelbereiche Blankenheim und Euskirchen des Krei-
ses Euskirchen im Süden, den Mittelbereich und Kreis Bergheim im
Westen, den Bereich Dormagen des Kreises Grevenbroich, den
Mittelbereich der kreisfreien Stadt Leverkusen, den Mittelbereich
Opladen und den Bereich des Unterzentrums Wermelskirchen im Rhein-
Wupper-Kreis, den Rheinisch-Bergischer Kreis mit den Mittelzentren
Bergisch-Gladbach und Wipperfürth sowie im Osten den Oberbergi-
scher Kreis mit Gummersbach und Waldbröl als Mittelzentren.

Daran schließen sich im Norden die Oberbereiche von Düsseldorf und
Wuppertal an. Der Oberbereich Düsseldorf bleibt im wesentlichen auf
den Kreis Grevenbroich und den Einflußbereich der kreisfreien Stadt
Neuß im Westen sowie auf die Mittelbereiche Ratingen und Mettmann
im Kreis Düsseldorf-Mettmann beschränkt.

Der Bereich des Oberzentrums Wuppertal konzentriert sich auf den
Einzugsbereich der bergischen Städtegruppe, auf den kaum über die
Stadtkreisgrenzen hinausgreifenden Mittelbereich Solingen, auf den
Stadtkreis Remscheid und die im Einflußbereich Remscheids liegen-
den Unterzentren Radevormwald und Hückeswagen im Rhein-Wupper-
Kreis sowie auf den Bereich des Mittelzentrums Schwelm im Ennepe-
Ruhr-Kreis.

Im Osten schließt sich der Oberbereich Hagen an, der den restlichen Teil des Ennepe-Ruhr-Kreises und damit den Bereich des
Mittelzentrums Gevelsberg umfaßt, den Mittelbereich Hohenlimburg
und einen Teil des Mittelbereiches Iserlohn sowie nach Südosten
hin die Mittelbereiche Lüdenscheid, Altena und Plettenberg des
Kreises Lüdenscheid und ferner den Bereich des Mittelzentrums Atten-
dorn im Kreis Olpe.

Am Westrand des Verdichtungsraumes bezieht das Oberzentrum Mönchengladbach die Bereiche der Mittelzentren Erkelenz im Kreis Heinsberg und Viersen im Kreis Kempen-Krefeld sowie den Mittelbereich
der kreisfreien Stadt Rheydt in seinen Zentralitätsbereich mit ein.

Im Einzugsbereich des Oberzentrums Krefeld liegen dann nur noch
der restliche Teil des Kreises Kempen-Krefeld, der westliche Teil
des Kreises Geldern und Geldern selbst als Mittelzentrum.

Duisburg als Hauptzentrum des Ruhrgebietes begründet einen Oberbereich, der den Kreis Moers und den daran im Norden anschließenden
Kreis Kleve, die Mittelbereiche Emmerich und Wesel im Kreis Wesel
und den Großteil des Mittelbereiches Dinslaken und damit den gesamten niederrheinischen Raum rheinabwärts von Duisburg umfaßt.

Vom Zentrum des Ruhrgebietes aus schließt Essen in seinen Oberbereich die kreisfreien Städte Mülheim a.d. Ruhr, Oberhausen, Gladbeck, Gelsenkirchen, Recklinghausen, Herne, Wanne-Eickel, Bochum,
Wattenscheid und Witten in seinen Orientierungsbereich mit ein.
Nach Süden erweitert sich dieser Bereich in den Kreis Düsseldorf-
Mettmann und um die Orte Heiligenhaus, Kettwig, Langenberg in der
Einflußzone des Unterzentrums Velbert und um den Bereich des Mittelzentrums Hattingen im Ennepe-Ruhr-Kreis. Nach Norden hin dehnt
sich die Einflußzone Essens über den Mittelbereich Dorsten hinaus,
bis in die Mittelzentren Bocholt und Borken aus und bezieht dann
noch den Großteil des Mittelbereiches Recklinghausen und damit auch
nahezu den gesamten Kreis Recklinghausen mit in diesen Bereich ein
(außer Waltrop und Datteln).

Der Oberbereich des dritten Hauptzentrums im Ruhrgebiet, jener um
Dortmund, erstreckt sich bis weit nach Osten an die Grenzen Hessens.
Von den kreisfreien Städten des Ruhrgebietes schließt er lediglich
Castrop-Rauxel und Lünen mit ein. Dazu kommen dann noch die Orte
Datteln und Waltrop des Kreises Recklinghausen, der Mittelbereich
Werne im Kreis Lüdinghausen, der von der kreisfreien Stadt Hamm begründete Mittelbereich, der Bereich des Mittelzentrums Unna und damit der gesamte Kreis Unna, die Mittelbereiche Schwerte und Menden
sowie Teile der Mittelbereiche Iserlohn und Hemer im Kreis Iserlohn,
der Kreis Soest mit Werl und Soest als Mittelzentren, die Mittelzentren Neheim-Hüsten, Arnsberg und Warstein des Kreises Arnsberg und
dann noch die Bereiche der Mittelzentren Meschede, Brilon und Winterberg im Südosten.

- 235 -

3.5.3.2 Die lokal informierenden Tageszeitungen in den Hauptzentren der Verdichtung

Abweichend von allen bislang untersuchten Verdichtungsräumen fällt
auf, daß in vier Hauptzentren der Verdichtung Rhein-Ruhr großstädtische Tageszeitungen keine regionalen Kommunikationsräume begründen: In Duisburg, Krefeld, Mönchengladbach und Wuppertal.
Krefeld und Mönchengladbach besitzen zudem keine eigenständige
Tagespresse, Wuppertal hatte eine solche, den "Generalanzeiger
Wuppertal" mit Nebenausgaben im Umland, der aber der "Westdeutsche Zeitung" eingegliedert wurde, und Duisburg besitzt erst seit
1973 eine örtliche Tageszeitung, seit die Wochenzeitung "UZ. Unsere
Zeit" in eine Tageszeitung umgewandelt wurde. Diese Tageszeitung
ist jedoch für unsere Analyse nicht relevant, da sie lokale Informationen nicht abdruckt. In allen übrigen Hauptzentren aber, erscheinen großstädtisch-regionale Tageszeitungen: In Essen die "Neue Ruhr-
Zeitung/Neue Rhein-Zeitung", Typ III und die "Westdeutsche Allgemeine Zeitung", Typ III; in Dortmund die "Westfälische Rundschau",
Typ III und die "Ruhr-Nachrichten", Typ III sowie die Stadtteilzei-
tung "Dortmunder Nordwest-Zeitung", Typ VIII; in Düsseldorf die
"Westdeutsche Zeitung", Typ III und die "Rheinische Post", Typ III;
in Hagen die "Westfalen-Post", Typ III; in Köln die "Kölner Rundschau", Typ III und der "Kölner Stadtanzeiger", Typ III sowie die
Straßenverkaufszeitung "Express", Typ IIb und schließlich in Bonn der
"Generalanzeiger für Bonn und Umgegend", Typ IIb.

3.5.3.3 Kommunikationsräume, konstituiert durch die Tageszeitungen
des Hauptzentrums Köln

Die beiden Kölner Tageszeitungen begründen einen Kommunikationsraum,
der sich zwar ganz eindeutig auf den Bereich des Oberzentrums Köln
konzentriert, der dann aber über den Bereich Kölns hinaus in den Be-

reich des Oberzentrums Bonn hinausgreift. Die Nebenausgaben beider Tageszeitungen sind vor allem kreisbezogen konzipiert [1], so daß in den jeweiligen Kreisausgaben spezielle ortsbezogene lokale Seiten, etwa für die zentralen Orte, nicht erscheinen. Dies gilt für die Ausgaben beider Tageszeitungen im Oberbergischer Kreis [2], im Rheinisch-Bergischer Kreis [3], im Kreis Köln-Land [4] und im ehemaligen Kreis Euskirchen. Beide Tageszeitungen haben ferner Ausgaben konzipiert für die Mittelzentren: Porz [5], für Schleiden und den ehemaligen Kreis Schleiden, für Bergheim und Kreis Bergheim [4] und für Leverkusen. Der "Kölner Stadtanzeiger" ist mit einer Ausgabe zudem im Rhein-Wupper-Kreis verbreitet, diese Ausgabe konzentriert sich vor allem auf den Mittelbereich Opladen [6] und nicht auf die jenseits der Oberbereichsgrenze liegenden Gemeinden des Kreises, etwa auf die im Bereich der Unterzentren Hückeswagen und Radevormwald. Als Konkurrent tritt zusätzlich die "Neue Ruhr-Zeitung/ Neue Rhein-Zeitung" mit Ausgaben für Köln-Stadt und Köln-Land sowie für Leverkusen/Opladen in Erscheinung [7].

---

1) Entsprechend der Gliederung vor der Kreisreform.

2) Diesem Kreisgebiet wurden Teile des nun aufgelösten Rhein-Wupper-Kreis zugeschlagen (z.B. die Orte Hückeswagen und Radevormwald), wo Kölner Tageszeitungen nicht verbreitet sind.

3) In den Teilgebieten des ehemaligen Rhein-Wupper-Kreis, die nun zum Rheinisch-Bergischer-Kreis gehören (z.B. die Orte Wermelskirchen und Burscheid), sind Kölner Tageszeitungen nicht verbreitet.

4) Der Kreis Köln-Land wurde aufgelöst, die nicht nach Köln eingemeindeten Orte sind nun dem neugebildeten Erftkreis zugeordnet, in welchem auch der Kreis Bergheim aufgegangen ist.

5) Porz wurde nach Köln eingemeindet.

6) Opladen wurde nach Leverkusen eingemeindet.

7) Diese Ausgaben wurden inzwischen eingestellt.

- 237 -

Einen teilzentralen Verbreitungsschwerpunkt begründet die "Kölner
Rundschau" im Bereich des Oberzentrums Bonn, durch Nebenausgaben, die unter dem Titel "Bonner Rundschau" erscheinen. In diesem Teilverbreitungsraum erscheint eine Ausgabe für Bonn, eine für
Bad Godesberg, eine für den Mittelbereich Bonn, eine für den Bereich des Mittelzentrums Siegburg und eine für den rheinland-pfälzischen Mittelbereich Bad Neuenahr/Ahrweiler. Die "Rhein-Sieg-Kreis
Ausgabe" des "Kölner Stadtanzeiger" bleibt dagegen auf den Mittelbereich Siegburg beschränkt.

Die Tageszeitung des Hauptzentrums Bonn, der "Generalanzeiger
für Bonn und Umgegend", Typ IIb, erzielt mit der Ausgabe für den
Siegkreis im Bereich Siegburg nur geringe Auflagen, konzentriert
sich dann aber auf das restliche Kreisgebiet, was die Vermutung
nahelegt, der "Kölner Stadtanzeiger" und der "Generalanzeiger für
Bonn und Umgegend" hätten ihre Verbreitungsgebiete abgegrenzt.
Die zweite Nebenausgabe des "Generalanzeiger für Bonn und Umgegend" ist auf den Mittelbereich Bad Neuenahr/Ahrweiler bezogen.
Dort überschneiden sich dann die Einflußbereiche der Kölner und
Bonner regionalen Großstadtzeitungen mit dem der "Rhein-Zeitung",
Koblenz, Typ III. Zusätzlich ist in Köln und Bonn die Straßenverkaufszeitung "Express", Köln, Typ IIb, im Markt. Diese Tageszeitung, die ebenfalls eine Ausgabe für Düsseldorf herausbringt, konzentriert ihr Verbreitungsgebiet somit auf die Hauptzentren entlang
der rheinischen Städteachse.

Daß die Kölner Tageszeitungen den Bonner Raum in ihren Kommunikationsraum mit einbinden, entspricht durchaus den raumstrukturellen
Bedingungen, da, nach Kluczka [1], bis vor kurzer Zeit in diesem

---

1) Vgl. Kluczka, Georg: a.a.O., S. 19

Gebiet eine "Doppelausrichtung" zu zwei höheren Zentren (Köln und Bonn) bestand, so daß noch in den 50er Jahren die Existenz eines höheren Bereiches Bonn in Frage gestellt werden konnte.

Örtliche Konkurrenz tritt im Bereich der skizzierten Kommunikationsräume nur im Mittelzentrum Troisdorf und im Unterzentrum Bad Honnef, das Teilfunktionen eines Mittelzentrums erfüllt, zusätzlich in Erscheinung: Der "Anzeiger für Sieg und Ruhr", Troisdorf, Typ Vc und die "Honnefer Volkszeitung", Typ Va.

Zu vermerken bleibt: Für die zentralen Orte mittlerer Stufe, die zentralörtliche Bereiche nicht begründen, erscheinen keine auf diese zentralen Orte bezogene Ausgaben. Dies mag einsichtig sein, da diese Orte in gleichrangige Zentralitätsbereiche einbezogen bleiben. Daß aber für Mittelbereiche in den Randzonen des zentralörtlichen Bereiches höherer Stufe, für Blankenheim, Waldbröl, Wipperfürth und Dormagen Ausgaben ebenfalls nicht konzipiert wurden, ist weniger verständlich. Es sei denn, etwa der geringe Verflechtungsgrad mit dem Hauptzentrum läßt eigene Ausgaben nicht lohnend erscheinen.

3.5.3.4 Kommunikationsräume, konstituiert durch die Tageszeitungen des Hauptzentrums Düsseldorf

Auch vom Hauptzentrum Düsseldorf aus begründen zwei großstädtische Tageszeitungen regionale Kommunikationsräume, die sich in den Kerngebieten weitgehend decken. Der Kommunikationsraum der "Rheinische Post", Düsseldorf, Typ III, deckt die Einflußbereiche der Oberzentren Düsseldorf, Wuppertal, Mönchengladbach, Krefeld und Duisburg nahezu lückenlos ab und ist über diese Bereiche hinaus kaum verbreitet. (Ausnahme der Bereich des Unterzentrums Velbert und Teile der Krei-

- 239 -

se Dinslaken und Rees [1]) Gleiches tut die "Westdeutsche Zeitung",
Typ III, die allerdings den Oberbereich Duisburg in ihr Verbreitungsgebiet nicht mit einbezieht, die aber ihr Verbreitungsgebiet über
Wuppertal hinaus in den Oberbereich Hagen hinein ausweitet. Hervorzuheben ist, daß die "Westdeutsche Zeitung" ihr Gesamtverbrei-
tungsgebiet in drei teilzentrale Verbreitungsschwerpunkte aufgliedert
und dann dort unter jeweils unterschiedlichen Titeln erscheint. Im
Bereich des Oberzentrums Wuppertal als "Generalanzeiger Wuppertal",
im Bereich des Oberzentrums Düsseldorf als "Düsseldorfer Nachrichten" und in den Bereichen der Oberzentren Mönchengladbach und
Krefeld, also im Gebiet der niederrheinischen Industriestädte, als
"Westdeutsche Zeitung". Daraus wird die Anpassung an die struktur-
räumliche Gliederung dieses Raumes deutlich.

Beide Tageszeitungen haben Ausgaben für die Oberzentren Krefeld
und Mönchengladbach konzipiert, ebenso für die beiden Nebenkernstädte der Stadtregion Mönchengladbach (in Viersen und Rheydt [2]),
ferner für das Mittelzentrum Erkelenz. Also erscheinen, bezogen auf
alle Mittelbereiche, im Oberbereich Mönchengladbach jeweils zwei
spezielle Ausgaben. Aufgrund dieser eindeutigen Orientierung am Zentralitätsbereich konkurrieren im Kreis Heinsberg nur innerhalb des
Mittelbereiches Erkelenz Düsseldorfer Ausgaben mit Ausgaben der
Aachener Regionalzeitungen. Hier, an der Grenze des Orientierungsbereiches, überschneiden sich also die Kommunikationsräume der Tageszeitungen der Kernstädte Düsseldorf und Aachen.

---

1) Diese beiden Kreise bilden nun zusammen mit dem Kreis Moers
den neuen Kreis Wesel.

2) Rheydt wurde nach Mönchengladbach eingemeindet, die "Rheinische
Post" stellte die Ausgabe Rheydt ein.

Im Oberbereich Krefeld erscheinen Ausgaben der "Rheinische Post"
für Krefeld und Kempen und damit nur für den Teil des Kreises
Kempen-Krefeld [1], der nicht im Bereich des Mittelzentrums Viersen
liegt, das seinerseits Mönchengladbach zugeordnet ist. Die "Westdeutsche Zeitung" hat für dieses Gebiet, das weitgehend den Mittelbereich Krefeld umfaßt, neben der Ausgabe "Krefeld" die Ausgabe
"Krefeld-Land" und eine Ausgabe "Kempen" konzipiert. Dies scheint
sinnvoll, da Kempen Teilfunktionen eines Mittelzentrums erfüllt.
Den Teil des Kreises Geldern [2], der noch im Orientierungsbereich
des Oberzentrums Krefeld liegt, versorgt keine Ausgabe der "Westdeutsche Zeitung", dort im rheinischen Agrargebiet ist im gesamten
Kreis Geldern nur die "Rheinische Post" verbreitet.

Die "Rheinische Post" begründet vom Hauptzentrum Duisburg aus im
Bereich dieses Oberzentrums einen weiteren Verbreitungsschwerpunkt
durch Nebenausgaben für das Mittelzentrum und den Kreis Kleve,
für den Kreis Rees (es erscheinen hier jeweils spezielle Ausgaben für
die Mittelzentren Wesel und Emmerich), für das Unterzentrum mit
Teilfunktionen eines Mittelzentrums Xanten sowie für die Mittelbereiche Moers und Dinslaken und für das Unterzentrum Rheinhausen [3]
in der Verdichtungszone. Doch hier steht die "Rheinische Post" in
Konkurrenz zu Ausgaben der regionalen Tageszeitungen "Westdeutsche
Allgemeine Zeitung" und "Neue Ruhr-Zeitung/Neue Rhein-Zeitung"
des Hauptzentrums Essen. Die "Neue Ruhr-Zeitung/Neue Rhein-Zeitung"
ist mit Ausgaben in Kleve, im Kreis Rees, in den zentralen Orten

---

1) Der Kreis Kempen-Krefeld wurde in den Landkreis Viersen eingegliedert.
2) Der Kreis Geldern wurde dem Kreis Kleve zugeschlagen.
3) Rheinhausen wurde nach Duisburg eingemeindet.

Dinslaken und Moers sowie in Duisburg (dort sogar zusätzlich mit
Stadtteilausgaben "Duisburg Nord" und "Duisburg West"), also im
gesamten Orientierungsbereich gleichfalls verbreitet, nicht jedoch
im Kreis Geldern. Die Ausgaben Moers, Dinslaken, Rheinhausen
und Duisburg der "Westdeutsche Allgemeine Zeitung" bleiben auf
das Gebiet des Verdichtungsraumes beschränkt und reichen in den
Kreisen Moers und Dinslaken nicht über die Ballungsrandzonen des
Ruhrgebietes hinaus. In Duisburg selbst erscheint, wie bereits erwähnt, die ehemalige Wochenzeitung "UZ. Unsere Zeit", die
allerdings ohne lokale Bedeutung ist.

Es bleibt darauf hinzuweisen, daß am Rande des Orientierungsbereiches eine Tageszeitung vom Typ VIII einen teilregionalen Kommunikationsraum begründet: Die "Weezer Uedemer Nachrichten",
Weeze, die zweimal wöchentlich erscheint. Durch Ausgaben für
die Unterzentren Alpen, Goch, Issum, Sonsbeck und Kamp-Lint-
fort werden die Randzonen der Kreise Kleve, Geldern und Moers
in einen Verbreitungsraum eingebunden, der sich um das Zentrum
des niederrheinischen Agrargebietes aufbaut.

Die beiden Teilverbreitungsschwerpunkte um Düsseldorf und Wuppertal zeigen wiederum ein differenziertes Bild. Im Hauptzentrum
Düsseldorf bringt, im Gegensatz zur "Westdeutsche Zeitung", die
"Rheinische Post" neben der Hauptausgabe eine weitere Ausgabe
für Düsseldorf-Benrath heraus und entspricht damit der zentralörtlichen
Bedeutung dieses Vorortes, der Teilfunktionen eines Mittelzentrums
erfüllt. Gleichfalls im örtlichen Markt, und auf diesen konzentriert,
ist die Ausgabe "Düsseldorfer Rundschau" der "Neue Ruhr-Zeitung/
Neue Rhein-Zeitung". Für Hilden im Mittelbereich Düsseldorf, das
als Selbstversorgerort keinen eigenen Orientierungsbereich ausbildet,
erscheinen dennoch ortsbezogene Ausgaben aller drei Tageszeitungen.

In Neuß und für den Mittelbereich Grevenbroich erscheint dann
aber eine selbständige Tageszeitung, die "Neuß-Grevenbroicher
Zeitung", Neuß, Typ Ib, die von der "Rheinische Post" den Mantel übernimmt, mit dieser im Anzeigenbereich kooperiert und zudem mit dieser Zeitung kapitalmäßig verflochten ist (der Verlag
der "Rheinische Post" hält 50% der GmbH-Anteile des Verlages
der "Neuß-Grevenbroicher Zeitung"). Ebenfalls für Neuß und
Grevenbroich bringt die "Westdeutsche Zeitung" eine Nebenausgabe heraus.

Da sich die Oberbereiche von Krefeld, Köln, Mönchengladbach
und Düsseldorf im Kreis Grevenbroich [1] überlagern, ergibt sich
dort eine sehr differenzierte Kommunikationsstruktur. Die vorgenannten Ausgaben nämlich versorgen nicht das gesamte Kreisgebiet. In Meerbusch [2] zum Beispiel erscheint zusätzlich eine Ausgabe der "Westdeutsche Zeitung", hier allerdings nicht mit dem
Titel "Düsseldorfer Nachrichten", sondern mit dem Titel "Westdeutsche Zeitung", da Meerbusch nach Krefeld orientiert ist.
Auch eine ortsbezogene Ausgabe der "Rheinische Post" ist hier
verbreitet. Die Gemeinden aber, die nach Mönchengladbach orientiert sind, wie zum Beispiel Wickrath und Korschenbroich, beziehen
die Ausgaben, die für Mönchengladbach konzipiert sind. Und da
der Mittelbereich Dormagen im Orientierungsbereich des Oberzentrums Köln liegt, sind dort auch die Kölner Tageszeitungen verbreitet.

---

1)   Dieses Kreisgebiet nennt sich nun, da Neuß rückgekreist wurde,
     Kreis Neuß.

2)   Meerbusch wurde nach Düsseldorf eingemeindet.

Ebenso differenziert ist die Kommunikationsstruktur im Kreis Düsseldorf-Mettmann, denn auch dieses Kreisgebiet liegt im Schnittpunkt
von drei Oberbereichen (Düsseldorf, Wuppertal, Essen). In den zentralen Orten des Kreises, in Hilden - wie schon erwähnt - in Ratingen und Mettmann, die nach Düsseldorf orientiert sind, erscheinen jeweils Ausgaben der "Rheinische Post" und der "Westdeutsche
Zeitung" ("Düsseldorfer Nachrichten"). Außerhalb dieses Bereiches,
für die an Essen angrenzende Gemeinde Kettwig [1], erscheint dann
die Ausgabe "Kettwiger Nachrichten" der "Neue Ruhr-Zeitung/Neue
Rhein-Zeitung" und als örtliche Tageszeitung die "Kettwiger Zeitung", Typ Vc, die mit der "Westdeutsche Allgemeine Zeitung" im
redaktionellen und im Anzeigenbereich kooperiert. Für Velbert, das
gleichfalls im Orientierungsbereich Essens liegt, ist zwar noch eine
Ausgabe der "Rheinische Post", nicht aber eine Ausgabe der "Westdeutsche Zeitung" verbreitet. Die Kommunikationsstruktur im Bereich
dieses nach Essen orientierten Unterzentrums Velbert, das Teilfunktionen eines Mittelzentrums erfüllt, bestimmen als selbständige
Tageszeitungen die "Velberter Zeitung", Typ IV, die durch Nebenausgaben in Heiligenhaus, Langenberg und Neviges [2] auf den Bereich dieses Unterzentrums konzentriert ist sowie die Ausgabe Velbert
der "Westdeutsche Allgemeine Zeitung" [3] und eine Ausgabe der
"Neue Ruhr-Zeitung/Neue Rhein-Zeitung". Da aber Wülfrath und
Neviges bereits im Orientierungsbereich des Oberzentrums Wuppertal
liegen, erscheint für diese Orte zudem eine Ausgabe der "West-

---

1) Kettwig wurde nach Essen eingemeindet.

2) Neviges ist jetzt nach Velbert eingemeindet.

3) Neuerdings kooperiert die "Velberter Zeitung" mit der "Westdeutsche Allgemeine Zeitung" im redaktionellen und im Anzeigenbereich.

deutsche Zeitung" ("Generalanzeiger Wuppertal"). Eine Ausgabe der
"Rheinische Post" erscheint dort nicht.

Im Oberzentrum Wuppertal tritt als örtlicher Konkurrent neben der
Ausgabe "Generalanzeiger Wuppertal" der "Westdeutsche Zeitung"
wiederum eine Nebenausgabe der "Neue Ruhr-Zeitung/Neue Rhein-
Zeitung", das "Wuppertaler Tageblatt" auf den Markt, ohne im Umland weitere Ausgaben herauszubringen. Anders der "Generalanzeiger Wuppertal", sein Verbreitungsraum konzentriert sich von dort aus
vor allem auf den angrenzenden "Ennepe-Ruhr-Kreis" [1]. Auch dieses Kreisgebiet liegt im Einzugsbereich von drei Oberzentren (Essen,
Hagen und Wuppertal). Entsprechend differenziert ist nun auch hier
die Kommunikationsstruktur. Im gesamten Kreisgebiet ist nur die
"Westfälische Rundschau", Dortmund, Typ III, verbreitet: Mit einer
Ausgabe in Sprockhövel (Oberbereich Wuppertal), sie trifft auf die
örtliche Konkurrenz der Ausgabe "Sprockhövel" der "Westdeutsche
Zeitung" ("Generalanzeiger Wuppertal"); mit einer Ausgabe für die
Orte Herdeke und Wetter (Oberbereich Hagen), sie trifft auf eine
auf die nämlichen Orte bezogene Ausgabe der "Westfalen-Post",
Hagen, Typ III; mit einer Ausgabe für die Mittelzentren Schwelm und
Gevelsberg (Schwelm liegt im Oberbereich Wuppertal, Gevelsberg
im Oberbereich Hagen), diese Ausgabe trifft in Schwelm auf die
"Schwelmer Zeitung" und in Gevelsberg auf die "Gevelsberger Zei-
tung/Ennepetaler Zeitung" der "Westdeutsche Zeitung" ("Generalanzeiger Wuppertal"). In den Mittelzentren Solingen und Remscheid im

---

1) Seit der Gebietsreform gehört die ehemals kreisfreie Stadt Witten
zum "Ennepe-Ruhr-Kreis", so daß dort nun auch eine Ausgabe
der "Ruhr-Nachrichten" erscheint. Gleichfalls auf Witten bezogen
erscheinen Ausgaben der "Westdeutsche Allgemeine Zeitung" und
der "Westfälische Rundschau".

Oberbereich Wuppertal, erscheinen keine Ausgaben der "Westdeutsche Zeitung", denn die ortsbezogenen Tageszeitungen "Solinger Tageblatt", Typ Ib und "Remscheider Generalanzeiger", Typ IIb, mit Ausgaben in den angrenzenden Unterzentren Wermelskirchen und Hückeswagen (beide Orte erfüllen Teilfunktionen eines Mittelzentrums) kooperieren im redaktionellen und Anzeigenbereich mit der "Westdeutsche Zeitung", so daß diese Gruppe den gesamten Oberbereich als Kommunikationsraum gestaltet und als Anzeigenträger abdeckt. Die "Rheinische Post" hat jedoch für Remscheid und Solingen und zusätzlich für den Vorort Remscheid-Lennep, der Teilfunktionen eines Mittelzentrums erfüllt, jeweils eine spezielle Ausgabe konzipiert.

Der nach Süden hin sich anschließende Rhein-Wupper-Kreis [1] liegt ebenfalls im Schnittpunkt von drei Oberbereichen (Köln, Düsseldorf, Wuppertal), so daß auch hieraus spezifische Kommunikationsstrukturen erwachsen. Im Mittelbereich Remscheid erscheinen für die Bereiche der Unterzentren Hückeswagen und Radevormwald [2], die noch im Oberbereich Wuppertal liegen, Ausgaben der "Rheinische Post", daneben für Radevormwald eine Ausgabe der "Westdeutsche Zeitung" ("Generalanzeiger Wuppertal") und für Hückeswagen eine Nebenausgabe des "Remscheider Generalanzeiger". Im Bereich des Unterzentrums Wermelskirchen [3], das gleichfalls Teilfunktionen eines Mittelzentrums erfüllt, aber bereits dem Oberbereich Köln zuzuordnen ist, erscheint wiederum eine Ausgabe der "Rheinische Post" und des

---

1) Dieser Kreis wurde aufgelöst, Teile des Kreisgebietes wurden auf die Kreise: Oberbergischer Kreis, Rheinisch-Bergischer Kreis und Mettmann verteilt. Opladen wurde nach Leverkusen, Monheim nach Düsseldorf eingemeindet.

2) Diese beiden Mittelzentren liegen nun im Oberbergischer Kreis.

3) Wermelskirchen liegt nun im Rheinisch-Bergischer Kreis.

- 246 -

"Remscheider Generalanzeiger". Eine Kölner Tageszeitung ist dort nicht verbreitet. In den ganz eindeutig nach Köln orientierten Gemeinden des Mittelbereiches Opladen konkurrieren die Ausgabe "Leverkusen/Opladen" der "Neue Ruhr-Zeitung/Neue Rhein-Zeitung" [1], die Ausgabe "Rhein-Wupper-Kreis" des "Kölner Stadtanzeiger" und die Ausgabe "Rhein-Wupper-Kreis" der "Rheinische Post". Zusätzlich erscheint für Burscheid [2] eine Ausgabe "Bergischer Volksbote" der "Westdeutsche Zeitung" ("Düsseldorfer Nachrichten"), die aber im Zentrum des Mittelbereiches, in Opladen, nicht verbreitet ist. Die drei erstgenannten Ausgaben sind gleichfalls auf den Bereich des Unterzentrums Langenfeld [3], das Teilfunktionen eines Mittelzentrums erfüllt, bezogen, dieser Nahbereich aber liegt bereits im Orientierungsbereich des Oberzentrums Düsseldorf. Dort erscheint als weiterer Konkurrent eine Ausgabe der "Westdeutsche Zeitung" für Langenfeld/Monheim und eine Ausgabe der "Neue Ruhr-Zeitung/Neue Rhein-Zeitung", die zugleich auf Hilden bezogen ist.

3.5.3.5 Kommunikationsräume, konstituiert durch die Tageszeitungen des Hauptzentrums Essen

Die beiden großstädtisch-regionalen Tageszeitungen in Essen haben ihrer Struktur und Ausdehnung nach ganz unterschiedliche Kommunikationsräume begründet. Die "Neue Ruhr-Zeitung/Neue Rhein-Zeitung" - und dies müßte bereits bei der Analyse der vorstehend behandelten Kommunikationsräume deutlich geworden sein - konstituiert keinen zusammenhängenden Kommunikationsraum, sondern setzt - den

---

1) Diese Ausgabe wurde inzwischen eingestellt.
2) Burscheid gehört jetzt zum Rheinisch-Bergischer Kreis.
3) Langenfeld wurde dem Kreis Mettmann zugeordnet.

Verdichtungsraum Aachen in die Betrachtung eingeschlossen - Verbreitungsschwerpunkte jeweils in den Ballungskerngebieten und vor allem in den Hauptzentren der Verdichtung: In und um Aachen (mit Ausgaben für Aachen-Stadt und Aachen-Land [1]), in Düsseldorf (durch die Ausgabe "Düsseldorfer Tageszeitung"), in Krefeld (mit der Ausgabe "Krefelder Stadtnachrichten"), in und um Köln (durch die Ausgaben "Köln-Land", "Köln-Stadt" und "Leverkusen/Opladen" [2]) und in Wuppertal (mit der Ausgabe "Wuppertaler Rundschau"). Nur im Oberbereich Duisburg begründet diese Tageszeitung - wie wir gezeigt haben - in Konkurrenz zur "Rheinische Post" bzw., bezogen auf das Ruhrgebiet, auch mit der "Westdeutsche Allgemeine Zeitung" einen geschlossenen Kommunikationsraum, in den nun überraschender Weise ein ausgesprochen ländlich strukturiertes Gebiet einbezogen wird, das sog. "Niederrheinische Agrargebiet". Innerhalb des Ruhrgebietes, im Bereich des Oberzentrums Essen - und nur dort erscheinen weitere Ausgaben dieser Tageszeitung - bleibt die "Neue Ruhr-Zeitung/Neue Rhein-Zeitung" auf jenes Gebiet beschränkt, das zum Regierungsbezirk Düsseldorf gehört, so daß westfälisches Gebiet in den Verbreitungsraum nicht einbezogen wird.

Die "Westdeutsche Allgemeine Zeitung" konzentriert ihren Verbreitungsraum ausschließlich auf das Ruhrgebiet. Legt man den Bereich des Sieglungsverbandes Ruhrkohlenbezirk als Grenze zugrunde, so reicht innerhalb dieses Raumes der Verbreitungsraum der "Westdeutsche Allgemeine Zeitung" nicht über die Ballungsrandzonen hinaus, wobei allerdings die Bereiche Hagen, Hamm und Unna (mit Ausnahme Kamen) nicht einbezogen sind, wohl aber, wie wir bereits gezeigt

---

1) Neuerdings wird dort nur noch eine Ausgabe herausgegeben.

2) Diese Ausgaben wurden eingestellt.

haben, Velbert, das nicht im Verbandsbereich, jedoch im Oberbereich Essen liegt. Durch Nebenausgaben für alle zentralen Orte
mittlerer Stufe, und das sind hier vor allem Stadtkreise, strukturiert
die "Westdeutsche Allgemeine Zeitung" diesen Kommunikationsraum
durch nahezu ausschließlich ortsbezogene Ausgaben. Dabei stehen
die Ausgaben dieser Tageszeitung im gesamten Verbreitungsgebiet
jeweils in örtlicher Konkurrenz mit den Ausgaben anderer großstädtisch-
regionaler Tageszeitungen.

Im Oberbereich Duisburg konkurriert die "Westdeutsche Allgemeine
Zeitung" mit der Ausgabe "Duisburger Nachrichten" der "Neue Ruhr-
Zeitung/Neue Rhein-Zeitung" (die noch zwei Stadtteilausgaben unterhält) und mit der "Rheinische Post" im Stadtkreis Duisburg sowie
mit der "Rheinische Post" im Unterzentrum Rheinhausen [1].

Im rheinischen Teil des Oberzentrums Essen konkurriert die "Westdeutsche Allgemeine Zeitung" mit der Ausgabe "Oberhauser Stadtanzeiger" der "Neue Ruhr-Zeitung/Neue Rhein-Zeitung" im Stadtkreis
Oberhausen mit der Ausgabe "Mülheimer Nachrichten" der "Neue
Ruhr-Zeitung/Neue Rhein-Zeitung" und der Ausgabe "Mülheimer
Tageblatt" der "Ruhr-Nachrichten" im Stadtkreis Mülheim (dort erscheint die "Westdeutsche Allgemeine Zeitung" mit dem Titel "Mülheimer Zeitung") sowie mit der Ausgabe "Essener Tageblatt" der
"Ruhr-Nachrichten" und der "Neue Ruhr-Zeitung/Neue Rhein-Zeitung"
im Hauptzentrum Essen. (Für Essen-Steele erscheint zudem eine Stadt-
teilausgabe der "Westdeutsche Allgemeine Zeitung".)

Im westfälischen Teil des Oberbereiches Essen konkurriert die "Westdeutsche Allgemeine Zeitung" mit der Ausgabe "Bottroper Volksblatt"

---

1) Rheinhausen wurde nach Duisburg eingemeindet.

der "Ruhr-Nachrichten" im Stadtkreis Bottrop, mit der Ausgabe "Glad-
becker Zeitung" der "Ruhr-Nachrichten" im Stadtkreis Gladbeck [1],
mit der Ausgabe "Zeitung für Gelsenkirchen" der "Ruhr-Nachrichten"
und der "Westfälische Rundschau" im Stadtkreis Gelsenkirchen (dort
erscheint zusätzlich eine Ausgabe der "Westdeutsche Allgemeine Zeitung" für das Mittelzentrum Gelsenkirchen-Buer, die dann mit der
"Buersche Zeitung", Typ VII, konkurriert), mit der Ausgabe "Wattenscheider Anzeiger" der "Ruhr-Nachrichten" und der "Westfälische
Rundschau" im Stadtkreis Wattenscheid [2] (dort erscheint die "Westdeutsche Allgemeine Zeitung" mit dem Titel "Wattenscheider Zeitung"), mit der Ausgabe "Wanne-Eickeler Anzeiger" der "Ruhr-Nachrichten" und der "Westfälische Rundschau" im Stadtkreis Wanne-
Eickel [3], mit der Ausgabe "Bochumer Zeitung" der "Ruhr-Nachrichten" und der "Westfälische Rundschau" im Stadtkreis Bochum (zwei
Stadtteilausgaben der "Westdeutsche Allgemeine Zeitung" erscheinen
zusätzlich), mit der Ausgabe "Herner Zeitung" der "Ruhr-Nachrichten"
und der "Westfälische Rundschau" im Stadtkreis Herne, mit der Ausgabe "Hertener Allgemeine" der "Recklinghäuser Zeitung" in Herten
sowie mit der Ausgabe "Zeitung für Recklinghausen" der "Ruhr-Nachrichten" und der "Recklinghäuser Zeitung" im Stadtkreis Recklinghausen [4].

Im Oberbereich Dortmund konkurriert die "Westdeutsche Allgemeine
Zeitung" mit der Ausgabe "Castrop-Rauxeler Zeitung" der "Ruhr-Nach-

---

1) Der Stadtkreis ist aufgelöst, Gladbeck wurde nach Bottrop eingemeindet.

2) Der Stadtkreis ist aufgelöst, Wattenscheid wurde nach Bochum
   eingemeindet.

3) Der Stadtkreis ist aufgelöst, Wanne-Eickel wurd nach Herne
   eingemeindet.

4) Der Stadtkreis Recklinghausen wurde aufgelöst und in den Landkreis Recklinghausen integriert.

richten" und der "Westfälische Rundschau" im Stadtkreis Castrop-
Rauxel [1], mit der Ausgabe "Wittener Zeitung" der "Ruhr-Nachrichten" und der "Westfälische Rundschau" im Stadtkreis Witten [2],
mit der Ausgabe "Dortmunder Zeitung" der "Ruhr-Nachrichten" und
der "Westfälische Rundschau" im Hauptzentrum Dortmund und schließlich mit der Ausgabe "Lüner Zeitung" der "Ruhr-Nachrichten" und
mit der "Westfälische Rundschau" im Stadtkreis Lünen [3].

Alle diese örtlichen Konkurrenzsituationen bestehen in den Ballungs-
kernen des Ruhrgebietes. In der Ballungsrandzone des Ruhrgebietes
zeigt die Kommunikationsstruktur folgendes Bild: Bezogen auf den
Oberbereich Essen, erscheint die "Westdeutsche Allgemeine Zeitung"
mit je einer Ausgabe für die Mittelzentren Marl und Dorsten und
mit der Ausgabe "Ostvest" (bezogen auf Oer-Erkenschwick, Datteln
und Waltrop) im Kreis Recklinghausen, im Ennepe-Ruhr-Kreis mit
einer Ausgabe für das Mittelzentrum Hattingen. Bezogen auf den
Oberbereich Dortmund erscheint sie für das Unterzentrum Kamen, im
Kreis Unna, das Teilfunktionen eines Mittelzentrums erfüllt. Bezogen auf den Oberbereich Duisburg erscheinen Ausgaben in den Mittelzentren Dinslaken und Moers. Ob sich die Ausgabe "Ostvest" und
die Ausgaben in Dorsten, Marl und Kamen, ebenso wie die in Hattingen, Moers und Dinslaken nur auf jene Gebiete des Mittelbereiches erstrecken, die im Bereich der Ballungsrandzone des Ruhrgebietes
liegen, läßt sich nicht feststellen, da die "IVW-Regionalanalyse" in

---

1) Der Stadtkreis Castrop-Rauxel wurde aufgelöst und in den Landkreis Recklinghausen integriert.

2) Der Stadtkreis Witten wurde aufgelöst und in den Landkreis
   Ennepe-Ruhr-Kreis integriert.

3) Der Stadtkreis Lünen wurde aufgelöst und in den Landkreis
   Unna integriert.

den genannten Kreisen keine Auflagen der "Westdeutsche Allgemeine
Zeitung" registriert.

Zu berücksichtigen bleibt, daß, noch im Bereich des Verbreitungsraumes der "Westdeutsche Allgemeine Zeitung", die "Recklinghäuser
Zeitung", Typ III, einen teilregionalen Kommunikationsraum begründet, strukturiert durch Nebenausgaben im Mittelbereich Recklinghausen, die sich auf Datteln, Marl, Herten, Oer-Erkenschwick und
Waltrop beziehen. Die "Recklinghäuser Zeitung" versorgt demnach
nicht das gesamte Kreisgebiet Recklinghausen [1]. Sie konkurriert in
Marl und Herten sowie in Oer-Erkenschwick, Datteln und Waltrop
mit Ausgaben der "Westdeutsche Allgemeine Zeitung" und in Datteln
und Waltrop zusätzlich mit den Ausgaben "Dattelner Zeitung" und
"Waltroper Zeitung" der "Ruhr-Nachrichten". Da die "Recklinghäuser
Zeitung" nicht auch im Mittelbereich Dorsten und im Unterzentrum
Haltern, das Teilfunktionen eines Mittelzentrums erfüllt, erscheint,
sind in diesem Teil des Kreises Recklinghausen die Ausgaben "Dorstener
Volkszeitung" und "Halterner Zeitung" der "Ruhr-Nachrichten" ohne
Konkurrenz.

Dennoch wird von keiner dieser regionalen Tageszeitungen der gesamte Oberbereich Essen in den Kommunikationsraum mit einbezogen,
denn die auf Essen orientierten Mittelbereiche Bocholt und Borken im
westmünsterländischen Agrar- und Textilgebiet sind dem Einfluß der
Tageszeitungen der Hauptzentren des Verdichtungsraumes Rhein-Ruhr
entzogen.

---

[1] Der Landkreis wurde nun zusätzlich um die ehemals kreisfreien
Städte Recklinghausen und Castrop-Rauxel erweitert.

3.5.3.6 Kommunikationsräume, konstituiert durch die Tageszeitungen
des Hauptzentrums Dortmund

Da bei den vorstehend dargelegten Kommunikationsstrukturen im Ruhrgebiet und im Kreis Recklinghausen die Nebenausgaben der "Ruhr-
Nachrichten" zu berücksichtigen waren, dürfte bereits deutlich geworden sein, daß sich das Verbreitungsgebiet der "Ruhr-Nachrichten"
gleichfalls auf die Kernstädte des Ruhrgebietes konzentriert, daß aber
im Bereich des Oberzentrums Duisburg sowie in Oberhausen keine Nebenausgaben dieser großstädtisch-regionalen Tageszeitung erscheinen
und daß Ausgaben der "Ruhr-Nachrichten" im Oberbereich Essen, soweit sie auf die Ballungsrandzone und über diese hinaus (im Falle
Haltern!) bezogen sind, nur im Kreis Recklinghausen Verbreitung finden. (Vgl. die vorgehend skizzierte Kommunikationsstruktur im Kreis
Recklinghausen!)

Auch im Oberbereich Dortmund reichen die Ausgaben der "Ruhr-
Nachrichten" kaum über die Ballungsrandzonen des Ruhrgebietes hinaus, denn es werden vor allem die an das Ballungskerngebiet und an
Dortmund angrenzenden Mittelbereiche in den Kommunikationsraum
mit einbezogen. So erscheint für den Mittelbereich Lünen, neben
der Stadtkreisausgabe "Lüner Zeitung", für die zum Landkreis Lüdinghausen gehörigen Unterzentren Selm und Bork die "Lüdinghauser Kreiszeitung", für den Mittelbereich Werne a.d. Lippe (ebenfalls im
Kreis Lüdinghausen [1]) die "Werner Zeitung", für den Mittelbereich
Schwerte (im Kreis Iserlohn [1]) die "Schwerter Zeitung". Im Mittelbereich Unna erscheint für Unna selbst, für die Gemeinden im Bereich des Unterzentrums Kamen sowie für die an Dortmund angrenzenden Gemeinden des Kreises Unna - all die genannten Orte liegen in

---

1) Werne und Schwerte wurden dem Landkreis Unna zugeteilt.

der Ballungsrandzone des Ruhrgebietes - die "Zeitung für den Hellweg-
kreis". Zu verweisen bleibt darauf, daß, quasi als Exklave, eine Ausgabe "Ahäuser Kreiszeitung" für den Mittelbereich Ahaus im Kreis
Ahaus [1] erscheint, die ihr Verbreitungsgebiet gegenüber der Ausgabe
"Gronauer Nachrichten" der "Westfälische Nachrichten", Münster,
Typ III, die, ausschließlich auf den Mittelbereich Gronau (ebenfalls
im Kreis Ahaus) bezogen, klar abgrenzte.

Neben dieser großstädtisch-regionalen Tageszeitung erscheint in Dortmund für den Stadtteil Dortmund-Mengede (mit einer Ausgabe auch
für Lütgendortmund) die "Dortmunder Nord-West-Zeitung", Typ VII,
dreimal wöchentlich.

Die gleichfalls in Dortmund erscheinende "Westfälische Rundschau",
Typ III, konstituiert einen Kommunikationsraum, der nahezu das ge-
samte Gebiet des Regierungsbezirkes Arnsberg umfaßt (mit Ausnahme
der Kreise Soest und Lippstadt [2]), d.h. die Oberbereiche Hagen,
Dortmund und Siegen sowie einen Teil des Oberbereiches Essen. In
diesen Kommunikationsraum eingebettet sind die Ballungskernstädte des
Ruhrgebietes Gelsenkirchen, Wanne-Eickel, Wattenscheid, Herne,
Bochum, Castrop-Rauxel und Witten im Oberbereich Essen (außerhalb
des Ballungskerngebietes erscheint im Oberbereich Essen nur für das
Mittelzentrum Hattingen in der Ballungsrandzone eine spezielle Ausgabe!) sowie Lünen und Dortmund im Oberbereich Dortmund und Hagen
im Oberbereich Hagen. Für diese Stadtkreise erscheinen jeweils ortsbezogene Ausgaben. In den Ballungsrandzonen sind die Ausgaben der
"Westfälische Rundschau" jeweils auf die zentralen Orte mittlerer Stu-

1) Der Kreis Ahaus wurde in den Kreis Borken integriert.
2) Der Kreis Lippstadt wurde in den Kreis Soest integriert.

fe und deren Orientierungsbereiche bezogen, auf Hattingen, Schwelm/ Gevelsberg, Schwerte, Letmathe [1] und Unna/Kamen. Soweit die Ausgaben der "Westfälische Rundschau" über die Verdichtungszonen hinausgreifen, werden mehrere Mittelzentren und damit meist auch mehrere Kreisgebiete durch nur eine Ausgabe versorgt: Im Kreis Lüdenscheid [2] die Mittelzentren Lüdenscheid, Altena, Plettenberg und das Unterzentrum Werdohl (erfüllt Teilfunktionen eines Mittelzentrums); im Kreis Iserlohn [3] die Mittelzentren Iserlohn und Menden; dann aber die Mittelzentren Beckum, Ahlen, Hamm und damit der Landkreis Beckum [4] und der Stadtkreis Hamm; die Mittelzentren Neheim-Hüsten [5], Arnsberg und Meschede und damit die Kreise Arnsberg [6] und Meschede [6]; dann noch die Mittelzentren Siegen, Olpe, Berleburg und damit die Kreise Siegen, Olpe und Wittgenstein [7], und das ist nahezu der gesamte Bereich des Oberzentrums Siegen.

Dieser weitgefaßte Kommunikationsraum der "Westfälische Rundschau" überlagert den vom Hauptzentrum Hagen aus konstituierten Kommunikationsraum der "Westfalen-Post", Hagen, Typ III. Dieser ist durch Nebenausgaben differenziert, die jeweils auf zentrale Orte mittlerer Stufe und deren Bereiche bezogen sind (auf Hohenlimburg, Hagen-Haspe, Letmathe, Iserlohn/Hemer, Menden, Werl, Hamm, Soest, Neheim-Hüsten, Arnsberg, Schwarstein, Brilon und Meschede). Er

---

1) Letmathe wurde nach Iserlohn eingemeindet.

2) 3) Der größte Teil der Kreise Iserlohn und Lüdenscheid bildet nun zusammen mit der einst kreisfreien Stadt Iserlohn den Märkischer Kreis.

4) Der ehemalige Kreis Beckum gehört nun zum Kreis Warendorf.

5) Neheim-Hüsten wurde nach Arnsberg eingemeindet.

6) Die Kreise Arnsberg, Meschede und Brilon bilden nun den Hochsauerland-Kreis.

7) Der Kreis Wittgenstein wurde dem Kreis Siegen zugeschlagen.

umfaßt den Oberbereich Hagen (nicht jedoch den Kreis Lüdenscheid),
den Oberbereich Dortmund außerhalb des Verbreitungsgebietes der
"Westdeutsche Allgemeine Zeitung" und ferner durch kreisbezogene
Ausgaben in Olpe, Berleburg und Siegen den nordrhein-westfälischen
Teil des Oberbereiches Siegen. Nur die Orte Herdecke und Wetter,
für die zusammen eine Ausgabe konzipiert ist, erfüllen nicht die
Funktionen von Mittelzentren.

Daneben begründen innerhalb dieses Raumes die Tageszeitungen in
Hamm ("Westfälischer Anzeiger", Typ III), in Unna ("Hellweger Anzeiger", Typ IV) und in Lüdenscheid (die "Lüdenscheider Nachrichten", Typ Vb, durch Kooperation mit örtlichen Tageszeitungen des
Kreisgebietes) teilregionale Kommunikationsräume. Weiter gewinnen
die Tageszeitungen in Soest ("Soester Anzeiger", Typ Vc), Iserlohn
("Iserlohner Anzeiger und Zeitung", Typ Vb), Menden ("Mendener
Zeitung", Typ Vc), Olpe ("Sauerländisches Volksblatt", Typ Vc)
und Siegen ("Siegener Zeitung", Typ Ib) Bedeutung als örtliche oder
kreisbezogene Konkurrenten. Untersucht man die Kommunikationsstrukturen in diesen Räumen auf der Ebene von Kreisen, so zeigt sich
folgendes Bild [1]:

In der kreisfreien Stadt Hamm konkurrieren die Hauptausgabe des
"Westfälischer Anzeiger", die auf die Mittelbereiche Hamm und Ahlen
bezogene Ausgabe der "Westfälische Rundschau" und die Ausgabe
"Hammer Zeitung" der "Westfalen-Post". Die letztgenannte Ausgabe
ist an das übrige Verbreitungsgebiet dieser großstädtisch-regionalen
Tageszeitung nicht angebunden.

---

1) Auf die Stadtkreise des Ruhrgebietes und den Ennepe-Ruhr-Kreis
braucht dabei nicht mehr eingegangen zu werden, die Kommunikationsstrukturen dort wurden vorstehend bereits skizziert.
(Nur Hagen bleibt zu berücksichtigen.)

Im Kreis Lüdinghausen [1], der in der Grenzzone von zwei Oberbereichen liegt und in den Mittelbereiche kernstädtischer Verdichtung (Lünen und Hamm) hineinreichen, ergibt sich eine dementsprechend differenzierte Kommunikationsstruktur. Hier erscheinen Nebenausgaben verschiedener regionaler Tageszeitungen, deren Verbreitungsgebiete sich nur zum Teil überschneiden. Die Ausgabe "Werner Zeitung" der "Ruhr-Nachrichten" bleibt auf den Mittelbereich Werne [2] beschränkt. Dort konkurriert sie nur mit der ortsbezogenen "Werner Volkszeitung" des "Westfälischer Anzeiger", Hamm. Die nur auf die Bereiche der Unterzentren Selm und Bork bezogene Ausgabe "Lüdinghauser Kreiszeitung" der "Ruhr-Nachrichten" ist ohne Konkurrenz. Für Bockum-Hövel [3], im Ergänzungsgebiet der Stadtregion Hamm, erscheint, als nur ortsbezogene Ausgabe des "Westfälischer Anzeiger", die "Bockum-Höveler Zeitung", die nur mit der für die Mittelbereiche Hamm und Ahlen konzipierten Ausgabe der "Westfälische Rundschau" konkurriert. Diese breite Streuung der letztgenannten Ausgabe könnte sich daraus erklären, daß Hamm für diese Bereiche Teilfunktionen eines Oberzentrums erfüllt. Die Ausgaben der Münsterschen Zeitungen, die für den Kreis Lüdinghausen konzipiert sind, bleiben in ihrer Verbreitung auf den restlichen, nach Münster orientierten Teil des Kreises beschränkt [4] und konkurrieren dann zusätzlich im Bereich des Unterzentrums Drensteinfurt [5] mit der "Dreingau-Zeitung", Typ VIII, die zweimal wöchentlich erscheint.

---

1) Der Kreis Lüdinghausen wurde aufgelöst, Teilgebiete wurden den Kreisen Coesfeld, Warendorf oder Unna zugeschlagen.

2) Werne liegt nun im Kreis Unna.

3) Bockum-Hövel wurde nach Hamm eingemeindet.

4) Diese Teilgebiete um Lüdinghausen gehören nun zum Kreis Coesfeld.

5) Dieser Teilbereich liegt nun im Kreis Warendorf.

Im Kreis Unna, in den die Mittelbereiche Hamm und Dortmund hineinreichen und in dem neben Unna als Mittelzentrum auch das Unterzentrum Kamen Teilfunktionen eines Mittelzentrums erfüllt [1], begründet
der "Hellweger Anzeiger", Unna, Typ IV, mit den Nebenausgaben
"Bergkamener Zeitung", "Kamener Zeitung" und "Fröndenberger Zeitung" einen auf den Mittelbereich Unna konzentrierten Verbreitungsschwerpunkt, der sich gegenüber dem Einflußbereich des Mittelzentrums Hamm abgrenzt. Deshalb überschneidet sich das Verbreitungsgebiet der Ausgaben "Tageszeitung für Bergkamen/Rünthe" und "Tageszeitung für Böhnen" des "Westfälischer Anzeiger", Hamm, mit den
Unnaer Ausgaben nur in Bergkamen. Im übrigen Kreisgebiet bleiben
die Kommunikationsräume ausgegrenzt. Gleiches gilt für das Verhältnis der Ausgaben des "Westfälischer Anzeiger" zu den Ausgaben
der Dortmunder Großstadtzeitungen. Die "Zeitung für den Hellweg-
kreis" der "Ruhr-Nachrichten" und die Ausgabe "Unna/Kamen/Berg-
kamen" der "Westfälische Rundschau" konzentrieren sich auf Unna,
Bergkamen, Kamen und Holzwickede, so daß der "Westfälische Anzeiger" im Norden des Kreises und der "Hellweger Anzeiger" im Süden
des Kreises (im Bereich des Unterzentrums Fröndenberg) ohne Konkurrenz
ist. Die in der "IVW-Regionalanalyse" nicht erfaßte Ausgabe "Kamen"
der "Westdeutsche Allgemeine Zeitung" dürfte sich auf die Ballungsrandzone und damit auf den Bereich des Unterzentrums Kamen konzentrieren.

Im Kreis Beckum [2] liegen nur Teilgebiete des Mittelzentrums Ahlen
im Orientierungsbereich des Oberzentrums Dortmund und zudem ragt

---

1) Durch die Kreisreform bedingt, bestehen im Kreisgebiet Unna nun
   auch noch die Mittelbereiche Schwerte und Werne a.d. Lippe.

2) Der Kreis Beckum wurde dem Kreis Warendorf angegliedert.

Heessen [1), im Ergänzungsgebiet der Stadtregion Hamm gelegen, mit
dem Mittelbereich Hamm in diesen Kreis hinein. Deshalb erscheint
nur für Heessen die "Heessener Zeitung" des "Westfälischer Anzeiger". Dort ist die Auflage der für die Mittelbereiche Hamm und
Ahlen konzipierten Ausgabe der "Westfälische Rundschau" vergleichsweise gering, in Ahlen allerdings erzielt sie relativ hohe Auflagenanteile, im übrigen Kreisgebiet Beckum aber wieder nicht. Auf den
Mittelbereich Ahlen sind ferner die "Ahlener Volkszeitung", Typ
Vc, die zur "Zeno-Gruppe" ("Westfälische Nachrichten", Typ III)
gehört und eine Ausgabe der "Die Glocke", Oelde, Typ IV, bezogen, so daß sich hier die Einflußbereiche zweier großstädtisch-
regionaler Tageszeitungen, die der Oberzentren Münster und Dortmund und der Einflußbereich einer mittelstädtisch-regionalen Tageszeitung überlagern. Im gesamten Kreisgebiet, mit Ausgaben auch für
die Mittelbereiche Beckum und Oelde, ist nur "Die Glocke" verbreitet. Allerdings, für den Mittelbereich Beckum erscheint auch eine
Nebenausgabe der "Westfälische Nachrichten", Münster, Typ III.

Im Kreis Soest [2) sind Ausgaben des "Soester Anzeiger", Typ Vc und
der "Westfalen-Post", Hagen, im gesamten Kreisgebiet verbreitet.
Entsprechend der zentralörtlichen Gliederung erscheinen Ausgaben bei-
der Tageszeitungen für die Mittelbereiche Soest und Werl, wobei der
"Soester Anzeiger" zusätzlich durch eine Ausgabe für das Unterzen-
trum Wickede im Mittelzentrum Werl eine weitere Differenzierung des
Kommunikationsraumes erreicht. Gleiches erzielt der "Westfälischer
Anzeiger" durch Nebenausgaben ebenfalls für Werl und Wickede. Für

---

1)   Heessen wurde nach Hamm eingemeindet.

2)   Der Kreis Soest wurde um den Kreis Lippstadt erweitert.

den Mittelbereich Soest ist das Verbreitungsgebiet zwischen "Soester
Anzeiger" und "Westfälischer Anzeiger", die im redaktionellen und
im Anzeigenbereich kooperieren, abgegrenzt. Dort erscheint der
"Westfälischer Anzeiger" nicht.

Im Kreis Arnsberg [1] differenziert die "Westfalen-Post" ihren Ver-
breitungsraum, entsprechend der zentralörtlichen Gliederung, mit
Ausgaben für die Mittelzentren Arnsberg, Neheim-Hüsten [2] und
Warstein. Diese Ausgaben konkurrieren dort mit einer Ausgabe der
"Westfälische Rundschau", die für die Kreise Arnsberg und Meschede
konzipiert ist.

Ebenfalls noch in den Oberbereich Dortmund einbezogen sind die
Mittelbereiche Brilon und Winterberg. Dort erscheint ohne Konkurrenz
eine Ausgabe der "Westfalen-Post", allerdings für das gesamte Kreisgebiet Brilon [1], so daß auch für die außerhalb des Oberbereiches
liegenden Mittelbereiche Nedebach und Niedermarsberg keine speziellen Ausgaben erscheinen.

Im Kreis Meschede [1] konkurriert die bereits erwähnte Ausgabe "Arns-
berg/Neheim-Hüsten/Meschede" der "Westfälische Rundschau" mit der
"Tageszeitung für Stadt und Kreis Meschede" der "Westfalen-Post".

Obwohl der Kreis Lüdenscheid [3] im Oberbereich Hagen liegt, erscheint dort die "Westfalen-Post" nicht. Dort haben klein- und mittelstädtische Tageszeitungen der Mittelzentren Lüdenscheid ("Lüdenscheider Nachrichten", Typ Vb), Plettenberg ("Süderländer Tageblatt", Typ
Vc), Altena ("Altenaer Kreisblatt", Typ Vc) und der Unterzentren

---

1) Die Kreise Arnsberg, Brilon und Meschede bilden den durch die
   Gebietsreform neu geschaffenen Hochsauerland-Kreis.

2) Neheim-Hüsten wurde nach Arnsberg eingemeindet.

3) Liegt nun innerhalb des Landkreises Märkischer Kreis.

- 260 -

Werdohl ("Süderländer Volksfreund", Typ VIc), Meinerzhagen (" Meinerzhagener Zeitung", Typ VIc) und Halver ("Allgemeiner Anzeiger",
Typ VIc), für die alle die "Lüdenscheider Nachrichten" den Mantel
erstellen, ihre Verbreitungsgebiete entsprechend der Ausdehnung ihrer
zentralörtlichen Bereiche abgegrenzt. Diese Tageszeitungen konkurrieren
dann mit der Kreisausgabe der "Westfälische Rundschau".

Ein differenzierteres Bild zeigt die Kommunikationsstruktur im Stadt-
und Landkreis Iserlohn [1], vielleicht deshalb, weil ein Teil des Landkreises im Oberbereich Hagen, der andere im Oberbereich Dortmund
liegt und beide Hauptzentren der Verdichtung unmittelbar an das
Landkreisgebiet angrenzen, wobei zudem Iserlohn als kreisfreie Stadt,
inmitten des Landkreises gelegen, ein kräftiges Mittelzentrum dar-
stellt. Für den Mittelbereich Schwerte [2], noch in der Randzone der
Verdichtung gelegen, unmittelbar an das Hauptzentrum Düsseldorf angrenzend, erscheinen im Kreis Iserlohn je eine Ausgabe der "Ruhr-
Nachrichten" und der "Westfälische Rundschau". Die "Ruhr-Nachrichten" erscheinen im übrigen Kreisgebiet nicht. Im Bereich des Mittelzentrums Hohenlimburg [3] erscheinen auf diesen Bereich bezogen Ausgaben der "Westfalen-Post" und der "Westfälische Rundschau". Für
den Selbstversorgerort Letmathe [4], im Mittelbereich Iserlohn, der
über die Ausstattung eines Mittelzentrums verfügt, erscheint eine ortsbezogene Ausgabe der "Westfalen-Post" und die örtliche Tageszeitung
"Letmather Nachrichten", Typ VIII, zweimal wöchentlich. Hier ist
allerdings auch der nur für den Mittelbereich Iserlohn konzipierte

---

1) Liegt nun innerhalb des Landkreises Märkischer Kreis.
2) Gehört jetzt zum Landkreis Unna.
3) Hohenlimburg wurde nach Hagen eingemeindet.
4) Letmathe wurde nach Iserlohn eingemeindet.

"Iserlohner Kreisanzeiger", Typ Vb, und die Ausgabe "Iserlohn/Menden" der "Westfälische Rundschau" verbreitet. Für den Mittelbereich Hemer ist keine spezielle Ausgabe konzipiert, hier konkurrieren ausschließlich die Ausgaben "Iserlohner Zeitung" der "Westfalen-Post" und "Iserlohn/ Menden" der "Westfälische Rundschau". Für den Mittelbereich Menden schließlich hat wiederum die "Westfalen-Post" eine spezielle Ausgabe konzipiert, diese dürfte dort mit der "Mendener Zeitung", Typ Vc, die nicht in der "IVW-Regionalanalyse" erfaßt ist, konkurrieren.

Im Hauptzentrum, der kreisfreien Stadt Hagen, erscheint neben der Hauptausgabe eine Nebenausgabe der "Westfalen-Post" für Hagen-Haspe, da dieser Vorort die Funktionen eines Mittelzentrums erfüllt. Zudem erscheint in Konkurrenz zu diesen die Ausgabe "Hagen" der "Westfälische Rundschau".

Da der Bereich des Oberzentrums Siegen, soweit sich dieser auf Nordrhein-Westfalen bezieht, in den Kommunikationsraum der großstädtisch-regionalen Tageszeitungen der Hauptzentren Hagen und Dortmund einbezogen wurde, erscheinen dort jeweils kreisbezogene Ausgaben der "Westfalen-Post", so für die Kreise Olpe, Wittgenstein und Siegen [1] und eine auf alle diese drei Kreise bezogene Ausgabe der "Westfälische Rundschau". Im Kreis Olpe konkurrieren die Ausgaben der "Westfälische Rundschau" und der "Westfalen-Post" mit dem vor allem auf den Mittelbereich Olpe bezogenen "Westfälisches Volksblatt", Olpe, Typ Vc, in Siegen mit der "Siegener Zeitung", Typ Ib.

---

1) Der Kreis Wittgenstein wurde dem Kreis Siegen zugeordnet.

3.5.3.7 Raumübergreifende Kommunikationsstrukturen in der Region

Berücksichtigt man die Kooperationsbeziehungen und Kapitalverflechtungen zwischen den Tageszeitungen im Einzugsbereich der Hauptzentren des Verdichtungsraumes, so werden weit über die einzelnen
Zentralitätsbereiche hinausgreifende Einflußbereiche von Verlags-
gruppen deutlich und Abgrenzungen zwischen den Kommunikationsräumen verschiedener Tageszeitungen einsichtig.

Einige der auf den redaktionellen Bereich bezogenen Kooperationsbeziehungen zwischen regionalen Großstadtzeitungen und örtlichen
Tageszeitungen innerhalb des Verbreitungsraumes dienen, vom Standpunkt des dominierenden Verlages aus betrachtet, der Abgrenzung
des Verbreitungsgebietes oder einer, der Differenzierung von Nebenausgaben der Konkurrenz entsprechenden Strukturierung des Verbreitungsraumes. Für den kooperierenden Verlag bedeutet dies Schutz gegenüber diesen Konkurrenten und damit Sicherung des eigenen Verbreitungsraumes. Deshalb kooperieren diese Tageszeitungen in der Regel auch im Anzeigenbereich. Dies tut die "Westdeutsche Allgemeine
Zeitung" mit der "Kettwiger Zeitung" in Konkurrenz zur "Neue Ruhr-
Zeitung/Neue Rhein-Zeitung", die "Recklinghäuser Zeitung" mit der
"Buersche Zeitung" in Konkurrenz mit der "Westdeutsche Allgemeine
Zeitung" und den "Ruhr-Nachrichten", die "Rheinische Post" mit
der "Neuß-Grevenbroicher Zeitung" in Konkurrenz zur "Westdeutsche
Zeitung" und die "Westdeutsche Zeitung" mit dem "Solinger Tageblatt" und dem "Remscheider Generalanzeiger" in Konkurrenz zur
"Rheinische Post". Vermerkt sei, daß die letztgenannte Kooperation
als "Arbeitsgemeinschaft Bergischer Zeitungen" firmiert, der Mantel
wird von der "Westdeutsche Zeitung" erstellt. Es ist klar, daß die
beteiligten Verlage in diesen Gruppen dann die Verbreitungsgebiete

ihrer Ausgabe gegeneinander ausgrenzen. (Vgl. z.B. die Ausgaben des
"Remscheider Generalanzeiger" und der "Westdeutsche Zeitung" im
"Rhein-Wupper-Kreis" oder der "Rheinische Post" und der "Neuß-
Grevenbroicher Zeitung" im Kreis Grevenbroich.)

Durch eine andere Kommunikationsstruktur bedingt sind die Kooperationsbeziehungen der mittelstädtischen Tageszeitungen in Hamm/Unna
und Lüdenscheid mit gleichfalls mittel- und kleinstädtischen Tageszeitungen. Diese Zeitungsgruppen versuchen gemeinsam einen teilregionalen Kommunikationsraum als Konkurrenzschwerpunkt im regionalen Kommunikationsraum großstädtischer Tageszeitungen zu begründen. Dies gelingt dem "Westfälischer Anzeiger", Hamm, mit dem
"Soester Anzeiger", der "Mendener Zeitung", dem "Altenaer Kreisblatt" und der "Dortmunder Nordwest-Zeitung" im redaktionellen Bereich ("Arbeitsgemeinschaft westdeutscher Tageszeitungen" [1]) und dem
"Hellweger Anzeiger", Unna, mit dem "Westfälischer Anzeiger", dem
"Soester Anzeiger", dem "Iserlohner Kreisanzeiger" und der "Mendener
Zeitung" im Anzeigenbereich ("Verlagsgemeinschaft Mitte") im regionalen Kommunikationsraum der "Westfälische Rundschau" und der
"Westfalen-Post", Hagen, ebenso, wie den "Lüdenscheider Nachrichten" mit dem "Allgemeiner Anzeiger", Halver, der "Meinerzhagener
Zeitung", dem "Süderländer Volksfreund", Werdohl, und dem "Süder-
länder Tageblatt", Plettenberg, im Kommunikationsraum der "Westfälische Rundschau" im Kreis Lüdenscheid [2].

---

1) Die ebenfalls dieser Anzeigengemeinschaft zugehörigen örtlichen
   Tageszeitungen in Olpe und Vlotho sind in dieser Betrachtung
   nicht relevant, da deren Verbreitungsräume an den Verbreitungsraum der übrigen Guppenmitglieder nicht anbinden.

2) Inzwischen bestehen zwischen den "Lüdenscheider Nachrichten"
   und dem "Westfälischer Anzeiger" Kapitalverflechtungen. Vielleicht
   wird sich daraus eine redaktionelle Zusammenarbeit ergeben, dann
   würde aus den beiden vorgenannten Gruppen ein geschlossener
   Kommunikationsraum im Sauerland entstehen.

- 264 -

Die Zusammenarbeit im redaktionellen Bereich zwischen "Kölnische Rundschau" und "Westfalen-Post", Hagen, sowie mit "Der Patriot", Lippstadt, erweitert den Kommunikationsraum einer großstädtisch-regionalen Tageszeitung weit über den Zentralitätsbereich höherer Stufe hinaus. Dadurch entsteht ein Einflußbereich, der die zentral-örtlichen Bereiche höherer Stufe von Köln, Bonn, Siegen, Hagen (ohne den Kreis Lüdenscheid) sowie den Oberbereich Dortmund außerhalb des Ballungskerngebietes und den Kreis Lippstadt umfaßt, d.h. den ehemaligen Regierungsbezirk Köln (einschließlich Lever-kusen und den ehemaligen Kreis Schleiden) und den Regierungsbe-zirk Arnsberg (ausgenommen die Kernbereiche des Ruhrgebietes). Es wäre zu prüfen, ob nicht hier die Grenze möglicher Kooperation im redaktionellen Bereich überschritten ist, denn wenn man unter-stellt, daß sich in der Gewichtung der allgemeinpolitischen Bericht-erstattung die Interessen einer Region niederschlagen, so wird nicht notwendig der Charakter einer rheinischen Tageszeitung den Ansprüchen der Bevölkerung im überwiegend ländlich strukturierten Sauerland ent-sprechen. Vielleicht sind deshalb zwei Redakteure der "Westfalen-Post" für die Erstellung des Hagener Mantels in der Redaktion der "Kölnische Rundschau" mitverantwortlich beteiligt.

Daß in dieser Kooperation das Ruhrgebiet ausgegrenzt wurde, wird einsichtig, wenn man weiß, daß die "Westfalen-Post" und "Der Patriot" mit der "Westdeutsche Allgemeine Zeitung" im Anzeigenbe-reich kooperieren, so daß dann diese Gruppe als ein überregionaler Werbeträger die Ballungskernzonen des Ruhrgebietes und nahezu den gesamten Regierungsbezirk Arnsberg abdeckt [1].

---

1) Hinzu kommt neuerdings die Kooperation mit der "Westfälische Rundschau", die nicht nur im Anzeigenbereich, sondern auch im redaktionellen Bereich (allerdings nur in den Kernstädten des Ruhrgebietes und nicht in Dortmund) mit der "Westdeutsche All-gemeine Zeitung" wirksam wurde. Die Ausgaben der "Westfä-

Ein Werbeträger, der die Kernstädte der rheinischen Städteachse Bonn, Köln, Düsseldorf und der bergischen Städtegruppe mit samt ihren Orientierungsbereichen umfaßt, ergibt sich einerseits aus den Kooperationsbeziehungen zwischen den Tageszeitungen "Westdeutsche Zeitung", "Solinger Tageblatt", "Remscheider Generalanzeiger" und "Generalanzeiger für Bonn und Umgegend", die in der Zeitungsgruppe "Rhein-Wupper-Ruhr" zusammengeschlossen sind und andererseits aus Anzeigentarifgemeinschaften zwischen dem "Kölner Stadtanzeiger" und der Straßenverkaufzeitung "Express", Köln sowie dem "Kölner Stadtanzeiger" und der "Westdeutsche Zeitung" für dessen Ausgaben, die mit dem Titel "Düsseldorfer Nachrichten" erscheinen. Hier ist darauf hinzuweisen, daß die Verlage der "Westdeutsche Zeitung" und des "Kölner Stadtanzeiger" auch kapitalmäßig dadurch verflochten sind, da die Verlage beider Tageszeitungen an der "Düsseldorf-Express-Verlagsgesellschaft mbH" GmbH-Anteile besitzen.

Berücksichtigt man auch Kapitalverflechtungen, wie sie zwischen den sog. "SPD-Zeitungen" durch Zusammenschluß in der "Deutsche Druck- und Verlagsgesellschaft mbH", die einer Holding-Gesellschaft nahekommt, und durch die Tatsache, daß SPD-Parteimitglieder als Treuhänder Anteile an den Verlagen dieser Tageszeitungen halten, bestehen, so wird deutlich, weshalb sich zum Beispiel die Verbreitungsgebiete der "Neue Ruhr-Zeitung/Neue Rhein-Zeitung" und der "Westfälische Rundschau" im Ruhrgebiet entlang der Grenze zwischen dem Regierungsbezirk Düsseldorf einerseits und den Regierungsbezirken Münster und Arnsberg andererseits abgrenzen. Zusammengenommen aber

---

lische Rundschau" übernehmen jeweils den Lokalteil von der entsprechenden Ausgabe der "Westdeutsche Allgemeine Zeitung". Zudem hat sich die "Velberter Zeitung" ebenfalls der "Westdeutsche Allgemeine Zeitung" angeschlossen.

- 266 -

entsteht so ein Einflußbereich der beiden Tageszeitungen, der sich zum einen auf die Kernbereiche des Verdichtungsraumes Rhein-Ruhr, die Hauptzentren Köln [1], Düsseldorf, Wuppertal, Mönchengladbach und Krefeld konzentriert und dann die Einzugsbereiche der Hauptzentren Duisburg, Essen, Hagen und Dortmund insgesamt umfaßt sowie zusätzlich den Oberbereich Siegen und den Kernbereich des Verdichtungsraumes Aachen. Die übrigen Tageszeitungen dieser Gruppe begründen eigene, nicht an diesen Verbreitungsraum angrenzende Einflußbereiche [2].

Die Kapitalverflechtungen, die durch Kapitalbeteiligungen des Verlegers Dr. Ippen am "Vlothoer Wochenblatt", Typ Vc, an der "Kreiszeitung-Allgemeiner Anzeiger für die Grafschaft Goya und den Landkreis Verden", Syke, Typ VIb und neuerdings auch an der "Offenbach-Post", Typ Ib, für den "Westfälischer Anzeiger" bestehen, begründen keinen geschlossenen Einflußbereich für diese Gruppe [3].

Auch die Kooperation zwischen "Dürener Lokal-Anzeiger", Typ Vc und dem "Generalanzeiger für Bonn und Umgegend" im redaktionellen Bereich zielt nicht auf die Schaffung eines einheitlichen, zusammenhängenden Kommunikationsraumes.

Die Analyse zeigt, daß heute Konkurrenz in allen Gebieten des Verdichtungsraumes, aber auch in fast allen ländlichen Gebieten besteht.

---

1) Diese Ausgaben wurden inzwischen eingestellt.

2) Neuerdings ist diese Verlagsgesellschaft und die "Neue Ruhr-Zeitung/Neue Rhein-Zeitung" mit der "Hannoversche Allgemeine Zeitung" auf Kapitalebene verflochten. Ein geschlossener Einflußbereich entsteht aber auch dadurch nicht.

3) Dies gilt (außer für die Kapitalverflechtungen des "Westfälischer Anzeiger" mit den "Lüdenscheider Nachrichten") auch für die Verflechtungen mit der "Aller-Weser Zeitung", Verden, Typ Vc.

Dies, so könnte man vermuten, ist weniger in der Tatsache begründet, daß in den verschiedenen Städten und städtischen Ballungen ein großes Potential an Lesern vorhanden ist – dann müßten in den ländlichen Gebieten in weit höherem Maße lokale Monopole existieren, und in den Großstädten könnten jeweils eigene Tageszeitungen bestehen bzw. hätten nach der Lizenzfreigabe (wieder) entstehen können –, sondern dies liegt vermutlich eher in der Art und Weise der Vergabe von Lizenzen begründet, die jeweils den politischen Parteien ein Sprachrohr schuf.

- 268 -

III. Die lokal informierenden Tageszeitungen der "ländlichen Räume"

1. Vorbemerkung

Für die Beurteilung der Strukturen lokal informierender Tagespresse
in ländlichen Räumen ergeben sich Probleme, die aus der Tatsache
erwachsen, daß die Abgrenzung des ländlichen Raumes in der Raumordnung als Restkategorie einer Abgrenzung von Verdichtungsräumen
festgelegt ist. Damit sind allerdings sehr heterogene Gebiete ausgegrenzt, in welchen sich dann wiederum Zonen engerer Verdichtung,
etwa Stadtregionen, unterscheiden lassen, oder Orte regionaler Ausstrahlung als Oberzentren zentralörtliche Bereiche höherer Stufe begründen. Diesen stadtregionalen Verdichtungen und zentralen Orten
wird man mit Sicherheit städtischen Charakter nicht absprechen
können. Deshalb läge es nahe, sich der Konzenption Isbarys anzuschließen, der die Grenze zwischen ländlichen und nicht mehr ländlichen Räumen bei Siedlungsgefügen und einzelnen Siedlungen bis
zu einer Größenordnung von 20 000 Einwohnern zieht, die so weit
von benachbarten Siedlungseinheiten entfernt liegen, daß von stän-
diger unmittelbarer Kommunikation und Verflechtung nicht mehr gesprochen werden kann [1]. Es muß jedoch bezweifelt werden, daß es
gelingen könnte, das Unterscheidungskriterium der Kommunikations-
und Verflechtungsintensität exakt zu bestimmen; aber selbst wenn dies
gelänge, steht eine dieser sinnfälligen Abgrenzung entsprechende räumliche Gliederung der Bundesrepublik zur Zeit nicht zur Verfügung und
kann von uns so schnell auch nicht erarbeitet werden.

Somit können wir den hier gestellten Problemzusammenhang nur anhand
von zwei Fragen ausdifferenzieren:

---

1) Vgl. Isbary, Gerhard: Raum und Gesellschaft, a.a.O., S. 119 f.

(1) Inwieweit entspricht die Struktur der Tagespresse in ländlichen Räumen (also in Räumen, die nicht den Verdichtungsräumen zugeordnet sind) der zentralörtlichen Bereichsgliederung im Orientierungsbereich von Oberzentren, so daß Tageszeitungen regionale Kommunikationsräume begründen?

(2) Sind typische Verbreitungsräume von mittel- und kleinstädtischen Tageszeitungen, die nicht im Einflußbereich regionaler Tageszeitungen liegen, erkennbar?

2. Lokal informierende Tageszeitungen und Kommunikationsstrukturen in "ländlichen Räumen" innerhalb der Einflußbereiche kernstädtischer Tagespresse

Es muß darauf verwiesen werden, daß bereits bei der Analyse der Kommunikationsstruktur in Verdichtungsräumen und in den von Tageszeitungen der Verdichtungskernstädte konstituierten Kommunikationsräumen große Teile des ländlichen Raumes in diese Betrachtung mit einbezogen wurden. Dies war sinnvoll, denn nur dadurch konnte nachgewiesen werden, wie sich die Kommunikationsstruktur der Struktur eines funktionalen integrierten Raumes anpaßt, in welchem durch mannigfaltige Verflechtung Verdichtungskernstädte ländliches Umland an sich binden.

Deshalb seien hier - bevor wir unter den vorgestellten Fragen, die quasi als "Restkategorie" verbliebenen ländlichen Gebiete untersuchen - noch einmal die Grundzüge der Kommunikationsstruktur in den ländlichen Gebieten, die im Einflußbereich der Tageszeitungen von Verdichtungskernstädten liegen, skizziert: Sieht man ab von der Existenz ortsbezogen konzipierter Tageszeitungen - vor allem den Heimatzeitungen des Typs VIII, die meist nicht einmal werktäglich erscheinen -, so zeigt sich, daß

innerhalb der ländlichen Gebiete im Einflußbereich der kernstädtischen
Tagespresse zum einen dann mittel- oder kleinstädtische Tageszeitungen
unabhängig von diesen regionalen Tageszeitungen existieren, wenn diese, durch Kooperationsbeziehungen verbunden, sich um die Tageszeitung eines ländlichen Schwerpunktraumes scharen und somit meist in
Konkurrenz zu diesen großstädtischen Tageszeitungen einen teilregionalen
Kommunikationsraum begründen. Dies gelingt im Orientierungsbereich der
Hauptzentren der Verdichtung "Rhein-Ruhr" der Gruppe um die "Lüdenscheider Nachrichten", Typ Vb (Lüdenscheid ist als Stadtregion bestimmt) sowie der Gruppe um den "Westfälischer Anzeiger", Hamm, Typ
IV, und den "Hellweger Anzeiger", Unna, Typ IV (Hamm ist ebenfalls
als Stadtregion ausgrenzbar und erfüllt Teilfunktionen eines Oberzentrums [1]).
Im Oberbereich Hannover begründet die "Deister-Weser-Zeitung", Hameln,
Typ IV (Hameln ist als Stadtregion bestimmt und erfüllt Teilfunktionen
eines Oberzentrums) einen ebensolchen Kommunikationsraum in Kooperation mit umliegenden Tageszeitungen. Eine ähnliche Situation ergab
sich für die mit dem "Pinneberger Tagblatt", Typ IV, kooperierenden Tageszeitungen um Hamburg, diese sind nun aber über Anzeigenkooperation
in den Einflußbereich des "Hamburger Abendblatt" einbezogen.

Zum anderen existieren Tageszeitungen vor allem am Rande dieser Einflußbereiche unabhängig von der kernstädtischen Tagespresse, wenn sie
in den Kommunikationsraum einer anderen regionalen Tageszeitung eines
angrenzenden Oberbereiches eingebunden sind [2]. Strukturen dieser Art

1) Allerdings ist im Falle Hamm darauf zu verweisen, daß einige
   dieser Tageszeitungen auch in der Randzone der Verdichtung
   verbreitet sind.

2) Derartige lokale Konkurrenzzonen, die aus der Überlagerung
   von Einflußbereichen erwachsen, basieren natürlich auch auf
   Konkurrenz zwischen Nebenausgaben der Tageszeitungen.

begründen z.B. der "Pfälzischer Merkur", Zweibrücken, Typ Vc, und
die "Pirmasenser Zeitung", Typ Vc, am Randes des Einflußbereiches
der "Rhein-Pfalz", Ludwigshafen, die mit der "Saarbrücker Rundschau"
kooperieren; die "Aller-Zeitung", Gifhorn, Typ Vc, am Rande des
Einflußbereiches der "Braunschweiger Zeitung", die mit der "Hannoversche Allgemeine Zeitung" kooperiert oder das "Diepholzer Kreisblatt",
Typ VIb und die "Kreiszeitung", Syke, Typ VIb im Einflußbereich des
"Weser-Kurier", Bremen, die mit der "Neue Osnabrücker Zeitung"
kooperieren. Kommunikationsstrukturen dieser Art legt die Analyse nahezu in allen Randzonen von Oberbereichen offen. Dies gilt auch für
das "Burgdorfer Kreisblatt", Typ Vc, im Einzugsbereich der "Hannover-
sche Allgemeine Zeitung", das mit dem "Niedersächsisches Tagblatt"
und der "Braunschweiger Zeitung" kooperiert; für das "Gelnhäuser Tag-
blatt", Typ VIc, die "Butzbacher Zeitung", Typ VIc und den "Usinger
Anzeiger", Typ VIc, am Rande des Einflußbereiches der "Frankfurter
Rundschau" und der "Frankfurter Neue Presse", die mit dem "Gießener
Anzeiger" kooperieren. Dies gilt auch für die "Hersfelder Zeitung",
Bad Hersfeld, Typ Vc, am Rande des Einflußbereiches der "Hessische
Allgemeine", Kassel, die mit dem "Gießener Anzeiger" und der
"Fuldaer Zeitung" kooperierte [1]. Die "Lorscher Heimatzeitung", Typ
VIc, am Rande des Einflußbereiches des "Mannheimer Morgen", die
mit dem "Darmstädter Echo" kooperiert, die "Kehler Zeitung", Typ Vc,
und das "Badische Tagblatt", Baden-Baden, Typ IV, im Einflußbereich
der "Badische Neueste Nachrichten", die mit dem "Offenburger Tageblatt" kooperieren und die "Lahrer Zeitung", Typ Vc, im Einflußbereich der "Badische Zeitung", die mit dem "Offenburger Tageblatt"
kooperiert, sie alle suchen durch Kooperation dem Einfluß großstädtisch-
regionaler Tageszeitungen der Oberzentren zu entgehen.

---

1) Jetzt sind diese Kooperationsbeziehungen gelöst, die "Hersfelder
    Zeitung" hat sich der "Hessische Allgemeine" angeschlossen.

Ähnlich ist die Situation aber auch für den "Alb-Bote", Waldshut,
Typ VIc, und das "Oberbadisches Volksblatt", Lörrach, Typ Vc,
am Rande des Einflußbereiches der "Badische Zeitung", Freiburg,
die mit dem "Schwarzwälder Bote", Oberndorf, kooperieren, einer
regionalen Tageszeitung, die ihren Kommunikationsraum jedoch nicht
von einem Oberzentrum aus konstituiert. Ebenso vergleichbar ist die
Situation am Rande des Einflußbereiches der "Lübecker Nachrichten",
in Eutin, Bad Oldesloe und Bad Segeberg, denn diese örtlichen Tageszeitungen kooperieren mit dem "Holsteinischer Kurier", Neumünster, Typ Vb, bzw. mit der "Schleswig-Holsteinische Landeszeitung", Rendsburg, Typ Vb, im angrenzenden Oberbereich Kiel, wiewohl diese Tageszeitungen nicht als regionale Tageszeitungen gelten
können. Und gleiches gilt im Einflußbereich der "Braunschweiger
Zeitung" für den "Elm-Lappwald-Kurier", Typ Vc, und dessen Ausgaben in Helmstedt und Schöningen, der der Zeitungsgruppe um die
"Goslarsche Zeitung" angehört. Eine ähnliche Situation ergab sich
für den "Harz-Kurier", Herzberg, Typ IV, und dessen Ausgaben in
Bad Lauterberg, Osterode, Bad Sachsa und Sarstedt, der im Einflußbereich der "Hannoversche Allgemeine Zeitung" und der "Hessische
Allgemeine" lag, der jetzt aber selbst mit der "Hessische Allgemeine"
und nicht mehr mit der "Goslarsche Zeitung" kooperiert [1].

---

1) Es sei darauf verwiesen, daß vergleichbare Situationen auch für
selbständige Tageszeitungen innerhalb der Verdichtungsräume bestehen, so für die "Lampertheimer Zeitung", Typ Vc, und das
"Viernheimer Tageblatt", Typ Vc, am Rande des Verdichtungsraumes Rhein-Neckar, im Einflußbereich des "Mannheimer Morgen", die mit dem "Darmstädter Echo" kooperieren. Im gleichen
Verdichtungsraum kooperiert die "Speyerer Tagespost", Typ Vc,
die im Einflußbereich der "Die Rheinpfalz" liegt, mit dem "Mannheimer Morgen". Ähnlich ist die Situation für das "Delmenhorster
Kreisblatt", Typ Vc, im Kerngebiet des Verdichtungsraumes Bremen,
im Einflußbereich des "Weser-Kurier", das mit der "Nordwest-
Zeitung" kooperiert sowie für die "Wolfenbütteler Zeitung", Typ
Vc, die der Gruppe um die "Goslarsche Zeitung" angehört.

Für den "Dürener Lokal-Anzeiger", Typ Vc, im Einflußbereich

Einzig die "Waldeckische Landeszeitung", Korbach, Typ Va. existiert
völlig unabhängig im Einflußbereich einer kernstädtischen Tageszeitung,
der "Hessische Allgemeine".

3.   Lokal informierende Tageszeitungen und Kommunikationsstrukturen
in "ländlichen Räumen" außerhalb der Einflußbereiche kernstädtischer Tagespresse

3.1   Abgrenzung

Betrachtet man die ländlichen Gebiete der Bundesrepublik Deutschland,
die dem Einfluß großstädtisch-regionaler Tageszeitungen der Hauptzentren der Verdichtungsräume entzogen sind, so zeigt sich, daß diese
"Restkategorie" des ländlichen Raumes vor allem große Teile des Zonen-
randgebietes und die sog. strukturschwachen Räume umfaßt, die im
Rahmenplan für die Gemeinschaftsaufgabe "Verbesserung der regionalen
Wirtschaftsstruktur" 1971 als förderungswürdige Gebiete in die sog. regionalen Aktionsprogramme aufgenommen wurden. Tatsächlich liegt dieser ländliche Raum in Bayern, vor allem in den Grenzzonen im Norden
und Osten, so daß dann auch jene Bereiche eingeschlossen sind, die
als "Unterfränkisches Fördergebiet", "Oberfränkisches Fördergebiet",
"Oberpfälzisches Fördergebiet", "Ostbayerisches Fördergebiet" und "Süd-
ost-Oberbayerisches Fördergebiet" ausgewiesen werden. Insgesamt sind
dann in Bayern der Großteil Unterfrankens, der Regierungsbezirk Oberfranken, die Oberpfalz (außer Neumarkt), ganz Niederbayern und in
Oberbayern der Oberbereich Ingolstadt und der sog. Rupertiwinkel als

---

der Aachener Regionalzeitungen z.B. gilt dies nicht, da durch die
Kooperation mit dem "Generalanzeiger für Bonn und Umgegend",
die Verbreitungsräume beider Tageszeitungen nicht aneinander anbinden.

ländlicher Raum außerhalb des Einzugsbereiches der Verdichtungskernstädte ausgewiesen. In Baden-Württemberg können hierzu gerechnet
werden: Die Kreise Ravensburg, Bodensee-Kreis, Sigmaringen, Konstanz,
Tuttlingen und Rottweil sowie Teile des Schwarzwald-Baar-Kreises
(darin eingeschlossen liegt das Fördergebiet "Alb-Oberschwaben-Boden-
see") sowie der Bereich um Offenburg. In Hessen muß diesem ländlichen Raum mit Ausnahme der Mittelbereiche Weilburg und Bad Hersfeld die gesamte Region "Mittel-Ost-Hessen", also ein Teil des "Ost-
hessisches Fördergebiet", hinzugerechnet werden. In Rheinland-Pfalz
gehört dazu der Regierungsbezirk Trier, und der entspricht dem Fördergebiet "Eifel-Hunsrück". In Niedersachsen sind dies einmal der Kreis
Goslar, dann die Kreise Lüchow-Dannenberg, Lützen und Lüneburg
im Fördergebiet "Niedersächsisches Zonenrandgebiet" sowie der Kreis
Soltau, und dann noch der Oberbereich Oldenburg im Fördergebiet
"Nordwest-Niedersachsen". Schließlich handelt es sich in Schleswig-
Holstein im wesentlichen um das Fördergebiet "Schleswig-Unterelbe"
und damit um den nordwestlichen Teil des Landes, einschließlich der
Kreise Dithmarschen und Steinburg.

3.2   Kommunikationsstrukturen im Orientierungsbereich von Ober-
       zentren "ländlicher Räume"

3.2.1 Vorbemerkung

Soweit in den ländlichen Gebieten Oberzentren zentralörtliche Bereiche höherer Stufe begründen, erscheinen dort auch regionale Tageszeitungen. Zum Teil ist dies auch - in Ansätzen zumindest - in
Einzugsbereichen von Mittelzentren, die Teilfunktionen von Oberzentren erfüllen, der Fall. Nur vom Oberzentrum Schweinfurt aus wird
ein solcher regionaler Kommunikationsraum nicht begründet.

3.2.2 "Ländliche Oberbereiche" in Bayern [1]

Von diesen ländlichen Oberzentren aus begründen regionale Tageszeitungen Kommunikationsräume, die sich der Struktur der zentralörtlichen Bereiche höherer Stufe anpassen. Die Nebenausgaben dieser Tageszeitungen der Typen III und IV sind in der Regel auf Mittel- oder Unterzentren und deren Bereiche bezogen.

In Ingolstadt, das auch den Kriterien der Stadtregion genügt, begründet der "Donau-Kurier", Typ IV, einen Kommunikationsraum, der sich beinahe exakt an den Grenzen des zentralörtlichen Bereiches höherer Stufe orientiert, mit Ausgaben für die Mittelzentren Eichstätt, Pfaffenhofen/Geißenfeld und Schrobenhausen sowie für das Unterzentrum Riedenburg, deren Einflußbereiche gegenüber den angrenzenden regionalen Tageszeitungen (aus München, Augsburg, Ingolstadt und Regensburg) eindeutig abgegrenzt sind, so daß diese Tageszeitung im gesamten Verbreitungsraum ohne Konkurrenz wäre, wenn nicht die Ausgabe "Hilpoltsteiner Kurier" im Oberbereich Nürnberg mit der "Roth-Hilpoltsteiner Volkszeitung" konkurrieren müßte.

Gleiches gilt für die "Landshuter Zeitung", Typ IV, im Oberbereich Landshut und deren Ausgaben für die Mittelzentren Moosburg, Vilsbiburg und das Unterzentrum Rottenburg sowie für die in Verlagsgemeinschaft mit dieser Tageszeitung erscheinende "Hallertauer Zeitung", Typ VIc, im Mittelzentrum Mainburg. Die "Landshuter Zeitung" kooperiert

---

1) Für die Analyse wurden insbesondere folgende Unterlagen herangezogen: Kluczka, Georg: a.a.O.; Raumordnungsbericht 1971, Bayerische Staatsregierung, a.a.O.; Zentrale Orte und Nahbereiche in Bayern, a.a.O.; Planungsregionen, a.a.O.

im Anzeigenbereich und im redaktionellen Bereich mit dem "Straubinger Tagblatt", Typ IV, dessen Verleger Alleininhaber des Verlages der "Landshuter Zeitung" ist.

Die Nebenausgaben des "Straubinger Tagblatt" sind nur im Mittelbereich Straubing ohne Konkurrenz und dies ist auch der Fall im Mittelbereich Dingolfing, für den,in Verlagsgemeinschaft mit dem "Straubinger Tagblatt", der "Dingolfinger Anzeiger", Typ VIc, erscheint. In den im Südosten an den Mittelbereich Straubing angrenzenden Mittelzentren Landau an der Isar und Deggendorf erscheinen dann auch Ausgaben der "Passauer Neue Presse", Typ IV, und in den im Nordosten angrenzenden Bereichen der Mittelzentren Kötzting und Cham (Cham liegt bereits jenseits der Oberbereichsgrenze) erscheinen als Konkurrenz Ausgaben der "Mittelbayerische Zeitung", Regensburg, Typ III. Ohnehin deckt der Einflußbereich des "Straubinger Tagblatt" nicht den gesamten zentralörtlichen Bereich höherer Stufe um die Mittelzentren mit Teilfunktionen eines Oberzentrums Straubing und Deggendorf ab.

Die "Passauer Neue Presse" dehnt ihren Verbreitungsraum weit über den Oberbereich Passau hinaus aus, bis in die oberbayerischen Mittelzentren Altötting und Burghausen und im Norden bis Viechtach. Die Ausgaben sind jeweils auf die Mittelzentren bezogen, nur nicht auf Waldkirchen, denn dort erscheint dreimal wöchentlich die "Waldrundschau", Typ VIc, als einziger Konkurrent (abgesehen von der Straubinger Ausgabe für Landau und Deggendorf) im gesamten Verbreitungsgebiet.

Die "Mittelbayerische Zeitung", Regensburg, Typ III, bezieht über den Oberbereich Regensburg hinaus die Mittelzentren Neumarkt und Amberg in ihren Verbreitungsraum mit ein. Dort überschneidet sich der Kommunikationsraum der "Mittelbayerische Zeitung" einmal mit dem der "Nürn-

berger Nachrichten", Typ III, und dann mit dem des "Der Neue Tag",
Weiden, Typ IV. Die letztgenannte Tageszeitung bringt auch Ausgaben für Schwandorf, Naabburg und Neunburg vorm Wald heraus und
konkurriert dort ebenfalls mit der "Mittelbayerische Zeitung", die demnach nur im Mittelbereich Regensburg, im Mittelzentrum Kelheim sowie in den Unterzentren Parsberg, Hemau, Abensberg, Burglengenfeld
und Waldmünchen ohne Konkurrenz ist, denn, wie wir bereits erwähnten, erscheinen für Cham und Kötzting gleichfalls Ausgaben des
"Straubinger Tagblatt".

Die bereits genannte regionale Tageszeitung "Der Neue Tag", Weiden,
Typ IV, ist auch im gesamten Oberbereich Weiden nicht ohne Konkurrenz. Nur die Ausgabe für den Mittelbereich Sulzbach-Rosenberg,
der eigentlich nach Nürnberg orientiert ist, gewinnt eine Monopolstellung. In Weiden dagegen erscheinen als Konkurrent, bezogen auf
den Mittelbereich, die "Oberpfälzer Nachrichten", Weiden, Typ Vc,
und in den Mittelbereichen Tirschenreuth und Marktredwitz an der
Oberbereichsgrenze, sind auch Ausgaben der "Frankenpost", Hof, Typ
IV, verbreitet. Und als Konkurrent für den Bereich des Unterzentrums
Windisch-Eschenbach tritt dann noch zweimal wöchentlich der "Wald-
naabtal-Anzeiger", Typ VIII, in Erscheinung. Mit dem "Nordbayerischer
Kurier", Bayreuth, Typ IV, wurde der Verbreitungsraum abgegrenzt,
denn in Grafenwöhr und Eschenbach i.d. Oberpfalz, noch im Kreis
Neustadt an der Waldnaab sowie in Kemnath im Kreis Tirschenreuth
sind die Ausgaben des "Der Neue Tag" nicht verbreitet.

Im Bereich des Oberzentrums Hof erscheinen im Kreis Wunsiedel neben
der Ausgabe der "Frankenpost", Hof, Typ IV, und der Ausgabe Marktredwitz des "Der Neue Tag" drei kleinstädtische Tageszeitungen, das
"Selber Tagblatt", Typ VIc, der "Bote aus den Sechsämtern", Wunsiedel,

Typ VIc, und die "Sechsämter Neueste Nachrichten", Arzberg, Typ
VIc, die ihre Verbreitungsräume gegeneinander ausgrenzten. Da das
"Selber Tagblatt", das eine Nebenausgabe in Rehau herausbringt, nun
mit der "Frankenpost" kooperiert, wurde deren Ausgabe für Selb eingestellt. Eine Monopolstellung verbleibt der "Frankenpost" außerdem
in den Mittelbereichen Naila und Helmbrechts, in Helmbrechts aber
auch nur aufgrund der Kooperation mit der "Münchberg-Helmbrechtser
Zeitung", Typ VIc. Ihre Ausgaben in Kronach, Bayreuth und Kulmbach erreichen kaum nennenswerte Auflagenanteile.

Der "Nordbayerische Kurier", Bayreuth, Typ IV, hat sein Verbreitungsgebiet mit der "Bayerische Rundschau", Kulmbach, Typ Vc, abgegrenzt, denn die Ausgabe Kulmbach erscheint nur für nach Bayreuth
als Mittelzentrum orientierte Gemeinden des Kreises Kulmbach. Dies
ist nicht verwunderlich, denn diese Tageszeitungen bilden zusammen
mit der bereits genannten örtlichen Tageszeitung in Wunsiedel sowie
mit dem "Coburger Tageblatt", Typ Vc, das im Verlag der "Bayerische
Rundschau" erscheint, eine Redaktionsgemeinschaft ("Ring Nordbayerischer
Tageszeitungen", Bayreuth). Hinzuweisen ist ferner darauf, daß die Ausgabe "Pegnitz/Ebermannstadt" des "Nordbayerischer Kurier" mit den
"Nürnberger Nachrichten" konkurriert, denn deren Verbreitungsgebiet
liegt bereits im Oberbereich Nürnberg.

Im Oberzentrum Coburg, das kaum einen weitreichenden Einzugsbereich begründet, erscheint neben dem bereits erwähnten "Coburger Tageblatt" die "Neue Presse", Typ IV, mit Ausgaben für die Mittelbereiche Neustadt b. Coburg, Ebern, Kronach und Lichtenfels. Die letztgenannte Tageszeitung steht in Konkurrenz im gesamten Verbreitungsgebiet: Mit dem "Coburger Tageblatt" in Coburg und Neustadt b. Coburg;
mit Ausgaben des "Fränkischer Tag", Bamberg, Typ IV, in Ebern, Lichtenfels und Kronach und in Lichtenfels zusätzlich mit dem "Obermain-Tag-

blatt", Lichtenfels, Typ VIc. Daß das Verbreitungsgebiet von "Neue
Presse" und "Frankenpost" in Kronach abgegrenzt ist, verwundert auch
in diesem Falle nicht, denn beide Tageszeitungen bilden eine Anzeigentarifgemeinschaft und erscheinen im gleichen Verlag.

Nicht nur die beiden erwähnten Ausgaben des "Fränkischer Tag", Bamberg, Typ IV, stehen in Konkurrenz zu anderen regionalen Tageszeitungen, das gilt auch für dessen Ausgaben "Ebermannstadt/Forchheim"
und "Höchstadt/Herzogenaurach" im Oberbereich Nürnberg, denn dort
erscheinen gleichfalls Nebenausgaben der "Nürnberger Nachrichten"
und in Ebermannstadt zusätzlich eine Ausgabe des "Nordbayerischer
Kurier". Damit ist der "Fränkischer Tag" lediglich im Mittelbereich
Bamberg ohne Konkurrenz.

Ein sehr differenziertes Bild zeigt die Kommunikationsstruktur in den
Bereichen der Oberzentren Würzburg und Schweinfurt. Zwar wird dieser Raum weitgehend von der "Main-Post", Würzburg, Typ III, bestimmt, doch vor allem in den Randzonen dieser Bereiche gewinnen
die örtlichen Tageszeitungen, die auch Bereiche von Mittelzentren
und Unterzentren einbeziehen, Bedeutung als Konkurrenz. In Haßfurt
ist dies das "Haßfurter Tagblatt", Typ VIc; in Hofheim der "Bote vom
Haßgau", Typ VIc; in Königshofen im Grabfeld der "Bote vom Grabfeld", Typ VIc; in Mellrichstadt der "Rhön und Streu-Bote", Typ VIc;
in Bad Neustadt an der Saale die "Rhön- und Saalepost", Typ VIc;
in Bad Kissingen, mit Nebenausgaben auch in Hammelburg und Münner-
stadt, die "Kissinger Saale-Zeitung", Typ Vc; in Bad Brückenau der
"Brückenauer Anzeiger", Typ VIc; in Lohr am Main die "Lohrer Zeitung", Typ VIc; in Ochsenfurt die "Ochsenfurter Zeitung", Typ VIc;
in Kitzingen die "Kitzinger Zeitung", Typ VIc und in Gerolzhofen
schließlich der "Steigerwaldbote", Typ VIc. Alle diese Tageszeitungen

beziehen den Mantel von der "Bayerische Heimatzeitungsverleger eGmbH", Nürnberg, und sind der Anzeigengemeinschaft "Ring Nordbayerischer Heimatzeitungen", München, angeschlossen. Zwar ist diese Gruppe auf einen abgrenzbaren Raum insgesamt bezogen, doch bleibt dennoch das Verbreitungsgebiet der verschiedenen Mitgliedszeitungen ziemlich diffus.

Aber nicht nur mit den genannten kleinstädtischen Tageszeitungen konkurriert die "Main-Post". Am Rande ihres Einflußbereiches, im westlichen Unterfranken, überschneidet sich ihr Verbreitungsgebiet mit dem des "Main-Echo", Aschaffenburg, Typ IV. Und eine weitere Besonderheit weist die Kommunikationsstruktur dieses Raumes auf. Sie erwächst aus dem Verhältnis von "Main-Post" und "Fränkisches Volksblatt", Würzburg, Typ III, bzw. "Schweinfurter Volkszeitung", Typ Vc, zueinander. Denn die drei Tageszeitungen bilden nicht nur gemeinsam einen Anzeigenträger, sondern die publizistische Konkurrenz bezieht sich eigentlich nur auf die allgemeinpolitische Berichterstattung. Konkurrenz, bezogen auf die Lokalberichterstattung, gibt es zwischen "Main-Post" und "Fränkisches Volksblatt" nur in Würzburg und zwischen der Ausgabe "Schweinfurter Tagblatt" der "Main-Post" und der "Schweinfurter Volkszeitung", die wiederum den Mantel des "Fränkisches Volksblatt" übernimmt, in Schweinfurt. Die Nebenausgaben der beiden Würzburger Zeitungen und auch die der "Schweinfurter Volkszeitung" erscheinen mit identischem Lokalteil, den allein die "Main-Post" erstellt. Der Lokalbezug der Nebenausgaben ist allerdings gering. Denn es bestehen weder Lokalredaktionen jeweils an den "Erscheinungsorten der Nebenausgaben" (die Lokalteile werden in Zentralredaktionen erstellt), noch drückt sich im Titel der Nebenausgaben ein Ortsbezug aus. Vielleicht sind das Gründe dafür, daß noch so viele lokale Tageszeitungen in diesem Raum unabhängig

bestehen und dann am Ort meist auch die höheren Auflagenanteile erzielen.

Zwei weitere Aspekte sind zu beachten: Im Konkurrenzgebiet des
"Main-Echo" erscheinen nur noch Ausgaben des "Fränkisches Volks-
blatt" unter dem Titel "Aschaffenburger Volksblatt". Der Verlag des
"Fränkisches Volksblatt" hält 50% der GmbH-Anteile am Verlag der
"Schweinfurter Volkszeitung".

3.2.3 "Ländliche Oberbereiche" in Hessen [1]

In der hessischen Region "Mittel-Ost-Hessen" begründen das Oberzentrum Gießen und Fulda, das nur Teilfunktionen eines Oberzentrums erfüllt, aber nach Kluczka [2] die "Ersatzstellung" eines fehlenden Oberzentrums einnimmt, zentralörtliche Bereiche höherer Stufe.

Dominierende Tageszeitung dieses Raumes ist der "Gießener Anzeiger",
Typ IV, der durch Nebenausgaben in Bad Homburg, Büdingen und
Lauterbach sowie durch Kooperation im redaktionellen Bereich mit den
Tageszeitungen in Alsfeld (diese kooperiert auch im Anzeigenbereich),
Dillenburg, Marburg und Gelnhausen und durch Kooperation im An-

---

1) Für die Analyse wurden insbesondere folgende Unterlagen heran-
gezogen: Stadtregionen in der Bundesrepublik Deutschland 1961,
a.a.O.; Kluczka, Georg: a.a.O.; Raumordnungsbericht für die
Region Mittelhessen, Hrsg.: Regionale Planungsgemeinschaft
Mittelhessen, Gießen 1973; Raumordnungsplan für die Region
Mittelhessen, einschließlich Landschaftsrahmenplan, Hrsg.: Re-
gionale Planungsgemeinschaft Mittelhessen, Gießen 1974; Ent-
wurf eines Raumordnungsgutachtens für die Region Mittelhessen,
Hrsg.:Regionale Planungsgemeinschaft Mittelhessen, Gießen 1974;
Landesentwicklungsplan, Durchführungsabschnitt, a.a.O.; Großer
Hessenplan, a.a.O.

2) Vgl. Kluczka, Georg: a.a.O., S. 28

zeigenbereich mit den Tageszeitungen in Butzbach und Usingen einen
Einflußbereich begründet, der sogar bis in den Verdichtungsraum Rhein-
Main hineinreicht. Dennoch konkurriert gerade im Mittelbereich Gießen
diese regionale Tageszeitung mit Tageszeitungen verschiedenen Typs.
In der kreisfreien Stadt Gießen [1] ist dies die "Gießener Allgemeine",
Typ Va, die ihr Verbreitungsgebiet über den Landkreis Gießen hinaus
in den angrenzenden Vogelsberg-Kreis und dann noch, die Oberbe-
reichsgrenzen überschreitend, nach Friedberg/Bad Nauheim erweitert.
Mit diesen Tageszeitungen stehen im Landkreis Gießen und damit auch
im Mittelbereich ortsbezogene Tageszeitungen in Konkurrenz: Die "Hei-
mat-Zeitung", Grünberg, Typ VIc (in den Unterzentren Grünberg und
Laubach) und der "Licher Anzeiger", Typ VIII (im Unterzentrum Lich,
das noch im Bereich der Stadtregion Gießen liegt). Diese beiden lokalen Tageszeitungen erscheinen nur dreimal wöchentlich und die Unterzentren für die sie erscheinen, erfüllen jeweils Teilfunktionen eines
Mittelzentrums. Im Osten bilden die Mittelbereiche Alsfeld und Lauterbach zusammen mit dem Mittelbereich Schlitz den Vogelsberg-Kreis.
In diesem Kreisgebiet ist die "Gießener Allgemeine", wie auch die
Hauptausgabe des "Gießener Anzeiger", nur noch in den nach Gießen
als Mittelzentrum orientierten Gemeinden (z.B. in Homberg und Mücke)
verbreitet. Da die "IVW-Regionalanalyse" im übrigen Kreisgebiet keine
Auflage der "Gießener Allgemeine" ausweist, müßte die Ausgabe "Als-
felder Allgemeine" auf diese vorgenannten Orte hin, bezogen sein.
Für den Mittelbereich Lauterbach, jenseits des Oberbereiches, erscheint
die Ausgabe "Lauterbacher Anzeiger" des "Gießener Anzeiger" neben
der Ausgabe "Oberhessische Volkszeitung" der "Frankfurter Neue Presse",
Typ III. Die letztgenannte Ausgabe ist auch im Mittelbereich Schlitz
verbreitet, wo dann noch der "Schlitzer Bote", Typ VIc, erscheint.

---

1) Die kreisfreie Stadt Gießen wurde rückgekreist.

Im Mittelbereich Alsfeld schließlich ist die "Oberhessische Zeitung",
Alsfeld, Typ VIc, ohne Konkurrenz. Eine solche Monopolstellung
ergibt sich auch in dem nach Norden hin an Gießen anschließenden Mittelbereich Marburg. Im Stadt- und Landkreis Marburg [1] erscheint die "Oberhessische Presse", Marburg, Typ Vc, die gleichfalls mit dem "Gießener Anzeiger" kooperiert. Marburg liegt bereits
im Oberbereich Kassel.

Einen von den Gießener Zeitungen unabhängigen Kommunikationsraum begründet im nach Westen anschließenden Mittelbereich die
"Wetzlarer Neue Zeitung", Typ IV, obwohl Teile des Mittelbereiches und Kreises Wetzlar im Bereich der Stadtregion Gießen liegen.
Durch Nebenausgaben erweitert diese Tageszeitung ihren Kommunikationsraum, so daß er den westlichen Oberbereich Gießen und jenseits der Bereichsgrenze auch den Mittelbereich Weilburg umfaßt.
Für den Bereich Weilburg erscheint neben der Ausgabe der "Wetzlarer
Neue Zeitung" die Ausgabe "Nassauische Landeszeitung" der "Frankfurter Neue Presse", Typ III. Im Kreis Wetzlar ist die "Wetzlarer
Neue Zeitung" ohne Konkurrenz. Im Dillkreis konkurrieren ihre Ausgaben für die Mittelzentren Herborn, Haiger und Dillenburg mit der
"Dill-Zeitung", Dillenburg, Typ VIc, die mit dem "Gießener Anzeiger" kooperiert. Im Kreis Biedenkopf [1] schließlich gewinnt die Ausgabe "Hinterländer Tageblatt" der "Wetzlarer Neue Zeitung" die weit
höheren Auflagen gegenüber der "Oberhessische Presse", die vor allem
in den nach Marburg hin orientierten Gemeinden verbreitet sein dürfte,
da sie in der Stadt Biedenkopf nur 270 Exemplare verkauft.

---

1) Die Stadt- und Landkreise Marburg wurden mit dem Kreis Bieden-
    kopf zum Kreis Biedenkopf-Marburg zusammengeschlossen.

- 284 -

In Fulda [1] ist, nachdem die "Fuldaer Volkszeitung" ihr Erscheinen einstellte, die "Fuldaer Zeitung", Typ Va, im gesamten Landkreis ohne Konkurrenz, für den im Teil des ehemaligen Kreises Hünefeld zusätzlich die Nebenausgabe "Hünefelder Zeitung" erscheint. Die zweite Nebenausgabe der "Fuldaer Zeitung", die "Kinzig-Zeitung", konkurriert im Kreis Schlüchtern [2] mit der "Frankfurter Neue Presse", die dort eine Ausgabe der "Fuldaer Volkszeitung" übernahm. Mit der "Fuldaer Zeitung" kooperierte im Anzeigenbereich die "Hersfelder Zeitung", Bad Hersfeld, Typ Vc, deren Verbreitungsgebiet bereits jenseits der Bereichsgrenze im Oberbereich Kassel, im Einflußbereich der "Hessische Allgemeine", Kassel, Typ III, liegt. Nun aber ist diese Anzeigenkooperation aufgekündigt (auch die Kooperation im redaktionellen Bereich mit dem "Gießener Anzeiger" wurde gelöst). Die "Hersfelder Zeitung" hat sich der "Hessische Allgemeine" angeschlossen.

3.2.4 Oberbereich Oldenburg [3]

In Niedersachsen liegt allein das Oberzentrum Oldenburg im ländlichen Raum und kommt nach Kluczka [4] den Bedürfnissen der Landwirtschaft in ganz besonderer Weise entgegen. Für eben dieses stark landwirtschaftlich geprägte Umland erscheint in Oldenburg die "Nordwest-Zeitung", Typ III. Nebenausgaben hat diese Tageszeitung für alle Kreise, die zum Regierungsbezirk Oldenburg gehören, konzipiert, so daß zum Teil sogar eine Ausgabe erscheint, wo örtliche Tageszei-

---

1) Die kreisfreie Stadt Fulda wurde rückgekreist.

2) Der Kreis Schlüchtern wurde dem neugebildeten Main-Kinzig-Kreis zugeordnet.

3) Für die Analyse wurden insbesondere folgende Unterlagen herangezogen: Stadtregionen in der Bundesrepublik Deutschland 1961, a.a.O.; Kluczka, Georg: a.a.O.; Verwaltungs- und Gebietsreform in Niedersachsen, a.a.O.

4) Vgl. Kluczka, Georg: a.a.O., S. 26

tungen im Markt sind, die mit der "Nordwest-Zeitung" im redaktionellen Bereich und im Anzeigenbereich kooperieren (in Delmenhorst, Wilhelmshaven und Jever ist dies der Fall). In den Kreisen Cloppenburg
und Vechta, an der Grenze des Oberbereiches, erscheinen Konkurrenzzeitungen: Die "Oldenburgische Volkszeitung", Vechta, Typ Vb, und
die "Münsterländische Tageszeitung", Cloppenburg, Typ VIc, die jedoch mit der "Nordwest-Zeitung" im Anzeigenbereich kooperiert, was
die Tageszeitung in Vechta nicht tut, sie kooperiert mit der "Neue
Osnabrücker Zeitung". Ferner tritt als Konkurrent in Wildeshausen, im
Kreis Oldenburg, die "Wildeshauser Zeitung", Typ VIc, fünfmal wöchentlich in Erscheinung und konkurriert dort mit der Ausgabe "Kreis Olden-
burg-Delmenhorst" der "Nordwest-Zeitung". Und an der nordöstlichen
Bereichsgrenze des Oberzentrums Oldenburg kommt im Kreis Wesermarsch
die "Kreiszeitung Wesermarsch", Nordenham, Typ Vc, als Konkurrent
auf den Markt. Es überrascht allerdings, daß auch im Verbreitungsgebiet des "Jeversches Wochenblatt", Jever in Oldenburg, Typ VIb, und
der "Wilhelmshavener Zeitung", Typ Ib, eine Ausgabe "Kreiszeitung
Friesland" der "Nordwest-Zeitung" verbreitet ist, obwohl diese Tageszeitungen im Anzeigenbereich und im redaktionellen Bereich mit der
"Nordwest-Zeitung" kooperieren. Im Anzeigenbereich kooperieren mit
dieser regionalen Tageszeitung alle Tageszeitungen des Regierungsbezirks Aurich, der ebenfalls im Bereich des Oberzentrums liegt. Da die
Tageszeitung in Leer, die "Ostfriesen Zeitung", Typ IV, den Mantel
der "Nordwest-Zeitung" übernimmt und deren Ausgaben in Emden,
Aurich, Norden und Wittmund in Konkurrenz zu den dortigen örtlichen
Tageszeitungen stehen, beziehen diese Tageszeitungen sowie jene in
Borkum, Norderney und Weener den Mantel der "Neue Osnabrücker
Zeitung". Dies mag sich deshalb so ergeben haben, weil die Verleger
der Tageszeitungen in Emden, Norden, Aurich und Wittmund zusammen
auch die Verleger der "Ostfriesen Zeitung", Leer, sind. Zu erwähnen

bleibt, daß abgesehen von der "Ostfriesen Zeitung" alle Tageszeitungen des Regierungsbezirks Aurich ihre Verbreitungsgebiete wechselseitig abgegrenzt haben, und daß, zwar an den Kommunikationsraum der "Nordwest-Zeitung" nicht angebunden, die "Cuxhavener Presse", Typ Vc, im Anzeigenbereich mit dieser kooperiert.

3.2.5 Oberbereich Trier [1]

Vom Oberzentrum Trier aus begründet der "Trierischer Volksfreund", Typ III, einen Kommunikationsraum, der den gesamten Regierungsbezirk Trier umfaßt. Seine Nebenausgaben sind wenig differenziert, der strukturräumlichen Gliederung kaum angepaßt. Die Ausgabe "Eifel-Zeitung" z.B. umfaßt nahezu die gesamte Region "Westeifel" und damit die Kreise Bitburg-Prüm und Daun, so daß hier nur eine Ausgabe für die Mittelbereiche Neuerburg, Bitburg, Prüm, Gerolstein und Daun konzipiert ist. Eine ähnliche Situation ergibt sich auch für die Ausgabe im Kreis Bernkastel-Wittlich ("Bernkasteler Zeitung/Wittlicher Tageblatt"), sie versorgt die Mittelbereiche Wittlich, Bernkastel, Traben-Trarbach und Morbach. Die Ausgabe im Kreis Merzig-Wadern, im Saarland, bezieht sich auf die nach Trier als Oberzentrum orientierten Gemeinden in der Grenzzone zwischen den Oberbereichen Trier und Saarbrücken. In Merzig selbst ist diese Ausgabe ohne Bedeutung (59 verkaufte Exemplare!). Diese Tageszeitung wäre im gesamten Ver-

---

1) Für die Analyse wurden insbesondere folgende Unterlagen herangezogen: Stadtregionen in der Bundesrepublik Deutschland 1961, a.a.O.; Kluczka, Georg: a.a.O.; Raumordnungsbericht 1973 der Landesregierung Rheinland-Pfalz, a.a.O.; Raumordnungsbericht 1971 der Landesregierung Rheinland-Pfalz, a.a.O.; Schwarz, Karl: Überlegungen zur Neuabgrenzung der Stadtregionen am Beispiel von vier Stadtregionen in Rheinland-Pfalz, in: Zum Konzept der Stadtregionen, Methoden und Probleme der Abgrenzung von Agglomerationsräumen, Veröffentlichungen der Akademie für Raumforschung und Landesplanung, Raum und Bevölkerung 10, Hannover 1970, S. 43 ff.

breitungsgebiet in Rheinland-Pfalz ohne Konkurrenz, wenn nicht im
Unterzentrum Konz, noch im Ergänzungsgebiet der Stadtregion Trier,
die "Konzer Zeitung", Typ VIc, dreimal wöchentlich erscheinen würde und viermal wöchentlich, für den Mittelbereich Traben-Trarbach,
die "Mittelmosel-Zeitung", Typ VIc.

3.2.6 Der Orientierungsbereich des Mittelzentrums Offenburg, das
       Teilfunktionen eines Oberzentrums erfüllt [1]

Nach Kluczka [2] ist Offenburg das führende Zentrum für das mittlere
Oberrheintal und dem randlichen Schwarzwald, im Überschneidungsge-
biet der abgeschwächten Einflüsse um Freiburg und Karlsruhe und bildet dadurch einen echten Zwischenbereich als Mittelzentrum mit Teilfunktionen eines Oberzentrums aus. Hier konstituiert das "Offenburger
Tageblatt", Typ Va, einen regionalen Kommunikationsraum durch Nebenausgaben für die Mittelbereiche Achern im Oberbereich Karlsruhe
und Wolfach im Oberbereich Freiburg und dadurch, daß die Tageszeitungen in Kehl ("Kehler Zeitung", Typ Vc), Lahr ("Lahrer Zeitung",
Typ Vc) und Oberkirch ("Renchtal-Zeitung", Typ VIc) durch Kooperation in diesen Einflußbereich mit eingebunden werden. Daneben ist
durch Kooperation im Anzeigenbereich auch das "Badisches Tagblatt",
Baden-Baden, Typ IV, mit dieser Gruppe verbunden. Konkurrenz besteht - entsprechend dieser Zwischenlage - in allen Verbreitungsgebieten, und zwar mit der "Badische Zeitung", Freiburg, Typ III, in Lahr
mit den "Badische Neueste Nachrichten", Karlsruhe, Typ III, in Kehl
und Achern und mit dem "Schwarzwälder Bote", Oberndorf, Typ IV,
in Wolfach. Gleichzeitig sind Ausgaben des "Badisches Tagblatt" auch

1) Für die Analyse wurden insbesondere folgende Unterlagen herangezogen: Kluczka, Georg: a.a.O.; Landesentwicklungsplan Baden-
   Württemberg vom 22. Juni 1971, a.a.O.
2) Kluczka, Georg: a.a.O., S. 28

in Offenburg, Kehl und Achern Konkurrenz. Und schließlich erscheinen
im Mittelbereich Offenburg, in den Unterzentren Gengenbach und Zell,
kleinstädtische Tageszeitungen vom Typ VIc, der "Kinzig-Bote" und die
"Schwarzwälder Post" dreimal wöchentlich. Beide Tageszeitungen kooperieren
mit der "Südwest-Presse", Ulm, Typ IV.

3.2.7 Der Orientierungsbereich des Mittelzentrums Flensburg, das Teilfunktionen eines Oberzentrums erfüllt [1]

In Schleswig-Holstein begründet das "Flensburger Tageblatt", Typ Vb,
mit Nebenausgaben für die Mittelbereiche Niebüll und Wick auf Föhr
sowie mit angeschlossenen Tageszeitungen in Husum ("Husumer Nachrichten", Typ Vc) und Schleswig ("Schleswiger Nachrichten", Typ Vc) einen
Kommunikationsraum, der die Kreise Nordfriesland, Flensburg und Schleswig und damit den gesamten Oberbereich umfaßt, für den Flensburg Teilfunktionen eines Oberzentrums erfüllt. Konkurrenz besteht nur im Kreis
Schleswig durch die "Schleswig-Holsteinische Landeszeitung", Rendsburg,
Typ Va, sowie bedingt durch die "Südschleswigsche Heimatzeitung/
Flensborg Avis", Typ Va.(Eine Ausgabe für die dänische Minderheit)
Durch Anzeigenkooperation mit den "Kieler Nachrichten" ist das "Flens-
burger Tageblatt" der "Zeitungsgruppe Schleswig-Holstein" zuzurechnen.

3.3 Kommunikationsstrukturen in "ländlichen Räumen", die nicht im Einflußbereich der Tageszeitungen von Oberzentren liegen

3.3.1 Vorbemerkung

Dabei gilt es zu unterscheiden: Es kann sich hierbei um Räume handeln,
in welchen sich Oberzentren und diesen zuordenbare zentralörtliche Be-

---

1) Für die Analyse wurden insbesondere folgende Unterlagen herangezogen: Kluczka, Georg: a.a.O.; Pendlerströme in ausgewählte Gemeinden, a.a.O.; Landesplanung in Schleswig-Holstein, a.a.O.

- 289 -

reiche höherer Stufe nicht ausbildeten (so wie dies im Süden Baden-
Württembergs und im Harz der Fall ist) oder um ländliche Räume im
Orientierungsbereich von Oberzentren, an die der Einflußbereich der
kernstädtischen Tagespresse nicht hineinragt (so wie dies in der Lüneburger Heide und in den Schleswig-Holsteinischen Kreisen Dithmarschen
und Steinburg und im Bayerischen Ruperti-Winkel der Fall ist). Die
Kommunikationsstrukturen in den Kreisen Dithmarschen und Steinburg
sowie in der Lüneburger Heide (dort bildet die Gruppe "Niedersächsisches Tageblatt" einen teilregionalen Kommunikationsraum) brauchen
hier nicht mehr gesondert dargestellt zu werden, sie wurden bereits
bei der Analyse der Kommunikationsstrukturen im Oberbereich Hamburg
erläutert.

3.3.2 "Ländliche Räume" im Süden von Baden-Württemberg [1]

Aufmerksamkeit verdient die Kommunikationsstruktur im ländlichen Raum
zwischen der bayerischen Grenze und dem Schwarzwald, südlich des
Oberbereiches Stuttgart. Hier haben sich keine Oberzentren herausge-
bildet, die abgrenzbare zentralörtliche Bereiche höherer Stufe begründen würden, und dennoch bestimmen dort nahezu ausschließlich regionale Tageszeitungen die Kommunikationsstruktur. Gleichzeitig sind dies
aber nicht Tageszeitungen, die von den von der Landesplanung projektierten Oberzentren (Villingen-Schwenningen und Ravensburg) aus regionale
Kommunikationsräume begründen, sondern diese Tageszeitungen erscheinen
in den Mittelzentren Leutkirch, Oberndorf am Neckar und Konstanz.
(Konstanz erfüllt allerdings Teilfunktionen eines Oberzentrums.)

---

1) Für die Analyse wurden insbesondere folgende Unterlagen heran-
    gezogen: Kluczka, Georg: a.a.O.; Landesentwicklungsplan Baden-
    Württemberg vom 22. Juni 1971, a.a.O.

Dennoch läßt sich leicht feststellen, daß der Verbreitungsschwerpunkt
dieser regionalen Tageszeitungen jeweils im Umkreis der genannten
zentralen Orte liegt. Für die "Schwäbische Zeitung", Leutkirch, Typ
IV, ist Ravensburg als Zentrum der Verbreitung auszumachen. Der
"Südkurier", Typ IV, konzentriert sich auf die Mittelbereiche im Umkreis des Bodensees, die im Einzugsbereich von Konstanz liegen und
der "Schwarzwälder Bote" konstituiert einen Verbreitungsraum, für den
Villingen-Schwenningen als Zentrum gelten kann.

Der Kommunikationsraum der "Schwäbische Zeitung" weist jedoch weit
über diesen engeren Verbreitungsraum in Oberschwaben hinaus. Er umfaßt das gesamte ländliche Gebiet außerhalb des Verbreitungsraumes des
"Südkurier" und somit die Kreise Ravensburg, Sigmaringen (ohne die
Mittelzentren Meßkirch und Pfullendorf), Tuttlingen, Rottweil und den
Bodensee-Kreis, dort aber nur den Mittelbereich Friedrichshafen und dazu den Alb-Donau-Kreis, den Kreis Biberach und das Oberzentrum Ulm
im Oberbereich Ulm (nicht jedoch den Kreis Heidenheim). Zudem begründet diese Tageszeitung im Ostalb-Kreis - wir haben dies bereits dargelegt - einen teilregionalen Kommunikationsraum als Exklave. Auf eine
Besonderheit sei verwiesen: Im Kreis Tuttlingen erscheinen die Ausgaben
für Tuttlingen, Spaichingen und Trossingen in Verlagsgemeinschaft. Mitherausgeber ist jeweils der Verlag des "Gränzbote", Tuttlingen, Typ VIc.

Die Ausgaben erscheinen bezogen auf die Mittelzentren und deren Bereiche und zum Teil auch bezogen auf Unterzentren, so auf Laichingen,
Munderkingen und Tettnang. Ohne Konkurrenz sind diese Ausgaben in
den Kreisen Ravensburg und Sigmaringen (im Kreis Sigmaringen sind die
Verbreitungsräume aufgeteilt, die Ausgabe des "Südkurier" bleibt auf die
Unterzentren Meßkirch und Pfullingen beschränkt, im übrigen Kreisgebiet ist die "Schwäbische Zeitung" verbreitet), in allen Mittelbereichen

des Kreises Biberach (nicht aber im Mittelbereich Laupheim, denn dort
erscheint auch eine Ausgabe der "Südwest-Presse/Schwäbische Donau-
Zeitung", Ulm, Typ IV, mit geringer Auflage), im Mittelbereich Friedrichshafen des Bodensee-Kreises und im Unterzentrum Laichingen im
Alb-Donau-Kreis. In den übrigen Mittelbereichen des Alb-Donau-Kreises
und im Stadtkreis Ulm steht die "Schwäbische Zeitung" in Konkurrenz
zur "Südwest-Presse/Schwäbische Donau-Zeitung". Dies ist ähnlich in
den Mittelbereichen Schramberg und Rottweil des Kreises Rottweil und
in den Mittelbereichen des Kreises Tuttlingen, denn dort konkurriert
die "Schwäbische Zeitung" mit den Ausgaben des "Schwarzwälder Bote".

Der Kommunikationsraum des "Südkurier" erstreckt sich auf den Umkreis
des Bodensees von Überlingen bis Rheinfelden. Auch die Ausgaben des
"Südkurier" erscheinen bezogen auf Mittel- und Unterzentren. Diese
Ausgaben sind ohne Konkurrenz im Bodensee-Kreis (dort ist das Verbreitungsgebiet im Mittelbereich Überlingen gegenüber den Ausgaben
Friedrichshafen und Tettnang der "Schwäbische Zeitung" abgegrenzt), in
den Mittelzentren Konstanz, Radolfzell und Stockach im Kreis Konstanz
(dort bleibt die Ausgabe des "Schwarzwälder Bote" auf den Bereich des
Mittelzentrums Singen beschränkt) und in den Unterzentren Pfullendorf
und Meßkirch des Kreises Sigmaringen. Im übrigen Verbreitungsgebiet
überschneiden sich die Kommunikationsräume des "Südkurier" und des
"Schwarzwälder Bote" bzw. der "Badische Zeitung", Freiburg, Typ III.
Im Schwarzwald-Baar-Kreis konkurrieren die Ausgaben des "Südkurier"
im gesamten Kreisgebiet mit dem "Schwarzwälder Bote", wobei die Ausgabe für Villingen-Schwenningen zusätzlich mit der örtlichen Tageszeitung die "Neckar-Quelle", Typ Vc, die zur "Südwest-Presse" gehört,
konkurriert, während in den Mittelzentren Donaueschingen und Furtwangen dann noch die "Badische Zeitung" verbreitet ist. Im Kreis Waldshut konkurriert die Ausgabe für den Mittelbereich Waldshut mit dem "Alb-

Bote", Waldshut, Typ VIc, der mit dem "Schwarzwälder Bote" im
Anzeigen- und redaktionellen Bereich kooperiert. Zugleich ist dort
die Ausgabe"Waldshut/St.Blasien" der "Badische Zeitung" im Markt,
sie bleibt auf den Mittelbereich St.Blasien bezogen, der noch im
Oberbereich Freiburg liegt. Die Ausgabe des "Südkurier" für den
Mittelbereich Säckingen steht dagegen nur mit der Ausgabe "Säckingen"
der "Badische Zeitung" in Konkurrenz. Im Kreis Lörrach erscheint der
"Südkurier" nur im Mittelbereich Rheinfelden, dort konkurriert er mit
der "Badische Zeitung", denn der gesamte Kreis Lörrach liegt bereits
im Einflußbereich dieser kernstädtischen Tagespresse, die mit Ausgaben
für die Mittelbereiche Weil/Kandern, Lörrach, Schopfheim, Rheinfelden
und für das Unterzentrum Zell im Wiesental hier die größte Differenzierung ihres Kommunikationsraumes erreicht, so daß im übrigen Kreisgebiet das "Oberbadisches Volksblatt", Lörrach, Typ Vc, mit seinen Ausgaben für die Mittelbereiche Schopfheim und Weil/Kandern jeweils mit
den auf die gleichen Bereiche bezogenen Ausgaben dieser großstädtisch-
regionalen Tageszeitung konkurrieren muß. Auch das "Oberbadisches
Volksblatt" kooperiert im Anzeigen- und redaktionellen Bereich mit dem
"Schwarzwälder Bote".

Die vorstehenden Darlegungen habe es bereits angedeutet: Der "Schwarzwälder Bote" konkurriert mit allen regionalen Tageszeitungen des süd-
württembergischen Raumes, aber nicht nur mit diesen, sondern auch mit
örtlichen Tageszeitungen, die entweder der "Südwest-Presse" angeschlossen sind oder im Einflußbereich der Stuttgarter Zeitungen liegen und
dann noch mit Ausgaben des "Offenburger Tageblatt". Dies sind im
Zollern-Alb-Kreis der "Zollern-Alb-Kurier", Typ VIc, mit seinen Ausgaben in den Mittelzentren Balingen und Ebingen, die "SWP-Hohen-
zollerische Zeitung", Typ VIc, im Mittelbereich Hechingen und die

"SWP-Schmiecha-Zeitung", Typ VIc, im Selbstversorgerort Tailfingen.
Sie alle kooperieren mit der "Südwest-Presse". Im Mittelbereich Horb,
im Kreis Freudenstadt, ist die Ausgabe des "SWP-Schwäbisches Tag-
blatt", Tübingen, Typ IV, der Konkurrent. Die Ausgaben im Kreis Calw,
der bereits (wie ein Großteil des Kreises Freudenstadt) im Oberbereich
Stuttgart liegt, konkurrieren bezogen auf die Mittelbereiche Calw und
Nagold mit den "Kreisnachrichten", Calw, Typ VIc, die mit Stuttgarter
Zeitungen kooperieren. Im Ortenaukreis schließlich, wo eine Ausgabe
des "Schwarzwälder Bote" für Wolfach erscheint, ist das "Offenburger
Tageblatt" der Konkurrent. Also sind nur die Ausgaben im Mittelbereich
Freudenstadt und in den Mittelbereichen Sulz und Oberndorf im Kreis
Rottweil ohne Konkurrenz. Im übrigen Kreisgebiet Rottweil erscheinen
für die Mittelbereiche Schramberg und Rottweil dann schon wieder Ausgaben der "Schwäbische Zeitung". Vielleicht ergeben sich gerade deshalb für diese Zeitung Konkurrenzsituationen nahezu im gesamten Verbreitungsgebiet, weil ihr Kommunikationsraum auf den Schwarzwald bezogen ist, der im Schnittpunkt der Orientierungsbereiche verschiedener
zentraler Orte liegt.

3.3.3 Der Harz [1)]

Der Harz, in der Grenzzone zwischen den Oberbereichen Braunschweig
und Göttingen gelegen, entzieht sich einer eindeutigen zentralörtlichen
Zuordnung. Klar umgrenzte Mittelbereiche bilden sich dort nicht aus.
Deshalb ist dann auch vor allem im Kreis Goslar der Einfluß der großstädtisch-regionalen Tageszeitungen kaum mehr bedeutsam. (Obwohl Ausgaben des "Bad Lauterberger Tageblatt", Typ VIc, das mit der "Hannover-

---

1) Für die Analyse wurden insbesondere folgende Unterlagen herangezogen: Kluczka, Georg: a.a.O.; Verwaltungs- und Gebietsreform
in Niedersachsen, a.a.O.

sche Allgemeine Zeitung" kooperiert, in Braunlage und St. Andreas-
berg Verbreitung finden.) Hier dominieren die "Goslarsche Zeitung",
Typ Vc, und der "Öffentliche Anzeiger für den Harz", Clausthal-
Zellerfeld, Typ VIc, neben der Ausgabe "Braunlager Zeitung" des
"Harz-Kurier", Herzberg, Typ IV. Das Verbreitungsgebiet dieser drei
Tageszeitungen ist abgegrenzt, so daß die "Goslarsche Zeitung" im
Mittelbereich Goslar und der "Öffentliche Anzeiger für den Harz",
im Bereich um Clausthal-Zellerfeld ohne Konkurrenz sind. Gleiches
gelingt der "Harzburger Zeitung", Typ Vc, im Mittelzentrum Bad
Harzburg im Kreis Wolfenbüttel. All diese Tageszeitungen beziehen
den Mantel von der "Goslarsche Zeitung" und firmieren als "Zei-
tungsring Süd-Niedersachsen GbR". Diesem sind, wie auch der Anzeigengemeinschaft "Anzeigenring Süd-Niedersachsen", Braunschweig,
zugleich die Tageszeitungen in Helmstedt ("Elm-Lappwald-Kurier",
Typ Vc, mit einer Ausgabe auch für Schöningen), Wolfenbüttel
("Wolfenbütteler Zeitung", Typ Vc) und Herzberg [1] ("Harz-Kurier",
Typ IV, mit Ausgaben in Osterode, Bad Lauterberg, Bad Sachsa und
Sarstedt) angeschlossen. Die letztgenannten Tageszeitungen aber liegen bereits im Einflußbereich der "Hannoversche Allgemeine Zeitung",
der "Hessische Allgemeine" oder der "Braunschweiger Zeitung"). Die
ebenfalls dieser Gruppe angeschlossene Tageszeitung in Elze ist in den
hier begründeten regionalen Kommunikationsraum der Gruppe um die
"Goslarsche Zeitung" nicht eingebunden.

---

1) Inzwischen übernimmt der "Harz-Kurier" den Mantel der "Hessische
Allgemeine".

3.3.4 Der Ruperti-Winkel [1]

Die Tageszeitungen dieses Raumes, der die südostbayerischen Kreise
Bad Reichenhall und Traunstein umfaßt, haben eines gemeinsam, sie
erscheinen nur fünfmal wöchentlich, sie kooperieren im Anzeigenbereich im "Ring Südbayerischer Heimatzeitungen", München, und ihr
Verbreitungsgebiet bleibt jeweils auf den Bereich des zentralen Ortes,
in dem sie erscheinen, beschränkt. Dies gilt auch für die Nebenausgaben. Im Kreis Traunstein erscheinen: Im Mittelzentrum Traunstein
das "Traunsteiner Wochenblatt", Typ VIb; im Mittelzentrum Trostberg
das "Trostberger Tagblatt", Typ VIb, mit einer Nebenausgabe für das
Unterzentrum Traunreut. Im Unterzentrum Tittmoning ist zudem (in
Verlagsgemeinschaft mit dem "Trostberger Tagblatt") die "Südost-
bayerische Rundschau", Typ VIc, im Markt. Im Kreis Bad Reichenhall
ist das "Reichenhaller Tagblatt", Typ VIc, das den Mantel des "Traunsteiner Wochenblatt" übernimmt, auf den Mittelbereich Bad Reichenhall bezogen. Für den Bereich des Mittelzentrums Freilassing bringt es
dann noch eine Nebenausgabe heraus. Daneben erscheint im Mittelzentrum Berchtesgaden der "Berchtesgadener Anzeiger", Typ VIc, der
gleichfalls den allgemeinpolitischen Teil aus Traunstein bezieht. Konkurrenz findet also nicht statt, der Einfluß regionaler Tageszeitungen,
etwa des "Oberbayerisches Volksblatt", Typ IV, bleibt auf die Traunsteiner Grenzgemeinden des Chiemgau beschränkt. In Grassau zum Beispiel, ist das "Traunsteiner Wochenblatt" nicht mehr verbreitet.

---

1) Für die Analyse wurden insbesondere folgende Unterlagen herangezogen: Kluczka, Georg: a.a.O.; Zentrale Orte und Nahbereiche in Bayern, a.a.O.; Planungsregionen, a.a.O.; Raumordnungsbericht 1971, Bayerische Staatsregierung, a.a.O.

C. Folgerungen

I. Strukturelemente lokaler und regionaler Kommunikationsräume

Im Anschluß an die vorstehend aufgezeigten und in ihrer Struktur
grob skizzierten Kommunikationsräume der Bundesrepublik Deutschland seien jetzt die aus dieser Darstellung unmittelbar ableitbaren
kommunikationsstrukturellen Erkenntnisse in Thesen zusammengefaßt
vorgestellt:

(1) Die Analyse läßt - wie von uns vermutet - generell erkennen:
    Zwischen raumstrukturellen Gegebenheiten und sozio-ökonomi-
    schen Bedingungen einerseits und spezifischen Kommunikations-
    strukturen andererseits bestehen zumindest Abhängigkeiten.

    Ganz besonders anschaulich wird dieser Zusammenhang doku-
    mentiert, wenn innerhalb des Einflußbereiches eines Verlages
    mehrere, quasi selbständige Tageszeitungen bestehen, die dann
    abgrenzbare teilregionale Verbreitungsschwerpunkte im Einzugs-
    bereich ihrer "Verlagsorte" begründen. Dies kann auf unter-
    schiedliche Weise geschehen. Einmal übernehmen dem Verlag
    angeschlossene selbständige Tageszeitungen diese Funktion
    (vgl. z.B. "Hannoversche Allgemeine Zeitung" mit "Hildes-
    heimer Allgemeine Zeitung" und "Göttinger Tageblatt"). Dann
    strukturiert ein Verlag seine Einflußzone durch "selbständige
    Tageszeitungen", deren Verlage praktisch mit dem "Hauptverlag"
    identisch sind (vgl. z.B. "Straubinger Tagblatt" mit "Landshuter
    Zeitung"). Ferner können verschiedene Tageszeitungen im glei-
    chen Verlag bzw. in Verlagen, die zu 100% im Besitz des
    "Hauptverlages" sind erscheinen (vgl. z.B. "Westfalen-Blatt" mit
    "Westfälisches Volksblatt" und "Herforder Kreisblatt" oder "All-
    gemeine Zeitung", Mainz, mit "Wiesbadener Tagblatt", "Wies-

badener Kurier" und "Darmstädter Tagblatt"). Schließlich kann
der teilregionale Bezug im unterschiedlichen Titel ausgedrückt
sein (vgl. z.B. die "Hessische Allgemeine", deren Ausgaben um
Göttingen als "Niedersächsische Allgemeine" erscheinen oder
die "Westdeutsche Zeitung", die als "Generalanzeiger Wuppertal" bzw. "Düsseldorfer Nachrichten" erscheint).

(2) Ebenso wird dies deutlich, wenn bestimmte Zeitungstypen, etwa
großstädtische Regionalzeitungen des Typs III, von Hauptzentren
der Verdichtung aus, an Zentralitätsbereichen höherer Stufe orientierte, regionale Kommunikationsräume begründen. Daß dabei jeweils auch Monopolstellungen für einen funktional-integrierten
Raum angestrebt werden, entspringt dem Motiv, in einem abgrenzbaren Wirtschaftsraum insgesamt als alleiniger und damit attrakti-
ver Werbeträger auftreten zu können. Daraus ergibt sich aber andererseits, daß es auch eine Grenze sinnvoller Ausweitung des
Verbreitungsraumes zu geben scheint, so nicht wiederum durch
Binnenstrukturierung teilregionale Verbreitungsräume abgegrenzt
werden. Vgl. (1)!

(3) Es bilden sich regionale Kommunikationsräume nicht nur durch den
Aufbau eines detaillierten Bezirksausgabensystems, sondern in diese Kommunikationsräume können auch orts-, mittelbereichs- oder
kreisbezogen konzipierte Tageszeitungen durch enge Kooperation
mit eingebunden sein. Dies ist in der Regel aber erst in den Randzonen derartiger Verbreitungsräume der Fall, da zuerst einmal der
engere Verflechtungsbereich der Kernstädte durch Nebenausgaben
abgesichert wird. Zugleich besteht in den Randzonen für klein-
und mittelstädtische Tageszeitungen der Typenklassen V und VI die
Chance, sich der regionalen Tageszeitung im angrenzenden Ober-

- 298 -

bereich anzuschließen. Derartige Kommunikationsstrukturen machte
die Analyse immer wieder deutlich.

(4) Die in (3) skizzierte Kommunikationsstruktur in den Randzonen von
Orientierungsbereichen kennzeichnet einen Großteil jener Gebiete,
in welchen auch heute lokale Konkurrenz besteht, denn häufig
werden dort zur Sicherung des Kommunikationsraumes selbst dann
noch lokale Ausgaben aufrechterhalten, wenngleich sie nur geringe Auflagenanteile erzielen können. Besteht eine derartige Konkurrenz nicht, so können in manchen Fällen, vor allem dann, wenn
raumstrukturelle Bedingungen eine Abgrenzung nicht einsichtig machen (z.B. im Mittelbereich Worms, im Verdichtungsraum Rhein-
Neckar), Absprachen über die Verbreitungsgebiete zwischen den
Verlagen vermutet werden.

(5) Einen Sonderfall stellen jene Konkurrenzzonen dar, wo Ländergren-
zen funktional-integrierte Räume trennen, so daß zwei verschiedene
Ansprüche (politische und soziale Orientierung im Raum decken sich
nicht) diskrepantes Kommunikationsverhalten provozieren (vgl. die
Kommunikationsstruktur in den Mittelbereichen Bad Neuenahr-Ahr-
weiler und Linz oder die um Viernheim und Lampertheim sowie die
in Neu-Ulm oder Dieburg).

(6) Wenn großstädtische Tageszeitungen durch breite Streuung der Nebenausgaben (Typ IIa) oder durch nicht werktägliches Erscheinen
(Typ IIc) ihrer Nebenausgaben einen ausgeprägten Bezug zur lokalen Leserschaft, etwa auch durch den Verzicht auf einen, auf
den Teilverbreitungsraum bezogenen Titel, nicht ausdrücken, ist
die Wahrscheinlichkeit groß, daß selbst im unmittelbaren Einzugsbereich dieser Oberzentren klein- und mittelstädtische Tageszei-

- 299 -

tungen zum Teil sogar von diesen unabhängig bestehen (vgl. die
große Zahl der Heimatzeitungen im Bereich der Stadtregion Frank-
furt/Offenbach, die lokalen Tageszeitungen um Stuttgart, Hamburg, Bremen und Bonn).

Allerdings können für solche Strukturen auch Verwaltungsgrenzen
ursächlich sein (vgl. Hamburg und Bremen), wobei sich natürlich
die Struktur des Kommunikationsraumes und die Verwaltungsgliederung wiederum wechselseitig bedingen.

(7) Innerhalb der Einflußbereiche großstädtischer Tageszeitungen erhalten sich aber auch klein- und mittelstädtische Tageszeitungen
dann von diesen unabhängig, wenn sie sich mit anderen an Tageszeitungen eines eigenverdichteten Gebietes, etwa einer Stadtregion, angliedern und so einen teilregionalen Kommunikationsraum innerhalb des Kommunikationsraumes der Tagespresse eines
Hauptzentrums begründen. Dies gelingt meist aber nur von den
Randzonen der Verdichtung aus oder in Grenzzonen des Oberbereiches (vgl. die Kommunikationsstruktur um Hamm, um Lüdenscheid oder um Hameln).

(8) In den meisten Fällen konkurrieren regionale Tageszeitungen der
Kernstädte am Verlagsort nicht. Nahezu ausschließlich in Nordrhein-Westfalen ist aber eine derartige Kommunikationsstruktur
eher die Regel. Da dies auf raumstrukturelle oder sozio-ökonomische Besonderheiten nicht zurückgeführt werden kann, sollten sich
derartige Strukturen aus der Art und Weise der Vergabe von Lizenzen erklären lassen, die jeweils politischen Parteien ein Sprachrohr
schuf. Nun aber zeichnen sich Veränderungen auch in diesem Lande ab, die sich den Strukturen in anderen Ländern angleichen dürften. (Vgl. die Kooperation in Aachen und im Ruhrgebiet oder die
Schrumpfung des Kommunikationsraumes der "Neue Ruhr-Zeitung/

Neue Rhein-Zeitung".) Denn zumindest die Abdeckung eines
funktional integrierten Raumes durch einen Anzeigenträger
wird auch hier von den Verlagen angestrebt und durchgesetzt
werden.

(9) Die Differenzierung der Nebenausgaben, aber noch viel deutlicher der Verbreitungsraum der klein- und mittelstädtischen Tageszeitungen der Typenklassen V und VI orientiert sich an der
zentralörtlichen Gliederung in Mittelbereiche und nicht an der
Verwaltungsgliederung nach Kreisen, so daß in allen Kreisgebieten, in welchen nicht die Kreisstadt allein einen Mittelbereich
begründet, die Wahrscheinlichkeit groß ist, daß neben der kreis-
stadtbezogenen Ausgabe auch eine Ausgabe für den Bereich des
anderen Mittelzentrums innerhalb dieses Kreises existiert. Dies
verdeutlicht, daß die lokale Tageszeitung tatsächlich zu jenen
Einrichtungen der Daseinsvorsorge zu gehören scheint, die der
einzelne, bezogen auf sein näheres Erlebnis- und Orientierungsfeld, nicht missen will.

(10) Aufgrund dieser Mittelbereichsorientierung der lokalen Ausgaben,
erklärt es sich, daß in vielen Kreisen de facto Monopolstellungen
gegeben sind, obwohl, bezogen auf den Kreis, mehrere Ausgaben
im Markt sind. Eine solche, beinahe natürliche Abgrenzung der
Kommunikationsräume ergibt sich aber weit häufiger zwischen
klein- und mittelstädtischen Tageszeitungen als zwischen Ausgaben der regionalen Tagespresse. (Für Kommunikationsstrukturen
dieser Art ist der Stuttgarter Raum ein treffendes Beispiel!)

(11) Die Analyse zeigt ferner, daß die von uns entwickelten Zeitungstypen in der Klasse der mittel- und kleinstädtischen Tageszeitungen,

die keinen regionalen Kommunikationsraum begründen, weiter zu
differenzieren wären, und zwar danach, ob sie durch Kooperation in den Kommunikationsraum einer regionalen Tageszeitung
eingebunden sind (d.h. ob sie diesen quasi komplettieren) oder
ob sie im weiteren Umfeld unabhängig existieren. (Vgl. z.B.
die lokalen Tageszeitungen in Unter- und Oberfranken oder im
Ruperti-Winkel)

(12) Eines wird ganz klar: Die typische Tageszeitung der Verdichtungsräume und die typische Kommunikationsstruktur in den ländlichen
Gebieten gibt es nicht. Dazu sind die Verdichtungsräume zu eng
begrenzt und die ländlichen Gebiete zu heterogen strukturiert.
Und dies hat einen weiteren Grund. Denn einerseits setzt sich
die von der kernstädischen Tagespresse in der Verdichtung konstituierte Kommunikationsstruktur im angrenzenden Umland fast immer
fort und andererseits begründen auch in ländlichen Gebieten
mittelstädtische Tageszeitungen regionale Kommunikationsräume, die
zumindest in ihrer Ausdehnung den Kommunikationsräumen großstädtischer Tageszeitungen gleichkommen. Entscheidend ist aber:
In beiden Fällen sind regionale Tageszeitungen jeweils von Oberzentren aus für deren Bereiche konzipiert, so daß die zentralörtliche Orientierung der entscheidende Bistimmungsfaktor für die Abgrenzung von Kommunikationsräumen zu sein scheint. Dies gilt für
die Binnenstruktur dieser Kommunikationsräume ebenso, da diese
sich weitgehend an Mittelbereichen orientiert. Vgl. (10) !

(13) Obwohl die zentralörtliche Gliederung eine entscheidende Rolle
für die Abgrenzung und Ausgestaltung von Kommunikationsräumen
spielt, lassen sich dennoch in den Einzelfällen der Analyse die
jeweiligen Kommunikationsstrukturen auch nach dem Konzept der

Stadtregion oder entsprechend der Unterscheidung von Verdichtungsräumen und "ländlichen Räumen" erläutern. Denn dadurch können
insbesondere die jeweiligen Eigenarten bestimmter Raumstrukturen
etwaige Besonderheiten im Bereich der Kommunikationsstrukturen verdeutlichen. Generelle Aussagen können jedoch auf diese Konzepte
nicht gestützt werden, wenn man von der Erkenntnis absieht, daß
Kernstädte von Stadtregionen jeweils eigenständige Tageszeitungen
hervorbringen (Ausnahmen: Kaiserslautern und Wolfsburg), und daß
von den Hauptzentren der Verdichtungen aus jeweils regionale
Kommunikationsräume begründet werden (Ausnahmen: Duisburg, Krefeld, Wuppertal und Mönchengladbach). Ohnehin, die meisten Kernstädte von Stadtregionen sind wie die Hauptzentren der Verdichtungsräume als Oberzentren eingestuft.

(14) Straßenverkaufszeitungen der Typen Ib und IIb bleiben auf Hauptzentren der Verdichtungen und dort auf die Großzentren konzentriert (vgl. die Großzentren Düsseldorf, München, Hamburg und
Berlin). Auch hierin dokumentiert sich der Zusammenhang von zentralörtlicher Bedeutung und Kommunikationsstruktur.

(15) Stadtteilzeitungen existieren insbesondere in den Großstädten, die
Orte eingemeindeten, die einstmals ein relativ hohes Maß an
Eigenbedeutung für ihr Umland hatten und in welchen sich heute
noch ein vorortbezogenes Sozialbewußtsein erhalten haben dürfte.

(16) Dennoch, klein- und mittelstädtische Tageszeitungen der Typenklassen V und VI existieren tendenziell häufiger in ländlichen, ver-
dichtungsfernen Gebieten, vor allem jene, die sich der Kooperation
mit großstädtischen Tageszeitungen entziehen konnten. Was aber ver-

wundert, ist die Tatsache, daß gerade die Heimatzeitungen des
Typs VIII auch in Verdichtungsräumen in Erscheinung treten
(auffallend häufig um Frankfurt).

II. Kommunikationsstrukturelle und kommunikationspolitische Problematik der lokalen Pressesituation

1. Vorbemerkung

Hier gilt es nun die zuvor thesenartig zusammengefaßten Erkenntnisse, die unmittelbar aus der Analyse der Kommunikationsräume in den unterschiedlichen Strukturräumen abgeleitet sind, in ihrer generellen Bedeutung für die Positionsbestimmung der lokal informierenden Tagespresse zu nutzen.

2. Diskrepante Bezugsebenen realer Kommunikationsstrukturen

Ausgangspunkt unserer Überlegungen zur lokalen Pressesituation war der Grundgedanke, daß sich Struktur und Funktionen der Presse jeweils aus ihrem sozialen Umfeld erklären. Die Analyse der Verbreitungsräume differenzierter Strukturtypen lokal informierender Tageszeitungen bestätigt diese Hypothese insoweit, als die Verbreitungsräume der verschiedenen Tageszeitungen in aller Regel den Strukturen funktional integrierter Räume entsprechen. Kommunikationsräume sind also auf der Basis sozio-ökonomischer Raumgliederungen auszugrenzen. Das aber bedeutet: Da die Abgrenzungen funktional integrierter Räume in den seltensten Fällen den politischen Grenzen auf Gemeinde-, Kreis-, Regierungsbezirks- oder Landesebene folgen, bestehen zum Teil erhebliche Diskrepanzen zwischen den politischen und sozialen Beziehungsfeldern einer Tageszeitung oder einer Ausgabe.

Auf die konkrete lokale Pressesituation übertragen heißt das: Das Interaktionsfeld "politisch-soziales System Gemeinde - lokal informierende Tageszeitung" wäre - bezogen auf reale, durch unterscheidbare Ausgaben abgrenzbare Kommunikationsräume - zumindest in zwei Interaktions-

- 305 -

felder aufzuschlüsseln, wobei in der Regel das dem Verbreitungsgebiet
zugrunde liegende soziale Beziehungsfeld über die Grenzen des politischen Systems Gemeinde hinausweist. Dies ist schon dann der Fall,
wenn eine ortsbezogene Ausgabe auch umliegende Gemeinden mit-
umfaßt, es sei denn, die Ausgabe bezieht sich nur auf einen Teilbereich einer Gemeinde. Dies ist jedoch lediglich in den seltenen Fällen
der Stadtteilzeitungen bzw. der Stadtteilausgaben der Fall.

Hieraus wird deutlich: Der von uns im Modell definierte Interaktionszusammenhang, der sich auf die Gemeinde als politische und soziale
Einheit bezieht und dadurch den für die Analyse relevanten Kommunikationsraum definiert, kann in kaum einem Falle den durch die Verbreitung einer Ausgabe konstituierten Kommunikationsraum insgesamt
erfassen. Fast immer werden mehrere Gemeinden und damit verschiedene politische Systeme von einer Ausgabe publizistisch versorgt.

Sieht man dann die einzelnen Ausgaben oder Tageszeitungen auf das
der Gemeinde übergeordnete politische System des Kreises bezogen,
so lassen sich auf dieser Ebene, aus einer möglichen Diskrepanz zwischen politischem und sozialem Beziehungsfeld, unterschiedliche Konstellationen erkennen: Einmal wird eine Ausgabe nur einen Teilbereich
eines Kreises, z.B. ein Mittel- oder Unterzentrum und dessen Zentralitätsbereich umfassen; dann kann die Ausgabe einer kreisfreien Stadt
umliegende kreisangehörige Gemeinden in ihren Kommunikationsraum
mit einbeziehen. Oder: Es können mehrere Landkreise insgesamt oder
mehrere Teilkreisgebiete von einer Ausgabe versorgt werden. Daß dabei häufig Regierungsbezirksgrenzen, in selteneren Fällen auch Landesgrenzen, unbeachtet bleiben, darauf sei lediglich verwiesen. Entscheidend ist, daß auch auf dieser Ebene durch eine Ausgabe fast nie
politisches und soziales Beziehungsfeld zur Deckung gebracht sind.

Die grundsätzliche Problematik dieses Zusammenhangs ist tatsächlich nicht neu, denn die Kommunalwissenschaft steht vor den gleichen Schwierigkeiten, wenn sie die Grenzen der Gebietskörperschaften (Gemeinden oder Kreise), also politische Einheiten, mit den aus wirtschaftlicher und sozialer Verflechtung erwachsenden Räumen, also sozialen Einheiten, zur Deckung bringen will [1]. In einer dynamischen Gesellschaft aber, deren Strukturen sozialem Wandel unterworfen sind, wird eine Identität der Räume nicht entstehen können, wenngleich Gebietsreformen und die Integrationsfunktion der Verwaltung eine Ausgeglichenheit dieser Räume anstreben und bewirken [2].

Für die Analyse lokaler Pressesituationen aber bedeutet dies: Die Leistungen lokal bezogener Ausgaben werden generell aus Ansprüchen unterschiedlich auszugrenzender, verschiedener sozialer und politischer Interaktionsfelder erwachsen. Anders gewendet heißt das: Der jeweils gewählte Bezugsgesichtspunkt definiert den relevanten Interaktionszusammenhang, und nur für diesen sind dann Leistungen der Tageszeitungen bzw. Ausgaben jeweils zu beurteilen. Deshalb wird eine "gerechte" Beurteilung der Leistungen lokaler Tagespresse davon abhängen, ob es gelingt, das zentrale Interaktionsfeld oder die zentralen Inter-

---

1) Vgl. u.a. Forsthoff, Ernst: Die Daseinsvorsorge und die Kommunen, Köln 1958, S. 4 ff.; Grauhan, Rolf-Richard: Zur politischen Theorie der Stadt, in: Archiv für Kommunalwissenschaften, 4. Jg., Stuttgart/Köln 1965, S. 87 ff.; Heemeyer, Jörg: Stadt-Umland-Verflechtungen und Integration als Verwaltungsproblem, Diss. Erlangen-Nürnberg 1972 und die dort angegebene Literatur.

2) Vgl. Ronneberger, Franz: Die Integrationsfunktion der Öffentlichen Verwaltung, in: Selbstverwaltung einer Landschaft, Initiativen und Aufgaben am Beispiel Westfalens, Verwaltung und Wirtschaft, Heft 35, Stuttgart/Berlin/Köln/Mainz 1967, S. 185 ff.

aktionsfelder im Verbreitungsraum einer lokal informierenden Tages-
zeitung (oder Ausgabe) konkret auszumachen und zu analysieren.
Dessen bzw. deren räumliche Begrenzung wäre dann als zentraler
Kommunikationsraum einer lokal bezogenen Ausgabe zu definieren.

In der Realität sucht die lokal informierende Tageszeitung im Inhalt ihrer Ausgaben der jeweiligen Vielfalt der Beziehungszusammenhänge durchaus Rechnung zu tragen. Zwar ist ein Großteil aller
Ausgaben nur durch einen dominanten Ortsbezug definiert; doch es
können Ausgaben (etwa im Umkreis von kreisfreien Städten) auch
ausschließlich kreisbezogen konzipiert sein. Immer aber ist (abgesehen von Ausnahmefällen in den großflächigen städtischen Ballungen
des Ruhrgebietes) eine Ausgabe Informationsquelle für mehrere Gemeinden zugleich und damit ist sie immer auch auf einen Kreis oder
mehrere Kreise bezogen. Wir finden deshalb in den einzelnen Ausgaben nicht selten mehrere Lokalteile und häufig Informationen aus
verschiedenen Kreisgebieten. Im Falle der Analyse kommt es dann
darauf an, die unterschiedlichen Bezugsebenen peinlich genau auszugrenzen, um das für die jeweilige Fragestellung relevante Beziehungsfeld, so es sich im Inhalt der Ausgabe repräsentiert, ausmustern zu
können.

3. "Soziale" und "politische" Kommunikationsräume

Um den Hintergrund des kommunikationspolitischen Zusammenhangs aus-
zuleuchten sei erneut darauf verwiesen: "Ausgabe" als die kleinste
statistische Einheit "Zeitung" findet ihre funktionsräumliche Entsprechung
in der Regel im Mittel-, in selteneren Fällen im Unterzentrum und dessen
Einzugsbereich. Wir haben also von vorgegebenen Funktionsräumen aus-

- 308 -

zugehen, wenn wir das jeweilige soziale Interaktionsfeld bestimmen
wollen, auf das hin die Berichterstattung einer Ausgabe ausgerichtet
ist. Natürlich ließen sich auch enger begrenzte Sozialräume ausdifferenzieren, so z.B. Kleinzentren und deren Bereiche, Gemeinden [1]
oder Nachbarschaften. Und sicher werden auch aus diesen Beziehungsfeldern Ansprüche erwachsen, die auf soziale Orientierung gerichtet
sind. Ob diese sich aber der lokalen Tagespresse gegenüber als relevant erweisen, ist allgemein zu bezweifeln, denn sie werden augenscheinlich durch andere Weisen sozialer Kommunikation hinreichend
befriedigt, so daß das Gleichgewicht derartiger sozialer Systeme gewahrt bleibt. In weiter gefaßten Sozialräumen tritt dann aber häufig
die vermittelte Kommunikation als weiterer Modus sozialer Kommunikation hinzu, denn es ist zu vermuten, daß sich dort das soziale
System nur dadurch im Gleichgewicht halten kann. Die Ebene, von
der ab Sozialräume zur Aufrechterhaltung der sozialen Beziehungen
der vermittelten Kommunikation bedürfen, ist natürlich nicht generell
zu bestimmen. Daß sie gerade auf jener Ebene verläuft, auf der sich
die Ausgaben der Tageszeitungen ausgrenzen, ist wahrscheinlich, jedoch nicht sicher.

Grundsätzlich wären diese Überlegungen auch auf politisch verfaßte
Raumeinheiten zu übertragen. Doch diesen gegenüber ist generell
wenigstens ein normativer Anspruch gesetzt. Er fordert politische
Orientierung als Information über die "relevanten" Bedürfnisse, Erwartungen, Interessen, Institutionen und Prozesse, welche politische
Willensbildung und Entscheidungsfindung in der Gemeinde bzw. im
Kreis bestimmen. Politischen Systemen darf es demnach nicht über-
lassen bleiben, "wie" und auf welchem "Niveau" sie ihr Gleichgewicht finden. Damit ist aber auch der politischen Kommunikation

---

1) Gemeinde nicht als Gebietskörperschaft verstanden.

und somit der Tagespresse zugleich eine spezifische Position zuge-
wiesen. Struktur und Funktionen der Presse können nicht mehr allein
aus dem jeweiligen politisch-sozialen Umfeld erwachsen; sie müssen
sich auch normativen Ansprüchen gegenüber bewähren.

Daraus ergibt sich ein zweifaches Dilemma: Zum einen kann es sein,
daß - wir haben dies im Punkt A I 4 dieser Arbeit bereits ausführlich dargelegt - die aus dem jeweiligen politischen System Gemeinde
bzw. Kreis erwachsenden Ansprüche den normativen Setzungen nicht
entsprechen. Zum anderen aber - und dies zeigt die reale Struktur
von Kommunikationsräumen - werden die zur lokal informierenden
Tageszeitung bzw. Ausgabe in Beziehung stehenden politischen Systeme
auf den lokalen Ebenen zumindest nicht immer in ihrer Gesamtheit
(Kreise) umfaßt oder in ihrer Differenziertheit (Gemeinden) erfaßt.
So könnte es sein, daß Ansprüche eventuell unbedeutenden Randge-
bieten eines Kreises entstammen; sie müssen also nicht repräsentativ
für das Kreisgebiet insgesamt sein. Dennoch soll aber die Tageszeitung (Ausgabe) den politischen Interaktionszusammenhang insgesamt
transparent machen. Und zum anderen dürfte die lokale Berichterstattung über "kleinere" Gemeinden des Verbreitungsgebietes sehr häufig nicht hinreichen, die für die politische Willensbildung in diesen
Gemeinden relevanten Daten auch nur annähernd zu erfassen.

Vor diesem Hintergrund ist demnach die Frage nach den Leistungen
der lokal informierenden Tagespresse und damit die Frage nach ihrer
kommunikationspolitischen Problematik auf zwei Ebenen zu diskutieren:
Auf der Ebene des Kreises und auf der Ebene der Gemeinde.

4. Die Kreisebene

Die kommunikationspolitische Diskussion hat sich insbesondere am Problem der sog. lokalen Monopole entzündet. Diese sah sie durch die Festlegung der sog. Einzeitungskreise hinreichend bestimmt. Die pressestatistischen Erkenntnisse, die sich auf sog. publizistische Einheiten beziehen, im Grunde also nur nach der Unterschiedlichkeit der allgemeinpolitischen Berichterstattung in den Kreisgebieten fragen, mögen durchaus hinreichen, Veränderungen in der Gesamtstruktur der Tagespresse der Bundesrepublik Deutschland auszuweisen. Diesem Ziel dienen die Stichtaguntersuchungen von Walter J. Schütz [1]. Es dürfte aber problematisch sein, aus diesen auf die Ebene des Kreises projizierten Untersuchungen weiterreichende kommunikationspolitische Ausdeutungen, etwa über die Strukturen und Funktionen der lokal informierenden Tageszeitungen abzuleiten; denn diese sind ja gerade nicht auf Gebietskörperschaften, zumal nicht auf Kreisgebiete ausgerichtet.

Befragt man diese Einzeitungskreise anhand unserer kommunikationsstrukturellen Erkenntnisse, so können sich z.B. durchaus Relativierungen von "Monopolsituationen" ergeben; denn es können mehrere Ausgaben der gleichen Zeitung, verschiedene Tageszeitungen mit gleichen oder unterschiedlichen allgemeinpolitischen Teilen in jeweils abgegrenzten Teilkreisgebieten erscheinen. Die möglicherweise unterschiedlichen Positionen dieser verschiedenen Ausgaben, die aus je unterschiedlichen Beziehungsfeldern erwachsen, könnten eine Kommunikationssituation schaffen, in der diese Ausgaben gegenüber den Herrschaftsgruppen, Institutionen und Ämtern im Kreis (sicherlich weniger dem einzelnen Bürger gegenüber) unterschiedliche Interessen artikulieren und damit auch u.a. ein höheres Maß an Kritik und Kontrolle ermöglichen. Auseinandersetzungen, wie sie in den verschiedenen ortsbezogenen Ausgaben z.B.

---

1) Vgl. oben, S. 45

- 311 -

im Zuge der Verwaltungsreformen zwischen kreisangehörigen Gemeinden und der Kreisstadt geführt wurden, machen dies augenscheinlich.

Es dürfte aber ohnehin unstrittig sein, daß das Problem der lokalen Pressesituation gar nicht so sehr die Frage ist, ob eine Ausgabe oder zwei und mehr Ausgaben (ja eigentlich enger gefaßt: publizistische Einheiten) für den Leser im Kreis zur Verfügung stehen. Bedeutsam ist doch vielmehr die Frage, ob die Tagespresse den verschiedenen Erwartungen im jeweiligen sozialen und politischen Umfeld entsprechen kann, und zwar auf eine Weise, die unter dem Aspekt normativ-demokratischer Ansprüche für den Bürger zugleich zumindest hinreichende politische Orientierung vermittelt.

Hier aber gilt es zu unterscheiden. Ist denn der leichthin als Kreisberichterstattung apostrophierte Inhalt einer lokalen Tageszeitung oder Ausgabe tatsächlich Berichterstattung über Ansprüche, Bedürfnisse, Erwartungen und Interessen von Einzelnen, Gruppen und Institutionen im Hinblick auf kreispolitische Willensbildung? Ist nicht vielmehr Kreisberichterstattung lediglich Berichterstattung über Ereignisse in kreisangehörigen Gemeinden, für die ein eigener Lokalteil nicht konzipiert ist. Berichterstattung über Ereignisse also, die nur selten auf kreispolitische Entscheidungen bezogen sind, auf Fragen etwa, die Kreistag, Kreisausschuß, Landrat und Landratsamt in ihren politischen Funktionen tangieren.

Wahrscheinlich - und einiges spricht dafür - dürfte im allgemeinen der Kreis eher als administrative Organisationseinheit, denn in seiner politischen Dimension erlebt und gedeutet werden, so daß der Kreis neben Staat und Gemeinde als politische Einheit kaum Konturen gewinnt. Nach Frido Wagener [1] verwischt sich das Bild vom Kreis als

---

1) Vgl. Wagener, Frido: Neubau der Verwaltung, Gliederung der öffentlichen Aufgaben und ihrer Träger nach Effektivität und Integrationswert, Berlin 1969, S. 58 ff.

- 312 -

politische Bühne zusehends; große kreisangehörige Gemeinden nehmen
Sonderstellungen für sich in Anspruch, eine Vielfältigkeit von Ämtern,
Samtgemeinden, Bezirksverbänden und dergleichen überlagert und ver-
deckt Zuständigkeiten des Kreises. Betrachtet man die Organisationsstrukturen der Parteien, so zeigt sich auch hier: Die Kreisebene ist
von vergleichsweise geringer Bedeutung. Im Organisationsstatut der
SPD z.B. wird sie nicht einmal erwähnt [1]; Kreisverbände der CDU
erscheinen "unterversorgt", denn Kreisgeschäftsführer betreuen meist
mehrere Kreise, sind in den seltensten Fällen hauptamtlich bestellt [2]
und die Mittelzuweisung ist gering [3].

Man mag das Verblassen des Kreises als politische Einheit bedauern,
Tatsache ist, daß die Tagespresse sich von der Struktur des Kreises
weitgehend gelöst hat. Ein Anspruch auf kreispolitische Berichterstattung kann deshalb vielleicht nur noch dadurch eingelöst werden,
daß in den ortsbezogenen Lokalteilen die Aktivitäten sich widerspie-
geln, die jene Organisationen und Institutionen für den Kreis insgesamt bewirken, deren Aktionsfeld sich eigentlich auf einzelne größere
kreisangehörige Gemeinden und/oder auf die Kreisstadt konzentriert.

5. Die Gemeindeebene

Die Kreisebene scheint also kaum die geeignete Bezugsebene für die
Beurteilung der lokal informierenden Tagespresse zu sein. Die Fixierung
auf Ein- und Mehrzeitungskreise hat den Blick auf dahinterliegende
kommunikationsstrukturelle und kommunikationspolitische Fragestellungen

---

1) Vgl. Kaack, Heino: Geschichte und Struktur des deutschen Par-
    teiensystems, Opladen 1971, S. 509 f.
2) Vgl. ebenda, S. 505 ff.
3) Vgl. ebenda, S. 510

verstellt. Wenn man sich aber nicht mehr damit begnügt, zu prüfen, wieviele publizistische Einheiten in Kreisen existieren, wenn man erkennt, daß sich lokal informierende Tageszeitungen und ihre Ausgaben auf Kreisgebiete gar nicht beziehen und daß diese Kreise als politische Einheiten und als Objekt kommunalpolitischer Berichterstattung relativ bedeutungslos sind, wird die Frage unausweichlich: Ergibt sich aus dem Gemeindebezug die relevante Betrachtungsebene? Damit ist sogleich die nächste Frage gestellt: Welche Größe und welche Struktur, welche Bedeutung, welche Funktion sowie welchen Grad an Komplexität muß eine Gemeinde besitzen, daß umfassende, kontinuierliche und spezielle ortsbezogene kommunale Berichterstattung für sie zu fordern ist? Denn Einigkeit scheint doch darüber zu bestehen, daß nicht alle Gemeinden der vermittelten Kommunikation bedürfen. Von einer 500-Seelen-Gemeinde erwartet man, daß sie ohne eigenes Massenkommunikationssystem auskommen kann.

Bei der Analyse der Kommunikationsräume in der Bundesrepublik Deutschland haben wir festgestellt, daß Ausgaben vornehmlich auf Mittelzentren und deren Bereiche bezogen sind, und daß diese Mittelzentren nicht von bestimmter Größe sein müssen, damit ein spezieller Lokalteil für sie erscheint. Allgemein läßt diese Strukturanalyse erkennen, daß die drei Faktoren Ortsgröße, Verdichtungsnähe und zentralörtliche Bedeutung Einfluß auf die Kommunikationsstruktur eines Raumes gewinnen, und zwar so, daß sich aus ihrem Verhältnis zueinander folgende Konstellationen erkennen lassen:

(1) Relativ große Orte (selbst Mittelstädte), vor allem solche, die Funktionen von Mittelzentren nicht erfüllen, besitzen mit hoher Wahrscheinlichkeit dann keine ortsbezogene Ausgabe, oder es ist ein spezieller Lokalteil für sie nicht konzipiert, wenn sie in Verdichtungszonen liegen.

(2) In Kleinstädten, die Funktionen von Mittelzentren erfüllen, ist
die Wahrscheinlichkeit hoch, daß eine ortsbezogene Ausgabe
bzw. ein spezieller Lokalteil erscheint, wenn diese in ver-
dichtungsfernen ländlichen Gebieten liegen. Dies kann sogar
in sog. Ackerbürgerstädten mit nicht einmal 5 000 Einwohnern
der Fall sein (vgl. z.B. Hofheim i. Unterfranken)

Damit wird deutlich: Sollte die Ortsgröße ein Merkmal der Komplexität einer Gemeinde sein und sollte damit ein Indiz für erhöhten Bedarf an Information und Kommunikation gegeben sein, so leitet sich
dennoch die Existenz einer ortsbezogenen Tageszeitung oder Ausgabe
bzw. eines speziellen Lokalteils nicht notwendig aus eben dieser erhöhten Komplexität sozialer und politischer Beziehungen ab, die in
Mittelstädten zweifellos in höherem Maße besteht als in Kleinstädten.
Erst auf der Ebene der Großstädte kann die Strukturanalyse immer
eine spezielle Ausgabe ausweisen. Zwei Erklärungen könnten diesen
Sachverhalt verdeutlichen: Einmal kann dies darin begründet sein,
daß in den erwähnten Kleinstädten durch Individualkommunikation
hinreichende soziale und politische Orientierung möglich ist; Leistungen
dieser Art werden demnach in solchen Gemeinden der Tagespresse gegenüber
gar nicht beansprucht. Die lokale Berichterstattung könnte z.B. der
Selbstdarstellung im Sinne von Hofberichterstattung dienen oder lediglich die Anschlagtafel oder den Ausrufer ersetzen. Im anderen Falle
kann der spezielle Ortsbezug kontinuierlicher Berichterstattung in einem
eigenen Lokalteil deshalb nicht in einer örtlichen Ausgabe ausgedrückt
sein, weil sich seitens der Bevölkerung Ansprüche auf soziale oder politische Orientierung in der Gemeinde hinreichend nicht bemerkbar
machen, denn der Erlebnisbereich des Bürgers, seine sozialen Kontakte
und sein Orientierungsfeld sind nicht auf die Wohngemeinde, sondern
auf die nahe Großstadt gerichtet. Die enge Verflechtung in Stadtregionen,

das weite Ausufern von Mittelbereichen der Hauptzentren der Verdichtung sind häufig gleichfalls Indiz. Solche Gemeinden werden recht treffend als "Schlafstädte" bezeichnet.

Auf die kommunikationspolitische Diskussion bezogen, bedeutet dies: Während jede Einstellung einer Tageszeitung oder Ausgabe sowie die Entstehung von Monopolsituationen heftig beklagt wird - mitunter sicher auch in Fällen, in welchen die Tageszeitung für den Bürger in diesem Verbreitungsgebiet als Faktor politischer Willensbildung in den Gemeinden gar nicht von Bedeutung war - sind in den Verdichtungszonen vor allem durch die Ausbreitung der Stadtlandschaften Großstadtrandgemeinden in eine Größenordnung hineingewachsen, wo heute möglicherweise politische Willensbildung der Massenkommunikation bedürfte, ohne daß dieses Bedürfnis (gleichviel ob es von den Bürgern selbst empfunden wird) erkannt wurde. Scheinbar wird ein Defizit an Möglichkeiten der Teilhabe durch vermittelte Kommunikation an der Willensbildung immer erst im Nachhinein kritisiert. Tatsächlich gibt es aber gleichzeitig Gemeinden, in welchen ein derartiges Defizit ebenfalls festzustellen wäre, wenn man normativ-demokratische Ansprüche auch an die Kommunikation in diesen Gemeinden stellt. Warum aber geschieht dies nicht?

- Zum einen deshalb nicht, weil in der kommunikationspolitischen Auseinandersetzung Zeitungen nach Köpfen gezählt werden, weil die Frage nach den publizistischen Einheiten, nach allgemeinpolitischer Berichterstattung im Vordergrund steht, weil nach der Leistung der Tagespresse im lokalen Raum ernsthaft nicht gefragt wird.

- Zum anderen, weil nicht festgelegt werden kann, welche der Gemeinden in der Bundesrepublik Deutschland der speziellen, ortsbe-

zogenen, kontinuierlichen lokalen Berichterstattung in einer Ausgabe oder in einem Lokalteil bedürfen und welche durch Individualkommunikation hinreichend versorgt sind. Schwellwerte sind
nicht festzulegen, jede Grenzziehung muß unscharf werden. Denn
im (gedachten) Vergleich unter sonst gleichen Bedingungen aktiviert und entwickelt die Gemeinde, die ohne vermittelter Kommunikation auskommen muß, subsidiär Formen der Individualkommunikation, die eventuell ein Defizit an Information ausgleichen, während
in der anderen Gemeinde, die über ein ortsbezogenes Medium verfügt, derartige Kommunikationsformen verkümmern.

- Und schließlich auch deshalb nicht, weil offenbar in konkreten
Situationen normativ-demokratische Ansprüche erst dann artikuliert
werden, wenn sie einem drängenden, subjektiv empfundenen Bedürfnis der Bürger entsprechen. Die Existenz spezieller, kontinuierlicher ortsbezogener Berichterstattung begründet sich eben nicht
aus einer quasi "objektiv" feststellbaren Notwendigkeit.

Literaturverzeichnis

ADORNO, Theodor W.: Meinungsforschung und Öffentlichkeit,
in der Reihe: Der befragte Mensch, 3/1964, Internationale
Rundfunk- und Fernseh-Universität (Vortragsmanuskript)

ÄNDERUNG DES LANDESENTWICKLUNGSPLANES I, Ministerialblatt für das Land Nordrhein-Westfalen, Ausgabe A,
24. Jg., Nr. 17, Düsseldorf 1971

ARBEITSGRUPPE FÜR REGIONALPLANUNG, Technische Universität Berlin: Regionale Planungsgemeinschaft Rhein-Main-
Taunus, Entwurf des Raumordnungsplanes, Teil 2: Raumordnungsgutachten, Band 1, Berlin 1973

ASCHENBRENNER, Katrin/KAPPE, Dieter: Großstadt und Dorf
als Typen der Gemeinde, Opladen 1965

BAHRDT, Hans-Paul: Die moderne Großstadt, Hamburg 1969

BECKER-MARX, Kurt: Aufgabengrenzüberschreitung der Raumordnung im Rhein-Neckar-Gebiet, in: Methoden und Praxis der Regionalplanung in großstädtischen Verdichtungsräumen, Veröffentlichungen der Akademie für Raumforschung und Landesplanung,
Raum und Bevölkerung 8, Hannover 1969, S. 43 ff.

BELL, Colin/NEWBEY, Howard: Community Studies, An Intro-
duction to the Sociology of the Local Community, London 1971

BENET, F.: Sociology Uncertain: The Ideology of the Rural-
Urban-Continuum, in: Comparative Studies in Society and
History, vol. 6, 1963, S. 1 ff.

BERGSTRÄSSER, Arnold et al.: Soziale Verflechtung und Gliederung im Raum Karlsruhe, Grundlagen zur Neuordnung eines
Großstadtbereiches, in: Schriftenreihe der Industrie und Handels-
kammer Karlsruhe, 2. Band, Karlsruhe 1965

BERICHT DER BUNDESREGIERUNG zur Lage von Presse und Rundfunk in der Bundesrepublik Deutschland (1974), Deutscher Bundestag, Drucksache 7/2104, Bonn 1974

- IX -

BERICHT DER LANDESREGIERUNG Nordrhein-Westfalen, Landesentwicklung Nordrhein-Westfalen 1972, Heft 35, Düsseldorf 1973

BERICHT DER SACHVERSTÄNDIGENKOMMISSION für die Neugliederung des Bundesgebietes, hrsg. vom Bundesministerium des
Innern, Bonn 1972

BINKOWSKI, Johannes: Im Dienste der Öffentlichkeit, in: ZV +
ZV 1970, S. 1328 ff.

BLANKENBURG, Erhard/KNEER, Ursula/THEIS, Regina: Auswirkungen lokaler Pressekonzentration, Nr. 1 der soziologischen
Studien, Freiburg, Juli 1970

BOUSTEDT, Olaf: Stadtregionen, in: Handwörterbuch der Raumforschung und Raumordnung, Band III, 2. Auflage, Hannover 1970,
Sp. 3207 ff.

BOUSTEDT, Olaf: Zur Konzeption der Stadtregion, ihrer Abgrenzung und ihrer inneren Gliederung - dargestellt am Beispiel Hamburg, in: Zum Konzept der Stadtregionen, Methoden und Probleme der Abgrenzung von Agglomerationsräumen, Veröffentlichungen der Akademie für Raumforschung und Landesplanung, Raum
und Bevölkerung 10, Hannover 1970, S. 13 ff.

BOUSTEDT, Olaf/MÜLLER, Georg/SCHWARZ, Karl: Zum Problem
der Abgrenzung von Verdichtungsräumen, Institut für Raumordnung
in der Bundesforschungsanstalt für Landeskunde und Raumordnung,
Bad Godesberg 1968

BREMEN-NIEDERSACHSEN, 10 Jahre gemeinsame Landesplanung,
hrsg. vom Senator für das Bauwesen, Bremen und dem Niedersächsischen Minister des Innern, Bremen 1973

BURGHARDT, Anton: Einführung in die Soziologie, München 1972

BURGHARDT, Richard: Konzentrationsvorgänge in der Presse, in:
Imperium Springer, Macht und Manipulation, hrsg. von Jansen,
Bernd und Klönne, Arno, Köln 1968, S. 27 ff.

CHRISTALLER, Walter: Die zentralen Orte in Süddeutschland, Eine
ökonomisch-geographische Untersuchung über die Gesetzmäßigkeit
der Verbreitung und Entwicklung der Siedlungen mit städtischen
Funktionen, Jena 1933, Neudruck Darmstadt 1968

- X -

CROON, Helmut/UTERMANN, Kurt: Zeche und Gemeinde,
Tübingen 1958

DAHRENDORF, Ralf: Aktive und passive Öffentlichkeit, in:
Merkur, Heft 12, 1967, S. 1109 ff.

DAHRENDORF, Ralf: Für die Erneuerung der Demokratie in der
Bundesrepublik, München 1968

der JOURNALIST, Heft 5, 1974, S. 28 f.

der JOURNALIST, Heft 6, 1974, S. 30 ff.

DER SPIEGEL, Heft 14, 1974, S. 85 f.

DER SPIEGEL, Heft 15, 1974, S. 29 ff.

DEWEY, Richard: The Rural-Urban-Continuum: Real But Relatively
Unimportant, in: American Journal of Sociology 1960, S. 60 ff.

die feder, Heft 5, 1974, S. 10 ff.

DIE PENDELWANDERER in Nordrhein-Westfalen am 27. Mai 1970,
Beiträge zur Statistik des Landes Nordrhein-Westfalen, Sonderreihe
Volkszählung 1970, Heft IIa und Heft IIb, hrsg. vom Statistischen
Landesamt Nordrhein-Westfalen, Düsseldorf 1973

DIE PENDELWANDERUNG über die Hamburger Landesgrenze, Ergebnisse der Volks- und Berufszählung vom 27. Mai 1970, hrsg.
vom Statistischen Landesamt der Freien und Hansestadt, Hamburg
1973

DIE WANDERUNGEN zwischen dem Umland bis 40 km und der
Kernstadt Hamburg nach Entfernungszonen 1961-1970, Statistische
Berichte, Freie und Hansestadt Hamburg, Statistisches Landesamt,
Hamburg 1973

DIE ZENTRALEN ORTE in der Raumordnungspolitik der Länder, in:
DIVO-Informationen, Heft 5, 1969, S. 3 ff.

DOVIFAT, Emil: Zeitungslehre, Band I und II, Berlin 1967

DUNCAN, Otis D./REISS, Albert J.: Charakteristics of Urban
and Rural Communities, New York 1956

EBERT, Klaus-Dieter/SCHMIDT-EICHBERG, Edmund/ZECH, Uli:
Das Entwicklungsmodell für Hamburg und sein Umland, in: Stadtbauwelt, Heft 38/39, 1969

ENTSCHLIESSUNG DER MINISTERKONFERENZ für Raumordnung
vom 28.2.1968, in: Gemeinsames Ministerialblatt vom 29.2.1968

ENTWURF EINER DENKSCHRIFT des Innenministeriums über zentrale Orte und Verflechtungsbereiche in Baden-Württemberg,
1968 (ohne weitere Angaben!)

ENTWURF EINES RAUMORDNUNGSGUTACHTENS für die Region
Mittelhessen, Hrsg.: Regionale Planungsgemeinschaft Mittelhessen,
Gießen 1974

FORSTHOFF, Ernst: Die Daseinsvorsorge und die Kommunen, Köln
1958

FRANKENFELD, Alfred: Typologie der Zeitung, in: Handbuch der
Publizistik, Band 3, Praktische Publizistik 2. Teil, hrsg. von
Dovifat, Emil, Berlin 1969, S. 153 ff.

GEMEINDEDATEN, im Auftrag des Bayerischen Staatsministeriums
des Innern, hrsg. vom Bayerischen Statistischen Landesamt,
München 1973

GEMEINDESTATISTIK 1970, Bevölkerung und Erwerbstätigkeit,
hrsg. vom Statistischen Amt des Saarlandes, Saarbrücken 1972

GEMEINDESTATISTIK 1972, Heft 2: Bevölkerung und Erwerbstätigkeit, Arbeitsstätten und Beschäftigte, Statistik von Baden-
Württemberg, hrsg. vom Statistischen Landesamt Baden-Württemberg, Stuttgart 1972

GLEICHMANN, Peter: Soziologie und Raumordnung, Soziologie
der Stadt, in: Handwörterbuch der Raumforschung und Raumordnung, Band III, 2. Auflage, Hannover 1970, Sp. 3018 ff.

GRAUHAN, Rolf-Richard: Zur politischen Theorie der Stadt, in:
Archiv für Kommunalwissenschaften, 4. Jg., Stuttgart/Köln 1965,
S. 87 ff.

GROSSER HESSENPLAN, Landesentwicklungsplan, hrsg. vom
Hessischen Ministerpräsidenten, Wiesbaden 1970, Neudruck 1973

GROTH, Otto: Die unerkannte Kulturmacht, Grundlegung der
Zeitungswissenschaft (Periodik), 7 Bände, Berlin 1960-1972

HABERMAS, Jürgen: Strukturwandel der Öffentlichkeit, 2. Auflage, Neuwied/Berlin 1969

HADDEN, Jeffrey K./BURGATTA, Edgar F.: American Cities,
Their Social Characteristics, Chicago/Illinois 1965

HAENISCH, Horst/SCHRÖTER, Klaus: Zum politischen Potential
der Lokalpresse, in: Manipulation der Meinungsbildung, Zum Problem hergestellter Öffentlichkeit, hrsg. von Zoll, Ralf, Opladen
1971, S. 242 ff.

HAGEMANN, Walter: Grundzüge der Publizistik, Münster 1966

HASELOFF, Otto Walter: Großstadt als Umwelt, in: Die Stadt
als Lebensform, hrsg. von demselben, Berlin 1970, S. 173 ff.

HAUBNER, Karl: Die Stadtregionen im Lande Niedersachsen
1961, in: Stadtregionen in der Bundesrepublik Deutschland 1961,
Raum und Bevölkerung 5, Hannover 1967

HAUSER, Philip M.: Observations on the Urban-Folk and the
Urban-Rural Dichotomies as forms of Western Ethnocentrism, in:
The Study of Urbanization, hrsg. von Hauser, Philip M./
Schnore, Leo F., London 1965, S. 503 ff.

HEEMEYER, Jörg: Stadt-Umland-Verflechtungen und Integration
als Verwaltungsproblem, Diss., Erlangen-Nürnberg 1972

HEIDE, Elke: Der Einfluß regionaler Wanderungsströme auf Wanderungsgewinn und -verlust Hamburgs seit 1960, in: Hamburg in
Zahlen, November-Heft, Jg. 1970

HELLBERG, Hans: Zentrale Orte als Entwicklungsschwerpunkte in
ländlichen Gebieten, Kriterien zur Beurteilung ihrer Förderungswürdigkeit, Göttingen 1972

HELLPACH, Willy: Mensch und Volk der Großstadt, Stuttgart 1952
(Erstauflage: 1939)

HEMPEL, Carl G.: Typological Methods in the Social Sciences,
in: Theorie und Realität, hrsg. von Albert, Hans, Tübingen 1964,
S. 191 ff.

- XIII -

HESLER, Alexander von: Die regionale Planungsgemeinschaft
Untermain, in: Methoden und Praxis der Regionalplanung in
großstädtischen Verdichtungsräumen, Veröffentlichungen der
Akademie für Raumforschung und Landesplanung, Raum und Bevölkerung 8, Hannover 1969, S. 33 ff.

HOLLMANN, Heinz: Die Neuabgrenzung der Stadtregion
Bremen-Delmenhorst, in: Zum Konzept der Stadtregionen, Methoden und Probleme der Abgrenzung von Agglomerationsräumen,
Veröffentlichungen der Akademie für Raumforschung und Landesplanung, Raum und Bevölkerung 10, Hannover 1970, S. 73 ff.

HÜFNER, Wilhelm: Wirtschaftliche Gemeindetypen, in: Raum
und Wirtschaft, Forschungs- und Sitzungsberichte der Akademie
für Raumforschung und Landesplanung, Band III, Bremen-Horn
1953

HUFFSCHMID, Jörg: Politische Ökonomie des Springer-Konzerns,
Wirtschaftliche Dynamik und gesellschaftliche Bedingungen pri-
vater Pressemacht in der Bundesrepublik, in: Imperium Springer,
Macht und Manipulation, hrsg. von Jansen, Bernd/Klönne, Arno,
Köln 1968, S. 52 ff.

ISBARY, Gerhard: Grundfragen der Raumordnung und Landesentwicklung bei der Territorialreform im Raum Hannover, Hannover
1968

ISBARY, Gerhard: Raum und Gesellschaft, Hannover 1971

ISBARY, Gerhard/HEIDE, Hans-Jürgen/MÜLLER, Gottfried:
Gebiete mit gesunden Strukturen und Lebensbedingungen - Merkmale und Abgrenzung, Veröffentlichungen der Akademie für Raumforschung und Landesplanung, Abhandlungen, Band 57, Hannover
1969

ISENBERG, Gerhard: Ballungsgebiete in der Bundesrepublik, Bad
Godesberg 1957

ISENBERG, Gerhard: Bemerkungen zu einer Karte der ökonomischen Strukturzonen in der Bundesrepublik Deutschland, Informationen des Instituts für Raumforschung, Nr. 19/1957, S. 475 ff.

JOST, Paul: Entwicklungstendenzen der Wirtschaftsstruktur und
die räumliche Ordnung, in: Raumforschung und Raumordnung, Heft
2, 1964, S. 76 ff.

JOURNALISMUS, Band 5, hrsg. von Dovifat, Emil/Bringmann, Karl, Düsseldorf 1969

KAACK, Heino: Geschichte und Struktur des deutschen Parteiensystems, Opladen 1971

KAISER, Klaus/SCHAEWEN, Manfred von: Stuttgart und die Region mittlerer Neckar, Stuttgart 1973

KEMPSKI, Jürgen von: Zur Logik der Ordnungsbegriffe, besonders in den Sozialwissenschaften, in: Theorie und Realität, hrsg. von Albert, Hans, Tübingen 1964, S. 209 ff.

KIESLICH, Günter: Die publizistische und gesellschaftliche Bedeutung des "Lokalen" in den Massenmedien, in: Journalismus, Band 5, hrsg. von Dovifat, Emil/Bringmann, Karl, Düsseldorf 1969, S. 9 ff.

KLAGES, Helmut: Der Nachbarschaftsgedanke und die nachbarliche Wirklichkeit in der Großstadt, Köln/Opladen 1958

KLEIN, Horstpeter: Die öffentliche Aufgabe der Presse, Eine verfassungsrechtliche und rechtspolitische Untersuchung der Presse in der Demokratie, Schriftenreihe der Stiftervereinigung der Presse, Journalismus, Band 6 (neue Folge), Düsseldorf 1973

KLEMMER, Paul: Der Metropolisierungsgrad der Stadtregionen, Veröffentlichungen der Akademie für Raumforschung und Landesplanung, Abhandlungen, Band 62, Hannover 1971

KLUCZKA, Georg: Zentrale Orte und zentralörtliche Bereiche mittlerer und höherer Stufe in der Bundesrepublik Deutschland, Bericht zur Gemeinschaftsarbeit des Zentralausschusses für deutsche Landeskunde, durchgeführt von den Geographischen Hochschulinstituten unter der Leitung des Instituts für Landeskunde mit Unterstützung der Deutschen Forschungsgemeinschaft, Bonn-Bad Godesberg 1970

KNOCHE, Manfred/SCHULZ, Winfried: Folgen des Lokalmonopols von Tageszeitungen, Eine vergleichende Inhaltsanalyse des Lokalteils von Monopol- und Wettbewerbszeitungen, in: Publizistik 1969, S. 298 ff.

KÖNIG, Karl: Stadtregion Augsburg - Untersuchung über die Auswirkungen des neuen Konzepts, in: Zum Konzept der Stadtregionen, Methoden und Probleme der Abgrenzung von Agglomerationsräumen, Veröffentlichungen der Akademie für Raumforschung und Landesplanung, Raum und Bevölkerung 10, Hannover 1970, S. 63 ff.

KÖTTER, H.: Landbevölkerung im sozialen Wandel, Düsseldorf/Köln 1958

KONTAKTER/facts, Jg. 14, Nr. 11 vom 18. März 1974

KRONER, Günter: Die Bestimmung der zentralen Orte durch die Bundesländer, in: Informationen, hrsg. vom Institut für Raumordnung, Nr. 4, 1970, S. 97 ff.

KUNZ, Gerhard: Untersuchungen über Funktionen und Wirkungen von Zeitungen in ihrem Leserkreis, Forschungsbericht des Landes Nordrhein-Westfalen, Nr. 1840, Köln/Opladen 1967

LANDESENTWICKLUNGSPLAN Baden-Württemberg vom 22. Juni 1971 mit Begründung und Anlagen, Fassung 1973, hrsg. vom Innenministerium Baden-Württemberg, Stuttgart 1973

LANDESENTWICKLUNGSPLAN, Durchführungsabschnitt für die Jahre 1975-1978, hrsg. vom Hessischen Ministerpräsidenten, Wiesbaden 1974

LANDESPLANUNG in Schleswig-Holstein, Raumordnungsbericht 1971, Heft 8, Kiel 1972

LEHMANN, Helmut: Zur Entwicklung der Gemeindetypisierung, in: Raum und Wirtschaft, Forschungs- und Sitzungsberichte der Akademie für Raumforschung und Landesplanung, Band III, Bremen-Horn 1953

LINDE, Hans: Grundfragen der Gemeindetypisierung, in: Raum und Wirtschaft, Forschungs- und Sitzungsberichte der Akademie für Raumforschung und Landesplanung, Band III, Bremen-Horn 1953

LUHMANN, Niklas: Öffentliche Meinung, in: Politische Planung, Aufsätze zur Soziologie von Politik und Verwaltung, Opladen 1971, S. 9 ff.

MACKENSEN, Rainer et al.: Daseinsformen der Großstadt, Tübingen 1959

- XVI -

MALCHUS, Viktor Frhr. von: Die Planungsgemeinschaft Breisgau,
in: Methoden und Praxis der Regionalplanung in großstädtischen
Verdichtungsräumen, Veröffentlichungen der Akademie für Raumforschung und Landesplanung, Raum und Bevölkerung 8, Hannover 1969, S. 55 ff.

MATTI, Werner: Raumanalyse des Hamburger Umlandes im Umkreis von 40 km, in: Hamburg in Zahlen, Sonderheft 1, Jg. 1965

MAYNTZ, Renate: Soziale Schichten und sozialer Wandel in einer
Industriegemeinde, Stuttgart 1958

MCKINNEY, John C.: Typification, Typologies and Sociological
Theory, in: Social forces 1969, Vol. 48, S. 1 ff.

MERVELDT, Dieter Graf von: Großstädtische Kommunikationsmuster,
Köln 1971

MEYER, Konrad: Grundbegriffe der Raumordnung und Landesplanung,
in: Informationsbriefe für Raumordnung (R.1.3.1), Hrsg.: Der Bundesminister des Innern, Mainz 1970

MEYER, Konrad: Ordnung im ländlichen Raum, Stuttgart 1964

MÜLLER, Georg: Verdichtungsraum, in: Handwörterbuch der Raumforschung und Raumordnung, Band III, 2. Auflage, Hannover 1970,
Sp. 3535 ff.

MÜLLER-IBOLD, Klaus: Die Stadtregion als Raum zentraler Orte,
Stuttgart 1962

MÜNSTER, Hans A.: Die moderne Presse, 1. Band, Bad Kreuznach
1955

NELLNER, Werner: Die Entwicklung der inneren Struktur und Verflechtung in Ballungsgebieten - dargestellt am Beispiel der Rhein-
Neckar-Agglomeration, Hannover 1969

OGBURN, William F./DUNCAN, Otis D.: City Size as a Socio-
logical Variable, in: Contributions to Urban Sociology, hrsg. von
Burgess, Ernest W./Bogue, Donald J., Chicago/London 1964,
S. 129 ff.

OPPEN, Dieter von: Familien in ihrer Umwelt, Beiträge zur Soziologie der Gemeinde im Ruhrgebiet II, Köln/Opladen 1958

OSWALD, Hans: Die überschätzte Stadt, Ein Beitrag der Gemeindesoziologie im Städtebau, in: Texte und Dokumente zur Soziologie, Studien des Instituts für Soziologie der Universität Freiburg, hrsg. von Popitz, Heinrich, Olten/Freiburg 1966

OTREMBA, E.: Wirtschaftsräumliche Gliederung Deutschlands, Bericht zur deutschen Landeskunde, 18. Band, 1957, S. 111 ff.

PAHL, R.E.: The Rural-Urban-Continuum, in: Readings in Urban Sociology, hrsg. von demselben, Oxford 1968, S. 262 ff.

PARTZSCH, Dieter: Die Struktur der großflächigen Verdichtungsräume, in: Informationsbriefe für Raumordnung (R.2.3.1), Hrsg.: Der Bundesminister des Innern, Mainz 1969

PENDLERSTRÖME in ausgewählten Gemeinden am 27.5.1970 (Volkszählung), Statistische Berichte des Statistischen Landesamtes Schleswig-Holstein, Kiel 1973

PFEIL, Elisabeth: Nachbarkreis und Verkehrskreis, in: Daseinsformen der Großstadt, hrsg. von Mackensen, Rainer et al., Tübingen 1959, S. 158 ff.

PFEIL, Elisabeth: Die Familie im Gefüge der Großstadt, Hamburg 1965

PFEIL, Elisabeth: Großstadtforschung, Entwicklung und gegenwärtiger Stand, 2. neubearb. Auflage, Hannover 1972

PLANUNGSREGIONEN, Hrsg.: Bayerisches Staatsministerium für Landesentwicklung und Umweltfragen, München 1973

POPPER, Karl R.: Die öffentliche Meinung im Lichte der Grundsätze des Liberalismus, in: Ordo, Jahrbuch für die Ordnung von Wirtschaft und Gesellschaft, 1956, S. 7 ff.

RAUMORDNUNGSBERICHT 1971, Bayerische Staatsregierung, München 1972

RAUMORDNUNGSBERICHT 1971 der Landesregierung Rheinland-Pfalz, hrsg. von der Staatskanzlei Rheinland-Pfalz, Mainz 1972

RAUMORDNUNGSBERICHT 1973 der Landesregierung Rheinland-Pfalz, hrsg. von der Staatskanzlei Rheinland-Pfalz, Mainz 1973

RAUMORDNUNGSBERICHT 1974, RPU (Regionale Planungsgemeinschaft Untermain)

RAUMORDNUNGSBERICHT für die Region Mittelhessen, Hrsg.: Regionale Planungsgemeinschaft Mittelhessen, Gießen 1973

RAUMORDNUNGSPLAN für die Region Mittelhessen, einschließlich Landschaftsrahmenplan, Hrsg.: Regionale Planungsgemeinschaft Mittelhessen, Gießen 1974

REGIONALE PLANUNGSGEMEINSCHAFT Starkenburg, Regionaler Raumordnungsplan I. Teil, Raumordnungsbericht der Region Starkenburg, beschlossen von der Verbandsversammlung der VSP im Juli 1973, Darmstadt 1973

REGIONALER RAUMORDNUNGSPLAN, Entwurf 1974, RPU (Regionale Planungsgemeinschaft Untermain)

RIECHELS, Ernst/KAPPERT, Gunter: Die Festlegung der zentralen Orte im Großraum Hannover, AfK 1967

RINK, Jürgen: Zeitung und Gemeinde, Diss. Köln 1963

RONNEBERGER, Franz: Die Integrationsfunktionen der Öffentlichen Verwaltung, in: Selbstverwaltung einer Landschaft, Initiativen und Aufgaben am Beispiel Westfalens, Verwaltung und Wirtschaft, Heft 35, Stuttgart/Berlin/Köln/Mainz 1967, S. 185 ff.

RONNEBERGER, Franz: Die politischen Funktionen der Massenkommunikationsmittel, in: Publizistik 1964, S. 291 ff.

RONNEBERGER, Franz: Öffentliche Aufgabe der Presse schafft keine Rechtspflicht, in: ZV + ZV 1971, S. 2678 ff.

RONNEBERGER, Franz: Sozialisation durch Massenkommunikation, in: Sozialisation durch Massenkommunikation, Der Mensch als soziales und personales Wesen, Band IV, hrsg. von demselben, Stuttgart 1971, S. 31 ff.

RONNEBERGER, Franz/STUIBER, Heinz-Werner: Lokale Kommunikation und Pressemonopol, in: Noelle-Neumann, Elisabeth/Ronneberger, Franz/Stuiber, Heinz-Werner: Streitpunkt lokales Pressemonopol, Journalismus, Band 8 (neue Folge), Düsseldorf (in Vorb.)

RPN-RAUMORDNUNGSBERICHT der Region Nordhessen, Hrsg.:
Regionale Planungsgemeinschaft Nordhessen, Kassel 1972

RÜHL, Manfred: Die Zeitungsredaktion als organisiertes soziales
System, Bielefeld 1969

RUST, Holger: Kommunikationssoziologische Dimensionen des
Öffentlichkeitsbegriffs, in: Rundfunk und Fernsehen, 20. Jg.,
Heft 4, 1972, S. 440 ff.

SCHEUER, Gernot: Der Kieler Umlandverband, in: Methoden
und Praxis der Regionalplanung in großstädtischen Verdichtungsräumen, Veröffentlichungen der Akademie für Raumforschung und
Landesplanung, Raum und Bevölkerung 8, Hannover 1969, S. 1 ff.

SCHNEPPE, Friedrich: Gemeindetypisierung, in: Handwörterbuch
der Raumforschung und Raumordnung, Band I, 2. Auflage, Hannover
1970, Sp. 947 ff.

SCHNUR, Roman/SIEDENTOPF, Heinrich: Zur Neugliederung in
Ballungsräumen, dargestellt an der Situation der Stadt Brackwede
innerhalb des Neugliederungsraumes Bielefeld, Abhandlungen zur
Kommunalpolitik, Band IV, Köln 1971

SCHÖLLER, Peter: Entwicklung und Akzente der Zentralitätsforschung, in: Zentralitätsforschung, hrsg. von Schöller, Peter, Darmstadt 1972, S. IX ff.

SCHWARZ, Karl: Überlegungen zur Neuabgrenzung der Stadtregionen am Beispiel von vier Stadtregionen in Rheinland-Pfalz, in:
Zum Konzept der Stadtregionen, Methoden und Probleme der Abgrenzung von Agglomerationsräumen, Veröffentlichungen der
Akademie für Raumforschung und Landesplanung, Raum und Bevölkerung 10, Hannover 1970, S. 43 ff.

SCHWARZ, Karl: Überlegungen zur Neugliederung von Stadtregionen
im Anschluß an die Volkszählung 1970, in: Zum Konzept der Stadtregionen, Methoden und Probleme der Abgrenzung von Agglomerationsräumen, Veröffentlichungen der Akademie für Raumforschung und
Landesplanung, Raum und Bevölkerung 10, Hannover 1970, S. 1 ff.

SCHWARZKOPF, Joachim von: Über Zeitungen, Ein Beitrag zur
Staatswissenschaft, Frankfurt 1785

SCHWONKE, Martin: Wolfsburg, Soziologische Analyse einer jungen
Industriestadt, Stuttgart 1967

SCHÜTZ, Walter J.: Die redaktionelle und verlegerische Struktur der deutschen Tagespresse, Ergebnisse pressestatistischer Untersuchungen (1), in: Publizistik 1966, S. 13 ff.

SCHÜTZ, Walter J.: Die Zeitungsdichte in der Bundesrepublik Deutschland, Ergebnisse pressestatistischer Untersuchungen (2), in: Publizistik 1966, S. 443 ff.

SCHÜTZ, Walter J.: Die Zeitungsdichte in der Bundesrepublik Deutschland 1967/69 und die Zunahme der Ein-Zeitungs-Kreise seit 1954, in: Publizistik 1969, S. 311 ff.

SCHÜTZ, Walter J.: Die Tagespresse Baden-Württembergs 1964/65, in: Publizistik 1965, S. 424 ff.

SCHÜTZ, Walter J.: Veränderungen im deutschen Zeitungswesen zwischen 1954 und 1967, Ergebnisse pressestatistischer Untersuchungen (3), in: Publizistik 1967, S. 243 ff.

SCHÜTZ, Walter J.: Wettbewerbsbedingungen und Konzentrationstendenzen der deutschen Tageszeitungen, Ergebnisse pressestatistischer Strukturuntersuchungen, in: Publizistik 1963, S. 363 ff.

STADTENTWICKLUNGSPROGRAMM Bremen (Entwurf), bearbeitet vom Senator für das Bauwesen, Bremen 1971

STADTREGIONEN in der Bundesrepublik Deutschland 1961, Raum und Bevölkerung 5, Hannover 1967

STADTVERBANDSMODELL Saarbrücken, in: Kommunalpolitische Blätter, Heft 2/1974, Recklinghausen 1974, S. 131 ff.

STATISTISCHE ANGABEN für kreisfreie Städte und Kreise des Landes Nordrhein-Westfalen, Kreisstandardzahlen 1973, hrsg. vom Statistischen Landesamt Nordrhein-Westfalen, Düsseldorf 1973

STERN, Klaus: Grundfragen zur Verwaltungsreform in Stadt-Umland, Empfehlungen zur Neuordnung von Ballungsgebieten, Frankfurt 1968

SÜLZER, Rolf: Architektonische Barrieren öffentlicher Kommunikation, Thesen zur städtischen Verkehrsform, in: Aufermann, Jörg/ Bohrmann, Hans/Sülzer, Rolf (Hrsg.): Gesellschaftliche Kommunikation und Information, Forschungsrichtungen und Problemstellungen, Ein Arbeitsbuch zur Massenkommunikation, Frankfurt 1973, S. 602 ff.

..... täglich Bremen und zurück, Eine Analyse der Berufspendler-
bewegung im Unterweserraum, hrsg. vom Senator für das Bauwesen, Bremen 1968

TIRYAKIAN, Edward A.: Typologies, in: International Enziklopedia
of the Social Sciences, hrsg. von Sills, David L., vol. 16, S. 178

TREINEN, Heiner: Symbolische Ortsbezogenheit, Eine soziologische
Untersuchung zum Heimatproblem, in: Kölner Zeitschrift für Soziologie und Sozialpsychologie, Jg. 17 (1965), S. 73 ff. und S. 254 ff.

VERFLECHTUNGEN im Raum Hannover, Institut für angewandte
Sozialwissenschaft, Bonn-Bad Godesberg 1962

VERWALTUNGS- UND GEBIETSREFORM in Niedersachsen, Gutachten der Sachverständigenkommission für die Verwaltungs- und
Gebietsreform, Hannover 1969

VOLKS- UND BERUFSZÄHLUNG 1970, Pendelwanderung im Saarland, hrsg. vom Statistischen Amt des Saarlandes, Saarbrücken 1973

VOSS-DIETRICH, Valeska: Das Lokale, in: Handbuch der Publizistik,
hrsg. von Dovifat, Emil, Band 3, Praktische Publizistik, Teil 2,
Berlin 1969, S. 192 ff.

WAGENER, Frido: Neubau der Verwaltung, Gliederung der öffentlichen Aufgaben und ihrer Träger nach Effektivität und Integrationswert, Berlin 1969

WATKINS, J.W.N.: Methodological Individualism and Nonhemplian
Idealtypes, in: The Nature and Scope of Social Science, A Critical
Anthology, hrsg. von Kimerman, Leonhard J., New York 1969,
S. 457 ff.

WEINHEIMER, Johannes: Ballungen - Versuch zur Bestimmung ihrer
Grenzen und Intensität, in: Raumforschung und Raumordnung, Heft
3/4, 15. Jg., 1957, S. 146 ff.

WEYL, Heinz/KAPPERT, Gunter /RIECHELS, Ernst: Der Großraum
Hannover, in: Methoden und Praxis der Regionalplanung in großstädtischen Verdichtungsräumen, Veröffentlichungen der Akademie
für Raumforschung und Landesplanung, Raum und Bevölkerung 8,
Hannover 1969, S. 15 ff.

ZENTRALE ORTE und Nahbereiche in Bayern, Landesentwicklung
Bayern, hrsg. vom Bayerischen Staatsministerium für Landesentwicklung und Umweltfragen, München 1972

ZIELPLANUNG der Landesregierung für die Gemeindereform, hrsg.
vom Innenministerium und Statistischen Landesamt Baden-Württemberg, Stuttgart 1973

ZOLL, Ralf/HENNIG, Eicke: Massenmedien und Meinungsbildung,
Angebot, Reichweite, Nutzung und Inhalt der Medien in der Bundesrepublik, München 1970

ZUR METHODIK DER REGIONALPLANUNG, Forschungsberichte
der Hochschularbeitsgemeinschaft Braunschweig der Akademie für
Raumforschung und Landesplanung, Veröffentlichungen der Akademie
für Raumforschung und Landesplanung, Forschungs- und Sitzungsbericht, Band 41, Hannover 1968

ZV + ZV, Heft 15/16, 1974, S. 426 f.